WIZARD

ブラックスワン回避法

The Dao of Capital

Austrian Investing in a Distorted World

by Mark Spitznagel

極北のテールヘッジ戦略

マーク・スピッツナーゲル［著］

長尾慎太郎［監修］　藤原玄［訳］

Pan Rolling

The Dao of Capital : Austrian Investing in a Distorted World
by Mark Spitznagel and Ron Paul

This translation published under license with John Wiley & Sons International Rights, Inc. through Japan UNI Agency, Inc., Tokyo

監修者まえがき

本書はマーク・スピッツナーゲルによる〝The Dao of Capital : Austrian Investing in a Distorted World〟の邦訳である。スピッツナーゲルは経済学における非主流派であるオーストリア学派（ウィーン学派）の支持者で、本書の大半のページを割いてその正当性を説いている。一般に、最近では、彼らの主張は政府や中央銀行の政策への批判とセットで語られることが多いが、著者はそれに加え、さまざまなアナロジーを用いて、オーストリア学派の考え方に基づく迂回戦略が最終的な勝利を収めるのに、多くの分野において極めて合理的で思慮深い戦略であることを示している。投資の世界においては、主流派経済学のロジックが現実からあまりにも乖離していてほとんど無力であることを鑑みると、マーケットのシステムとしての複雑性に対処する方法として、迂回戦略には大きな可能性がある。投資への具体的な適用については、第９章と第10章を参照していただきたいが、それ以外の章も大変興味深く読むことができるだろう。

さて、スピッツナーゲルはヘッジファンド、ユニバーサ・インベストメンツ（Universa Investments）の社長兼ＣＩＯ（最高情報責任者）でもある。私もマイアミで直接話を聞いたことがあるが、その特異な運用プログラムは株式のダウンサイド・プロテクション機能を顧客に提供している。債券と株式だけから成る伝統的なポートフォリオに対し、これらダウンサイド・プロテクションのプログラムを追加することで、投資家はテールリスク（ブラックスワン）をヘッジし、株式のウエート増加を合理化することができる。このため、結果としてリスクを下げ、期待リターンを上げる効果が期待できる。これは日欧でネガティブ金利が導入され、債券市場における収益獲得機会が激減した現在にあって、まことに優れたソリューションのひとつと考えられる。

翻訳にあたっては以下の方々に心から感謝の意を表したい。まず藤原玄氏による翻訳は素晴らしい。孫子から戦争論までさまざまな分野にわたる記述について、正確で分かりやすい訳出を実現できたのは藤原氏の博識と努力のおかげである。そして阿部達郎氏は丁寧な編集・校正を行っていただいた。また投資書籍としてユニークな存在である本書が発行される機会を得たのはパンローリング社社長の後藤康徳氏のおかげである。

二〇一六年八月

長尾慎太郎

わが子のエドワードとシリアに、そしてわが「勢」戦略に

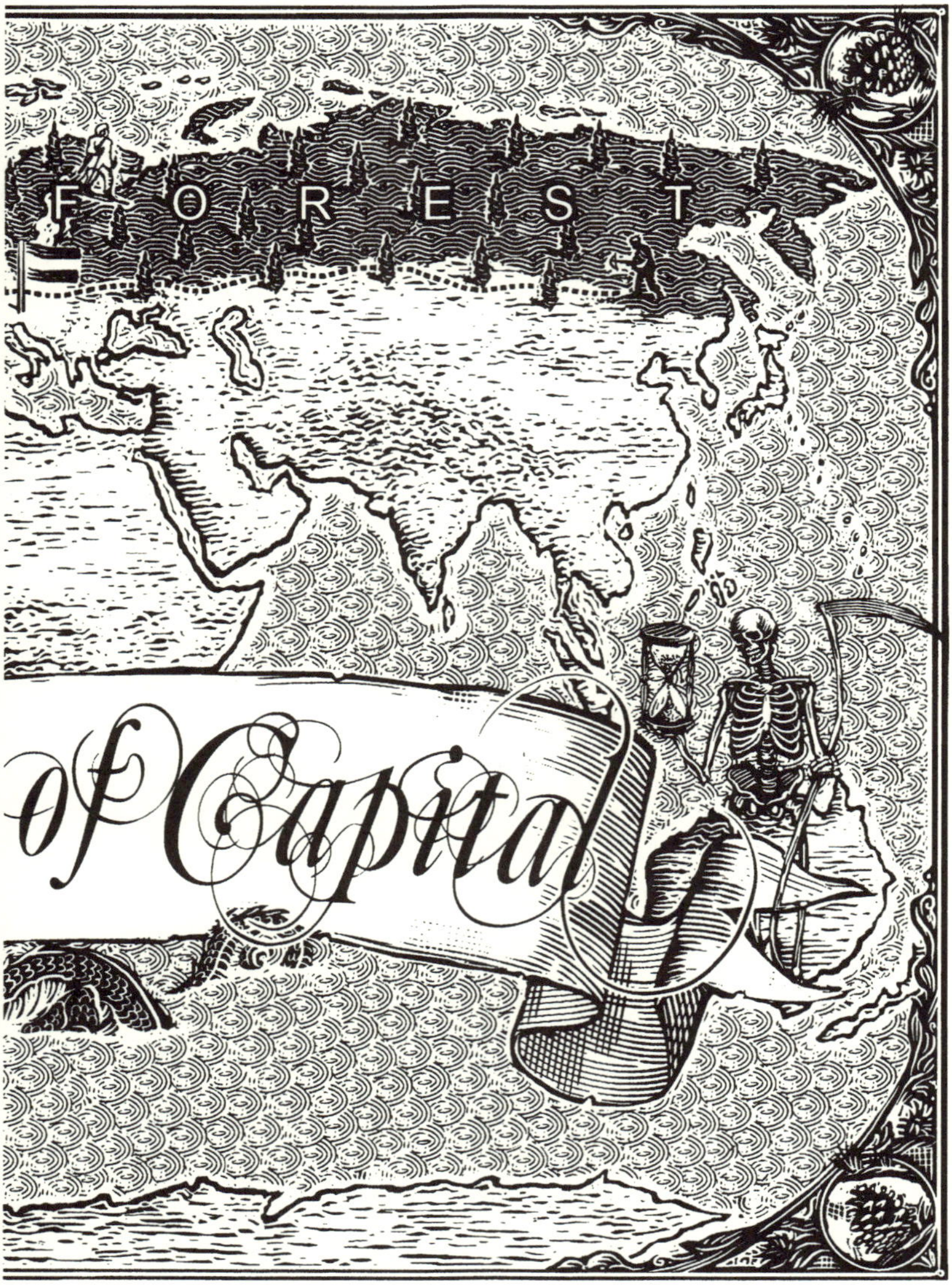
F O R E S T
of Capital

BOREAL
The Dao

第7章　市場はプロセスである……287

序文

一九七一年、医師として多忙を極めていた最中、わたしは長めの昼休みをとって六〇マイル離れたヒューストン大学に車を走らせていた。オーストリア学派経済学の雄、ルートヴィヒ・フォン・ミーゼスの最後の公式講義を聞くためである。時に齢九〇を数えるミーゼスは、いまだ情熱の衰えるところを知らず、理路整然とした講義を展開していた。彼の書物は、わたしがオーストリア学派経済学を学び、修めるきっかけとなったものであり、またわたし自身の思考に多大なる影響を与えたものでもある。

オーストリア学派との出合いは、デューク大学で医学を学んでいたころ、F・A・ハイエクの『隷属への道』（春秋社）を手に取ったときである。それをきっかけに、わたしは自由時間のほとんどをオーストリア学派の書物を読み漁ることに費やした。ハイエクやミーゼスのみならず、マレー・ロスバードやハンス・センホルツの書物からも「新しい」経済観を得たものである。

オーストリア学派に出合ったことで、自由市場がどのように機能するのかを完全に理解することができた。オーストリア学派を通じて、国が介入する経済や計画経済よりも自由市場経済が有益であることが明らかとなったのだ。オーストリア学派について学ぶにつれ、そこで語られていることこそが真に自由な社会に住む、真に自由な個人が、互いに作用し合いながら生きていく世界そのものであることがはっきりとしてきた。オーストリア学派の経済学者たちが自由市場主義の論陣を張っていたころ、知識層の大半は集産主義や社会主義を擁護していたのである。今、改めてオーストリア学派の方々に感謝の意を表したいと思う。

経済と個人的自由の関係について斬新だと、わたしが一人悦に入っていた考えは、その実、わたしが思いつく何年も前から語られてきたことなのである。ロスバードは著書『アン・オーストリアン・パースペクティブ・オン・ザ・ヒストリー・オブ・エコノミック・ソート（An Austrian Perspective on the History of Economic Thought）』で、古代の道教の師たちこそが「世界で最初のリバタリアン」であったと語っている。[1] 道教とオーストリア学派とが、二〇〇〇年あまりにわたる自由経済、政治思想の歴史を統括するものであろう。わたしの友人であり、オーストリア学派仲間であるマーク・スピッツナーゲルは、ロスバードの洞察力溢れる考察を本書の重要なテーマに据えている。

私的所有権、自由市場、健全な通貨、そして自由社会という古典的自由主義を源流とするオーストリア学派の中心原理は、今、あらゆる自由社会の基本理念となっている。ラルフ・ライコの言葉を借りるなら、

文明社会における古典的な自由主義（ここでは単に自由主義と呼ぶが）の基礎にある考え

は、概して自律的な社会の構成員たちが広範に認められた個人的権利のなかで自由に活動するべきである、というものだ。そのなかでも、契約の自由や労働の自由を含めた私的所有権は特に大切にされるべきである。……オーストリア学派経済学とは、……自由主義へと連なる学派に対して、その信奉者からも反対派からもともに与えられた名称である。[2]

時がたつにつれ、ミーゼスの仲間や弟子たちと数多く知り合い、関係を深めていったが、やはりわれわれからしてもミーゼスは頭一つ飛び出た存在であり続けた。彼は、自分の哲学が経済界全体に受け入れられやすくなるよう、主張を弱めたりするようなことはけっしてなかった。もしそうしていれば、生前にもっと高い評価を得ていたであろうことは疑う余地のないことだ。しかし、彼は名声よりも、経済の真理を追い求めることを選んだのである。

ミーゼスは、常に紳士的で、親切かつ思慮深い人物であり、わたしはあらゆる面で彼のようにありたいと努めたものである。世の中、特に経済が正気とも思えない事態になると、常にミーゼスの示唆に富む言葉に頼ってきた。「財政出動や信用膨張を通じた経済救済策を是とする者たちの宗教的とも言える熱気に対しては、どんな論理的主張も歴史の教訓も役には立たないのだ[3]」

人間の行動がいかに予測不可能か、そして個々人の選択が経済全体の動きにどれほど大きな影響を与えるか、これこそがオーストリア学派の主要な考察対象である。それは、価値の主観性、起業家の役割、世の中を前進させるために必要な資本蓄積の追及を理解しようとするものでもある。これらの事実を把握することは今日においても不可欠なことではあるが、一九世紀半ば、学派が初めて論壇に登場した時代においては、その重要性は今よりも大きかったのではなかろうか。

本書において、マーク・スピッツナーゲルはオーストリア学派の研究と、歴史を通じた彼らの考察をまとめ上げた。投資家としても大きな成功を収めているスピッツナーゲルは、オーストリア学派経済学を象牙の塔から、現実の資産運用の場へと引き出し、彼らが唱える資本、迂回生産、自由市場の原理は起業家的投資においても妥当性があることを示したのである。スピッツナーゲルの「オーストリア学派の投資法（オーストリア流投資法）」はその分かりやすさ、使い勝手の良さからしても魅力的だ。また、それは、介入主義や主流派経済学、さらにはウォール街の文化にあらがうことは容易ではないことも示している。

中央政府を牛耳る者たちが、経済を崩壊へと導く政策を次々と打ち出す姿を見ざるを得ないことにオーストリア学派を信奉する者として大きな不満を抱いている。市場とは自然の生き物だ。本書が示しているように、昨今の財政による救済文化とは相いれない考え方かもしれないが、中央政府の計画や介入による負の影響がなければ、市場は自然と自立的安定を取り戻すのだ。

中央銀行は、その意に反して、自らの行動を通じて今だかつてない規模のゆがみをもたらしているのだ。彼らは、世の中にお金をばら撒けば、過去の介入主義政策がもたらしたあらゆる問題をどうにか解決できるのではないかと、わらをもすがる思いで考えているのだろう。

世の中の人々は、それほどバカではない。官僚による操作を排除し、資本主義本来の働きに期待しようではないか。三五年あまりの間、医師として務めてきたわたしは、人間の体が持つ自己治癒力を阻害するようなことはしてはならない、という「ヒポクラテスの誓い」を奉じる者でもある。政府もそうあるべきで、市場の自己治癒力を尊重すべきである。これこそが本書のメッセージの根幹を成すものであろうし、市場とともにある、ということであろう。

自由市場の重要性に対する理解が深まるにつれ、それを守るためには政治活動を通じて戦わなければならないと感じるようになった。その活動は、教育から革命までさまざまな形をとり得るだろう。アメリカでは、教育や説法、または民主的なプロセスを通じて必要な変化をもたらすことが可能である。言論の自由、集会の自由、信仰の自由、請願の自由、私的所有権といったわれわれの権利は今もって守られている。それらの権利が阻害される前に、何十年にもわたる政府介入により産み落とされた政策を変えなければならない。

建国の父たちは正しく認識していたとわたしは信じている。少なくとも、憲法制定以来、個人の権利を阻害することに血道を上げてきた彼らの後継者たちよりは。わが国は、自由という価値に基づき建国されたのだ。いまさら個人の自由が持つ価値を説明するまでもなかろう。教育制度、メディア、そして政府というおかしな力が、自由に対するわたしの本能に戦いを挑み続けている。彼らは常々、あらゆる物事から人々を守るために政府が必要なのだと説き続けてきた。しかし、何ものにも制約されない市場こそが、個人の自由と調和するものだという わたしの信念が揺らぐことはない。

この自由は、オーストリア学派経済学の基本コンセプトでもある健全な財政によってもたらされるものである。主流派の経済学者たちは、この重要性を無視し、さげすみ続けてきた。このような経済の「専門家たち」がもたらす終わりなき害悪は、彼ら自身が証明するところであろう。

ミーゼスの言葉を借りれば、通貨とは市場が適切に機能するために役立つ商品として、市場のなかで生み出されるべきものなのだ。通貨が持つ役割のうち、最も重要なのは交換手段としてのそれである。そして、価値評価手段、富の貯蔵手段として機能する。

残念ながら、政治家たちは通貨の膨張が経済成長につながると信じているようなのだ。彼らは、政府は何も生み出せないという事実に目を閉ざしている。「政府が人々を豊かにすることはできないが、貧しくすることはできる」。その逆を真とするのは、あまりにおめでたいと言わざるを得ない。一九世紀半ばの経済学者フレデリック・バスティアの珠玉の一篇『ザット・フィッチ・イズ・シーン、アンド・ザット・フィッチ・イズ・ノット・シーン（That which Is Seen, and That Which Is Not Seen)』で語られた目先の結果のさらに先を考えるべき、との教訓に耳を傾けるべきである。またこれは、本書でスピッツナーゲルが語る主題の一つでもある。

ＦＲＢ（連邦準備制度理事会）は市場に直接介入することも、金利を通じて市場に口をはさむこともできるが、究極的には自由市場経済の変わることない性質から逃れることはできない。政治家たちは通貨制度を自分たちの好きなようにいじくり回すことはできても、通貨の本質を規定している経済法則を書き換えるようなことはできない。これまでにも述べてきたように、権力を独占する少数の者たちによる腐敗は、多くの者たちの長年にわたる負担のうえに、一部の者たちだけを富ませるものではあるが、最終的には自然の法則が勝つのである。市場における自由な選択によってしか、経済合理性は生じ得ないのだ。

通貨は常に中立的な存在と考えられてきた。通貨供給量が価格決定に重要な役割を果たすとは考えられてこなかった。むしろ、商品の価格は、単純にそのものの需給関係によって規定されるものと考えられていたのである。このことは、初期のオーストリア学派の経済学者たちもそれとなく受け入れていた節がある。しかし、それゆえにミーゼスは通貨の非中立性というものに取り組むことになったのだ。秀作『ヒューマン・アクション』（春秋社）で述べている。

通貨価値が中立かつ安定的ではあり得ない以上、通貨発行量に関する政府の計画も、社会を構成するすべての人々に対して公平ではあり得ない。通貨価値に影響を与えようとする政府の施策は、しょせん指導者の個人的な価値判断に依拠せざるを得ないのだ。あちらを立てればこちらが立たず、というのが世の常で、公益または公共などと呼ぶには程遠いものとなる。[4]

一国の通貨を改竄するということは、収入、貯蓄、日々の買い物など人々の生活のすべての経済的側面に干渉する、ということである。政治家の意に基づいて通貨が操作されると、必ずといってよいほど、混乱、失業、そして政変が引き起こされる。それゆえに、通貨は軽々しく扱われるべきものではなく、インフレを抑え、まじめな市民が繁栄することを可能にするためのものでもあるということを認識する必要があろう。

本書がはっきりと示したように、常に価値が目減りしていく不換紙幣が用いられている市場経済での投資は極めて難しいものとなる。通貨が堕落すれば、政府は秩序を保つために自分たちの権力を増大させ、さらに市場へ介入してくることだろう。歴史を振り返ると、政府の役人どもは、もはや取り返しのつかない状態になっても、経済計画が機能しないということを認めようとはしない。そして、政府が「大量の通貨を発行すること」でそれを取り繕おうとすれば、事態は悪化するばかりなのだ。FRBの役割に関していえば、アメリカ人にとってこれほど分かりやすい話もあるまい。

皮肉な話であるが、あらゆるものの価格のうち最も重要なもの、つまり時間の価格、言い換えれば、金利については、政府は介入をやめ自由市場に委ねるべきだというコンセンサスが、アメリカでは出来上がっている。だが、金利こそが、政府が通貨価値をコントロールする手段である。この価格統制を通じて、政府は消費者と生産者との間を取り持つ市場の機能をゆがめているのである。この市場の調整機能が失われると、単に通貨供給量や中央銀行による信用創造の操作だけに起因して好不況を繰り返すことになる。このことを明らかにしたことは、オーストリア学派経済学者の功績であろう。オーストリア学派にすれば、失業率や一般的な生活水準などの問題は、国家が推し進めている通貨政策の反映だとすることもできよう。

ミーゼスは、通貨が経済それ自体よりも大きな政治問題となり得るということを理解していた。タカ派かハト派かにかかわらず、財政赤字を擁護する向きにわたしが強硬に反対するのは、ミーゼスの指摘に負うところが大きい。彼らがどう論じようと、つまりは不換紙幣を頼りに、インフレによって政府の資金繰りをやりくりし、それぞれの既得権益を守っているにすぎないのだ。

政府による介入は人民の敵とするところで、個人的な自由こそが真の自由を獲得するために必須のものであることをオーストリア学派は徹頭徹尾主張している。この信念と、ミーゼスという先達がいたからこそ、わたしはワシントンや議会でもやっていくことができたのだ。

「オーストリア学派経済学」という言葉が広く受け入れられるようになるとは思ってもみなかった。しかし、二〇〇八年以降、この言葉が広く浸透し、オーストリア学派を長く信奉してきた者としては興奮を抑えられずにいる。オーストリア学派が教えるところによれば、現在の世界には暗い将来しかないように見える。しかし、前向きでいられる理由もたくさんあるのだ。

つまり、若い世代の存在である。数多くの若者がわたしの仲間となってくれたことを大いに誇りに思う。またこれは、アメリカの若者たちが自由と経済というものをどのように受け止めているかの現れでもあろう。

これらの原理原則がさらに一般の知るところとなり、ミーゼスや彼を師と仰ぐ者たちが信奉してきた経済的真実が明らかになれば、われわれはいずれ母国を健全な経済基盤のうえに置くことができるであろう。

自由とはまさに大衆のものである。そのことをしっかりと認識することこそが、オーストリア学派というものを受け入れることにもなろう。

ロン・ポール

まえがき

まず、資本の概念を改める必要がある。これは名詞的ではなく、動詞的にとらえるべきものである。無生物的な資産またはその一部というよりも、経済を進歩させるための道具を作り、改良し、実際に適用するための行動または手段を成すものである。言ってみれば、資本とは「プロセス」、方法、道筋、つまり古代中国人が「道」と呼ぶものである。

資本には二つの時点をつなぐ、という特徴がある。将来の異なる時点における位置取りまたは優位性がその中核を成す。時間とはそれを「取り巻く」もの、つまり規定し、形付け、助け、時に妨害するものである。資本同様に、このプロセス、つまり「資本道」に取り組むにあたっては、時間というものもとらえ直さなければならない。

このプロセスの特徴は、極端かつ意図的に回り道をするというものだ。つまり、本書のキーワードである「迂回」である。「左に歩を進めるために、まずは右に進む」ことで、「手段」を押さえる。この戦略的な中継地点を得ることで、より効果的に究極の「目的」を達成することができるようになるのである。このプロセスは、北方林のような自然界から、起業家たちの棲む実業界まで、至るところで目にするものだが、あまりに当たり前すぎて気づかないだけのことなのである。われわれは時に目的地にばかり目を奪われて、その途中の道筋を見落としがちである。だからこそ、勝負に負けるのだ。

これは、日々の生活における戦略的思考や意思決定といったあらゆる場面で通用する教訓である。しかし、本書は投資について語るものであり、それこそが筆者の主眼である。投資とは人類独自の行動であるが、この教訓が最も生きるのも投資であることを本書を通じて明らかにしていくつもりだ。ブルームバーグ端末やブローカーのウェブ画面などのきらめきは、そこに映る短期的な利益という魅力も手伝って、あたかもわれわれが追い求めるのはそれだけかのように思えてしまう。見えざるものこそが、見えるもののうしろに隠れる目的論的メカニズムであり、いわば時とともに動き回る「世界のエンジン」なのだ。時間的束縛ゆえに目先のことにしかとらわれないウォール街は、このような経済のメカニズムに目を向けるはずもなく、ただ実際に起こっていることの影を追いかけているだけである。

救いがあるとすれば、これらのメカニズムは本質的に極めて単純だということだ。さらには、オーストリア（ウィーン）学派経済学が分かりやすく説明してくれてもいる。このオーストリア学派というのは、一九世紀の文化的・知的集団に、その誕生の地にちなんで半ば侮蔑的につけられた名である。カール・メンガーとオイゲン・フォン・ベーム・バヴェルクを祖とするこの集団は、資本をより生産的な目的を達成するための迂回手段としてとらえる新しい考え方を打ち出した。彼らの知的後継者であるルートヴィヒ・フォン・ミーゼスがオーストリア学派をさらに進歩させ、今日においてなお、彼の名が学派の旗印となっている。

オーストリア学派以外にも、われわれの範となるものがある。実に二五〇〇年も昔、古代中国にも戦略的思考の核をなした人々を見いだすことができる。道教の師たちがそれだ。彼らは、始まりは終わりであり、終わりはまた始まりであり、柔はまた剛であり、剛はまた柔であり、進歩とは退却であり、退却とはまた進歩であるとする二元論的思考を持っていた。洋の東西に見られるこれらを原点として、われわれは、欲望の求めるところだけに集中するのではなく、幾つもの時点をつないでいく術を学んでいく。遠回りする術を追い求めながら、全体像をつかんでいくのだ。

過去の偉大なる戦略家たちは、後の優位性のための手段に気を払う、ということを学ばずして身に付けていた。迂回戦略をとった起業家の典型としてヘンリー・フォードが挙げられるが、彼も直感的にそれを理解していたのであろう。しかし、投資家としてのわれわれには終わりなき複雑な世界は見えても、生産、経済的進歩、そして死滅という手段と目的のプロセスは分かりにくいものだ。ここでフィンランド人指揮者であるジャン・シベリウスの言葉を引用しよう。「あらゆる音色や解釈のカクテルをつくるよりも」、ありのままの、原始的な方法で「冷えたお水」を提供したいと願っている。[1]

本書を通じて、資本ならびに資本主義的投資のメカニズム、つまり市場プロセスそのものの手段、方法論に対する認識を新たにしていく。このメカニズムと歩をあわせることで、筆者が「オーストリア学派の投資法（オーストリア流投資法）」と呼ぶところの知的な、さらにいえば実践的な原理原則を見いだすことになる。オーストリア流投資法とはつまり、利益そのものを直接的に追い求めるのではなく、利益を獲得するための迂回手段を取りにいく、というものだ。

出版社から執筆の話をもらい、筆をとることを決心したとき、まずは徹底的に己を振り返ることから始め、その後文字に落とし込んでいった（投資家としてはプロであると自認しているが、書き手としては素人なので、前者は純粋に楽しめたのであるが、後者は苦痛でしかなかった）。自身の投資方法を説明するために、北方の針葉樹林から、中国の戦国時代、ナポレオン期の欧州、アメリカ産業の黎明期、そして当然のことながら、一九世紀から二〇世紀のオーストリアに現れた偉大なる経済学者たちと、回りくどいまでの旅路を歩んでみた。そこに共通するのは、常に目的よりも手段を志向する、つまり利益よりも、市場のプロセスとの調和を求めるということだ。ヘッジファンドの運営を第一としながら、二年余りに及ぶ筆者の努力の成果が本書である。余談ながら、本を書くときに最も恥ずべきことは、率直にいえば「我田引水」をしていると非難されることであろう。筆者が記したのは、投資家として、またヘッジファンドマネジャーとして実践していることにすぎないが、ファンドの追加出資はもう受け付けていないこと、そして本書の印税はすべてチャリティに充てることを記し、いくばくかの弁明とさせていただきたい。投資に関する本を著しながら、我田引水をはかるような輩は大いに軽蔑されるべきだと筆者は考えている。

本書は、オーストリア流投資法を紹介するものだ。筆者が提唱する方法の効果を示すために、数字を駆使することにもなるが、それは最後の二章で記すにすぎない。筆者の議論の大半は、オーストリア流投資法の基礎となる、すべての重要な考え方に充てられている。お読みいただければ分かることだが、このような回りくどい本の構成になったのも、考えてみれば目的を達成するためには間接的な道を進むべきだという筆者の投資手法に合致しているとも言えるだろう。

では、本書の全体像を記したい。

第1章では、CBOT（シカゴ商品取引所）の古老エベレット・クリップから受けた教えを通じて、筆者なりに市場のプロセスを紹介する。彼の教えは図らずも古代道教の教えや『老子』または『道徳経』として知られる偉大なる書物と相通ずるものがあった。今日に至るも「クリップイズム」には学ぶことが多い。その後、自然界に論を進め、自然界が持つ生産的、時に日和見主義的な成長戦略が教えるところを学んでいく。

第2章で述べるとおり、針葉樹の基本思想は世代間での迂回戦略である。つまり、まずは岩だらけで、ほかの植物が生息できないような荒れ果てた地に退却し、そこから野火がつくりだした肥沃な土地へと進出していく。

針葉樹のこの戦略は、第3章で見るとおり、孫子をはじめとする独創的な戦略家または意思決定者が用いる標準的な軍事戦略にも認められる。孫子の教えは、『孫子の兵法』の言葉だけが引用されることが多いが、それは戦略的な優位性とも言い換えられるであろう「勢」を中核とするものである。同様の考えは、カール・フォン・クラウゼヴィッツの『戦争論』でも語られている。誤解も多い彼の著書であるが、クラウゼヴィッツが主張しているのは、戦略上の要衝を押さえ、敵を弱体化させ、より目的合理的に勝利、さらには平和を獲得せよ、というものである。

第4章では、イデオロギー抗争を戦った人々に見られる迂回戦略を見ていく。オーストリア学派経済学者の原型とも言えるフレデリック・バスティアは、マルクス主義者と戦い、見えるものと見えざるものという考えを残してくれている。また、オーストリア学派の祖メンガーは、プライオリストという立場を取り、ドイツ歴史学派は経験主義へのやみくもな傾倒にすぎないとして戦いを挑んでいた。

メンガーに続き、第5章では、オーストリア学派を世に知らしめたベーム・バヴェルクについて述べる。彼は、貯蓄と投資、資本蓄積の関係についての見識を世に示した。そのおかげで、今日の投資家は市場プロセスを理論的に理解することができるのだ。資本に関する彼の理論は、より深遠かつ効率的、生産的な資本構成を積み上げるための「迂回生産」を描き出すものだ（石炭と鉄を大衆向けの自動車へと仕立て上げたフォードが好例であろう）。

第6章で見るように、迂回することの難しさを過小評価すべきではない。われわれ人類は時間選好という生来の特質と、遠い将来なら待てるが、近い将来ならば待てないという時間に対する近視眼的な矛盾を抱えているからである。実社会においては、行動経済学で「双曲割引」

と呼ばれるように、人々は遠い将来に比べて、近い将来では単位時間当たりの割引幅が大きくなるように思われる。この特質は、筆者が資産価格とは何かを理解するために重要な役割を果たしているのであるが、ベーム・バヴェルクは時代を先がけること一〇〇年以上も前に、同様の事柄を書き記しているのである。目先の利益を強く求める人類の奇癖ゆえに、一見安易に手にできそうな利益には警戒すべきである。一方で、後の優位性を確保するために、当初は不利な立場に甘んじるという迂回戦略を実践することは、本能に反した取り組みであるがゆえに、ほとんど不可能にも思われるのだ。老子いわく、「明道は昧きが若く、進道は退くが若く、夷道は纇しきが若し。上徳は谷の若く……大器は晩成す」[2]。

第7章では、一九世紀初頭から半ばにかけての、実社会における起業家精神と経済循環を語ったミーゼスの考察を引用し、「市場はプロセスにすぎない」という彼の偉大なる教えを学んでいく。彼の研究は「動的な人間」の活動が主眼となる。それは、オーストリア学派経済学者のマレー・ロスバードが「人類は目的合理的に行動するという根源的事実がある。これは絶対的なものである」[3]と指摘するところのものである。人類は主観的目的を達成するために手段を選択するという点に焦点を当てたことで、ミーゼスは市場プロセスだけでなく、幅広い歴史の趨勢を理解することができたのである。経済に対する認識を確たるものにしなければ、経済史家たちが経験的証拠を分析したり、一見もっともらしい「関係」を述べたりしても誤るだけであるとミーゼスは説いている。

第8章では、干渉主義政策によるゆがみが自然界に内在する統制力を働かなくしてしまう様子を見ていく。それが森林であれ、市場であれ、システムの恒常性を維持するための力は常に働いており、元の状態に戻る道筋は極めて複雑であるけれども、いずれは収束するのである。それゆえ、市場プロセスは、大きな「目的論的」メカニズムであると見ることができる。中央銀行が自然な動きをゆがめると、このメカニズムが拒絶反応を起こすがために、ネガティブフィードバックループを示すことがある。

ここまでの八つの章を通じて、「資本道」、つまり期待する結果を手にするための迂回手段の基礎を構築していくことになる。遠回りをいとわない者、一見関係性が希薄なように思えることも受け入れられる者だけが、最後の二章、オーストリア流投資法と呼ぶところの資本投資戦略の議論から得るものがあるのだ。これは、オーストリア学派の視点からしても新しく、また重要な分野であろう。オーストリア学派は伝統的に自らを学術的な経済分析や政策提言に閉じ込めてきた。つまり、起業家精神ないし市場プロセスを存分に発揮させるには何をなし、さらには何をなさざるべきかを問うてきた。しかし、本書の最後の二章においては、政策提言から実践的な投資へと歩を進め、極めてゆがんだ現実社会を航行していく。筆者の投資法は、オーストリア学派の偉大なる経済学者たちから長い年月をかけて学んだ考え方に大きく依拠しているものなので、これをオーストリア流投資法と名付けている。本書の主たる目的は、オーストリア学派の重要性をほかの投資家にも伝えることであり、オーストリア学派の考え方から何かを得てくれれば良いと考えている。

投資家は、現在のシステムがいまだかつてないほどゆがんでしまっていることを認識しなければならない。政府の介入という命取りにもなる飼料がなければあり得ない資産膨張は、遠からぬ将来、大爆発を引き起こすほど一触即発の状態にあるのだ。第９章で見るとおり、株式市場の大きなゆがみを見れば、向こう数年の間に相当な暴落を予測しておくべきであろう。自嘲していうなら、本書の大部分を費やして、なぜそのようなことが起こるのかを述べたつもりである。急を要することであるがゆえに、暗く、批判めいた警告を文面に盛り込んでいる。

第９章、オーストリア流投資法Ⅰでは、筆者がミーゼスの定常性指標（ＭＳ指数）と呼んでいる測定方法を使って、システムのゆがみを正確に測定する方法を学んでいく。これは、ミーゼスが唱える原理に基づき、いつ市場から退却し、いつ市場に入るかを知ることでわれわれを市場のゆがみから守るものであり、さらには「テールヘッジ」と呼ばれる高度な戦略を用いて、市場のゆがみから利益を獲得するためのものでもある（残念ながら、この戦略は一般の投資家はもとより、プロの投資家ですら用いるのは難しい）。筆者は、この投資手法で名を知られているが、手の内を明かすと、マーケットイベントに関して言えば、インパクトのあるブラックスワン、いわば予期せぬ「テールイベント」など存在しないのだ。多くの人々が見落としていることとほど、その実、予見可能なものなのである。

第10章、オーストリア流投資法Ⅱでは、ベーム・バヴェルクの原理を用いて、実践すべき迂回的な資本構成を探求する。そこでは、ウォール街とは異なり、すぐに利益をもたらすことはないけれども確実に利益を上げていく企業に目を向ける。オーストリア流投資法は、バリュー投資として知られる手法より古い、より原始的な方法といえよう。オーストリア流投資法はバリュー投資よりも歴史があるだけでなく、さらに磨きをかけたものと言える。

エピローグでは、北方林からの教えでもあるシス（sisu）に焦点を当てて、迂回戦略をまとめる。オーストリア学派の理論的洞察を市場プロセスの本質と組み合わせることに加え、筆者の投資法はオーストリア学派の取り組みを経済そのものに反映させている。物理学者のように自らの考えをモデル化したがる主流派経済学者たちとは異なり、ミーゼスの伝統をくむオーストリア学派は、計量経済学のバックテストや最適化などは用いない。

ミーゼスの言葉に真摯に耳を傾けるならば、景気循環のような経済現象を理解することについては、「これらの事実が意味するところは自明である」などとは言えないことが分かるであろう。特に株価の動向を予見しようとするなら、なおさらのことである。自分たちの進むべき道を定め、どの事象が関係し、どの事象が無視しえるかを選択し、そして重要なことに集中するためには、仮説が必要である。仮説に基づく演繹的な推論によって導き出された投資哲学は、経験による調査によって検証されることになる。本書でもその手順を踏むつもりである。

本書においては、即席の戦略ではなく、投資、さらには人生の重要な活動に適用できる考え方を通じて筆者の方法論を紹介していく。つまり、あとに訪れる機会を台無しにすることのな

哲人とその徒弟――エベレット・クリップとCBOTにて（1994年）

いよう、目の前を流れる多くの機会を賢明に選択していかなければならないということだ。思考がなければ、行動は根拠のないものとなってしまう。論理的思考は何にもまして重要なものである。

　若きトレーダーとして取引所に降り立った（実際に最年少であった）とき、クリップは筆者に、自分はなぜCBOTにいるのかを確実に理解させようとした。第1章でも触れたが、けっしてお金を稼ぐ方法を伝授されたわけではない。もしお金を稼ぐことだけを考えていたとしたら、彼はこう言っただろう。「もうここにいることはないだろう。むしろ、ラサール通りの証券取引所に行って株でもやったほうがよい」

と。筆者も読者に同じことを伝えよう。お金を稼ぐ方法を教える書物があるのなら（そんなものはめったにないのだが）、書店の長い列の最後尾に並べばよいだけだ。

本書で意図するところは、読者に考え方を教え、迂回戦略の原則を伝えることだ。大人になってからゴルフのスイングやスキーを学ぶときと同じように、基本となるメカニズムを理解し、実践できるようにすることが狙いである。それができれば、この戦略に不可欠な遠回りもできるし、資本を迂回させることもできるであろう。もし道に迷っても、オーストリア流のコンパスを用れば、その戦略的思考と同じように古くからある迂回路を通じて、左に行くために右へと進むことができるであろう。

『老子』の言葉を引こう。「千里の道も一歩から」[4]。では、本書とともに第一歩を踏み出そうではないか。

二〇一三年七月　ミシガン州ノースポート

マーク・スピッツナーゲル

第1章 道教の賢人――クリップパラドックス

「損をしたい、儲けたくないと思わなければいけない。儲けるのは嫌いだ、損をしたい、儲けるなんてまっぴらだ、と思わなければいけない。……しかし、われわれは人間である。人間はお金を儲けることを望み、損することを嫌う。ゆえに己のなかにある人間らしさを克服しなければならない」

これが「クリップパラドックス」だ。思慮深く、経験豊かなシカゴの穀物トレーダーであるエベレット・クリップが何度となく繰り返した言葉である。これが、筆者が図らずも最初に出合った典型的な投資アプローチであり、即座にわが物としたものでもある。これこそが「迂回」アプローチ（後に「勢」または「回り道」、つまりオーストリア学派の投資法（オーストリア流投資法）と呼ぶところのものである）であり、本書の主題である。つまり、目の前の利益を追い求めるのではなく、一見損を生むような困難かつ「迂回」するルートを通り、そこを中継点として、より大きな利益につながるような優位性を獲得する、というものである。

これは、文明の破壊者または創造者でもある軍人や起業家たちが長年にわたって用いてきた戦略でもある。またこれは、われわれの世界に生来備わっている成長のためのロジックでもあるのだが、それを急き立てたり、強制したりすると、崩壊してしまうものでもある。

その難しさゆえに、本書の主張やわれわれの時間認識とは対照的に、めったに人の通らない、ましてやウォール街の連中にとっては認識することもできない迂回路となったままなのである。それゆえ、有効だとも言えるし、自分の考え方を変え、自分のなかにある人間らしさに打ち勝ち、そして「資本道」にならう決意のある投資家であれば、取り得る道でもあるのだ。

では、このパラドックスにどう向き合うか。どうして回り道をすることが直接的なルートを取るよりも効果的であるのか、または左に進むためには右へ行くことがより効果的であるのか。ただ混乱を招くだけ、空疎な言葉が思慮に富んだものに聞こえるだけなのか。それとも、なんらかの普遍的真理を含んでいるのか。

この問いに答えるためには、時間という概念を改めてとらえ直す必要がある。直接と間接、時間と関係するものと関係しないもの、という定義を変えなければならない。今起きていることと、目の前にあるものから、将来的に出来すること、目には見えないものへと、視点を変えていかなければならない。遠い将来を鋭く見抜く力という意味で、この新しい視点を、被写界深度（空間的な意味合いよりも時間的な意味合いでこの光学の用語を使っている）と呼ぶことにしよう。

これは、考え方を短期的なものから長期的なものに変えよう、ということではない。長期的というのはあまりに陳腐な言葉であり、往々にして矛盾をはらんでいるのである。つまり、長期的に行動しようとするには、目の前の物事に深く関与しなければならないケースが多い。そこでは、目の前にある選択肢を短期的にとらえ、結果が出るまでダラダラと待つ、ということになりかねない。そして十分に思案することもなければ、時間の経過のなかで現れる異時点間の機会を判別することもない。さらに言えば、長期的に活動しているという者に限って、物事が計画どおりに進んでいないことを正当化しているにすぎないことが多いのだ。長期とは望遠的であり、短期とは近視的である。そして、被写界深度とはその二つの間に焦点を当てるものである。長期的とか短期的とかいう考え方はやめようではないか。クリップパラドックスの教えのとおり、時間についてまったく異なる考え方をしよう。「異時点間」というのは、一連の「一瞬」から構成されており、優れた音楽の一節や数珠のように次から次へと生じていくことなのである。

クリップパラドックスから、人類の最も重要な思考の核にまつわる、より深淵なパラドックスを引き出すことができる。クリップ自身は気づいていなかったが、彼の指摘するパラドックスは、時代も文化もまるで異なる二五〇〇年以上も昔に、その姿を見ることができる。古代の政治的、軍事的論文であり、また中国の思想である道教の原典ともなっている『老子』（後に『道徳経』と呼ばれるようになったが、筆者は著者とされる老子の名にちなんだ元々のタイトルを用いる）の主題にその姿を見ることができる。

老子によると、最善の道は、その反対側にあるという。失うことで手に入れ、手に入れることで失う。勝利とは天王山の戦いのあとに得られるものではなく、あとにより大きな優位性を得るために待ち、準備するという迂回的アプローチの先にあるものだ。極と極、均衡と不均衡をつなぐ連続と変化という原理的・不変的プロセスがあるという。すべては対極のなかにある。

「これを微明という。柔弱は剛強に勝つ」[1]

クリップにしても老子にしても、時間を外因的なものとは考えていない。むしろ、物事の内部から生じる主因であり、忍耐こそが最高の宝だと考えているのだ。クリップはまさに道教の賢人、であった。ＣＢＯＴ（シカゴ商品取引所）という危険きわまりない市場で五〇年以上にわたり生き残り、また成功を収めてきた彼の姿こそが、そのことをよく示しているであろう。

巨匠

道教は、紀元前四〇三年から二二一年、戦国時代と呼ばれ、およそ二〇〇年にわたって戦乱が続いた古代中国において台頭してきた。中国中部の平野部では血と涙の雨が降り注いでいた。一方で、軍事技術や戦略に大きな進歩がみられた時代でもあり、より効率的な軍事編成が考案され、騎兵隊や標準化された石弓が導入されたのもこの時期である。これらの新手段を用いて、軍隊は城郭都市を襲い、国境を超えていった。戦争と死など日常茶飯事であり、降伏すれば街全体が一掃されるなど当たり前のことで、[2]当時の母親は息子が成人することなど望むべくもなかったのである。[3]

一方で中国の戦国時代は、古代中国文明の黎明期ということもできる。道教の師である荘子が「諸子百家」と呼んだほどにさまざまな哲学が花開いたときでもある。古代中国で最も知名度があり、また今日においても世界中で知られている『老子』や『孫子』といった傑出した道教の書が生み出されたのも、この時代である。「老子」または「偉大なる人物」と呼ばれる著者が実在していたかどうかは、不明な部分が多い。

中国研究家たちは、老子の出現は紀元前四世紀だとする説を崩していないが、伝説によるならば紀元前六世紀、周帝国の守藏室之史を勤めていたと言われている。紀元前五五一年から四七九年までを生きた孔子と同時代の人物だとも言われている。孔子は老子に教えを請い（老子は厚顔不遜だと退けているが）、「風雲に乗じて天に昇る龍」[4]が如しと形容している。さらに、竹片につづられた書物である『老子』は、たいていの場合、戦時下の軍事顧問向けに用いられたものであるが、口碑の一種と言えるであろう（そのほとんどが韻を踏んだ文章である）。史実か伝説か、実在の人物か単なる神話か、一人の人物のことなのか、それとも長い時代にわたる言い伝えなのか、いずれにせよ老子は時代を超えた普遍的知恵を後世に伝えている。

多くの人々が、『老子』は極めて宗教的なもの、または神話にすぎないと考えているようだが、この偏見こそが『老子』の評価を下げている。実際に「ラオイズム（Laoism）」という言葉は後に現れる宗教的な道教と哲学としての『老子』とを区別するために用いられている。一九七三年の馬王堆漢墓や一九九三年の郭店における、絹や竹片などの考古学的発見によって、近年になって、『老子』が単なる神話的な話ではなく、むしろ極めて実践的な哲学書であるという重要な新解釈がなされてきてもいる。[5] 弾圧や敵との抜き差しならない衝突を避けながら優位な立場を得る方法ということで、政治上または軍事上の衝突に適用できる実践的な戦略論だとも言える。本書はこの歴史に忠実であり続けるものだ。

全部で八章、たった五〇〇〇文字から構成される詩のような短い文書である『老子』は「道」の要点を概説している。つまり、物事の本質と調和する方法、または「行動様式」[6] といったものを示しているのだ。中国研究家のロジャー・アムスやデビッド・ホールは「道」を「動名詞的」なものだとして「Way-Making」「Processional」と記している。つまり、異時点間の「俯瞰と集中」、われわれを取り巻く全体構造や環境、制度に内在する可能性を探求する被写界深度、ということだ。[7]

『老子』の基本コンセプトは「無為」と表現されている。文字どおり解釈すれば、「何もしない」ということであるが、その言葉が意味するところはもっと深いものがある。一般には消極的なことと誤解されるが、「無為」が意味するところは非強制的な行動、である。ここに、歴史上はじめてとも言える「自由放任」、リバタリアン、さらにいえば無政府主義の萌芽を見ることができる[8]（「大国を治むるは小鮮《しょうせん》を烹《に》るが若し」[9]、放っておけ、干渉するな、老子のこの基本的な政治信条はロナルド・レーガン大統領の一般教書演説を彷彿とさせるものである）。『老子』はまた、外部からのいかなる介入も排して、個人の自己実現を後押しする特異な技術の一つと見ることもできる。これは、無為を為す、文字どおり解釈すれば「無為無」、かみ砕いていうならば「成さずして成す」または「無事を事とす」[10]というパラドックスへとつながるものだ。「之を損して又た損とし、以って無為に至る。無為にして為さざる無し」[11]

「無為」においては、目的に至るプロセスを待つこと、将来訪れるチャンスを待って目の前の損失を耐え忍ぶことが重要とされている。『老子』では次のように語られている。「孰《いずれ》か能《よ》く濁りて以ってこれを静かにして徐に清まん。孰か能く安らかにして以ってこれを動かして徐に生ぜん」[12]。これは謙虚さや忍耐についての教訓のように見えるが、後により大きく前進するために、最初の一歩は喜んで犠牲にせよ、とも読める。つまるところ、待つことの本質は、有利な立場を得ることにある。それゆえ、目的を達成するまでの過程で示されるあからさまな謙虚さは、たくらみを覆い隠すための偽りの謙虚さである。フランスの中国研究家であるフランソワーズ・ジュリアンが述べているとおり、道教の視点に立てば「目的を達成するために自らを蔑《さげす》む」者という意味において「賢人と詐欺師は同じである」。「その者が退却するのは、確たる狙いがあってそうするのであり、うわべで『我』を消しているのは、後により不遜に『我』を通すためにそうしているにすぎないのだ」[13]。これこそ、軟弱であるように見せかけた見事な迂回であろう。アムスとホールの言葉を使えば、老子のいう「相対するものの相関関係」[14]がこの一時的な形のなかに見られるのである。将来強くなるために、偽りの謙虚さによって、今はあえて弱くいられるのだ。これこそ老子が「戦わずして勝つ」[15]と述べる理由であろう。

このように考えると、『老子』は間接的な方法で有利な立場に立つため、または相手の力を利用して敵を打ち負かすための手引書だとも言えよう[16]。

柔よく剛を制す

中国武術「太極拳」の柔と剛の相互作用が「無為」を最も分かりやすく表現しているのではないだろうか。これこそが『老子』の直接的な派生物であってもおかしくはない。伝説によれば、太極拳は一三世紀の道教の師、張三豊が編み出したものとされる。武当山に入って修行していた張三豊は、カササギとヘビの争いを見て、柔よく剛を制すという道教の真理を悟ったという[17]。ヘビはくねくねと体を動かしてカササギの攻撃をかわしながら反撃の機をうかがい、ついには決死の一噛みを食らわした。耐え忍びながら、最終的な攻撃のために退却するという姿に、老子のいう深遠かつ型破りな武芸を見たのだ。

兵を用うるに言えることあり。
吾れ敢えて主と為らずして客と為り、
敢えて寸を進まずして尺を退けと。

これを行くに行無く
攘《はら》うに臂《ひじ》無く
執るに兵無く
つくに敵無しと謂《い》う[18]

道教と同じように、太極拳もまた神秘主義的またはニューエイジ的なものと考えられてきたが、その源は武術にある。それは中国の河南省にある陳村で今もって伝えられる太極拳の源流となった陳家太極拳の力強い動きを見ても明らかである。陳一族の陳昕が著した『陳氏太極拳圖』によると、人を惑わすような回転運動は、「絹織り」と呼ばれ、「これこそが太極拳の動きの主眼であり、『迂回』による遠心力に働きかけるものである」[19]。退却と前進、柔と剛の回転である。筆者の師である郭栖臣や楊俊敏の擒拿術を前にすると、筆者の身体はあらぬほうへと動き、バランスを崩し、惨めなまでに押さえ込まれてしまう。

太極拳は、柔をもって相手の焦りを待つことの重要性を体現するものである。このことは、「推

推手——走化と粘勢

手」と呼ばれる太極拳の組み手を見ると一番分かりやすい。この動きは知らない者が見たら、同期運動の振り付けのように見えるだろう。実際には、「推手」は極めて制約された規則のなかで狡猾に相手を倒す競技であり、相手の足裏以外を地面に着けさせる（または場外に押し出す）ことで勝敗が決まる。決め手は押すことではなく、押し戻されることにある。推手は、筆者からすると、理想的な迂回ならびに投資方法を表すものである。

　陳村で何百年にもわたって口づてに伝えられる「推手の歌」は、競技者が相手の力を空へと導き、即座に攻撃することを教えている。[20] 敵を空へと導き、バランスを崩させることは直接的な目的ではなく、有利な立場を得て、攻撃をすることが目的である。

押され、戻し、攻撃する一連の流れが「推手」の本質である。走または走化、と呼ばれる、押され、戻す運動、つまり「背を向けることで導く」のは、あとにより有利な立場へと己を導くための偽りの退却路であり、有利な立場を得たら、粘または粘勢と呼ばれるように前進し、ついには決定的な打撃を与えるのだ。この一連の流れが、第3章で述べる「勢」であり、無為の戦略でもある。

この攻防は、対戦者間の相補的な（対立的ではない）力、柔と剛との微妙な相互作用であり、ともに力ではなく、我慢強く相手のバランスを崩そうとする狡猾な戦略であり、究極的には左に行くために、一度右に身を振ることなのだ。

これはゲリラが用いる狡猾な戦略でもある。一八世紀、イギリスと戦うアメリカの開拓者たちが効果的に利用したかと思えば、二〇世紀に入ると、最強のアメリカに立ち向かう弱小のベトコンがこの戦略を器用に用いた。まさに、時空を超えた柔と剛との交わりとも言えるだろう。アメリカ軍が殺到すると、ベトコンは山へと逃げ込み（走化）、アメリカ軍の戦線が延び切るまで引きつけると、ベトコンは一気に反撃し、アメリカ軍に壊滅的な打撃（粘）を与える。押せば押すほど、相手の術中にはまっていくわけで、アメリカ軍は極めて大きなストレスを感じたことだろう。ところで、毛沢東は『老子』の言葉を知っていたのだろう。「小国、以て大国に下れば則ち大国を取る。故に或いは下りて取り、或いは下りて而《しこう》して取る」[21]と言っている。この言葉は、エピローグで北国の軍隊のゲリラ戦士たちについて語るときに再び登場することになる。

太極拳が示す無為では、力で押すのではなく、迂回的に押されること、強いることではなく流れを向けることで有利な立場を得るのである。『老子』の言葉を引用すれば「是を以て兵は強ければ則ち勝たず、木は強ければ則ち折る」[22]のだ。目の前のちょっとした損失に耐え得ることができれば、そこで獲得しそこねた利益など大きく上回るだけの有利な立場を保つことができる。つまり、現在と将来という二つのゲームを同時に行っているのだ。偉大なる推手の使い手、鄭曼青が看破したように、敵の力を導き、無きものとするのであり、一度は「損失に投資することを学ば」なければならない。そうすることで、「敵の力は分裂し、当方の大きな利益へと形を変えるのだ」[23]。これこそが、太極拳に見る「資本道」の本質である。

今、置かれている環境を受け入れ、あえて不快な状況にも甘んじることで、目の前のことは「見る」にとどめ、全体の流れを「理解する」。『老子』の根底にある確たる認識方法である。『老子』にとって、外部環境のほとんどは、単なる幻想にすぎず、認識のほとんどが丹念な配慮を必要とするものだとしても、しょせんは目に見えない真実からそれてしまっているものなのだ。老子はこのことを簡潔に述べている。「戸を出でずして天下を知り、窓より伺わずして天道を見る。その出ずることいよいよ遠ければ、その知るところいよいよ少なし」[24]

ポール・カルスは、一九一三年の著書『ザ・キャノン・オブ・リーゾン・アンド・バーチュ――ビーイング・ラオーツェズ・タオ・ザ・キング（The Canon of Reason and Virtue :

Being Lao-tze's Tao The King）のなかでさらに踏み込んで、『老子』の認識方法を一八世紀ドイツの哲学者であるイマヌエル・カントと関連づけている。老子は「カントのいうアプリオリ、つまり感性と悟性の理論を支持している。人類を知るのは世界を旅した者ではなく、思考した者である。太陽の化学成分を知るために、太陽へ行く必要はない。スペクトル分析を用いて太陽光線を調べれば良いのだ。月までの距離を測るために紐を伸ばす必要はない、アプリオリの科学、つまり三角法を用いれば算出できるのだ[25]」。

まさに、『老子』の教えを汲むがごとく、もっぱら目の前の出来事を認識することに依存する実証主義者にあらがう姿がそこにある。ジャイコブ・ニードルマンは『老子』をこう解釈している。「われわれは物事、形、出来事を見るだけだ。自然を支配する力や法則に直接触れることはない[26]」。また、エレン・チャンも同様に、『老子』は「本質的に科学を信奉していない」。「多数が持つ知識が一人の人間にとって役に立つことはない[27]」、それゆえに、「帰納法」を退けている。風にたわむ木、せき止められた水がやがてすべてを押し流すさま、ヘビと鳥の戦いなど、自然界にある、基本的な論理を理解することでしか真実には到達し得ない。表面的な現象や経験則にはまやかしが多い。知恵こそが投資に文脈や意味をもたらすのである。

ピットのなかへ

投資との出合いはまさに偶然であった。一六歳のとき、親友でトウモロコシ先物のトレーダーであったエベレット・クリップに会いにCBOTに向かう父についていった。市場に関するわたしのそれまでの経験など、三代にわたって譲り渡されてきたマイナーリーグの野球チームのロチェスター・レッドウィングスの株式くらいのものだ。穀物取引のピットを見渡せる来客用の部屋に立つと、派手なトレードジャケットを着た人々が身体を揺らし、腕を振り回す姿がまるで万華鏡でも見るかのように眼前に広がっていた。筆者はジェームズ・ボンドの映画に出てくるようなおしゃれなカジノのような場を想像していたのであるが、現実はまったく異なるものであった。すっかり虜となったのである。まるで鳥の群れや雲が中空に舞い、休息しているかに見え、何か目には見えないものがきっかけとなって、一気に力が加速する、あたかも一つの生命体かのように動くのを見ているかのようだった。鳥は機械的ながらも有機的な正確さをもって急降下するかと思えば、休み、また飛び立つ。傍観者はただただ驚きに目を見張るだけだ。何か目に見えないものによって引き起こされる、とめどもない騒音や活力に時折中断されながらも、同じような神秘的雰囲気がピットのなかにはあった。まさに金融界の「シュトルム・ウント・ドランク（Sturm und Drang）」であったが、そこでは、間違いの許されない、複雑なやりとりがなされていた。やっとの思いで獲得したジュリアード音楽院への進学計画は一瞬のうちに取りやめとなり（言うまでもなく、母はぞっとしたであろうが）、どうしてもピットトレーダーになりたいと思うようになった。

この運命的な小旅行以来、穀物先物市場が頭を離れることはなかった。寝室の壁にはチャートが描かれ、夜陰に紛れて地元の農場から拝借した種を使い、鉢植えのトウモロコシと大豆の研究室を作った。雨とトウモロコシの発育状態との関係を観察するためである。以来、クリップに会うたび、手書きのグラフとアメリカ農務省（ＵＳＤＡ）のリポートを片手に、彼に質問を浴びせまくったのだ。価格トレンド、世界の穀物供給、ソ連の需要、アメリカ中西部の天候パターン、つまりは市場がどこに向かっているのか、という質問だ。彼の反応はいつも変化に富んだものだった。「市場とは本当に『勝手』なもので、何が起きてもおかしくはない。市場は常に正しく、そして常に間違っているのだ」という具合だ。彼があまりにデータや情報を軽視するので、筆者は困惑したものだ。このガラガラ声の頑固なシカゴ穀物親父に懐疑の念を持つこともあった。市場がどこに向かっているのかを知りもせず、さらには気にもせずに、どうして彼は投機に成功し続けているのだろうか。「市場がどうなるかを知っている連中はもはや取引所にはいない。彼らは引退したか、破産したかのどっちかだよ。まあ、引退したとは思えないがね」とクリップが何度も言った言葉の意味も理解できなかった。

価格の動きを予知することが投資の主眼でないというなら、一体どうすればよいのか。結局のところ、安値で買って高値で売る、または高値で売って安値で買い戻すことでしか利益を得ることはないのだ。であるなら、予想する能力もなしにどうやってこれを成し遂げるというのだ。一〇代の筆者がたどり着いた答えは、ピットトレードでの優位性は、筆者が「小道」と呼んだ一連の注文と、克己力のなかにある、というものだ。つまり、他者のいらだちや焦りに、辛抱強く対応していくことで優位性は得られるのだ。優位性は、直接的な洞察力や情報ではなく、つまり有利な立場を得るための異時的なプロセスのなかにある。そして、利益を獲得すること、迂回生産には時間がかかるのだ。

債券のピットは、トレーダーの平均年齢が二〇代かせいぜい三〇歳程度で、トウモロコシのピットに至ってはそれよりも若いという世界だ。債券ピットでの仕事を希望する筆者は大学で何を学んでくるべきかとクリップに問うと、「何をやっても十分だということはないだろう」と答えたものだ。実際、経済学を専攻したなどということは知られたくない事実である。また、大学にいるときは、常に『ザ・トレジャリー・ボンド・ベーシス（The Treasury Bond Basis）』を持ち歩いていたのを覚えている。筆者なりにトレーダーの道を歩むべく準備を怠らずにいたかったのであろう。大学の夏休みなどは、数少ないクリップのチームのなかで下っ端のクラークとして働いた。そして、大学を卒業すると、祖母（筆者にとっては最初の、そして最高の出資者である）の助けを借りて、CBOTの会員権を賃借し、債券ピットに自らの居場所を獲得した。時に二二歳、最年少トレーダーの誕生である。

取引した商品は、Tボンドの先物（もしくは期近の「受け渡し可能な最安値銘柄」）と、長期債の指標となる一〇年物の債券である。一九九〇年代初頭、債券先物のピットは金融界の心臓部であった。世界でも最も活発に取引が行われ、オープンアウトクライの中心地でもあった。将来の金利低下を心配する貯蓄家から、金利上昇を懸念する借り手まで、長期のドル建て金利リスクを抱える者はだれもがその場に集まり、リスクヘッジを行っていた。

トレーディングピットは同心円状（実際には、八角形だが）に作られており、ちょうど段を重ねたウエディングケーキをひっくり返したように、中央に向かって階段状に降りることができる。最上段、ピットの最後部にあたる部分は、最大級または最も悪どいトレーダーが占拠していた。というのも、大玉の発注を出すトレーダーが鎮座ましますと場所であると同時に、ピット全体を見渡せる場所でもあって、これは計り知れないほど有利な立場なのである。トレーダーとなった最初の一カ月、筆者はあえてその場所にはいかないようにしていた。むしろ、対極、ピットの一番下の場所に陣取った。ここでは、2番限以降の限月の取引が散発的に起こるだけであった。

最初の一カ月かそこらは、クリップの隣に立って終日を過ごすこととなった。彼は、筆者に取引の指示を出したり、筆者がどう取り組むかを見ていたりしたのである。クリップは明快だった。「お金を稼ぐためにここにいるのではない。取引を学ぶためにここにいるのだ。お金を稼ぐためにピットに向かうというなら、もはやここにいることもないだろう。ラサール通りの証券取引所に行って、株でもやったほうがよい」。まさに、迂回路を歩み始めたのであった。

トレーダーの名誉

クリップの教えは、ほとんど疑わしくなるほどに極めてシンプルであった。しつけというよりも、親が子にことわざを聞かせるかのようなものだった。「ピットトレーダーとしての特権は二つある。いや、二つしかない。一つは、有利な立場に立てる、つまり買い気配値で買って、売り気配値で売れるのだ。もう一つは、間違ったらあきらめることができる、ということだ」

クリップが特権と言った「優位性」は、CBOTでは「ローカルズ」と呼ばれるマーケットメーカーのそれである。債券ピットは筆者のように自身の口座で独立的に取引する者、または顧客の発注を執行するブローカー、いずれかのローカルズによって占められている。ローカルズの役目は即時性を提供することだ。つまり、今すぐ取引したいと思っている人々に対し価格を提示することで、当座の流動性を提供するのである。当然ながら、売り気配・買い気配、売り買い双方の流動性などから、求めるべき利益をかんがみて、ローカルズは価格の譲歩を求めてくる。ローカルズは終日ピットに立って、このような取引、特に切迫した相手からの取引が来るのをじっと待っている。いつ取引を行うかを決めるのはローカルズではない。彼らは、ただ待ち、必要ならばさらに待つだけのことなのだ。

取引を急いでいる相手（彼らは即時性の対価を払っているのだ）から引き出す価格上の譲歩は「レント」と呼ばれ、これがローカルズの絶対的優位性となっている。しかし、譲歩させたことでローカルズのゲームが終わるのではない。彼らは有利な立場を得たにすぎず、市場から身を引くなり（損をする）、再度市場に参加するなりしなければならない。ローカルズは先を急ぐ発注に向かうことで在庫（つまりポジション）を積み上げていき、この勢いが収まるや、自身の在庫を処分して利益を得ようとするのである。つまり、押されているようで前進しているわけで、ローカルズは後退することで前進しているのだ。しかし、当然のことながら、待つことおよび在庫を抱えることのコストをかんがみれば、このやり方には大きな損失を被る可能性がある。それゆえ、ポジションを解消するのが早ければ早いほど、良いことになる。そこでは、取引を急いた相手よりも良い取引をすることが主眼となる。今は亡き伝説の債券トレーダーである「チャーリー・D」ことチャーリー・デフランチェスカがうまい表現をしている。「要は、市場よりも効率的であり得るか[28]」

クリップはローカルズの役割を通常のビジネスに置き換えて考えることを好んだ。つまり、卸売業者や小売業者の在庫調整、または先物取引を含むあらゆる商品において生産段階別に発生する価格差、といった具合である。いずれの場合でも、原材料と生産物との異時的なアンバランスを利用して、最終消費者には即時性を提供するか、または資本財やその他の生産要素を含んだ中間在庫を保有し、そして、しかるべきときに最終財を供給するか、だ。第5章で見るとおり、この過程で遠回りすればするほどに、価格差が大きくなるのである。

第二の特権は、クリップが常々言っていたように「非情」なもので、損が出る（間違える）

やいなやポジションを即座に解消することだ。クリップは「常に損失は一ティックまで」と言っていた。取引の半分はこうして損切りされることになり、残りの半分においてももちろん、どのくらい早く利益を確定できるかにもよるが、多くの場合は、時間が経過すればするほど損失が発生する可能性は高まるのだ。

例を挙げるなら、市場で一一五・七一八七五の買いと、一一五・七五〇〇〇の売りがあったとすると、筆者は一一五・七一八七五で買って、一一五・七五〇〇〇で売り抜けなければならないことは言うまでもない。どうにか一枚買えたとしても、その後で大きな売り注文が入って、市場が一ティック押し下げられたとする。その場合、筆者は即座に一ティック低いところでポジションを解消して（できるならばあとで恩返ししてくれそうなブローカーに「優位性を譲る」または「身を引く」）、損失を一ティック（一〇万ドルの債券に対して三一・二五ドル）に抑えなければならない。筆者は、クリップの「アルファ・スクール・オブ・トレーディング」の公式メンバーであった。彼の会社名アルファ・フューチャーズにちなんだ名前で、このメンバーは損をいとわない水色のジャケットを着た男たちであった。

この主張に異議をはさめる者などいるだろうか。クリップが口にしていたように「ＣＢＯＴでトレーダーをつぶすことができる唯一の方法が、巨額の損失を負わせること」ならば、いかなることがあっても「巨額の損失だけは負ってはならない」のだ。彼の師匠が四〇年も前に語った言葉は「損をできるときに喜んで損をしろ。そうすることで、ＣＢＯＴで生き残ることができる」というものだ。この話をするときクリップは笑いながら、「おかげで一九四五年以来、損をし続けているよ。でも、彼は正しかった。俺は今でもCBOTにいる」と付け加えたものだ。ここでいう損とは小さな損失であることは言うまでもない。だからこそ、「損を喜んで受け入れる」べきで、それができないのなら、取引はやめたほうがよいのだ。

小さな損をすることを受け入れられなかったり、また焦って利益を追い求めたりすることはトレーダーにとって致命傷になるとクリップは考えていた。一〇〇年以上も前から指摘されている「気質効果」によれば、人々がこのような行動に駆り立てられるのは仕方のないことで、彼らは損失が大きくなるまで待ち、利益は小さいうちに実現してしまう。こうしてクリップのやり方とは反対の行動を取るものなのだ。目の前の利益を追うことは正しいと「感じ」、目の前の損失を受け入れることは誤りだと「感じ」るのだ。すぐに利益を得ようとする衝動は、われわれの脳に生来植え付けられたものである。第６章で見るとおり、人類の被写界深度は浅いのだ。

あまりに大きなポジションを取ったり、過度にコストを背負い込んだりすることほど、この人間らしさを説明するに良いものはないだろう。拙速というものを分かりやすく示してくれている。レバレッジを掛けすぎてすぐには穴埋めできないほどの損失を抱え込むにしても、借り入れが多すぎて利益がほとんど出ないにしても、すべてを賭けてしまえば、すべては一発勝負になってしまうのだ。そんな取引をするべきではないのだ。クリップの言葉を借りれば、「一つの取引が一日をダメにする。一つの取引が一週間をダメにする。一つの取引が一カ月をダメにする。一つの取引が一年をダメにする。そして、一つの取引が将来をダメにすることだってあるのだ」。

クリップの方法論を多くの人々が受け入れないとしても不思議ではない。実際、あらゆる点で彼はピット取引の異端児であった（先物業界でのあだ名は、CBOTのベーブ・ルースだったのだが）。最大の批判者はだれあろう、あのチャーリー・D、その人であった。彼の批判を誤解したチャーリー・D信奉者たちは損をしていた。いずれにしても、チャーリー・Dほどの人物はあとにも先にも現れないのではあるまいか。クリップ本人ですら、「残忍だ」と表現したほどに、目の前の利益の先を見通す、つまり被写界深度を保ち続けるのは苛酷な挑戦である。有利な立場を得るためには不可避だとクリップが考えるこの挑戦を続けることはほとんど不可能である。ありていに言えば、もしすべての人間がクリップパラドックスを受け入れるならば、それはもはや効果的な方法でなく、ましてやパラドックスでもなくなる。『老子』の言葉を引けば、「明道は味きが若く、進道は退くが若く、夷道は纇《らい》なるが若し。建徳は偸《おこた》るが若く、質真は渝《かわ》るが若く[29]」である。道教の思想をよく表した言葉を挙げれば、「水は低きに就くが如し[30]」である。

まずは損をせよ、最初にする損は良い損だ。それがあとで大きな利益をもたらす。これこそがクリップが受け継いできた迂回戦略である。いうなれば、優れた防御を行い、損失を受け入れ、将来有利な立場を得るために今を使い、そしてより効果的な攻撃を仕掛けるのだ。また、クリップの言葉を使えば「愚者のように振る舞え、愚者のように考えろ」である。当然ながら、待つことでより効果的な行動が可能となるのだ。性急な相手につけこむことが、迂回戦略の本質であり、基本的な強みであり、トレードと投資における最大の武器である。

野球の世界では、マイナーリーグとメジャーリーグとの違いは、軌道が予想しやすいストレートではなく、カーブに対応できるかどうかにかかっているという。それは投資の世界にも当てはまることで、真っ正直な方法ではなく、異時的なゆがみに対応できるかどうかなのである。ミルウォーキー・ブレーブスの投手であったルー・バーデットがかつて言った「ガツガツした打者こそがわたしの食いぶちだ[31]」という言葉は筆者の持説にもなっている。投資家たちの欲望、頑固さ、力強さ、そして性急さこそが筆者の食いぶちなのだ。これは売り気配と買い気配の差だけに現れるのではない。あとに見るように、もっと大きな文脈のなかで現れてくるのだ。

債券ピットのロビンソン・クルーソー

およそ一カ月の後、クリップは債券取引の荒野であるピットの上段へ筆者を放った。言いつけは同じ、特権はたった二つということだけで、彼はピットにいる筆者をタカの目で監視し、そして日々の売買明細に目を通した。筆者が言いつけを守っているかどうかを見るためである。

債券ピット、いやピット全体の王者は、「BAL」のバッチを着けたルシアン・トーマス・ボールドウィン三世だった。ほかのどのローカルズよりも大きい、日に何千枚もの取引を行い、数千億ドル規模の国債市場をだれの手も借りずにさばいていったのである。シカゴの多くの市民がマイケル・ジョーダンを崇拝していたころ、当時一〇代の筆者にとってはBALこそが崇拝の対象だったのだ。ピットで働く者として、筆者は彼の取引を必死で学んでいた。不満げに鉛筆をたたく癖は悪名高かったが、彼は落ち着き払って、驚くほどに自己を律しており、徹底的な我慢と圧倒的なまでの攻撃とを変幻自在に行っていた。

BALのそばに陣取るのも当然であろう。彼は新顔の筆者と「SIZ」のバッチを見ると、「ザ・シズラー」と命名、その後このあだ名は変わることなく、筆者は彼にとっては紙くずをぶつける的にもなっていた。からかわれるのが新人の常であるとしても、最も偉大な先輩にからかわれていたのだから光栄なことであった。これは一種の通過儀礼で、後に彼は紙くずをぶつけるのをやめ、取引をしてくれるようになったのである。

債券ピットの上段に上がったのは、まるで無人島に漂流してしまったかのようで、だれの助けもなく、取引に絡むチャンスもほとんどなかった。筆者は、債券ピットのロビンソン・クルーソーだったのだ。ダニエル・デフォーの一七一九年の小説の主人公であり、何もないなかで生き残るためにあらゆる戦略を生み出した、この孤独の島人を例に引いたのは、もっと深い意味がある。ロビンソン・クルーソーは、オーストリア学派の経済学者が好んで用いる、最も本質的な経済的寓話なのである。オーストリア学派は、彼らが「自閉的相互作用」と呼ぶ、個人の行動がもたらす相互関係に焦点を当てるのであるが、これは少なくともアダム・スミスまでさかのぼることができる説である。クルーソーが粗雑な釣竿を作り、その後の生産性を高めるために船や漁網などの道具を作ることに時間を費やしていったことは、第５章で述べる迂回という考え方にとって欠くべからざる例なのである。

クリップはまさに釣竿を筆者に与えたようなものだった。筆者は終わりなきかのように一人寂しく釣竿を垂らしては、一枚を買ったり売ったりし、また針を投げては一ティックの損を負って終わる、つまり魚に餌を盗まれていく。時には、ただピットに立って叫んでいるだけで時間が過ぎ、一週間を終えることもあった。

それでは、ロビンソン・クルーソーに話を移そう。彼は、無人島でさまざまな釣り場を開拓したあとに、浅瀬では数こそ多けれど、小さな魚しか釣れないこと、一方で水深のあるところでは、当たりは少なくとも大きな魚が釣れることに気づく。クルーソーにしてみると、魚の大きさと数とで自然のトレードオフが発生しているのだ。これはどこにでもあるトレードオフだ。より複雑な事象を踏まえると、頻度とサイズとに現れる「べき乗則」という言葉で表現されるが、つまりは小さなものは数多くあれど、大きなものは極めて少ない、ということだ。

ここで疑問が生まれる。クルーソーはどこで魚を釣るべきなのか。トレーディングピットに置き換えれば、どれほどの利益を追い求めれば良いのか、ということだ。この疑問に答えるためには、ピット取引における迂回戦略での二つ目のステップに入らなければならない。

クリップの方法論は、マイナス面を定義する一方で、獲得すべき利益の規模については言及していない。彼は「良い損失」の規模については説明したが、「良い利益」の規模については言及しなかった。彼が常々言っていたのは、損切りするに早すぎるということはないし、利益を確定させるに遅すぎるということもない。ただ、いつ利益を確定させるべきかというのは分からない、ということだ。取引のたびに一ティックだけ利を得ようとするローカルズを指す言葉で、スキャルパー、利ザヤ稼ぎというのがあるが、クリップはこのスキャルパーを嫌っていた。クリップは小魚では満足しなかったのだ。

利益規模というのは、もちろん取引規模のことではない。それは単に口座のサイズにもよるし、損益どちらにも等しく影響を与えることになる。ここで言っているのは、損失の規模に比した利益の規模であり、つまりは「利益率」のことだ。

クリップの基本的な非対称戦略では、期待する利益が大きければ大きいほど、獲得できる機会は少なくなり、収益の分布はより非対称、言い換えれば、ポジティブ・スキューになる。例えば、一〇ティック分の利が乗ってから利食いする機会などめったにないことは当然で、三ティックで利食いする場合に比べて損失を被る可能性は高くなる。七ティック、八ティック、九ティックと利が乗った直後に、一気に一ティックの損失になったことなど何度となく目の当たりにしている。バカげた話となるが、一〇〇ティック分の利を狙うこともできるが、そんな機会はめったにないし、未来永劫訪れないかもしれない。ただ、それまでに何万回もの一ティック分の損失を繰り返すだけなのだ。それ自体は、強力な戦略であるかもしれないが、結局は効率的とは限らないのだ。

クリップはスキャルパーではないが、一方で彼の方法論はまた、たった一回の幸運な取引で一獲千金を狙うものでもない。彼の方法論は漸進的に利益を求めていくものであり、時間をかけてシステマティックな優位性を獲得していこうとするものである。しかし、利益目標が大きくなるということは、オプションを大量に買っている状態となるのだ。市場は「ファットテール」と呼ばれるような極端な動きをすることがまれにあるということ、そして最もシンプルかつ上品な形でそのような値動きをリプリケートすることが市場では優れた戦い方であることを彼は本能的に理解していたようだ。

マクエリゴットのプールで釣り

取引頻度こそ減少させても、小さな魚から、より大きな魚に狙いを定めるようになるにつけ、筆者はデフォーの世界から別の経済思想家であるセオドア・ガイゼル（別名ミスター・スース）の世界へと移っていった。一九四七年に書かれた彼の絵本『マクエリゴッツ・プール（McElligot's Pool）』では、マルコと名付けられた少年が池に生息するさまざまな魚を思い描き、それが濁って見えないにもかかわらず、どうにかとらえようとするのだ。年老いた農夫はバカにして、池に魚はいないと何度となく彼に告げるが、マルコはけっしてあきらめようとしない。繰り返し、竿を投げるのだ。このマルコの行動は、紀元前二～三世紀の懐疑論者であるセクストス・エンペイリコスの帰納問題、言い換えれば「ブラックスワン」問題を適切に示している。つまり、この皮肉屋で、懐疑主義的な年老いた農夫が間違っていることを示すのは、たった一匹の魚を釣り上げることで足りるのだ。マルコは反抗的に言う。「あなたが正しいかもしれない。僕はここに三時間もいる。一度も食いつきはしない。たしかに魚はいないかもしれない。でも、いるかもしれないじゃないか」。マルコは池のなかに何も見つけることはできないし、今までこの場所で何かを釣り上げた者もいない。しかし彼は、「大きなやつ、例のやつ。分からないかな。クジラもイワシくらいに見える大きなやつだよ[32]」と空想上のまだ見ぬ何かを釣り上げる希望を捨てないのだ。

利益を追い求める若きピットトレーダーとしての筆者は、まさにマルコのようにまだ見ぬ大きな戦利品を待ち望んでいた。あとで分かることだが、この方法は筆者にとって、とても生産的なもので、一九九四年の金利急騰時などは極めて効果的であった。また、非対称的な取引は、何も分からない、または何が分からないかも分からない、水が濁ったような環境では有益である。しかし、これは体系的な優位性とあいまいなそれと、またローカルズの優位性と、極端に過小評価されがちなリスクの大きいポジションとを融合させるようなものだ。これらは規模の差こそあれ、本質は同じである。市場のあらゆる動きは、大なれ小なれ、根源的には似ているのである。

オーストリアへ――フォン・カラヤンの一瞬

クリップは、金融市場という現実の荒々しい世界では学問など何の役にも立たないと思い込んでいた。しかし、特定の経済思想とそこに潜む思考の土台は、彼自身のアルファ・スクールのそれのみならず、厳格な投資手法とも相通じるものであることをクリップは知らなかった。それは、ほかの投資手法よりも古くから存在し、また競合してきたもので、ただ長い間、無視され、顧みられることがなかっただけである。それこそが、偉大なるオーストリア学派経済学であり、創始者たちの故郷にちなんでウィーン学派とも呼ばれるものである。この学派の経済学を教えている大学はほとんど存在しないと聞いているが、それこそが現代の学会の理解度を示す証左と言えよう。その点では、クリップは正しかったのであろう。筆者が学生時代にオーストリア学派に触れることができたのは、幸運の賜物だったのだ。

あれはジョージタウン大学での「アンクル・ジョージ」ことジョージ・ビクスニンズ教授の経済学の講義が始まりであった。講義は、非市場主義の経済を通じて、市場というものを深く洞察する、というもので、彼はラトビアを例に挙げていた。お気に入りの経済学者としてアンクル・ジョージが名前を挙げたのがジョセフ・シュンペーターで、彼はオーストリア・ハンガリー帝国（現在のチェコ）出身であるが、筆者の興味を掻き立てるには十分な存在であった。その後、ヘンリー・ハズリットが書いた『世界一シンプルな経済学』（日経ＢＰ社）に出合った。もし人生で一冊だけ経済学書をわが子に読ませることができるとしたら、ハズリットを薦めるであろう。オーストリア学派が一流大学のほとんどで見向きもされていないのは驚くに値しないが、念入りに調べた結果、全米の一流進学校のほとんどでオーストリア学派寄りの教科書すら使われていないのだ。ただ一つ、ミシガン州のクランブルック・キングスウッド校だけが、ハズリットの書物を必読としているだけである。『世界一シンプルな経済学』は、第4章の主役でもある一九世紀フランスの経済学者フレデリック・バスティアの小論『ザット・フィッチ・イズ・シーン・アンド・ザット・フィッチ・イズ・ノット・シーン（That Which Is Seen, and That Which Is Not Seen）』を発展させたものである。彼の主張は筆者の信条ともなっている。彼の書を読むとき、筆者は「経済学」という言葉を「投資」と、「行動または政策」を「資本および生産工程」と置き換えている。「あらゆる経済学はたった一つの教訓にまとめられるし、その教訓はたった一つの文章にまとめられる。つまり、『経済学』というのは、あらゆる行動や政策がもたらす目の前の影響だけでなく、より長期的なそれまでをも見通すものである」[33]。ハズリットの書を手放すことができようか。ボロボロになるまで読んだ『トレジャリー・ボンド・ベーシス』でさえ、及ぶものではない。

ハズリットの書の末尾には光明が差し込むような一文があった。「すべてを理解し、備えを講ぜんとする読者が次に読むべきは、ルートヴィヒ・フォン・ミーゼスの『ヒューマン・アクション（Human Action）』である」[34]。ピットトレーダーとして、やっとそれに充てる時間が取れるようになった。世界で最も競争の厳しい資本市場である債券ピットで戦うかたわらで、最も偉大な従者から講義を受けたのである。実際には、毎日の通勤時間に『ヒューマン・アクション』のテープを聞き続けたわけであるが。

『ヒューマン・アクション』はオーストリア学派における『老子』である。オーストリア学派の最高傑作でもあり、一九四九年に書かれたこの論文は経済論文の記念碑的存在でもある。ミーゼスが英語で書いたこの論文は、一九四〇年のドイツ語の論文『ナチオナルエコノミー——テオリー・デス・ハンデルンス・ウント・ビアシャフテン（Nationalökonomie：Theorie des Handelns und Wirtschaftens）』を土台としたものだ（ミーゼスは、アンクル・ジョージ同様に、一九三八年のナチスによるオーストリア併合で、あらゆる自由が失われるなか、自由市場が壊滅的打撃を受けることから逃れてきた人物の一人である）。ミーゼスの一言一言、彼の方法論は、まるで以前から聞いていたかのような疑いようのない親しみを感じるものであった。この膨大かつ難解で、堅苦しい論文の裏側には、クリップパラドックス同様の簡潔さ、さらに言えば『老子』に見られる簡潔さや気品が認められるのである。筆者にとってそれは「カラヤンの一瞬」であった。つまり、オーストリアの指揮者であるフルベルト・フォン・カラヤンがアルトゥーロ・トスカニーニの演奏を初めて聞いたときに受けたという衝撃そのものであったのだ（本書の基本でもある迂回、つまり目的達成のために遠回りをする方法を最初に得心したのは、カラヤンの言葉からであった。彼が指揮者としての名声を得たのは五〇歳を過ぎてからであるが、その後当代随一の名声を博することになる。まさに老子スタイルを取るカラヤンは、オーストリアアルプスに身を置いて「静かな環境で集中して研究、瞑想」し、ライバルとの直接的な衝突は避けていた。これは第2章で見る針葉樹の行動のようでもある。一九四七年、彼は次のように述べた。「しばらくの間はほかの連中がウィーンでの戦いで互いに互いを殺し合うのを見ていればよい。わたしが世に出るときは必ずやってくるし、それを静かに、そして確信して待っているのだ」。そして、よれよれの楽譜に一心不乱に向き合ったのである）[35]。ミーゼスの講義を筆者は何度も何度も繰り返し聞いた。そして、最後には一番のお気に入りの部分のテープが絡まってしまったほどである。

最初に気づいたのは、ミーゼスが時間の役割を重く見ていたことである。時間はあらゆる物事の横ぐしとなる。すべての行動は、「一時的な出来事の連続であり」、一歩ずつ、「わずかな時間」の連続であり、われわれは「たとえ、それがほんの一瞬先のことであろうとも、将来の不安を取り除こうとするのである」。行動する目的は、「待つことで引き起こされる終わりなき焦燥と苦悩から解放されることにある」。このだれもが持つ焦りに打ち勝つことが、より高い生産性を得ること、言い換えれば「迂回生産」の秘訣である。「生産工程により多くの時間を費やすことで、より多くの収穫物を獲得する」、それゆえ「待つことは重要なのだ」[36]（ミーゼスはこの迂回という考え方を、彼の先人でもあり、第５章で触れる偉大なるオーストリア学派経済学者のオイゲン・フォン・ベーム・バヴェルクによるものとしている）。目先の利益や消費を見送り、さらには資本投下を続けることに耐えがたく感じるのはわれわれ人類の本能からすれば自然なことであるが、これをオーストリア学派は「時間選好」と呼び、ミーゼスが金利獲得の唯一の源泉とするものである。この本能に打ち勝つことが将来の幸をもたらすのであり、ついには文明の進歩すら成し遂げるのである。これこそが、オーストリア学派が経済学用語を用いて形式化した、クリップパラドックスだと言える。

さらには、この異常なまでに金融への介入が行われている時代に生きる債券トレーダーである筆者にとっては、ミーゼスの考えから導き出せる結論は極めて不安なものである。論理的に考えれば、世の中の時間選好を否定することはできないが、実際の市場金利は、経済のファンダメンタルズに見合った「本来の」金利へと収束すべきである。仕方のないことなのではあるが、介入によって市場金利が人為的に規定されている環境では、生産活動は誤った方向に進み、いずれは経済の不均衡と破滅をもたらすことになるだろう。長期的には、この不均衡を解消する圧力が増大し、人為的な金利は強烈な勢いで本来あるべき水準まで戻され、現在の政府の企ては終わりを迎えることになるだろう。必ずや起こるこの均衡点への収束こそが、ミーゼスが言う「経済循環」であり「景気循環[37]」、さらに言えば第７章、第８章の主題である「景気の波」

の基となるものである。

静止状態

ミーゼスが看破したことは、市場価格は勝手気ままに決定されるということだ。それは、人々の考え方、需要、好み、そして焦りなどに起因する。『ヒューマン・アクション』でミーゼスは次のように述べている。「人々の活動に関しては研究所で実験する、というわけにはいかない。ほかの多くの要素を不変として、一つの要素の変化だけを観察することなどできはしない。歴史的体験というのは、複雑極まるさまざまな現象なのであり、自然科学が実験を通じて独立した現象を示すために用いるような意味での真実を提供するものではないのである。歴史的体験を通じてもたらされる情報は、理論の構築や将来の出来事の予測には用い得ないものである[38]」。これこそ、経験に基づくデータを用いて市場予測をすることなど幻想にすぎないということを説明するものであろう。

この本質的な非決定論が、ミーゼスが「想像上の構築法」と呼ぶところの「経済学の方法論」を導き出したのである。これこそが、ミーゼスにとっては「人間行動学」の唯一の方法であり、「自然科学とは異なり、研究室での実験や外部の対象物に対する知覚[39]」に基づいて判断することができない人間行動をとらえる方法なのである。ここで求められるのは、精巧なまでに練り上げられた「思考」実験に基づく知識創造のためのアプリオリな演繹的アプローチ（ここではカントの超越論的演繹のことを指す）である。「思考」実験という言葉は、時に現実的に見えても、とらえどころがない「空想」よりは優れたものであろう。人間行動を知る知識の源泉としての思考実験は内省的なものととらえられがちであるが、ミーゼスにしてみれば、経済的な洞察を作り上げていくうえでは公理とも言えるものなのだ。

前述の「時間選好」に加えて、人間行動学におけるミーゼスの教えの主を成すものが、彼が「明白な静止状態」と呼ぶところの市場の静止状態に対する考えである。静止状態というのは、「あらゆる取引業者が市場価格を受け入れて、すべての取引を実行している」ときに起こるものである。「市場価格が低すぎる、または高すぎると考えている売り手と買い手だけが売買をしない[40]」状態である。それこそが「凪」の状態であり、いずれはニュースや、トレーダーたちの見立てなどに反応して、市場で新たな取引が起こったり、トレーダーたちの焦りが出てきたりするのだ。静止状態はあらゆる取引者の焦りが一時的に収まった状態であり、売り買い双方ともに自身に有利な取引が一服した状態である。これは市場においては何度も何度も繰り返し起こる現象である。

ミーゼスは、この考えをさらに一歩進めて、とらえがたくも継続して市場が目指す状態を仮定して「最終的な静止状態」という考え方を提起した。これは、あらゆる取引が継続的に執行される価格水準が達成され、特定の市場ではけっして変化が起こらない状態である。つまり、市場の変動も想像され得ず、ましてや意図的な操作など成し遂げ得ない状態だ。あらゆる静止状態はオーストリア学派が価格競争と呼ぶところの「二重価格」を追い求め、そのチャンスをとらまえ続けた結果起こることである。それを通じて市場は、最終的な静止状態へと導かれていく(実際には、何らかの変動はあるものであるし、けっして達成され得ない状態なのではあるが)。ミーゼスが市場は「一時的な出来事の連続[41]」であると述べたのは、つまり、ある静止状態から次の静止状態へ、さらには未知の最終的な静止状態への変化を指してのことである。

空虚への道筋

発注の波が、まるで竜巻のように債券ピットに襲いかかり、先を争うブローカーたちの動揺がフロア全体に広がっていくのを実感することがある。市場が躍動を始めるまでは、価格はピット内で淡々と決まっていくものなのだ。このような混乱が巻き起こると、価格はもはや売り手と買い手、先物の限月間、資金の出し手と借り手とのバランスなど反映しなくなるのだ。

債券ピットも、市場全体も、複雑なまでに不均一な時間構成となり、下は決済を急ぐ注文から、それほどでもないさまざまな注文、そして上は間接的で、最も我慢強く、最も迂回的な注文までが混然一体となる。多くの注文がピットを駆け巡り、価格は好き勝手に変動する。そして、われわれが「フィル」と呼ぶ一時的な収束点へと落ち着くのだ。そこでは、不均衡が是正され、一時の見せかけの落ち着きが取り戻され、仮の静止状態が訪れ、次なるうねりが訪れるのを待つのだ。これこそが、ピットで行われる乱雑なまでの価格発見プロセス（ここで述べているようなピットでの活動はもはや世界中のどこにも存在しないものである）であり、ローカルズが支点となって、失われたバランスを取り戻す一連の流れである。市場の恒常性は、最終的な静止状態を求める不毛な試みのなかにあるのだ。

ミーゼスが述べる市場プロセスの全体像は次のとおりである。「明白な静止状態のあとには、先を競う投資家によって平静が失われ[42]」、安定すべき価格の周辺の、誤った価格を付けることになる。ミーゼスが「偽の価格」と呼ぶこの誤った価格こそが、ローカルズにとっての競争力の源泉となる。ローカルズは、これらの誤った価格、一連の静止状態の合間に見られる変化点を可能なかぎり即座にとらえなければならないが、これは即座に価格を修正しようとする起業家的衝動の継続的な発露をもってのみ可能となるのだ（値付けの過程を通じて、過剰に修正されることでこれらの衝動は消滅するのだが）。それゆえ、ローカルズは市場の価格を新しい均衡点、一時的な偽の静止状態へと導いていくことになる。

ミーゼスが指摘する市場プロセスは、ローカルズの行動に隠された意味を明白なものにした。もちろん、ローカルズの連中がオーストリア学派経済学を理解しているわけもない。俗にいうとおり、ピットで価値のあるＰｈＤは、「Papa Has Dough（お父さんはお金持ち）」だけである。ミーゼスが指摘するとおり、ローカルズの連中は起業家的ご都合主義を本能的に身に付けている、または「理解している」のだ。彼らのレゾンデートル、最も重要なことは、焦って偏った（例えば、売り一辺倒の）注文を出した結果として在庫を溜め込むのを避けることにある。これを避けることができれば、群れ成す鳥が互いにぶつかることなく飛行経路を変えていくように、彼らもあたかも一個の目的を持つかのように複雑かつ効率的な動きをみせるのだ。

市場はつねに非同期的であり、非同期的なちょっとした取引情報で、市場参加者たちは自分たちの計画を変更するのである。現代経済学のほとんどが、すべての取引が時間の制約も受けずに執行されるという実現不可能な（事前の）均衡状態に焦点を当てていることからも分かるとおり、この最も初歩的な認識を欠いているのだ。一方で、すべてが確実に決済される（事後の）「ダッチ・オークション」（そこでは、あらゆる取引が一定の時間制約の下で行われ、マッチすれば売買が成立する）による価格は、継続的な静止状態の結果もたらされる誤った価格の累積のうえに見積もられる移動目標である（実際に、オーストリア流投資法は、これらの見積もりがいかに大幅にゆがめられるかを理解することに多くを割いている）。

これらすべてがピットの喧騒のなか、一連の静止状態がつむぐ「小さな径」のなかで起こることであり、そこにいては理解するのに何カ月も、何年もかかることであるが、ミーゼスはそれを見事に看破している。数多くの人間たちが市場の持つ確率論的性質の研究に多くの時間を費やしてはいるが、市場は確率変数がきらめくカジノではなく、複雑に入り組んだ価格のせめぎあいの過程なのである。まさに、ミーゼスが作り上げた概念こそが、ピットトレーダーのそれなのである。

このプロセスが、時に協調的な（カルテルのような動きになることを避けるのは当然であるが）価格操作に姿を変えることがしばしばあり、有力なローカルズたちが少しずつ市場を動かし、逆指値を走らせて、自分たちに有利なように導くのだ。これは、まるでウズラの一群のように市場のなかに潜み隠れる焦りを一掃するためだ。また、これはブローカーたちの目に見えるストレスや「噂話」から発注の緊迫度を理解し、または市場が異なる価格水準を探っている一連の発注の強弱をつかむのと同様に簡単なものとなり得る（これこそ、ボールドウィンが決定的瞬間をとらえるときに「素早く見る」としたもので、好敵手ナポレオンの向こうを張って、その決定的瞬間を待つことができた彼の力である）。

それが人間によるものであれ、高速取引を行うロボットによるものであれ、これこそが市場の微細構造または市場自体の基本的なたくらみであり、終わりなき一連の戦いである。また、これこそがピット取引の極みであり、市場を不均衡へといざない、最終的な静止状態には程遠い一時的な静止状態へと導く術である。これはたった一枚の売り注文を買い気配値で出すような微妙な方法を取ることもあれば、市場を崩壊へと導くべく何千枚もの注文を出すような乱暴な方法をとることもある。これは集団現象であり、先導者も監督者もなく、ただ混乱の原因をごまかしながら、落ち着きを取り戻そうとするだけのことである。

マーケットメーカーの優位性と時折り発生する市場の大変動との関係もここにある。「主要通路」も「径」も本質的には同じで、ただ大きいだけであり、数学でいうところの自己相似性またはフラクタルという特質を持つ。さらに言えば、ともに均衡を求める不均衡であり、正しい価格を求める誤った価格である。単に、規模が大きいというだけのことだ。

債券ピットでは、一連の注文が、資金の出し手と借り手の双方の短期的な意図を伝え、ローカルズがそれを均衡させていく。つまり、早急に価格を取りに行く注文がない場合、言い換えれば、人為的な価格設定がない場合、経済はミーゼスが「安定している」（彼が用いた人間行動学的な表現は第7章で触れる）と呼ぶ状態にあるのだ（そして、経済全体が、最終的な静止状態という仮想状態になると、ミーゼスが「均等に回転する経済（ERE）」と呼ぶ状態がもたらされる。それは、何の変化も起こらない状態で、いわば経済的暗黒時代とも呼べるものである）。

この流動性のプロセスを理解することは、市場での売買は売り買い双方にとって利益になるものと解釈されるべきだということを理解するに等しい。このことを理解できなければ、暴落時のような市場が大きく変動するときには、高頻度取引を行うトレーダーは大きな不安に襲われ、流動性の供給を止めたり、その結果として流動性に穴が開いたりして、市場はますます不安定になる。なぜほかの何かを期待すべきだろうか。なぜ、即時性の価格が、それに対する需要と歩を合わせて天井知らずに上昇すべきでないのだろうか。なぜ、それが誤りだと確信しているような価格をもって取引相手に便宜を図らなければならないのだろうか。結局のところ、そうなるためには、流動性を供給する者たちは慈善事業を行うに等しいのだ。

　クリップが一〇代の筆者に授けた教えは本当に正しいものだった。表現こそは違えども彼の教えは次のとおりである。新たな静止状態を求めるに、市場は断続的に、または一時的に誤りを修正していくが、最終的な静止状態に到達することはけっしてない。あらゆる取引が同時的に達成されることなどけっしてなく、市場は常に間違えるのだ。不均衡が大きければ大きいほど、誤りも大きくなる。

前進

　ピットトレーダーになるという子供のころの夢はついにかなったが、たった一枚の取引から、何十枚、何百枚と取引を増やしていくころには、時代もまた前進していた。筆者はオプション取引を通じて、債券価格のより大きな変化から利益を獲得しようとしていた。債券先物のピットから債券オプションのピットへとフロアを駆けずり回り、筆者の強みはローカルズのそれとはかけ離れたものとなりつつあった。さらには、一九九七年初頭、オープンアウトクライの終焉が、ＣＢＯＴではプロジェクトＡと呼ばれていた電子取引の躍進とともに近づきつつあったのだ。

　この新技術の到来とともに、アメリカの株式市場にもこれまでにないような資産バブルが到来していた。ミーゼスに言わせれば、これまでにない金融のゆがみである。グリーンスパンはメキシコの債券危機を受けて大幅な金融緩和を断行し、どういうわけかビル・クリントン大統領の再選後もその政策を継続した。[43] それはグリーンスパン自身がブレーキを踏む（彼もクリントンもけっしてバブルではない「ニューエコノミー」の到来を主張し、「インフレなき経済成長」を吹聴していたのであるから、これはあり得ないことであったが）か、市場で金利が高騰することで終わりを迎えるであろうことであった。いずれにせよ、金利市場は極めて不均衡な状態にあり、ただ一時の安寧という幻想に包まれているだけであった。クジラの姿が水面すぐのところに見えているというのに、どうしてピットにあるマクエリゴットのプールの暗い深みに目を配らないのだろうか。

筆者はその後、ウォール街に移り、国債のプライマリーディーラー（ＦＲＢ［連邦準備制度理事会］と直接取引をしたり、国債入札に直接参加したりできる投資会社）で自己勘定売買を行うトレーダーとなり、専門も債券先物、オプションからユーロドル先物（または一年以内に満期を迎える短期のオプションや、同じく一年以内に納会を迎える三カ月物のＬＩＢＯＲ先物なども取り扱った）の「ミッドカーブ」オプションに移った。当然のことながら、これらのオプションのプレミアムは極めて小さいが、ひとたび市場が目を覚ませば、ユーロドル市場で優位なポジションを得ることが可能となった。それはまさにピットに戻ったようなものだ。オプション取引は、もちろん「ストライクプライス」と呼ばれる価格水準に依存はするが、即時性を獲得する手段であり、そのポジションを取ることで、市場に即時性を提供し、またそれをヘッジ（オプショントレーダーは「ロング・ガンマ・ヘッジ」と呼んでいる）することで、ピットに流動性を供給することで獲得した特権が報いられる（即時性の対価を取り戻す）のだ。

これは「オーストリア流」にとっては最高の仕組みである。この取引の重要な点は、大きな利益を一時に獲得できることでないことは一見して明らかであろう。利益を得るタイミングによって生じる優位性こそが重要なのである。一九九四年の急激な金融引き締めや、突然の金融緩和、または信用不安の結果など筆者が標的とする金利ショックが起こると、市場全体が転位することになり、即時性に対する需要が大幅に高まる。そんなとき、筆者はその機に乗ずるに必要な資金を持つ唯一の存在となり得るのだ。オプション取引は効果的であるだけでなく、それ自体は前置きにすぎないものでもあり、さらなる優位性を獲得するための通過点にすぎない。「推手」の攻撃と逆襲である。オプション取引を通じて、資金は最も有利かつ適切に用いられることになる。これこそは、クリップの方法論、パラドックスの根幹となる迂回投資法との偶然の融合である。最も効率的な釣りを行うには、すべての魚を釣り上げるのではなく、むしろクジラの魚影が見えたときのために銛を作っておくことだ。

あとで分かることだが、一九九七年に至っても市場は落ち着きを取り戻すことはなく、一九九八年の夏になってもそれは続いていた。ここでの反撃は分かりやすいもので、ユーロドルオプションの取引で利を得るや、新たに拡大した「オン・ザ・ラン・オフ・ザ・ラン」の債券スプレッドの売りポジションをとった。これはいずれ収束せざるを得ないもので、筆者はスプレッドがゼロになるまでポジションを維持したのだ。LTCM（ロング・ターム・キャピタル・マネジメント）がまさに同様のコンバージェンストレードのポジションを解消しようと躍起となるなかで、だれもがオフ・ザ・ラン債券よりも、流動性の高い指標銘柄を求めた、まさに「質への回避」が生んだゆがみである（このスプレッドは確実に利益を得られる「長期的な」取引であるのだから、彼らの社名には最適だったと言えるが、残念ながら、彼らの極めて狭い「被写界深度」ゆえに利益のほとんどを手にすることはできなかった）。

もちろん、グリーンスパンは危機下でのゆがんだ金融政策を継続していた。これはいわば反乱が継続するであろうことを意味していた。実際に、一九九七年、九八年に姿を現したクジラはさらに「何か大きいもの」がやってくる前哨戦にすぎなかったのだ。一九九九年に筆者はナシーム・タレブが立ち上げたエンピリカ・キャピタルに加わった。ピットトレーダーとしての共通体験やアメリカ株バブルはいずれ崩壊するという確信を共有できたことが手を組んだ理由である（ちなみに、今日に至るまで彼以上に議論を楽しめた相手は存在しない）。われわれは、自分たちを「クライシスハンター」と呼んでおり（実際にテールプロテクションプログラムを提供した投資会社はわれわれが最初であった）、二〇〇〇年の株式市場の崩壊を正確にとらえることができた。しかし、これがエンピリカでの業績としてはハイライトで、テールヘッジとしてはうまくいったのだが、筆者にとってはあとにも先にも投資家人生で最も成績の悪い時期であった（とはいえ、この間に競合に対する参入障壁の設け方など多くを学んだことも事実である）。われわれは二〇〇五年に袂を分かち、筆者はエンピリカでの預かり資産を引き継いで、自身の投資会社ユニバーサ・インベストメンツを立ち上げた（その後、ナシームもこの会社に移ってきたが、彼は経営に参画することはなかった）。ナシームはその後も、俗に「ブラックスワン問題」（彼の表現を使えば「アンチフラジリティ」、マルコのいうコンベクシティだ）と呼ばれるような不確実な環境下で、直接的な投資活動こそしないとはいえ、素晴らしい働きをしてくれた。

第9章において、極端な不確実性や「ブラックスワン」が、筆者自身のキャリアを含め過去のアメリカで起こった株式市場の大暴落を説明するものではないこと、そのような暴落にチャンスを見いだすこと、言い換えれば「テールヘッジング」の効果は、経済がゆがんでいる特定の環境下における極めて限定的な現象であることを示していく。株式市場の暴落というブラックスワン問題は、予見不能な個別事象ではなく、予見可能な事象なのであり、筆者はキャリアの多くをその取り組みに費やした（このことが筆者の会社でのあだ名の原因にもなっている）。

当然ながら筆者は、ポジティブ・アシンメトリック・コンベックス・ペイオフ、古い言い方をすれば、「正のリスク・リターン」戦略を用いる。このような「ボラティリティ選好の強い」ペイオフは、「事前」（べき法則やその他の厳格な評価方法を利用した）でも「事後」でも価格が高くなりすぎることをあらゆるデータが示しているが、それゆえ、筆者は「バーベル戦略」

として知られるような戦略は用いないのである。これらの戦略は、非線形のデリバティブ商品から、変動の激しい株式、あらゆる種類のモメンタム戦略に至るまで、ほとんどはギャンブラーか金融ブローカーのそれであり、もっぱら直接的に、正面攻撃をするにすぎない。筆者にしてみれば、コンベクシティこそが、抑えつけられた即時性やゆがみから利益を獲得する手段として、効果的つまりリスクが少ないわけであるが、これは「推手」の試合同様に然るべき環境下でのみ有効である。また、これは迂回戦略の一部でしかなく、究極の目的である生産的な資本投資（反撃）のための一時的なステップ（走、化、黏）であり、戦いそのものではないのである。これはオーストリア流投資の道具にすぎず、その本質ではない。「迂回」「被写界深度」そしてもちろん「オーストリア学派」の付属物である。

　今日、インクと血に染まった水色のアルファ・トレードジャケットが筆者の事務所に飾られている。それはまるで、ヘミングウェイの探検隊か何かの皮膚のようだ。ジャケットにはボロボロになったアダム・スミス風のネクタイが巻かれている。商品取引所に立った最初の日から、筆者はこのネクタイをしていたのだ。ギャンブラーにもドレスコードがあるように、フロアでは常にネクタイ着用が求められ、筆者はアンクル・ジョージのスタイルに倣っていた。スミスは言うまでもなく自由市場の主導者であり、市場による自然の調整機能を声高に主張していた。ミーゼスは、アメリカの独立宣言と同年、スミスの最高傑作『国富論』が刊行された日をもって「政治的・経済的自由の夜明け」[44]と宣言している。このネクタイは、今もピットそして市場とはカジノではなく、意味のある力であり、ミーゼスがいう文明の進歩のまさに中心地としてのプロセスであることを思い出させてくれるものだ。

ここまで、筆者のピットでの経験から現在の投資会社ユニバーサに至るまで、オーストリア流投資法に向けた迂回路を遠回しに述べてきた。ユニバーサでは、二〇〇八年から「何か大きなもの」を射る銛の構築を開始し、その年の末から翌年、そして本書において実際に利用している（それぞれ、第9章、第10章で、オーストリア流投資法Ⅰ、Ⅱを構成している）。これは「資本道」に基づくわれわれの道である。

賢人の知恵

伝説によれば、古代中国の戦国時代、七つあった国の一つが衰退を始めると、老子は今こそ去り、人里離れた場所で余生を送るべきときと見極めたという。牛車に乗って、彼は多くの血戦が行われた函谷関までたどり着いた。そこを超えれば未知の土地である。物語は進み、老子がもはや戻ることはなく、彼とともに、その知恵は永遠に消えてしまうと思った門番は、後世のために考えを書き残してくれるよう懇願する。老子はこれに応じて、およそ五〇〇〇文字から成る簡潔な文章を書き残した。

この物語は、その書き手同様に架空のものであると考えられている。しかし、残された言葉

老子——知恵を後世に残し、隠遁する「巨匠」

の力は否定できず、二〇〇〇年以上の長きにわたって語り継がれ、古代の知恵として今もって響いている。時間の認識、傑出した忍耐力、被写界深度、そして成さずして成す回り道、歴史的経験という幻影。お金を失うことを愛した古き穀物トレーダーと世界を永遠に変えた偉大なる経済学派の知恵でもある。今もって蔑まれているが、すべては生き残り、そしてある日、投資法のあるべき姿として形を成すことであろう。

第2章 松ぼっくりのなかにある森

エベレット・クリップの晩年、筆者はシカゴを通るたびに彼を訪れていた。そのとき、オーストリア学派（当然ながら彼は親近感を覚えていたようだ）から確率論（この直観に生きた古き穀物トレーダーには実感がなかったようだ）に至るまで、必ず書物を携えるようにしていた。互いに腰かけ、ゴルフの話などをしていると、会話は彼のお気に入りの言葉、筆者が何度も聞いた「クリップイズム」で中断される。ピットを去って以来、一つの格言がより大きな意味を持つようになり、陳腐な言い回しにもかかわらず、筆者にはより深く響くようになっていた。「木になっている松ぼっくりを見ることができても、そこに木を見たり、さらには森を見いだせる者などいない」

目の前のことや、形あるもの、目に見えるものだけにとらわれることをひどく軽蔑したクリップの思いが、この単純な言葉に現れている。また、戦い、勝利してきたドラマもそこに隠れているだけと言える。たった一つの松ぼっくりから、たくさんの種子を思い、一本の木から繁殖するすべての木々を、そしてまた新しい木々でつくられる松ぼっくりに思いを馳せる。目に見えるもの、ここでは松ぼっくりだけに目を奪われるのではなく、種子から鞘を作り出す針葉樹に、そして「将来の木々」が作り出す森へ、そして何世代にもわたって、数えきれないほどの環境変化や一時的な盛衰を経験していく姿を思い浮かべるのだ。種一つ一つは、個別の経路であり、騒々しいフーガへと繰り返し枝分かれしていく旋律なのだ。ある経路は突然についえてしまうかもしれないが、別の経路は確実に進展し、やがては森になるかもしれない。では、このような経路の幾つかは、どのようにして一時的な現象や、山火事、病気、ほかの種との競争を潜り抜けていくのだろうか。それらの経路の一つを追うことができるとしたら、われわれはどこにたどり着くのだろうか。その道筋はどのように見えるだろうか。それは意味もなく曲がりくねっているのだろうか。それとも、まっすぐな道であろうか。いずれ明らかになるように、針葉樹の迂回路はそのどこかにある。

この経路と一時的な道標を認識することが「道」の被写界深度となる。最も重要なことは、一つの松ぼっくり（針葉樹「Conifer」の語源「Cone-bearing」となった）の存在ではなく、松ぼっくりが「認識」する、今後の展開である。つまり、林床はほかの種の増殖でいっぱいになっているかどうか、競合種が生息できない岩山かどうか、野火に焼かれた肥沃かつ不毛の地か。それらは種子がいかように生育していくかに影響を与えるものである。

「老子」が言うとおり、自然は偉大なる師である。道教の主題は、この言葉が総括しているように、自然を観察し、そこから学ぶことにある。これは、小学校の授業でさえ取り入れている、一般的なアプローチである。風にたわむ木のような比喩を引く古典でも容易に見られるような不朽の知恵である。老子の言葉を引けば、「合抱《ごうほう》の木は、毫末《ごうまつ》より生ず」[1]。道教のもう一つの神髄とも言える表現が、「朴」と呼ばれる素朴な木材で、純粋な可能性だけをもった状態のことだ。加工されない状態では、木材はなんの役にも立たないように思えるが、素晴らしい想像力と忍耐力とがあれば、おのずとその利用価値が出てくる。「樸散《ぼくさん》ずればすなわち器となる。聖人これを用うれば、すなわち官長となす」[2]。そこに介在するのは時間で、有用性が現れたあとは、可能性は消えてなくなるのである。「老子」は、大きな可能性に満ちていながらも目立たない松ぼっくりと同じように、だれからもありがたがられない荒木に目を向けるよう教えている。

イリノイ州マンテノの酪農場で育ち、後に農業を趣味としたクリップには、このような被写界深度が自然と身に付いていた。苗木を育てるところから収穫するところまで、地中にある作物に強要することもないし、成熟を急かすこともない。毎年春に訪れる新たな作付地において、この荒木（朴）の可能性に対する判断が行われるのである。それゆえ、作付と輪作などのように、異時点間で農地のどの部分を利用するか、という問題が農業の戦略では中心となるのである。「さらに言えば、『善は急げ』という格言よりも、重要な行動を取るに最も相応しい時期を待つべきだという大農場経営の知恵を示す好例であろう」。時間は農場に埋め込まれてい

る。少なくとも、偉大なるドイツ人作家ヨハン・ウォルフガング・フォン・ゲーテの最も有名な二行連句でも語られている（これは彼の座右の銘でもあり、小説『ヴィルヘルム・マイスターの遍歴時代』の初版にも記されている）。「わたしの相続した遺産は、なんと素晴らしく、大きいことだろう。時間がわたしの財産だ。わたしの耕地は時間だ」

クリップの松ぼっくりの例えとともに、針葉樹は本書にとって象徴的かつ示唆に富んだ例えであり、われわれの迂回戦略をよりよく理解するための教育手段となっている。われわれは偉大なる道教の書に登場する哲人の例に倣っているが、彼らは自然を観察し、経験から学びながら、自身の複雑な考えや理論、コンセプトを説明するために「イメージや歴史の引用、比喩を用いる傾向がある」。中国研究家のロジャー・アムスが指摘しているように、「文書のなかで論拠となり、物事を明白にしているのは、理論ではなく効果的なイメージである。議論ではなく、表現しにくい独特の経験であり、理詰めの真理ではなく、示唆に富んだ隠喩なのである」[3]。それゆえ、知識や知恵を運ぶ手段としてイメージが用いられており、はっきりとした意味が伝えられれば、もはや言葉それ自体は意味をなさないのだ[4]。

つまり、われわれは単に針葉樹の成長についてだけ学ぶのではなく、それらが有効な資源をいかにうまく活用しているかを学んでいるのだ。森や木々の先にある根源的・普遍的教訓を学ぶのである。針葉樹とその成長の論理に目を向け、自然界の偉大な成功物語の一つから学びを得るのだ。何百年、何千年にもわたって生息することが可能となった戦略を通じて、この忍耐強く、不屈の精神をもった針葉樹がわれわれに教えてくれているのは、限られた資源を求めて直接的に、正面から競争するよりも、最終的に有利な立場に至れるような一時的なステップを迂回的に踏んでいくことのほうがはるかに良い、ということだ。

森と木

針葉樹は地球上で最も古い種である（総体として「裸の種子」という意味の裸子植物と呼ばれる）が、最初に登場したのがおよそ三億年前であり、恐竜がその第一歩を踏み出すまで文字どおり地球を覆っていた。針葉樹が自然界で最も成功した種であることはほぼ間違いないことで、ゴキブリやシダ植物といったお定まりの例とともに、地球上で最も長く生息しているものの一つである。初期の針葉樹のうち、「マツ」科、シダ、アメリカツガ、トウヒ、モミなど八つの科がいまだ生存しており、一億五〇〇〇万年から六五〇〇万年前、白亜紀の化石も確認されている。ジュラ紀から白亜紀初期、つまり二億年から一億五〇〇〇万年前の間は、ステゴザウルスや竜脚類などの草食恐竜が針葉樹を常食としていた。彼らの旺盛な食欲によって、針葉樹が茂っていた肥沃な土地はあらかた切り開かれ、競合者としての、花を咲かせる被子植物（「種を被っている」という意味）の登場する道が開かれる。その後、針葉樹の世界はすっかり変わってしまうのである。

白亜紀の末期までには、被子植物は針葉樹をあらかた駆逐し、六五〇〇万年前には一〇のうち九つの維管束植物は被子植物となっていた。今日に至っても、落葉樹のかえで、オーク、セイヨウトネリコ、樺、柳など二五万種にも及ぶ草木のほとんどが被子植物である。成長が早いこと、昆虫の助けを借りて（昆虫は被子植物の特徴でもある花に引かれるのだ）より効率的な再生産が可能なことで、針葉樹を凌駕できるあらゆる機会をとらえては、急速かつ実り多き植民地化を進めていった。その結果として、多くの子孫を得たことは言うまでもない。一方で、針葉樹は低地熱帯雨林などの地域からは姿を消してしまう。これは、被子植物が温暖な気候下でその旺盛な繁殖力を発揮し、針葉樹を完全に駆逐してしまうがゆえである。

図 2.1　常緑針葉樹の成長率はやがて落葉被子植物のそれに追いつき追い越していく

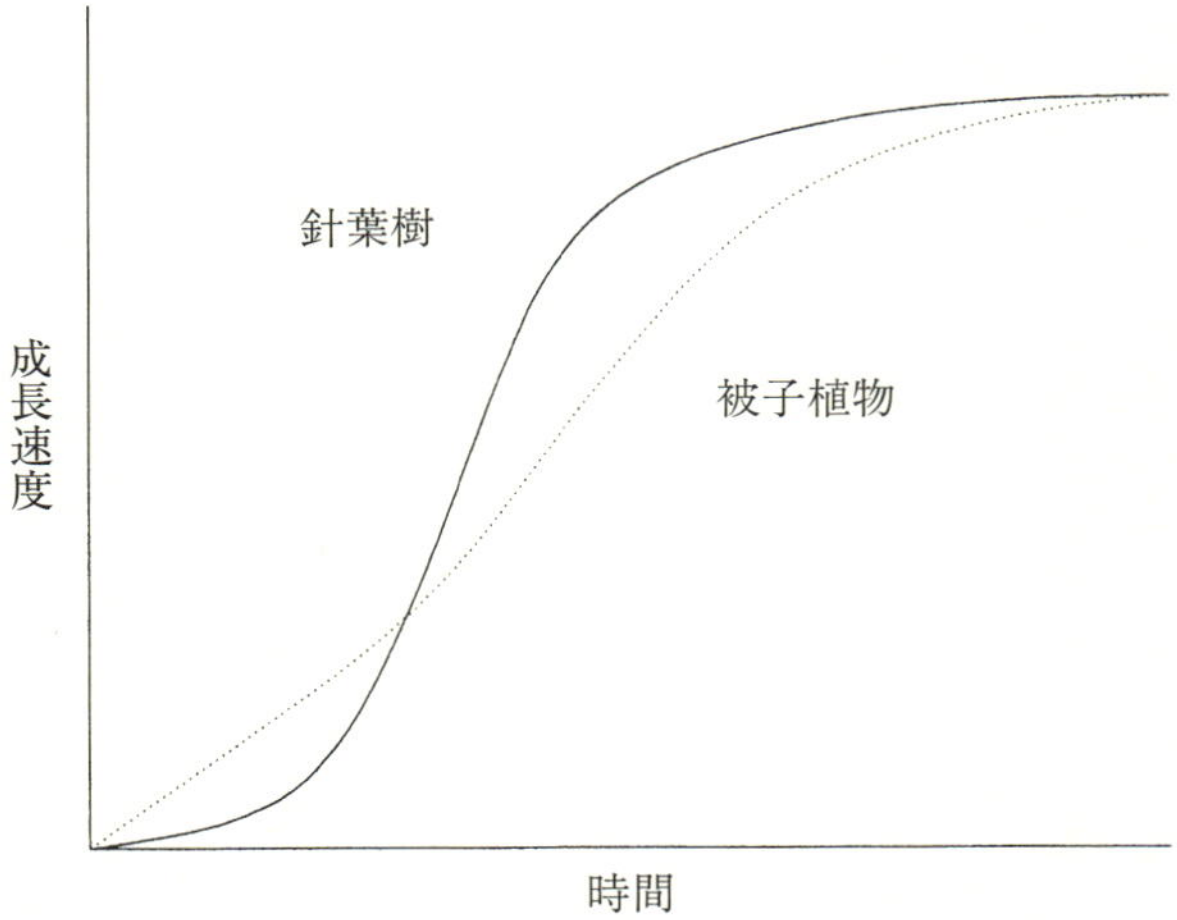

出所＝Biological Journal of the Linnean Society, 1989, 36:227-249

しかし、ある時期、ある地域において針葉樹はその生存に必要な水準まで発達するだけでなく、競合である被子植物を上回って繁殖することもある。**図2.1**が示すとおり、針葉樹は、針葉樹流の「チェンジアップ」とも言えるような成長速度の変化を見せるのだ。一般に針葉樹の成長率は、初期においては成長の早い被子植物のそれに遅行する。言うならば、これは極めて計算高い動きであり、針葉樹はまず遅れをとったように見えるが、強い根と厚い樹皮を発達させながら、いわば「資産」を集約させているのだ。これによって、より効率的に資源を活用できるようになり、驚くほど長い生命を享受することになる。またこれは、図が示すとおり、長期的には長生きの針葉樹が総量として被子植物を凌駕することを意味してもいるのだ。

針葉樹は、葉の大きな被子植物が持つ血管内の伝導といった内部効率性を欠く面がある。にもかかわらず、針葉樹は被子植物よりも生産的であり得るのは、葉の表面積をゆっくりと増大させていく、その迂回的方法論ゆえである。常緑針葉樹は一年かかって葉を成長させ（被子植物は毎年葉を落とすが、針葉樹の鍼は数年間も生き続ける）、最終的には、最も多量に存在する被子植物よりも、全体での葉の表面積は大きくなるのである。[5]

針葉樹にとって、成長は忍耐を要するプロセスであり、迂回戦略を用いることで最も成功を収めることができるのだ。つまり、最初はゆっくりと、いずれくる早急かつ効率的な発展の基礎を築いていくのである。針葉樹の発育が示すのは目的合理的な「振る舞い」であり、目的を果たす手段として岩場へと退却するように、目的第一のメカニズムが働いているのだ。言い換えれば、針葉樹は将来の生産性のために資源を投入しているのだ。効率的であるために、針葉樹はまず手段の獲得を目指す（最初のステップ）一方、被子植物は素早く成長することで、直接的に最終目標（最後のステップ）へと向かうのである。

望むべき結果を得るための手段に焦点を当てるということの目的合理的な迂回は、たった一種類の針葉樹だけに見られるものではない。森に生息する針葉樹群の成長パターンに共通して見られるものなのだ（もちろん、針葉樹に認知力があると言いたいのではない。彼らの戦略はむしろ進化的適応の産物である）。生存の可能性をより高めるために、針葉樹は最も分かりやすい場所での有利な立場を競合他者に譲り、その後より好き勝手に、効率的に将来のための種をまくのだ。生存と繁栄のために、針葉樹は直接的に利を求めにいくことはない。むしろ、ロビンソン・クルーソーよろしく、まずは魚の待つ海や肥沃な土地に背を向けて歩を進め、あとでより効率的に、思いどおりに利を得るのである。直接的であることよりも間接的であることを優先する、この戦略の重要性への理解をより深いものとするためには（投資家にとっても教訓となろう）、真っ向から対立することがどれほど致命的な行為となり得るかを理解しなければならない。

スローシードリング

相互作用は自然の摂理である。針葉樹と被子植物が同じ地域で育つと、相互作用が増す。狭い森で、太陽光をたくさん必要とする大きな葉を持った被子植物と交錯していれば、水や土や日光といった限られた資源を求めて激しい競争が起こることは明らかだ。そこでの支配権を巡り直接的に対立すれば（特に、最も肥沃で快適な場所では）、針葉樹は分が悪いであろうし、白亜紀のような絶え間ない戦いとならざるを得ない。では、針葉樹の戦略はどのようなものだろうか。この二つの種はどのように競争するのだろうか。

被子植物と針葉樹との競争は、発達段階の後半、つまり親となる木々の枝葉が重なり合うことで林冠が形成されたときに起こるものと長いこと考えられていた。針葉樹の成長が遅いのは、種が同時にまかれた特定の地域で、被子植物が浸食し、針葉樹が消滅していくことに原因があると考えられていたのだ。植物学者が最近まで見落としていたのは、競争が始まった当初の影響である。現在の定説は、これらの競争は針葉樹がより成長の早い被子植物の間で、日光が当たるちょっとした場所にどうにか種を残すところから始まるが、すぐに十分な栄養を獲得することができなくなる、というものだ。

森林地帯が密集すればするほど、個々の成長は周りの植物の数や互いの距離などでマイナスの影響を受けることになる。最初に根付きの良い土地を得た植物や、偶然にも競合に出合わなかった植物は、その地の恵みを独占し、後から種のまかれた植物や密集地帯で成長しようとするそれよりも早く発育していく。[6]

資源が不足し弱体化すると、若い針葉樹は病気がちで成長不良となり、さらには害虫や病気、害菌、葉や樹皮、林床を覆う小枝、草食動物、そして最も獰猛な捕食者である山火事の影響を受けやすくなる。このような状況では、針葉樹の種子は弱体化し、発育ができなくなる。「スローシードリング・ハイポセシス」と呼ばれる状況になるのだ。[7]

オーストラリアのビクトリア州北西部にあるチルターーン・ボックス＝アイアンバーク国立公園は、多様な野生生物の宝庫である。二〇〇四〜一〇年にかけて、植物学者たちが招聘され、研究室にも似た特殊な環境下、二種のサンプルを用いてスローシードリング・ハイポセシスの検証が行われた。一つは、大部分を単一種の針葉樹で構成するグループ、もう一つは、針葉樹と被子植物とが混成されたグループだ。具体的に言うと、植物学者たちは、ヌマスギの一種でカリトリスと呼ばれる針葉樹と、公園の広大な森に生息する被子植物であるユーカリとの相互作用の研究を行った。どちらも、二〇〇三年に発生した激しい山火事のあとで自生したものである。二つの種が混ざっている地域では、カリトリスはより成長の早いユーカリの後塵を拝することになった。カリトリスの苗は概してユーカリよりも短くまた不健康であった。さらには、背の低いカリトリスには松ぼっくりができず、増殖することができなくなっていた。実際に、松ぼっくりが作られたのは、被子植物のない、ほとんどが針葉樹で構成される地域において旺盛な繁殖をみせた最も背の高いものだけであったのだ。[8]

　実地調査が示すとおり、若いカリトリスの木は真正面からの競争ではほぼ確実に敗れている。実際に、これらがまく種は、生態系にふさわしくないもので、そこから出る苗木も、繁殖するに十分な大きさや強さに育つことはない。発育不全に陥っているということは、若い木々が防火機能を発展させる段階まで成長するのは、長い歳月を要するということだ[9]（針葉樹には、樹皮が厚いものや、林冠を生み出すために、成長するに従い、低い枝を落としていく「自己剪定」の能力を持ったものなどがある）。小さな針葉樹が繁殖できないと、成長した木々であれば大した影響も受けないような軽度の山火事にも耐えることができず、むき出しの苗木は焼き焦げてしまうのだ。

山火事と資源再配分

森林において、被子植物が優勢となり、針葉樹が押されているだけの状態は、落雷などのちょっとした火花にも脆弱な状態となる。森林「経済」で不自然に起こった「マルインベストメント（低金利もしくは量的緩和によるバブル投資）」の証しだとも言え（そこでは消火が実践される）、より健全な成長に向けて利用可能な資源の再分配がなされるべきである、と言えるかもしれない。ちょっとした火花が大きな炎となるのだ。複雑系ではお定まりの理由となる枯れ木のためでも、積み重なった落ち葉のためでもない。むしろ、生態系や成長パターンの時間的構造の人為的変化であり、そのような森林は山火事が起こりやすくなるのだ。自然の木々が生育できず、また内部での競争の結果として森が環境に不適合となってしまえば、生態系のバランスを壊すような不健全で、持続不可能な成長を引き起こすことになる。山火事が抑制されると、広範囲に異常増殖が発生し、本来よりも利用可能な資源が多くあるかのようなゆがんだ状態になるのだ。森は穏やかで、成長のための資源に恵まれた環境にあるかのような錯覚をするのだ。山火事を抑制した人工的な環境は、森林にあるすべての異時的戦略を崩壊させ、針葉樹ですら目の前の生き死にに躍起にならざるを得ないのだ（この点は第7章で述べる）。皮肉なことに、このエデンの園での幻想は、針葉樹でさえも、まるで明日がないかのように終わりに向かって突進させることになる。そして、いずれは生態系が恒常性を求めることで、ゆがみは是正されていく（この点は第8章）。ある時点までいくと、資源を再分配するための交代が必要となるが、これはたいていの場合、捕食者を通じて、つまり小さく局地的な野火を伴って起こるのである。

山火事が発生するとすべてが危険にさらされることになる。それは可燃性の高く、よく燃える針葉樹においても同様である（火が強いと、松の木はまるでたいまつのように燃え盛る）。より小規模の自然に発生した火事は、自然が自ら時計の針を戻す方法なのだ。つまり、生き残ることができない木々から、生き残るそれへと資源を解放するのだ。これは発見プロセスの極めて重要な点であり、適切な資源配分を見いだすために自然界にとって欠かせない一部分である。

特に、海抜の低い温暖な地域では、定期的に発生する山火事が森の遷移を管理する手段となっており、偏りがちなバランスを整えようとしているのである。一方で、オークやカエデなどの被子植物は、苗木や若木の段階では互いに競合することもなく、また日光を奪うことで競合者である針葉樹を「叩きのめす」ことができるので、長期にわたり支配的な地位を得ることになる。つまり小規模な山火事が森林のシステムに変化をもたらすことで役にたっているのだ。こうした炎が、森林にとっては致命的で、だれの得にもならない惨事を防ぐ一助となっていることが証明されるのである。それゆえ、一見すると破壊的な力と思えるものが、実際には建設的なものであり、森林の全体的な成長の均衡を保っていることになる。

森林は、成長を促進させるために無秩序を必要としているのでもなければ、一九八八年にイエローストーン国立公園を襲ったような大火を求めているのでもない。そのような大規模な破壊は、文明に対する戦争がそうであるように、森林に対しても壊滅的な打撃を与えるものなのだ（ついでに言うと、戦争は文明の役には「けっして」立たないものだ）。文明は、高度に構成された資本の積み重ねを通じて進歩するものであり、極端な変動や破壊のなかでは繁栄しない。一方で、資本主義は安定を求めるが、そこでは消費者の要求に最もふさわしいところへと、資本が（失敗、倒産そして利益機会などを通じて）自由に、競争的に移転することが求められるのだ。自由市場が抑圧されているならば、破綻はむしろ良いことで、不健全な「成長」や「マルインベストメント」を解消させることになるのだ。森林についても同じことが言える。小規模な野火は資源の回転を可能とする。生産性の低いと思われるもの（成長の早い被子植物）から、より迂回的で、高い生産性を誇るもの（針葉樹）へと競争者間で資源が移転されるのだ。小規模な自然の野火は正確に（分別をもって）破壊するが、大規模かつ不自然な森林火災は見境なく破壊するのだ。これはあり得べく遷移の不幸な代償と言えるだろう。

森林の構造をこのように解釈すると、単一種の植物ではなく、極めて不均質な構造であることが分かってくる。針葉樹の有効な成長は、本書、そしてオーストリア流投資の目標である資本配分における迂回戦略のテストケースと言えよう。

針葉樹の効果

自然は迂回的、異時的なアプローチを採る。この戦略を用いることで、針葉樹はより攻撃的な被子植物に対して優位となるのだ。針葉樹は、肥沃で日当たりが良い地域から得られる、明白かつ短期的な利益を被子植物に譲り、環境こそ厳しいけれども、日当たりの良い岩がちでむき出しの場所へと（風に飛ばされた種によって）退却するのだ。これは針葉樹が岩場や酸の強い場所、砂場や水浸しの場所、質の低い土壌を好んでいるのではない。むしろ、より肥沃で気候の良い場所で栽培されると針葉樹は力強く育つのだ。しかし、限りある資源を求めて直接的に競争することを避けるために、針葉樹は土壌の悪い土地や、風の厳しい尾根、水の溜まる低平地などに退却し、より良い場所は成長の早いものに譲るのだ[10]（特筆に値する偶然であるが、欧州の黒松の一種であるオーストリアマツは、岩だらけの不毛な地に引き寄せられているように見える。これはあたかも、オーストリア学派の伝統であり、その粋でもある起業家が、同業の競合者が見落としている場所へと押し出されているかのようだ）。

針葉樹が特定の場所に種を飛ばすことができないのは明らかであるが、ある意味で方向づけされているとも言える。例えば、山火事で起きた強い風が辺境の木々が持つ種を荒れた場所へと吹き飛ばす。高熱や火に曝されることで開く遅咲きの球果は、火事のあとで改めて成長するための種を提供することになる。針葉樹が断続的に種をこぼすことも野火の発生に順応していると言えるかもしれない。これらすべての要素が自然の摂理に合致しているのだ。針葉樹は本章そして本書全体の象徴的存在であるが、現実の森林においても、普遍的な戦略が機能し、最も成功している有機体の一つとなっているのだ。

薄層で、岩がち、そして栄養の不足した土壌といったほかの植物が生きることができない望ましからざる場所に、針葉樹はその極めて効率的な適応能力ゆえに生態的地位を獲得し、最終的な利を得るに至る。例えば、針葉樹とその根に侵入した菌類の共生体である「菌根」は、木々が岩がちな土壌から栄養を吸収するのを助けるのだ。ほかの特性としては、針葉樹の針葉の大きさと形が蒸発散量を減少させ、水分が喪失するのを防いでいる（針葉樹はその固い樹皮ととがった針葉によって草食動物から身を守り、また、なかには「針葉樹は食べてはいけない」という遺伝子プールの規則が発動する前にむさぼり食う家畜化されたヤギにだけ効く毒性を持っているものものある）[11]。

さらには、針葉樹は急激な気象変動、地殻変動や地質変化などを生き抜いた祖先の記憶から か、一日の間、または季節ごとに起こる著しい気温変動にも耐えることができる。これは、「タイガ」と呼ばれる北方林といったかなり大きな規模でも同じことである。北方林は北半球を坊主頭のように広く覆い、カナダとアラスカの大部分、アメリカ大陸の最北部、アイスランド、スウェーデン、ノルウェーの大部分、フィンランドから欧州のアルプス地域、ロシアの大半、日本の北部から中国北部まで広がっている（本書の挿し絵を参照）。土地が痩せ、日光の少ない厳しい気象下では、競争が起こらず、針葉樹は世界最大の陸上生態系として支配的な地位を得るのである。

ミシガン州北部、北方林の端にある筆者の家（およそ一〇〇年前に元の所有者がオジブワ語で「森の中」を意味する「ナバティック」と名付けた。彼は最初にマニュアルトランスミッションを開発した会社の創業者で、ヘンリー・フォードの主要納入業者であった。ヘンリー・フォードのことは第5章で述べる）では、ミシガン湖を見下ろす峰にストローブマツの木立がある。このたくましい木々は、岩だらけで、時には長く厳しい冬を送ることになる土地でも、おそらくは何世紀にもわたって力強く生息してきたのだ。この木々を見るたび、競合にとっては障害でしかなくとも、針葉樹にとっては自由に成長することができる環境を最大限利用してきたそのしたたかさと効率性に敬服せざるを得ない。

およそ二六〇万年から一万一七〇〇年前までの更新世、氷期が繰り返し起こった期間、針葉樹は、巨大な氷河によって元来被子植物が支配的な地位を占めていた南方へと押し出されていった。しかし、ひとたび氷冠が後退すると、針葉樹は被子植物よりも優位に立てる北方の領地へと戻っていく。氷河が肥沃な流域をえぐりながら南下し、後に被子植物との戦いの場となる高地まで積み上がるたび、針葉樹は何度となく押し戻される。その結果、何百年もかけて、針葉樹の部隊は、「偉大なふるい」とも言える、タイガの厳しい環境と短い生育期に適応できる種だけを残し、ユーラシア大陸と北米の北方地域に広がる永久凍土層に巨大な帝国、地上最大の森林を築き上げたのだ。[12]

このような容赦ない環境にもかかわらず、針葉樹は生存し続け、被子植物を完全に押しのけて二〇〇〇年後には支配的な地位を得るに至る。しかし、それだけが針葉樹の唯一の避難場所ではない。北方や高地の山岳地帯だけでなく、針葉樹の「シマ」は痩せた土地やほかの種の生育にそぐわない環境を利用しながら、被子植物の海の中で拡張できるのである。

この物語はここで終わるのではない。一本の木の成長や松ぼっくりの出来事が重要なのではなく、クリップが言うように、それは目に見えるものでしかないのだ。むしろ、われわれは目に見えないものに焦点を当てるべきだ。それは限られた資源を再配分することで、森林で異時的に展開される迂回戦略である。針葉樹は柔らかく、燃えやすく、また極めて脆弱であるが、負けるが勝ちというそれらの迂回的戦略において強力なのである。ここに再び、最終的な種の勝利を求める木々の異時的戦略を見るのだ。

針葉樹の迂回的な成長は、進化の過程での配偶者選択にも現れており、そこでの目的は、親の肉体的な強さではなく、むしろ子孫の適応度を改善することにある。針葉樹は岩場で生育することで物質的利点を直接に求めるのではないという点において、自然界のなかでも最も迂回的だと言えるが、世代間を通じた戦略によって、競争を潜り抜け、捕食者（特に、火）に打ち勝ち、ある日子孫がより良い生育環境（山火事のあと）を手にすることができるようにしている。実際に、針葉樹の長い進化の歴史を考えると、最も荒れ果てた地で生き残れる適応能力や遺伝子異変は、将来何世代にもわたる子孫に焦点を当てたものであり、いずれ森林の遷移するなかで有利な立場を獲得し、最も肥沃な地に種をまくことを目的としている。

これこそが、今目の前にある要求に先んじ、反撃に備えるというものだ。まさに「老子」の言うように、「まさにこれを歙（ちぢ）めんと欲すれば、必ず固くこれを張る。まさにこれを弱めんと欲すれば、必ず固くこれを強くす。まさにこれを廃せんと欲すれば、必ず固くこれを興す。まさにこれを奪わんと欲すれば、必ず固くこれを与う[13]」である。アムスとデビッド・ホールの言葉を引けば、「満月はやがて欠け、年老いし糸杉はやがて生まれ変わる[14]」のだ。自然がわれわれに示すとおり、単発の出来事が問題なのではなく、一連のプロセスのなかで起こることが重要なのである。改めて針葉樹が本書の先達となるのだ。「すべてがやがて反対のことを生じさせる、自然のなかに見えるプロセス『全体』の本質を見いだすことが、人間の経験の道しるべとなるのだ[15]」。針葉樹は、その迂回戦略によって、荒れ果てた土地へと後退し、その間に種子をかかえた数えきれないほどの松ぼっくりを生み出す。そして、その種子は風に乗ってまた辺鄙な場所へとまき散らされ、被子植物との戦いで次なる大勝を待ち望む、忍耐強く、長生きの戦士たちとなるのだ。

針葉樹のなかには驚くほど長い寿命を誇るものもある。針葉樹が世界で最も古い生物の一つであることは驚くにあたらないだろう（ニューメキシコ州のカールズバッドの洞窟にある古代の海塩で仮死状態で発見されたバクテリアは二億五〇〇〇万年前のものであり、八万年から二〇万年ともいわれる海藻などもある）。このような針葉樹を見つけるには、競合が少なく、野火のリスクが高まる異常繁殖もできないような環境の厳しい地域を探すのが良かろう。スウェーデン北部のツンドラに似た気候を持つ地域では、被子植物は生息できないが、驚くことなかれ、この地に氷河期末期から九五五〇年、古代ノルウェイエゾマツがいまだに生息している（実際には、およそ一万年もの間根系は生存しており、これらの根から木々が生え始めたのはかなり最近になってからなのであるから、それこそ極めて効率的・異時的構造の証左である）。この生ける記念物こそが針葉樹の適応能力と長生きの証しであり、それは身近な競合のみならず、地上のあらゆる種よりも長命である。

その他の長命な針葉樹として、バンクーバー島のアラスカイエローシーダーの一群があるが、これは四〇〇〇年以上の寿命を誇る。カリフォルニア、ネバダからユタの山岳部に広がるグレートベーズンにはブリスルコーンパイン、学名ピヌス・ロンガエバ（Pinus longaeva。文字どおり「古代マツ」）が生息するが、カリフォルニア州ホワイトマウンテンに生えるメトシェラは調査用サンプルが四八〇〇歳と推定されている。パシフィック・ノースウェストのセコイアには二〇〇〇年以上の寿命を誇るものもある。ロサンゼルスにある筆者の書斎の窓からは、両腕で抱えきれないほどの太さのある大きなセコイアが見えるが、これこそ迂回戦略の普遍性を示すシンボルである（このような優れたヒントが豊富にあるにもかかわらず、カリフォルニアはかつての産業界が示した迂回戦略をまったく軽視している）。

岩場に生息する針葉樹は、一見自然界ののけ者のように見えるが、それこそ道教の哲人がいうところの見せかけの謙虚さというものであろう。彼らは、ほかの者が近づけない場所へと引っ込み、山火事のあとのように環境が突然変化して好機が訪れると、活動を開始する。そこに、針葉樹の「為さずして為す」、この場合「まかずしてまく」姿を見るのである。岩場に生息することで、肥沃な土地に無駄に種をまくことを避け、防御態勢を確立し、ひとたび時が来れば、そこが戦略的に優位な地位となり、野火が整えた土地、もともとは自ら退却した肥沃な土地へと風にのって種をまくのである。自然界での「推手」の実践であるが、針葉樹は肥沃な土地では被子植物には一切抵抗せず、さっさと岩場の、孤立した場所へと退散する。そして、被子植物が手を広げすぎて過剰に繁殖した結果、山火事が起こると、針葉樹は舞い戻り、新たに開かれた土地に種をまくのだ。

土地が冷めると、熱と炎のなかを生き抜いた松ぼっくりのなかにある種は、炎で解放された栄養素に富んだ土壌で発芽する。また、野火の届かなかった辺境や岩場の孤立した場所で育った木々から風で飛ばされてくる種の加勢を受けることにもなる（山火事の間だけ開く、樹脂で固められた遅咲きの松ぼっくりを作る針葉樹もあるが、これほど火事を都合よく利用したものもなかろう。ロッジポールパインなどは多量の種を生み出すが、その遅咲きの松ぼっくりは何年もの間、林冠に留まるのだ。成長した木には一〇〇〇を超える松ぼっくりができ、そこに収納されている種子といったらヘクタールあたり何百万という数に上るだろう）[16]。森における「他人の不幸は蜜の味」とも言えるこの状況は、親となる針葉樹にとって火事は敵ではなく、味方であるのだ。自然界最高のご都合主義者と言えるだろう。

新たに開かれた土地に素早く進出してくる被子植物もあるが、最初の競争ですでに針葉樹は足場を固めており、やがては森林を針葉樹一色に染めていくのだ。それゆえ、生物学者で針葉樹の専門家でもあるアルフォス・ファルフォンは「競争者より長生きし、生息圏を独占してしまう……」[17]のが針葉樹の特性だと述べている。生態系や天候の変化、自然が持つ恒常性ゆえの調整や発見を通じた適応メカニズムによってもたらされるチャンスをとらえることこそが針葉樹の成長戦略なのだ。

アラスカ州のポーキュパイン川流域では、火ではなく水が針葉樹の拡がる機会を作り出している。ゆっくりと流れる曲がりくねった川は、カーブの外側の森林を削り取り、砂や小石、土をカーブの内側に貯めていくのだが、ここが針葉樹にとって新たな成長の場となるのだ。最初に成長の早い柳やポプラが川沿いに種をまくが、いずれはこの土地に元来生息するトウヒが新たな地へと進出してくる。被子植物が不利な立場にある理由は気候によるものではない。むしろ、ゆっくりとした苗木の成長がトウヒにとっては好都合で、最終的に森林更新で優位となるのだ。生育期間が長ければ長いほど、それらは数を増やし、トウヒは日当たりや土壌を自身の都合の良いように変えていき、結果的に独占するのだ。この北方の生態系において、この針葉樹は長い時間をかけて高密度な成長を繰り返し、森林をそれ一色に染めていったのである。[18]

当初は積極的・直接的な被子植物に地歩を譲るも、最終的には利を得る針葉樹の迂回戦略をイソップ物語のウサギとカメとになぞらえる者もいる。しかし、実際には、ウサギに姿を変えるカメとも呼べるもので、針葉樹の戦略は、当初はゆっくりと歩を進めるだけでなく、力を蓄え、最終的には加速するのである（カリフォルニアに生息するジャイアントセコイアのなかには、二〇〇フィート以上まで伸びたあとになって成長率が上昇するという驚くべき事例もある）。『老子』にも適例がある。まるで水のような効率性をもって「柔弱は剛強に勝つ[19]」。

上善は水のごとし
水は善く万物を利して而も争わず
衆人の悪《にく》む所に処《お》る
故に道に幾《ちか》し[20]

成長ロジック

これまで見てきたとおり、森林は針葉樹だけで、被子植物がないほうがより良い状態になるというのではない。むしろ、持ちつ持たれつの関係、探求と発見のプロセス、また静止状態の不均衡から生まれる機会への適切な反応があることで、針葉樹と被子植物との間で最も効率的な資源配分がなされるのである。森林というシステムにおいては、優位性というのはけっして不変ではなく、時間の経過とともに現れ、変化するものである。確立された森林の一部では、被子植物が一時的に優位な立場となり、一方、針葉樹は迂回的に、肥沃かつ最も望ましい場所を明け渡す（「負けることを愛し、勝つことを嫌う」）こともある。その後、山火事やその他の攪乱要因によって被子植物の優勢に歯止めがかかり、日和見的な針葉樹に道が開かれる。そしてまた瞬発力のある被子植物があとを襲うのだ。長い時間をかけて生態系が見いだした資源配分にこそ、成長の論理があるのだ。

ゆがみがあることで、常に変化が生まれるのだ。最終的にゆがみを調整する力が働くことで、自然と変化をもたらすのである。森林では、過度の成長や捕食者への脆弱性などのゆがみが、システム変化の兆しとなる。秩序でも無秩序でもなく、均衡を求めて変化することが自然の摂理なのであり、数多くの相互に連関したステップとともに、プロセス全体を眺めなければ、それを理解することはできない。

針葉樹のより早くまたより効率的な発育後期での成長には、驚くほどの生産性がある。もし針葉樹がその時期を迎えるまでの間に、累進課税のような被子植物の妨害がなかったとしたら、いかなる種も針葉樹にあらがえないことであろう。針葉樹の迂回戦略による生産性、当初の利を犠牲にしてでも獲得する効率性こそに、森林の成長論理がある。持久戦とも言える森林更新にその具現化を見るのだ。自然の成長、その秘訣は被写界深度にあり、針葉樹の迂回路、より効率的に左に進むために右に向かうような間接的な選択のなかに見られるものである。

古木から得られる示唆を通して、われわれはそれらの中核をなす迂回戦略を理解した。そして、そこで得られた教訓はわれわれを北方林から、これから見ていくように二〇世紀を通じて中国からペルシャまで拡がった標準的な軍事戦略や、一九世紀後半のオーストリアに現れた偉大なる経済思想家たちへといざなっていく。一つの松ぼっくりからまだ見ぬ森へと思いを巡らせるように。

第3章

勢——異時的戦略

二〇〇〇年の時間と四〇〇〇マイルという空間を挟んで、古代中国の戦国時代とナポレオンの欧州征伐という二つの恐ろしいほどに暴力的で、かつ人類史上極めて創造的な出来事が、それぞれ時代の政治的展望を形づくり、後に戦略論の世界的・標準的テキストを生み出した。孫武（またの名を孫子）として知られる中国の偉人になる『孫子』と、プロイセンの少将であるカール・フォン・クラウゼヴィッツになる『戦争論』がそれである。

この二つの書物は、年代的にも哲学的にも、「正反対の者たちによるお似合いのカップル」[1]のように、相互を補完する、対極のものと伝統的に誤解されてきた。イギリスの戦史研究家サー・バジル・ヘンリー・リデル・ハートがその典型であるが、『戦争論』は直接対決という最も多くの犠牲者を出しかねない方法を通じた総力戦をあおるものとして批判されてきた。一方で、『孫子』は破滅的な衝突は可能なかぎり避け、操作や策略といった間接的な方法を通じて敵を制圧するものと考えられてきた。

人類の最も偉大かつ有効な戦略論には、人類の複雑な目的を伴う、もう一つの試みである資本投資（特に、オーストリア学派の投資法［オーストリア流投資法］にも適用できる一つの筋道を見いだすことができる。この道筋が示すものは明快であるが、実行するのは難しい。それは異時的交換のメタシステムであり、最終形に突進するのではなく、異時的状態を追い求めることで、望む形を実現させることができるということだ。

近年の研究によって、膨大な量の散文ゆえに注意深く意味を読み解かなければならない『戦争論』と、まるで暗号のような、ニュアンス重視の『孫子』との間には、戦略上の共通点があることが明らかにされてきた。双方には明白な共通点がある。ともに人間の最大の関心事であり、また文明の進歩にとって最大の敵である戦争をテーマとしたものであること。また、著者はともに戦争が持つ破壊的な性質については徹底的に現実的であることだ。さらに、この二人の卓越した軍事戦略家は時代の申し子とも言えるのだ。また、机上の空論をむさぼる理論家でも、争いをあおる扇動家でもない。二人とも、自らを取り巻く戦争の空気のなかに身を投じた者たちである。彼らの著作が、今日でもアメリカ陸軍士官学校の課題図書となっているのも驚くにあたらない（軍事戦略を学ぶ学生が、原典を読むために何語を学ばなければならないかと問えば、答えは間違いなく中国語とドイツ語だろう。ドイツ語については、経済学を学ぶ者にとっても不可欠だと筆者は考えている）。

これらの共通点以上に、孫子とクラウゼヴィッツとの間にはより深く、より重要な共通点が見られる。二人とも、戦闘がすべてを決するのではなく、むしろ、最終的な目的を果たすに有効な手段として、一時的に「優位な立場」を獲得することをめざす迂回戦略を用いたほうがよいということを認識している。クラウゼヴィッツは目標（Zeil）、手段（Mittel）、目的（Zweck）という枠組みを用いる。つまり、究極的な目的を達成するためには（Zweck）、兵士たちを手段として（Mittel）、下位目標を達成する（Zeil）ために戦略的に迂回路を取るということだ。孫子も同じように、後に直接的な目的を達成するために、まずは間接的な目標を成し遂げるという異時的アプローチを取る。それを一言で「勢」と表現している。つまり、賢明なる将は戦いを回避し、また終わらせる手段として、「戦うよりも前に上流に布陣し、後に本格的な戦闘に巻き込まれずに済むように[2]」、敵よりも戦略的に優位な立場を獲得するのだ。「孫子」いわく、「百戦百勝は善の善なる者にあらざるなり。戦わずして人の兵を屈するは善の善なる者なり[3]」と。

この曖昧模糊たる「勢」（発音は「Sure」に似ている）には英語の厳密な訳語がない。むしろ、幾つかの意味を持って定義づけられよう。可能性、配列、形状、影響力といったところで、軍事戦略家にとって最も重要なのは「軍勢」という意味であろう[4]。これは、「優位な立場」または「優位な配置」と解釈することもできよう。これらの定義は、都合良く選んだものではなく、もっと広く複雑な全体像の一部を成すものにすぎない。「勢」という漢字の語源は、「種をまく、植える、栽培する」または「芸術的な才能や能力を育てる[5]」という意味を持つ執るという字と、「力」

という字から成り立っている。「勢」の同音異義語（昔からの言い伝えによれば、同音異義語は本質的に同じ意味を持っており、しばしば交互に用いられている）は「機会」のような時間的融合を想起させるものである。[6]

とどめられたエネルギーの可能性は、龍のイメージに表される。これは、中国でも一般に用いられる「勢」のモチーフの一つである。「勢」のイメージとしての龍は、水中の生物から空を牛耳る生き物へとダイナミックかつ戦略的に姿を変え、具体的な形状を取ることもできれば、霧のように蒸発してしまうこともできる。[7]

中国文化圏ではかなり一般的な言葉であるし、特段哲学的な重要性を持つものとはされていないが、「勢」は（言うまでもなく本書では、目標、手段、目的［Ziel Mittel und Zweck］とともに）『孫子』を特徴づけるコンセプトである。戦略家にとって、「勢」は「戦闘に加わることもなく」、また「軍隊を配備することもせず」[8]に、絶対的に優位な立場を確立するだけの影響力を持つことの重要性を伝えるものである。ゆえに、「孫子」のいう遠回りの「勢」は、「老子」のいう迂回的な「無為」なのだ。「勢」はまさに「無為」の戦略であり、「老子」の言葉を引けば、「無行を行く」である。[9]

優勢という意味での「勢」は、戦略的配置という意味での「興」の概念と重なるところがある。「勢」は「興」を通じて得られるさらなる優位性、と言うことができるかもしれない。道教翻訳の第一人者であるD・C・ラウは、『孫子』には二つの言葉がほとんど同義で用いられているくだりが複数あると述べている。[10] 軍隊の戦略的配置（興）は、『孫子』のなかでは渓流でせき止められた水に例えられている。「勢」、いずれ下流へと勢いよく流れ出し、行く手を塞いでいた大きな石をも難なく押し出し、行く手を遮るあらゆるものをのみ込んでいく。哲人は「凡《およ》そ軍を処《お》き敵を相《み》る」のだ[11]（逆説的ではあるが、水は自然界で最も柔らかく、かつ強力な性質を持つものである）。

「勢」は、柄があることで斧がいっそう効果的になるのと同様に、道具としても有効である。[12] 究極の目的を達成するための手段または道具（「勢」には「手段」という意味もある）としての資産（資産とは必ずしも物質的、形のあるものでなくても構わない。即応性を整えているという有利さのような状態を示すものでもあり得る）としての利点である。

戦略的に優位な立場、というのはけっして固定されたものではない。敵の戦略的位置や、地勢、明暗、寒暖、天候など、変わりやすい要件のなかで迂回的手段を通じて異時的に現れるものである。これらすべての要素を認識したうえで、指揮官は軍が最適な配置にある時のみそれを動かし、また積極的に最適な配置を成せる場を求めなければならない。[13]「孫子」のいう「勢」は、「戦略的優位性を最大限利用すること」であり、「もしそれが得られないのであれば、けっして行動を起こすべきではない[14]」ということだ。「要地を押さえ、そして茂みに身を隠せ」とも解釈できるし、もしそのような場所がないのであれば、「暗闇に身を隠し」、敵には「けっして悟られないように進み」、相手を油断させるのである。[15]「推手」と同様に、目的は敵のバラン

ドッペルゲンガーである孫子とクラウゼヴィッツ

スを崩せる態勢ができるのを待ち、より効果的に攻勢をかけることにある。

「勢」の概念は、『戦争論』にも見いだすことができる。目標に向かって軍隊を展開するZiel、手段そのものであるMittel、そして究極の目的であるZweckにたどり着くまでの迂回路である。例えば、クラウゼヴィッツは、確固たる防御態勢に向かって全面攻撃を仕掛ける（die Schlacht［大虐殺］）ことで、資源、つまり自軍の兵士を消費するよりも、特定の「地点」において敵を弱体化させるべきと主張している。この共通の主張を見れば、何世紀にもわたって繰り広げられてきた論争に終止符が打たれ、『孫子』と『戦争論』とが対極の存在であるという考えも変わるだろう。中国人とプロイセン人、この二人の将校は思想的に敵対するものではなく、むしろ戦略家としてドッペルゲンガーなのである。

軍事戦略家として最も偉大な人物であるクラウゼヴィッツは、人間とは何かという複雑な問題の本質を見通すことで、軍事戦略を学ぶうえでの手がかりや視点を提供している。『戦争論』で彼は次のように述べている。「戦争は芸術や科学の領域に属するものではなく、人類の社会的実存の一部を成すものであると言える。戦争とは、敵を強制してわれわれの意志を遂行させるために用いられる暴力行為である。戦争を芸術に例えるよりも、むしろ人類の利害や活動の衝突である商売に例えたほうがより正確であろう。戦争は政治に従属するものであり、翻って考えれば、より大規模な商売の一種と考えることができよう」[16]

有形無形を問わず、上流で戦略的に優位に立てる手段をため込み、最終的な目的を最良の形で成し遂げるという、目的合理的な、手段と目的の体制を「勢」に見いだすことができる（なかには、あまりに短絡的にとらえているがゆえに反論する者もあろう）。それゆえ、包括的なコンセプト、キーワードは「勢」であり、それは「道」の現れであり、ドイツ語でいえば、「Ziel, Mittel, und, Zweck」なのである。これらすべてが本書の中核を成すのだ。

理解を促すために、改めて時間をさかのぼり、まずは古代中国、百家争鳴と言われた時代に戻ろう。最も著名な軍事思想家となった道教の将が世に出た時代である。

孫子の道

紀元前四〇三年から二二一年に至る戦国時代は、黄海に面する斉から、西方の平原地帯の秦に至る七つの封建国家が文字どおり支配権を巡って戦った時代である。すべての男子に軍役が課され、紀元三〇〇年までは、地方軍閥が何百、何千という歩兵を動員していたのである。半ば自治がもたらされた国家間での戦乱が勢いを増すにつれ、各国を旅する軍事戦略家たちは、封建君主たちに自身の専門知識を提供していく。そのなかで、呉の国で将軍に任ぜられた人物がいる。その名も孫武、後に孫子と尊称される男である。典型的な軍事思想家であった孫子は、政治的生き残りこそが最重要事項であり、必然的に戦争こそが「応用哲学」であった時代の体現者でもあった。[17]

『老子』同様に、『孫子』（『孫子の兵法』とも呼ばれる）は伝説の書として伝えられており、長年その著者については多くの議論がなされ、それゆえ、孫子が唯一の原著者であるという歴史的妥当性も疑われ、孫武は数多くいる孫子の一人にすぎないのではないかという説もあるくらいである。一七七二年に、イエズス会宣教師がフランス語に訳したのをはじめとして、『孫子』は世界中のほとんどの主要言語に翻訳されている。『戦争論』とともに、その影響力は、毛沢東（彼の「ゲリラ戦術」を『孫子』のそれに帰する向きも多いが、彼はどちらかというと欧州の戦略家に近いように思える）、ヘンリー・キッシンジャー、ソ連からベトコンと幅広く行きわたっている（もちろん、経営の分野にも応用されたが、薄っぺらな解釈であったがゆえにあっという間に陳腐化した）。

高度に効率化された軍事行動がいかなるものかを深く理解していた孫子は、兵の群れを規律ある軍隊へ、軍隊を効率的な戦う機関へと変える術を知っていたのだ。事実かどうかは定かでないが、孫子にまつわる次の話がある。呉の軍閥でのくだりである。軍事指導者としての能力を示すよう求められた孫子は、宮中の婦人を兵士として訓練することになった。孫子は一八〇人の女性を二つの部隊にわけ、王の寵姫二人を隊長に任命した。しかし、彼が命令を下すと隊員にどっと笑いが起こる。そこで、孫子は隊長である寵姫の処刑を命令した。王は孫子を止めようとしたが、聞き入れず寵姫を斬首してしまう。それ以降、部隊は命令どおりに進退し、異を唱える者はひとりもいなくなった[18]（道教の徒のすべてが平和主義者とは限らない）。

孫子は間接的アプローチに先鞭をつけた人物であり、「間接のなかの直接」の達人であり、今こそ動くべきという絶好の機会を作り出し、そしてそこにつけ入って行く。効率的な配備を通じた手段と目的という戦略的思考を生来身に付けていたのだ[19]。それゆえ、だれが勝ち、だれが負けるかはけっして出たとこ勝負ではないのだ。『孫子』には「夫れ未だ戦わずして廟算して勝つ者は、算を得ること多ければなり。未だ戦わずして勝たざる者は、算を得ること少なければなり。算多きは勝ち、算少なきは勝たず。而るを況んや算なきに於いてをや。吾此れを以ってこれを観るに勝負見かる[20]」とある。

孫子にしてみると、優秀なる将というのは、戦争がいかに破壊的なものかを十分に理解したうえで、優位な立場を作り出し、脅しやだましなどのはかりごともし、無理強いすることなく相手が引き下がるように仕向けるのである。将は、「攻撃することなしに敵の都市を奪い、長期的な戦争に陥ることなく相手を壊滅させる」[21]、つまり戦わずして勝つのである。これらは、「無為」や「老子」と相通じるものがある（『老子』自体が軍事的・政治的論文である）。「吾あえて主とならずして客となり、あえて寸を進まずして尺を引く」[22]。さらに言えば、戦争をに、より哲学的な問題を『老子』に帰するよりも、戦争それ自体がこの哲学の源泉なのであり、この悲惨な時代への反応であり、卑劣な戦場という肥沃な土地で育った戦略的思考なのだと考えるべきである。

軍事行動のなか、道教の徒（そして自然主義者）である孫子は、だれも望まぬ土地へと引き下がり、後にそこを前線基地とする針葉樹の姿に霊感を得ていたのではなかろうか（「敵のいない場所を」行軍し、「敵の防御ができていないところ」を攻撃し、「敵が攻撃できないところを防御する」[23]）。そして、「発育する前」の「種」を見ていたのではないだろうか。[24]

そして、攻撃のチャンスが到来すると、一つの武器が登場することになる。当時の最強技術であり、戦争の有り方を変えたとも言えるクロスボウだ。これは、「勢」を体現する断続的な力である。

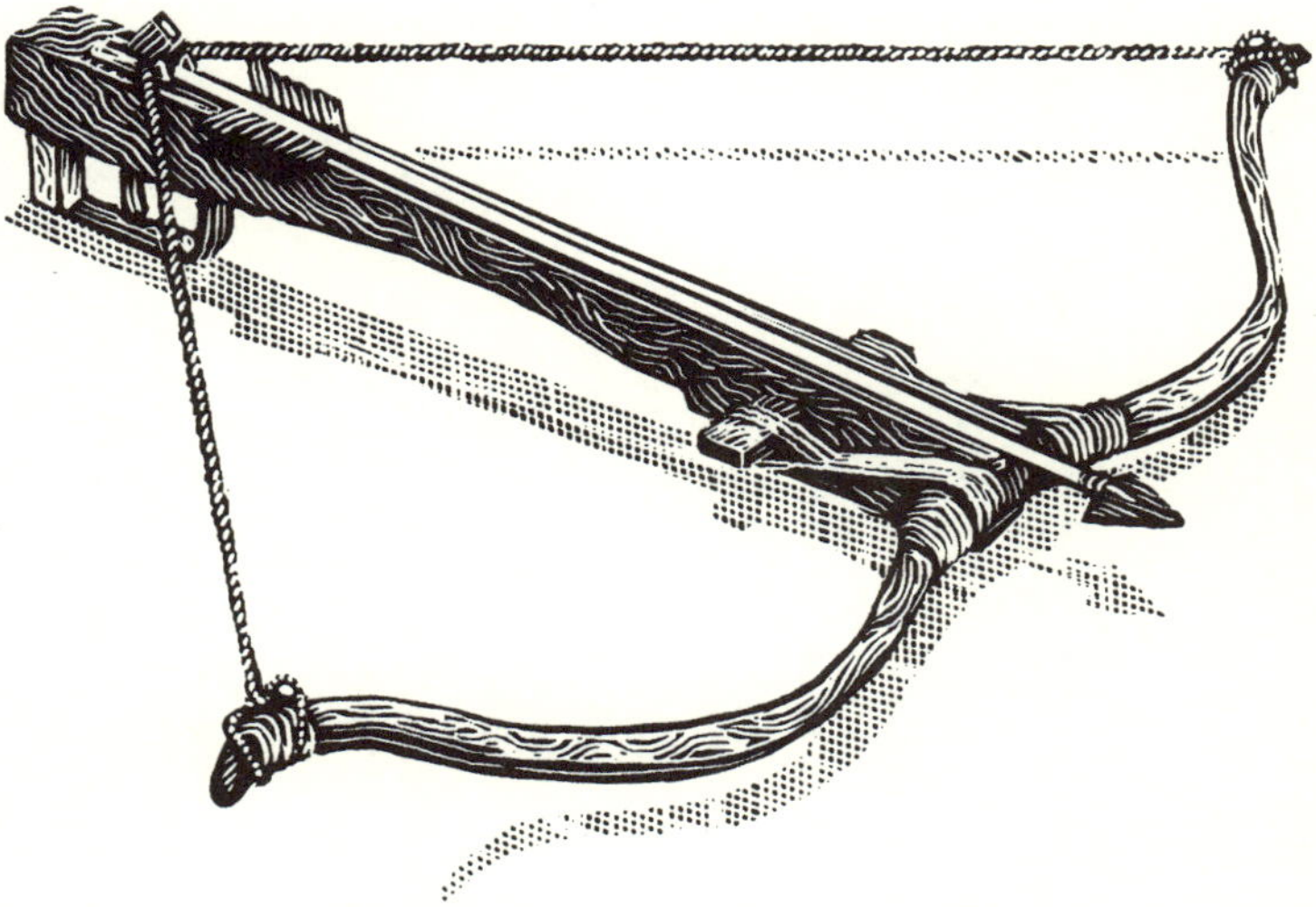

紀元前500年ごろに中国に持ち込まれたクロスボウ

勢とクロスボウ

紀元前五〇〇年ごろ、異民族によって中国にもたらされたクロスボウは、同二〇〇年ごろまでに広く用いられるようになっていた。孫子の国の呉では、精鋭部隊は重装備にヘルメット、背には槍、腰には剣、クロスボウと五〇本の矢を肩から下げて日に五〇キロも行軍したという。[25] 射手は、水平に矢をつがえると、弦をピンと張る（弦を張るのに、脚と鐙を使っていたと思われる）。そして、「準備完了」となった引き金を引くと、矢羽の力が解き放たれ、遠く離れた場所にいる敵の鎧や盾を打ち抜く力と速度が生まれる。その間も、射手は敵の手が届かないところに身を置くことができるのだ。クロスボウの登場で、時空間の距離が戦闘の重要な要素となった。つまり、どこからともなく、いきなり殺傷ができるわけで、布陣とその効果が重要となる。孫子いわく、「鷙鳥《しちょう》を撃ちて毀折《きせつ》に至るは、節なり。ゆえに、善く戦う者は、その勢は険にしてその節は短なり」[26]と。

このような優位性は、直接的な白兵戦では起こりえなかった。しかし、クロスボウが装備されたことで「勢」が見いだされ、射手によってそれが体現されるようになる。彼らは早急に行動するのではなく、力を爆発させるに最適な瞬間が訪れるまで、じっくりと構えるのだ（張三豊および「太極拳」のくだりでも見たとおり、相手を支配し、時には協調し、フェイントをかけ、そしてヘビのように急襲するのだ）。

「勢」を理解することは極めて重要で、数年前、アメリカ国務省は連邦議会に提出した中華人民共和国に関するリポートのなかで、中国の「大戦略」を「勢」をもって説明している。つまり、経済発展の勢いを維持することと、そのような発展を可能としている安全保障環境の趨勢を維持することという相反する優先事項を、見事なバランスを保ちながら取り組んでいる（「勢」という考え方は統計学でいうところの交絡であることの証明だ）というものだ。アメリカ国防省のリポートでは、「勢」という言葉に対して直接的な訳語がないことを指摘しながらも、「勢」を「戦略的な力の構成」であり、「部隊提携」とほとんど同義であり、また「熟練した戦略家のみが使いこなせる」[27]類のものであると定義づけしている。

要約すれば、「勢」とは、いずれ起こる戦いに勝利するための優位性を獲得するためのものだ、ということができる。「勢」は常に今よりも将来に焦点を合わせ、究極の目標がより容易に達成できるようにするための手段となるような「上流」、つまり中間の目標または途中の段階に重きを置くのだ。それゆえ、勝利への道筋は、異時的な優位性である「勢」を着実に実行していくことに限られ、「力」として知られるような軽率な衝突を起こすことではないのだ。

力――直接路

何事にも対極が存在する。交代とは、互いに相補う、異なるものの間に起こるのだ。「道」において、「陰（見えない、隠れた、受け身のもの）」は、「陽（目に見える、明るく、活動的なもの）」によって均衡が保たれる。間接的・迂回的な「勢」の対称を成すのは、直接的な「力」である。「全か無か」というように、「力」はあらゆる局面で絶対的な勝利を求める（「老子」は「誤った近道」だと非難している）[28]のだ。それは、偉大なるカルタゴの将軍ハンニバルの「ギリシャ人によって伝えらえる」[29]戦争のモデルのようであり、その断固たる結果を求める姿は、目の前の勝利を求める「力」の姿と重なる（極めて西洋的なものの見方だと指摘する向きもある）。対照的に、「勢」は、ゆっくりと一歩一歩進む旅に例えられよう。道教の徒のように、「登山道のように、ある場所では現れ、またある場所では丘に隠れ、またさらに見えなくなる」[30]のだ。長期的な思考を持つ「勢」の戦略家は、あいまいで不可解なまでの段取りを踏むような迂回路を採り、一方で「力」の戦略家は、今現在の、目に見える力や明白な目標への直接的なルートを求め、あらゆる戦いで雌雄を決するような力に頼ろうとする。簡潔に言えば、「力」は即座の成功を求め、「勢」は優位な立場を第一に求めるのである。前者は時間と競争しているような攻撃者で、その直接さゆえに、兵站が伸びすぎて、反撃にもろくなる危険がある。後者は、急ぐ必要もなく、どちらかというと攻撃的ではなく、時間を味方につけて、いずれより強くなるために、現在は不要な戦いはしない。

囲碁での勢と力

「勢」と「力」の戦略の違いを示す最も分かりやすく、かつ最も指導的な例は、囲棋（英語のWay-Cheeと発音が似ているが、文字どおり「囲み込みゲーム」である）に見られるだろう。日本語の「囲碁」または「碁」という名前のほうが広く知られている囲棋（以降は、囲碁）は、四〇〇〇年も前に中国で考案された世界最古のボードゲームであり、戦略や地政学の訓練に向いている（伝説によると、囲碁は自らの子息にそのことを学ばせたい皇帝が発案したとも言われている）。「孫子」が、最終的に敵を打ち負かすために、決定的な衝突を避けながら勝利を得る戦略として剛よりも柔を用いる「勢」を提唱しているように、囲碁においても同様の戦略が有効である。囲碁を学ぶことで、「孫子」の戦略的思考を習い、実践し、その哲学、戦略そし

勢と力

勢	力
迂回、異時的	直接、非時間的
手段に注力	結果に注力
忍耐、非攻撃的	短気、攻撃的
中間目標を通して将来の優位性を押える	手段を蓄積するよりも直接的な結果を求める
反撃	攻撃
曖昧、無形	劇的、有形
取るに足らない戦闘の結果	決死の対決
継続的な進捗	順次的な進捗
原因に焦点	効果に焦点
目標、手段	目的
無為	為

て戦術を理解することができるのである。

囲碁の試合展開を見ていると、「勢」と「力」の考え方が映し出され、さらには哲学や軍事、外交における「西と東」の対比まで現れてくる。作家であり、囲碁の専門家でもあるピーター・ショットウェルは、一般用語としての「力」は「利益重視の（陽）戦略」であり、「事を為さん」とすることであり、一方の「勢」は目の前の利益や優位性を犠牲にしても、影響力を獲得しようとする「陰」の戦略であると述べている。[31]「勢」は異時的、「力」は近視的である。

囲碁は縦横一九のマス目（初心者向けに、九マスまたは一三マスというのもある）のある盤の上で行われる。盤は、当時は平坦であると考えられていた地球を表すもので、安定を象徴する正方形であり、四つの角はそれぞれ季節を表している。ゲームの駒として石が使われ、一方が黒、他方が白を用いる。石は円形で移動性が意味され、すべて同じ大きさであるのは、それぞれの力に一切の差がないことを示している[32]（チェスとの違いは明らかで、チェスは相手を全滅させることを目的にピースごとの複雑な序列が存在する）。

囲碁は本質的に単純なゲームであるが、その単純さゆえに高度かつ複雑なものとなっている。実際に囲碁は最も計算ずくのゲームとも言える。石の動きや筋の「先読み」が指数関数的に増えるため、チェスとは違い、最強の人間をも負かすコンピューターでも処理できないほどなのだ。囲碁では、現在の状況から次なる手を考えていくよりも、考え方を逆転させて、最終的に獲得したい優位な状況を想定して、そこから逆算的に今打つべき手を考えていくほうが有効なのである。

ゲームの目的は、可能なかぎり多くのマス目を包囲することである。最初は盤には何も置かれていない。そしてまず、黒石を使うプレーヤーが盤上の線が交差する場所に好きなように打つ。そして白、黒とまだ石が置かれていない場所に交互に打っていく。プレーヤーが相手の石の周りの交点をすべて占拠すると、そのなかの石は取られることになる。最終的により多くの交点を囲んだ者が勝ちとなる。

そのため、まず考え得る戦略は、包囲が容易な盤の四隅を取りに行くことだ（盤の角であれば、包囲するのに半分の石で済むからだ）。しかし、目先の分かりやすい地を取りに行くことは、

図3.1　碁盤の勢（黒石）と力（白石）

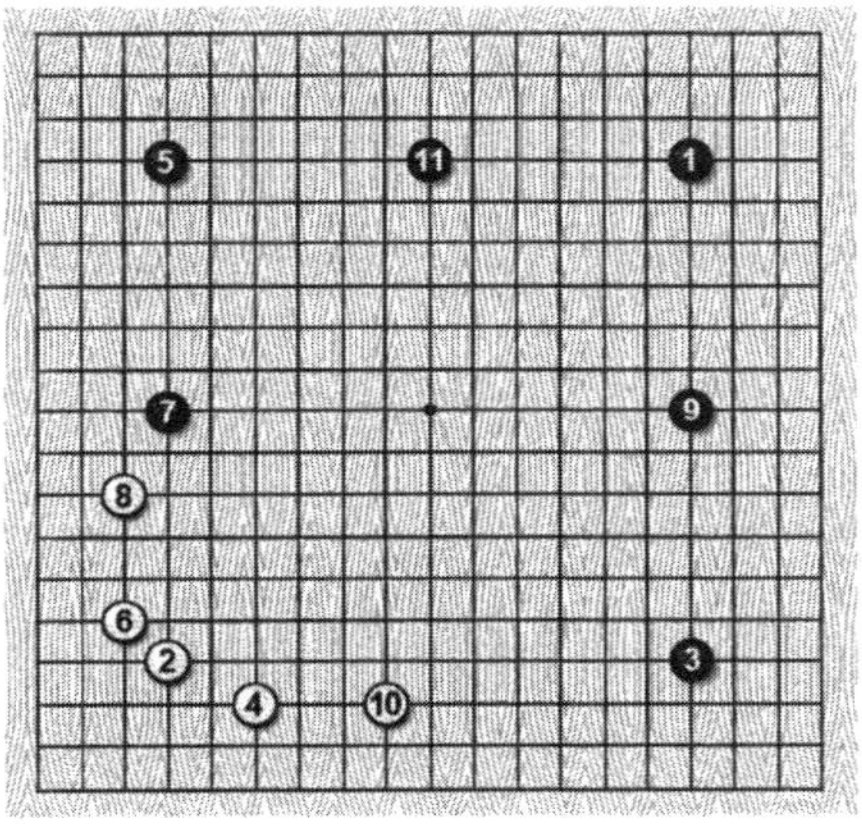

囲碁では往々にして最善の策とはならない。むしろ、「勢」戦略のほうが望ましく、最終的に優位な態勢を作り出すべく、[33]一見分かりにくいが、徐々に効いてくるような場所に石を打っていくほうが良いのだ。

図3.1（最初の11手を記してある）では、黒（1と3）白（2）ともに極めて標準的に「星」から打ち始めている。双方の戦略に違いが現れるのは、白が四手目を打ったところで、盤の大きく開いている場所に黒が打たれた一方、白は目先のポイントを稼ぐべく前の手と同じ隅に打たれている。その後、6、8、10手と白は同じ隅に打つことで地を固めていくが、そうしている間に、黒（5、7、9、11手）は盤の中央に、最終的に極めて大きな地を獲得する可能性を確保していくのだ。間接的、迂回的な「勢」戦略を用いることで、黒は将来における可能性を追

い求めていることになる。プレーヤーたちは互いに衝突しない、まったく異なるゲームに取り組んでいると言える。つまり、黒は白と地を争っているのではなく、むしろ将来白が打ちたくなるであろう場所と争っているのである。

このようにして獲得する優位性は一見しただけでは分からない。しかし、より大局から眺めると、それは極めて難解な異時点間のトレードオフなのだ。まず、黒は一見するとまったく陣地がないように見える。実際に、**図3.1**にある状態では、確定された地はまったくない。一方で、白は「力」戦略を通じて30目を押さえているように見えるが、それは一時的なものにすぎないのだ。現時点での黒の布石は、最終的に50目にまで地を積み上げる可能性があり、そうなれば大幅なリードとなる（囲碁は接戦になると、一桁の地の差で勝敗が決せられる）。白の陣地は確実なものではあるが、黒のそれは、より広いものとなり得るのだ。黒は、いずれ獲得する優位性と交換に目の前の地を譲ったということができる。黒が一連の動きで抑えた隅の部分はいずれ大きな威力を発するわけで、黒は自身の資源を節約し、あとで勝負に出るために退却しているのだとも言える。これは、より大きな目標を達成するための手段を狙った異時的なトレードオフであり、まさに迂回的方策である。

囲碁の試合を見ていると、優位な地位を押さえておくことが、最後になって決定的な打撃を与える機会を生み出していることが分かる（点数表だけを見ている者にとっては驚くような「テールイベント」のように思われるかもしれない［第9章参照］）。これこそまさに、「勢」アプローチの本質であり、たとえ困難でも目の前の利益を犠牲にすることの核心でもある。「勢」のなかに「力」があるのだ（「勢」という文字のなかに「力」の文字がある）。クロスボウは矢をつがれ弓を引かれた後は、放たれなければならないのだ（放たれなければ、「勢」たり得ない）。図3.1の棋譜に、筆者が思いつくかぎり最も純粋な形での「勢」、つまり「勢」の極致を見ることができる。現実社会でもその例はたくさんあるが、もっと分かりにくい形で存在している。理想的な状況での最も明白な例では、「勢」が効果的であるためには、その対極に「力」がなければならない。「力」の貪欲さや性急さが、あたかも第１章で述べたルー・バデットのように、「勢」に優位性をもたらすのである。対照的な戦略を採る者同士にとって、囲碁はまったく異なるゲームであり、この例でいう黒にとっては困難極まるものである。

共通テーマ――東から西へ

古代中国の文化と哲学を離れて、ナポレオン時代の欧州に話を移そう。それは、中国の戦国時代同様に支配を巡る凄惨な争いと、戦争に関する技術の進歩が見られた時代である。また、古代中国と同じように、欧州のこの時代に比類なき戦争研究者であり、文筆家でもある人物が現れる。カール・フィリップ・ゴットリーブ・フォン・クラウゼヴィッツ、その人である（クラウゼヴィッツのスペルには諸説あるが、彼の墓石に書かれた表記を採用することにする）。戦争の申し子とも言えるクラウゼヴィッツが生まれたのは一七八〇年、時はまさに革命が欧州、北米の政治情勢を作り変え、ナポレオン・ボナパルトの専制的権力を生み出した時代である。クラウゼヴィッツは一三歳にして、士官候補生としてプロイセン陸軍に入隊、一七九三年から九四年にかけて、ナポレオンに対抗する第一次対仏同盟の戦闘に参加した（時のプロイセン国王フリードリッヒ二世は、平民により構成される将校団を用いていたため、クラウゼヴィッツと彼の兄弟が士官候補として取り立てられるのは、一七八六年の国王の死後であった。貴族の子息である「ユンカー」ではなく、中流階級の家庭に生まれたにもかかわらず、クラウゼヴィッツとその兄弟は後に将官にまで昇進し、貴族風の「von」という標記を使うようになる。これは、彼らの父親が勝手に用い始めたようであるが、一八二六年に至り、貴族として認められた）[34]。一八〇一年、クラウゼヴィッツはベルリンの士官学校に入学、一八〇四年に首席で卒業すると、プロイセンのアウグスト親王が指揮する近衛大隊の副官に任ぜられる。将来の妻であるマリー・フォン・ブリュール伯爵夫人と出会うのもこのころのことである。

　生来の軍人であったクラウゼヴィッツは、軍人としてのキャリアをその父フリードリッヒ・ガブリエル・クラウゼヴィッツに倣ったのであろう。父フリードリッヒは、一七五九年に士官候補生としてプロイセン陸軍に入隊、七年戦争（一七五六年～六三年）を戦った。この戦いは、プロイセンおよびそれを支援するグレートブリテン王国と、フランス、スペインなどの諸国間で行われた戦争で、戦線は欧州、アフリカ、インド、北米（フレンチ・インディアン戦争として知られる)、南米からフィリピンまで拡大した。

七年戦争のあと、社会には混乱と革命が続き、欧州の既成権力は一気に弱体化していった。アメリカはグレートブリテン王国から離脱し、それがフランス革命を招来することになる。フランス王家の崩壊は欧州を永遠に変えてしまうほどの一大転機であった。王家やその支持者たちは、群衆の前でギロチンに処され、フランスは血に染まる。混乱により生まれた真空地帯に分け入る一人の男がいた。コルシカ島にイタリア貴族の末裔として生まれ、フランスの軍事行動を成功裏に率いたフランス軍人のナポレオン・ボナパルトである。一七九九年、ナポレオンはクーデターにより自ら第一統領となり、一八〇四年には皇帝の地位に就いた。

ナポレオンを毛嫌いしながらも、クラウゼヴィッツは彼について研究し、さらには彼の軍事戦略を称賛するまでになる。ナポレオン流の戦いは、後にクラウゼヴィッツの著書『戦争論』の中核を成すことになるが、ナポレオン打倒がクラウゼヴィッツ一生の仕事となる(残念ながら、クラウゼヴィッツが『孫子』を読んでいないのは確実だ。彼はすべてをフランス語で記していたし、また欧州以外の言語は話そうとしなかった。もし読んでいれば、もう少し無難な人生であったろうと言っては皮肉にすぎるだろうか)。

政治的には、欧州全土にフランス国旗を立てようとするナポレオンに対抗して、対仏大同盟が成立した。一八〇四年には、オーストリア帝国(これはハプスブルグ家の神聖ローマ帝国のあとを継ぐものである)が生まれる。今日のオーストリア、クロアチア、チェコ共和国、ハンガリー、イタリア、ポーランド、ルーマニア、セルビア、スロバキア、スロベニアとウクライナの大部分を含む巨大な帝国である。オーストリアとプロイセンは、どちらがドイツ語圏の盟主たるかという長年の衝突を乗り越えたのである。七年戦争の間は互いに衝突していたオーストリアとプロイセンは、ナポレオン戦争期には互いに協力するまでに関係を改善していたのである（ナポレオンの侵攻に対する彼ら共通の反感は、プロイセン出身でオーストリアに住んだルートヴィヒ・ファン・ベートーベンにも引き継がれた。かつてはナポレオンを崇拝していたベートーベンは、自身の交響曲第三番に「ボナパルト交響曲」という名を付けていたが、ナポレオンの皇帝即位に激怒し、彼への献辞が書かれた表紙を破り捨て、「エロイカ」という名をつけたと言われている）。

決断力に優れたナポレオンにとって、タイミングこそが自身の侵攻のすべてであった。彼は「戦いには敗れるかもしれない。しかし、一秒たりとも失いはしない」[35]と述べている。ナポレオンの基本戦略は敵のバランスを崩すことにある。ひとたび均衡が崩れてしまえば、敵は容易に打ち負かすことができるのだ。彼はフランス最大の敵であるオーストリアに向けてこの戦略を採る。「ジュニアパートナー」と呼んだ北部イタリアを、「シニアパートナー」であるオーストリアに至る回廊と位置づける。そうすると、スペインとイタリアが即座にあとに続いた。彼の計画は実行される。「オーストリアの軍隊をイタリアでの攻撃部隊に引き込み、そこで彼らを打ちのめすことで、一二カ月後にはオーストリアへの道が開かれるのだ[36]」

一八〇六年のフランス軍との戦いで、クラウゼヴィッツはナポレオンの戦略をじかに体験することになる。プロイセンの兵士は圧倒され、クラウゼヴィッツとアウグスト親王は捕えられ、フランスとスイスに抑留されてしまう。この抑留によって、彼はフランス陸軍とプロイセン陸軍との本質的な違いに理解を深めるとともに、筆を執る時間を確保する。彼は自国とその軍首脳を痛烈に批判する一方で、プロイセンがナポレオン陸軍という恐ろしいまでの敵に遭い、対峙していることを認識する。しかし、クラウゼヴィッツは「フランスの勝利は装備の近代性や兵士の数のうえでの勝利ではなく、むしろ、彼に相対する側の『知性の欠乏』と臆病さがナポレオンの天賦の才を引き立てたのだ」と結論せざるを得なかった[37]（クラウゼヴィッツのプロイセン軍に対するこの批判はあまりに痛烈だったため、七〇年もの間、公表されることはなかった）。

クラウゼヴィッツの抑留は一八〇八年まで続き、彼がプロイセン軍に戻ったときには、ゲアハルト・フォン・シャルンホルスト中将の補佐となる。シャルンホルストは近代的な参謀本部制度の生みの親として知られ、クラウゼヴィッツもまた鋭く批判していた軍制の改革を推進したことで知られることになる。一八一〇年、クラウゼヴィッツはベルリンの陸軍大学校の教官に任命される。同年、彼はマリーと結婚する。これは、二人の結婚は釣り合わないとするマリーの母の反発を乗り越えてのものであった。記録に残されている二人のラブレターを見ると、クラウゼヴィッツの違う一面が見えてくる。彼は時に冷酷な軍事戦略家と思われているが、恋愛面では詩人のようであった。それも、フランス革命に伴うような啓蒙主義時代の論理性よりも、美的経験や直感、感情を重視するロマン主義の影響を色濃く受けたものであった。

さて、戦争となると、クラウゼヴィッツは「戦役（Feldzug）」と呼ぶ軍事行動における科学に没頭し、知性だけでなく、哲学的素養もつぎ込んでいく。彼は、当代のドイツ哲学に影響を受けており、特に偉人イマヌエル・カントから形式原理と実質原理を学び取っている。『戦争論』において、クラウゼヴィッツはその双方を結びつけ、抽象化のロジックとする一方、経験から学ぶことに反対し、特に戦場ではいかなる環境も出来事も同じたり得ないという立場を貫いた。それゆえ、クラウゼヴィッツはカント派とみなすことができる（実際には、ドイツ観念論の確立に大きな役割を果たしたヴィルヘルム・フリードリヒ・ヘーゲルに近いといったほうがよいかもしれない）[38]。伝記作家のピーター・パレットはクラウゼヴィッツについて「彼が戦争を論理的検証の対象とすることができたのは、ドイツ哲学のおかげである」[39]と述べている。

欧州全土を制圧せんとするナポレオンを止めることは可能だとの信念を持ったクラウゼヴィッツは、行動の人でもあった。一時的な同盟関係によってプロイセンがフランスとの戦闘をやめた一八一二年、憤懣やるかたなきクラウゼヴィッツはロシア陸軍に加わる（これによって、レフ・トルストイがロシアのフランス侵攻を描いた『戦争と平和』にクラウゼヴィッツは登場することになる）。しかし、この行動によって、彼はプロイセン王フリードリヒ・ヴィルヘルム三世から遠ざけられ、フランスとの同盟関係が終止し、クラウゼヴィッツがプロイセン陸軍に復帰した一八一四年になってもなお、王は彼を反逆者であり革命主義者であるとし続けた。プロイセンがナポレオンへの戦闘を進めるなか、クラウゼヴィッツは一八一五年ワーブルの戦いで、ヨハン・フォン・ティールマン将軍旗下で参戦した。この戦いはナポレオンの百日天下最後の衝突で、プロイセン軍がナポレオン軍に決定的な打撃を与えたことによって、フランスはワーテルローの戦いに兵を加勢させることができなかった。

ワーテルローの戦いに敗れたナポレオンは、南大西洋のセントヘレナ島に幽閉され、一八二一年にその生涯を閉じる。一方、クラウゼヴィッツは一八一八年に少将に昇進したが、国王の覚えが悪く、彼もまたある種の制裁に遭っている。彼に与えられたのは陸軍大学でのデスクワークで、この管理職に一二年間就くことになるのであるが、国王からは大学のカリキュラムに手を付けることを禁じられていた。それゆえ、歴史家のなかには、彼を評して「戦火の人クラウゼヴィッツは消し炭にされた」[40]という者もいる（もし可能であったなら、田舎に引っ込んで執筆に勤しんだほうがクラウゼヴィッツにとっては幸せだったのではなかろうか）。しかし、陸軍大学で長い年月を得たことで、クラウゼヴィッツは日々、自身が書き留めた膨大な量のメモと向き合い、編集作業に没頭することができた。

一八三〇年、クラウゼヴィッツは部隊勤務に復帰し、ポーランド国境に配備されたプロイセン陸軍に参謀長として加わる。それは、ポーランドで発生した暴動と、欧州のあちこちで起こっていた不穏な動きが再び欧州各国間の衝突に発展することを危惧してのものであった。一八三一年、コレラが発生すると、クラウゼヴィッツはこの致死の疫病を抑え込むべく、衛生施設の建設を行うが、やがて自身もその犠牲となる。自宅に帰還した当初は、精神的にも、肉体的にも健全なように見え、彼と彼の妻は八日間にわたって平穏な時間を過ごした。しかし、九日目になると、コレラの症状が現れ、心臓麻痺で生涯を閉じた。五一歳であった。彼の死後、妻マリーは、自身の兄弟とクラウゼヴィッツの友人二人の助力を得て、彼の遺稿をまとめる作業に取り掛かる。第一巻は一八三二年に発行され、その後、一八三六年にマリー自身が亡くなるまでに七巻が出版された（彼女はクラウゼヴィッツとその遺稿にすべてを捧げたのであるが、残念ながら編集者としての能力に欠ける彼女は、この著作が不完全な状態であると述べている）。そして、マリーの死後、最後の二巻が刊行されたのである。

誤解の衝撃

クラウゼヴィッツが見せる洞察力は天才的なものがある（軍事歴史家のラルフ・ピーターズは、『戦争論』はゲーテの『ファウスト』とならぶ不朽の名作であるとしている）[41]が、その遺稿は未完ゆえに過去二〇〇年間で最も誤解された書物の一つとなっている。引用されることは多くても、読み込まれることは少ない『戦争論』には誤った解釈がなされ、痛烈な批判の対象となってきた。クラウゼヴィッツに対して最も声高に批判しているリデルハートは自身の著書

『リデルハート戦略論――間接的アプローチ』（原書房）で『戦争論』に対する攻撃の言を繰り広げている。第一次世界大戦にイギリス歩兵隊のひとりとして従軍したリデルハートは、一九二七年に大尉で退役し、その後軍事評論家として活動している（ひところ彼はノルマンディ上陸作戦を批判する文書を著し、それを軍人や政治家に頒布したため、ウィンストン・チャーチルは反逆罪ならびナチ信派の疑いありとして彼の逮捕を求めるに至る。彼は監視下に置かれることになったが、後に容疑は晴れ、一九六六年には叙爵されている）。

『リデルハート戦略論』において、リデルハートはクラウゼヴィッツを「総力戦の扇動者」[42]とし、西部戦線の虐殺を理想化する彼を痛烈に批判し、第一次世界大戦においては欧州の指揮官たちがクラウゼヴィッツの主張に従ったために、人類史上最大の一六〇〇万人もの犠牲者を出したのだと主張している。クラウゼヴィッツに対する批判は、彼がGewalt（ドイツ語で「力」に相当する）または力という言葉を使っていることに端を発し、直接的な会戦をあおっているというものである。リデルハートは強弁する。「プロイセンの戦争哲学者クラウゼヴィッツを師と仰ぐことで、彼らはクラウゼヴィッツの浅はかな言葉を鵜呑みにしている。例を挙げれば、『危機を打開するに血を以て行い、敵の力を破壊することが戦争の第一である』『大規模な総力戦こそが偉大なる結果をもたらす』『血は勝利の代償なのだ』[43]」

クラウゼヴィッツへの反論として、リデルハートは、自軍の攻め手を消耗させ、防衛側の抵抗を強める直接的な攻撃よりもはるかに効果的な方法として、軍事戦略における「間接的アプローチ」を提唱している。戦略的に重要な地点において間接的に攻撃を仕掛ければ、敵を弱体化させることができ、また、敵がすでに占有してしまっているような場所で総攻撃をかけるよりも死傷者の数は大幅に減らすことができるとリデルハートは主張する。リデルハートの間接的アプローチは、いわばクラウゼヴィッツを批判するもので、彼にしてみるとクラウゼヴィッツは「敵と正面からぶつかり合う致死の戦い」[44]をあおる者となるのだ。しかし、彼の解釈は正確とは言えず、私から見ればクラウゼヴィッツを誤解している。『戦争論』の「一八二七年七月一九日の通告」でクラウゼヴィッツは二つの種類の戦争を挙げている。一つは、敵を打ち負かすためのもの。もう一つは、衛星国とするか、和平交渉のときの譲歩の余地とするために前線地域を占領するためのものである。また、リデルハートが『戦争論』で見落としているのは「戦争が持つ二つの本質」である。一つは、暴力の行使という「絶対的」なものであり、他方は戦争は政治の手段にすぎないという「限定された」ものである。このような相互に連関したまったく異なる概念（戦略か戦術か、絶対的か限定的か、攻撃か防御かなど）がクラウゼヴィッツの時代の哲学論争の一部を成していたのだ[45]。

ゆえに、われわれはクラウゼヴィッツと最近の研究成果を擁護する立場を取る。つまり、大規模な軍事衝突や大戦争での虐殺(あの残虐極まるナチスもクラウゼヴィッツを信奉していた)の責めはクラウゼヴィッツにあるのではなく、むしろクラウゼヴィッツの言説を自分たちの都合の良いように解釈し、適用した軍人たちにあるのだ（もしクラウゼヴィッツに咎があるとしたら、その文章が難解にすぎることであろう）。

戦争論――間接戦略

クラウゼヴィッツの『戦争論』は弁証法的アプローチで戦争を論じたもので、第1章の「戦争の本質について」というタイトルが示すとおり、最も基礎的な前提から論を展開している。彼は、評論家が用いるような難解な定義を避け、二人のレスラーの例を引いている。「その目的は相手の抵抗力を完全に無力化し、自らの意志を強要することにある」[46]（クラウゼヴィッツもまた「推手」を中心的メタファーに用いているのか）。後に彼は、軍事的交戦（今日では商いや交易を意味するHandelnという言葉を用いた）は、優位な立場を得るために必要な準備にすぎないと述べている。

「敵戦力の破壊行為とはみなし得ないが、遠回しにそれを成し遂げることで、大きな効果が得られるのだ。市や町、要塞や道路、橋や火薬庫などを押さえるのは、戦闘の目標ではあるが、究極の目的ではない。これらは、優位性を獲得するための手段とみなされることはないかもしれないが、敵にしてみれば受け入れがたいものなのである。つまり、これらの行為は、目的に効果的に近づくための手段として考えるべきであり、目的そのものではないのである」[47]

「Handlen」は近い将来の目標としても、最終目標に至るスプリングボートとしても、戦争の「基礎的要素」である。[48]それゆえ、戦争は戦術と戦略との相互作用を通じて遂行される（クラウゼヴィッツを読んでいると、彼の戦術がどこで終わり、また戦略がどこから始まるのか分からなくなることがある。クラウゼヴィッツはドイツ語の過去形と、長い難解な文章を好んで用いるので、支離滅裂な文章があって、よく分からなくなるのだ）。軍事戦略の歴史を研究していくなかで、クラウゼヴィッツは、一六一八年～四八年の三〇年戦争を戦ったスウェーデン王グスタフ・アドルフこそが実戦において戦術と戦略とに一線を画した最初の人物であり、彼こそが軍事戦略の父であるとしている（『孫子』を読んだことがないクラウゼヴィッツのこの主張が誤りであることは言うまでもない）。

クラウゼヴィッツにとって、戦争の方法とは、あらかじめ定めた目標を達成するため、用いることができるあらゆる手段を行使することにある。[50]アリストテレス派の目的論的枠組みが、クラウゼヴィッツを奉じる者たちに、中間的な目標としてのZielという概念を与えている。クラウゼヴィッツのいう「目標（Ziel）」では、戦闘の目的は、最終的に勝利し、その恩恵に属することではなく、目的を達成するための手段を得ることにある。それゆえ、完全なる勝利を得る事、和平をもたらすことが目的なのではない。戦闘は、究極的な目的に向かって行使される手段にすぎないのだ。これらの手段は、時に時間的にも空間的にも目的から大きく離れているので、極めて間接的なものとならざるを得ず（『孫子』のいう逆説的な「間接的効果」[51]である）、クラウゼヴィッツがいう戦争における決定的な勝利に至る道は、長くまた迂回的なものとなるのだ。彼は、左に行くために右へ向かうということの意味を徹底的に理解していたのである[49]（針葉樹が岩がちの孤立した場所へと退避する姿を思い出さずにはいられないだろう。針葉樹はそうすることで、後に肥沃な土地を占有することになるのだ）。

クラウゼヴィッツが指摘する究極の目的でさえ、入れ子構造になっている。つまり、戦争に勝つ目的（Zweck）は、平和を持続させるというよりも高次の目的（Zweck）に従属するものにすぎない（このような高次元の目標を、道教の徒は「偉大なる勢」と呼ぶ）。クラウゼヴィッツが絶対的な戦争を唱えるとき、それは敵の壊滅を目指した血みどろの争いをうたっているのではない。むしろ彼は、最終的な平和を常に念頭に置き、それを達成するために今なすべきこと（Mittel）を逆算的にとらえることが重要であると指摘する。それはあたかも、「孫子」が「勝利を容易ならしめるために」、当初は「分かりにくい」場所へ「引き下がる」べきだと教えるのと等しい[52]（多くの翻訳書が、ZielとZweckとに当てる訳語に意を割いてこなかった。そのことで、クラウゼヴィッツが意図せざるような曖昧さだけが残ってしまったのであろう）。

クラウゼヴィッツの迂回アプローチに関するもう一つのコンセプト（これもまた大いなる誤解があるのだが）が、「重心」、ドイツ語でSchwerpunktである。重心は、物理学的な意味での「中心」（クラウゼヴィッツが言いたかったのはこの意味である）を指す軍事用語である。現代の軍事戦略家が「ある種の求心力を示すものであり」、「戦力を集中させ、場合によっては、目的や方向性を指し示す機能[53]」と述べているとおり、平衡点を成すものである。時間的にも空間的にも「適切な場所に適切なときに」、または「決定的な地点に[54]」戦略を集中させなければならないとするのが重心の要諦であり、これがクラウゼヴィッツにとっての主要な異時的テーマである（孫子同様に、遠く離れたところから、成功の条件を整えているのだ[55]）。これこそがクラウゼヴィッツの平和に至るまでの戦略的目標であり、ため込んだ戦力を一気に開放するのだ（何事も起こらずに済むのが一番良いのではあるが）。クラウゼヴィッツは広範囲に戦力を拡散させることをひどく嫌がった。むしろ戦力は集中させるべきであり、敵の戦力を分断して優位な立場を獲得し、相手の重心を叩くべきだとした。ここに「勢」の戦略が見えることは言うまでもない。

クラウゼヴィッツが指摘する重心という概念が分かりにくいのは、その焦点を力の源泉と解釈することに起因する。しかし、彼のドイツ語での原文を見ると、クラウゼヴィッツは力の源泉（Quelle）という表現は用いておらず、むしろ、戦力が結集した敵の重量（Gewicht）または「総量」について述べており、さまざまな機構を結ぶ接続地点（Zusammenhang [or interdependence]）について述べているのである。[56]重心に決定的な打撃を与えることで、敵の全陣容を崩すことができ、またさらなる戦闘の必要性を低下させるのである。それゆえ、クラウゼヴィッツは（孫子と同様に）適切に軍を配備し、決定的な打撃を与えることができれば、それ以上の暴力は不要になると考えるのである。

クラウゼヴィッツが指摘する似たような概念に、自然と発生し、自然の法則かのように働く「力の均衡」というものがある。クラウゼヴィッツは力の均衡という点において、戦争と政治の相互作用を指摘する。つまり、侵略国家は力の均衡を崩し、軍備を拡張し、そして安定した相手を叩くべく、戦線を拡張していく。ゆえに、クラウゼヴィッツは、攻勢は実際には不利であり、侵略を受ける側はじっくりと優位な立場を確保し、そして自らは「種をまかずして収穫」するのであると、聖書のマタイ伝の「委託された金」の例えをほのめかしながら述べているのだ。「それが恐れによるものであれ、単なる怠惰ゆえであれ、誤った考えに基づいて攻勢を中断することは、防衛側にとっては都合の良いものでしかない[57]」

攻撃側にとっても、防衛側にとっても、戦争は攻囲の継続ではなく、緊張と「静止状態」との間を行ったり来たりする動きの連続なのだ（クラウゼヴィッツの用語とミーゼスのそれとの融合だ）。緊張状態が続く間は、即座に行動したい攻撃側と、待つことで優位に立ちたい防衛側とで、即時性に対する異なった意向が存在する。攻撃側の動きが尽きると、「静止状態」が到来し、その一時的な均衡点が新たな緊張をもたらす。ただ、「往々にして、緊張関係が逆転するのであるが[58]」。

クラウゼヴィッツは異時的な戦略を強調する。つまり、時間的にも空間的にも、最終的に

「決定的に重要となる段階」のためにあらゆる準備を成すべく軍隊を進めるべきだとする。相手に損傷を与えることを目的とした「潰し合いの銃撃戦」で始まる戦闘の当初においては、将は均衡が崩れ、戦闘がエスカレートするまでは、「戦力を温存しながら」、損失を最小限にとどめるよう努めるべきだとクラウゼヴィッツは指摘する。[59] 彼は、それぞれ一〇〇〇人の兵隊によって構成される二つの軍隊を例に採る。その一方は、五〇〇人をあとの戦闘のために温存しておき、残りの五〇〇人を一〇〇〇人の相手に向かって投入する。双方とも、二〇〇人の犠牲を出すと仮定する。「温存していた」五〇〇人を新たに投入し、戦いに疲れた相手に向かわせたとき、当初は小規模だった軍隊は一気に優位に立つことになる。兵士の数こそ八〇〇人と同数であるが、もはや同等の戦いたり得ず、当初小規模で、押され気味であった軍隊が優位になる。防衛側が攻撃側となり、防衛が後に攻撃に勝利する、柔よく剛を制すである。あとで効果的な戦闘が可能になるような優位な地位を獲得することが、クラウゼヴィッツの「後出し」を通じたやり方である。これはいわば、戦闘を攻撃と防御という二つの段階に分けているわけで、「まずは攻撃を待ち、そしてかわす（防御［Abwehr］）」のである。[60] クラウゼヴィッツは「占有者は幸福である（Beati sunt possidentes）」という。[61] 彼は異時的なトレードオフについて、非常にうまくまとめている。つまり、たとえ後退を余儀なくされようとも、まずは自軍の戦力を培い（上流）、後に戦略上の優位性を獲得する（下流）のだ。「こうして見ると、あまりに多く兵士を戦闘へと投入することが不利益をもたらすことは明らかである。当初数のうえで優位になったとしても、あとでその代償を払わなければならなくなるのだ[62]」

一八一二年のナポレオンによるロシア侵略がその好例である。大軍の投入は、いわば「勢」なき「力」である。勝利を得るかわりに、ナポレオンの「大陸軍」は壊滅してしまったのだ。

勢、目標、手段、目的

戦場の二人の偉大なる師、孫子とクラウゼヴィッツは、勝利は迂回路の先にあることをわれわれに教えている。中国語とドイツ語とを組み合わせて使うならば、まずは「勢」なる優位性を求め、究極的な「目的（Zweck）」に至る「手段（Mittel）」としての「目標（Ziel）」を目指して進むのだ。

ここでもまた、将来の目的を達成するための迂回的方法（「資本」）に焦点を当てるオーストリア学派の姿が見える。ルートヴィヒ・フォン・ミーゼスは指摘する。「行動することで求める結果を、目的と呼ぶ。この言葉は目の前の目的を指し示すためにも使われる。人々がその目的を達成するために行動するのは、その先に究極的な目的があると信ずるからである[63]」。手段と目的という視点を持たずに物事をとらえると、一連の関係性を見落とす危険性がある。物事を別々に考える、つまり目的（Zweck）のための目標（Ziel）を見誤ると、単に目の前のことにばかり目を奪われ、被写界深度を失うことになる。目に見えないものを理解することはできないであろう。

さて、「勢」そして「目標」「手段」「目的」について学んだところで、偉大なる戦略家たちが足跡を刻んだ二〇〇〇年間を抜け出し、プロイセンから世紀末のオーストリア、ウィーンへと移ろう。オーストリア流投資法の源流となった、偉大なる学派に到達するために数千年を一足飛びに進もう。

第4章 見えるものと見えざるもの――オーストリア学派の源

はじめに、「見える」もの、目に見え、手の届くものがあり、それは容易に把握できる。次に、「まだ見えざる」ものがある。これは、前者の結果として現れるもので、あとで顕在化する。これが「予見され得る」ものとなる。ここに時系列が存在する。見えるものと、まだ見ぬものの一連の流れであり、同時に見える、見えない、または見えるものと隠れているものとを混同してはならない。さらに言えば、目の前にあるものから、次に現れるもの、そしてその先に見えるものという被写界深度全体に着目しているのである。オーストリア学派の始祖でもあり、本章の主役でもあるフレデリック・バスティアを源流とするコンセプトでもあるが、近接したものから最終的なものへと歩を進めながら予見することで、未来は明白なものとなってくる。これは、けっしておめでたいデータ分析や数学的モデルの産物としての予測によるものではない。人々は帰納的に歴史を学ぶことはできない。それは、因果関係というのは一見しただけでは認識できないものだからである（「目的論的誤謬」という用語があてられる）。むしろ、予見というのは、われわれが感情ある人間として、観察したり、経験したりすることで知っているものから演繹的に得られるものである。

見えるものから予見され得るものへは、手段と目的という目的論的経路を通って橋渡しされる。おなじみ、目的（Zweck）を達成するための手段としての目標（Ziel）であり、クラウゼヴィッツ流戦略の共通テーマである。手段は目的論的なものである、つまり手段とは「テロス」、目的のために存在する道具である。手段と目的とが離れたものであればあるほど、採るべき道は直接的なものではなく、より迂回的なものとなる。これこそが、本書の信念であり、投資テーマである。見えるものと見えざるもの、手段と目的というパラダイムにおいて、われわれはオーストリア学派経済学、演繹法に基づいた独特の方法論、そして人間の選好を学んでいく。一九世紀後半、カール・メンガーによって創設されたオーストリア学派は、経済学の地図を塗り替えたと言える。その知的中心地はウィーン大学であった（第7章で見るとおり、オーストリア学派経済学者がオーストリアから移住したことで、この地位はニューヨーク大学が一時的に引き継ぐことになる）。

メンガー以前にも、「前オーストリア学派」とも呼べる先人たちが存在し、その基礎を成すに一役買っている。その先駆けとなった人物にA・R・J・チュルゴーがいる。彼は、アダム・スミスの『国富論』や、彼の考えを解説したジョン・バティスト・セイよりも先に、自由市場という考え方を世に問うたのである。ちなみに、一八二一年に初めて英訳されたセイの書物はトーマス・ジェファーソンが持っていた。セイの功績はスミスの考えを解説しただけではない。彼らの考えには著しい違いがあり、セイはスミスを批判するとともに、彼の思考の矛盾を指摘してもいる。例えば、セイは起業家という存在を経済思想のなかに取り込んだが（起業家〔Entrepreneur〕という言葉はセイが生み出したものと言われている。それは文字どおり、冒険を冒す者という意味を含んだ「引受人〔Undertaker〕」を意味している）[1]、スミスはそれを一切無視している（オーストリア学派はスミスの自由市場という考え方を基本的には認めているが、マレー・ロスバードのように批判的な者もいる。ロスバードによれば、スミスは彼を創始者とあがめるマルキストたちに、無意識ながら擁護材料を与えているというのだ。多くのオーストリア学徒にとって、自由市場の系統はチュルゴーとセイを祖とする）。

セイはまた、第3章で触れたナポレオン時代の欧州という歴史年表にも顔を出す。彼は、ナポレオンの護民院のメンバーであったが、政府の政策を非難したことで罷免され、書物も発禁処分となった。これはナポレオンによる理論家弾圧の一環であった。にもかかわらず、一八〇三年にはセイの主著となる『経済学概論（Traité d'économie politique）』が出版され、ナポレオンによる横やりを受けながらも、存命中に四版を重ねることになる。さて、ここでのわれわれの興味の対象はセイの後継者であり、熱心な擁護者でもあるフランス人経済学者クロード・フレデリック・バスティアである。彼こそは、オーストリア学派の重要な先駆者のひとりであり、だれよりも効果的に政府の介入主義を批判した人物である。

軍事戦略の話題を離れる前に、筆者が人類の戦略的試みにおける手段と目的という枠組みを考えるうえで軍事戦略を重視した理由を述べる必要があろう。筆者はけっして、戦争を起業家的競争の隠喩とするつもりはなく（クラウゼヴィッツはそうした）、「推手」を引き合いに出したいわけでもない。実際に、戦争と起業家的競争とはまったく正反対のものである。バスティアその人が、戦争とビジネスとの矛盾を指摘してくれている。「産業における競争を戦争に例えるような子供じみたまねはやめようではないか。たとえ企業間の競争の効果を説明するために、このもっともらしい類似性が生まれたのだとしてもだ」[2]（バスティアとクラウゼヴィッツは同時代の人であり、目的論的アプローチは共通のものがあったが、それぞれの反軍思想とフランス嫌いとゆえに、互いに嫌っていたようである）。

起業家的競争は世界をより良いものとする（皮肉にも、犠牲となる競合という意味では最大なのであるが）が、戦争は世界を破壊する（これもまた全部とは言わずとも多大なる犠牲の基に成り立っている）。しかし、われわれが取り組んでいる戦略的思考の歴史的発展、特に目的論的思考のそれは、オーストリア学派の投資法（オーストリア流投資法）が持つ手段と目的という二元性へと誘う。間接的手段が持つ普遍的な効果と、時間が持つ主要な役割をわれわれは理解している。これは普遍的なものであるから、個別の事例ごとに区別しなければならないという心配はない。ただ、残念なことに、人類の歴史において戦争はあまりに多すぎるのだ。願わくば、将来の進歩した資本主義体制が戦争をなくしてほしい。しかし、これはあまりに甘い考えであろう。それはさておき、資本主義制度を理解し、ランダムなデータの海のなかで目に見えない原因と結果を見いだし、そして効果的な資本投資を行うためには、手段と目的、見えるものと見えざるものという普遍的な目的論的思考が必要となる。

予見されるべきもの

病弱で、五〇歳を前にこの世を去ったバスティアが、オーストリア学派のような不朽の経済学派の先駆者であったと思われることは少ないだろう。しかし、彼の人生経験が普遍的な経済論文を生み出すような独自の視点をもたらしたことは事実だ。一八〇一年に生を受けたバスティアは九歳で両親と死に別れ、父方の祖父に育てられる。一七歳まで、フランス・バイヨンヌで家業の貿易に従事していた。そこで彼は、フランス政府の保護主義が経済発展を阻害している明白な事実を目にすることになる。それはむしろ、ビジネスの血液を吸い上げるようなもので、町には失業と貧困とがあらわになっていた。保護主義による制限がなければ、ビジネスはあらゆる階層間で繁栄するというそのときにバスティアが得た予見が、彼の説得力ある主張の基になっている。

二五歳のとき、祖父の死によって一族の資産を相続したバスティアは地方の大地主となり、学者としての生活を始めるようになる（一八三〇年にブルボン家がフランスから追放されたとき、バスティアは六〇〇人のフランス人青年を率いて、王室の要塞に攻め入った。しかし、何事もなく、相手はすぐに降伏、夕食を馳走にまでなったという）[3]。農場経営者として、彼は土壌の生産性維持を目的とした輪作などの科学的農法を実践したり、農場の運営に人を雇ったりしていた。しかし、お金に興味がないと公言するバスティアは早々に農場経営から身を引き、思考と書物の世界へと深く身を沈めていくことになる。田舎の広大な屋敷に身を置くことで、バスティアは自然と触れ合い、その知見をより明快なものにしていく。農夫が目にするものは、新たに種がまかれただけの不毛の地のみである。ここでも再び孫子の言を引こう。「勝を見ること衆人の知るところにすぎざるは、善の善なる者にあらざるなり」[4]。バスティアもまた、クリップ同様に、まだ区分けされていない土地を見て、まだ見ぬ一連の収穫で得られる利点を予見しようとしたのではなかろうか。農機具は、毎年の収穫という目的に至る、文字どおり形ある手段として認識していたのではなかろうか。そして、収穫で得られる種子が、さらなる収穫への序章となると考えていたのではなかろうか。

自然のなかにある秩序を通じて、バスティアは市場や人々の交易をいかに自由に機能させるべきか、人々の欲求を満たすためのメカニズムとはいかなるものかを認識したことだろう。明白な不平等と、それをなくそうとする試みは、中間的な手段を通じて達成されるより高次の目的、つまり資本主義の受益者である消費者の便益に向けられるものである。バスティアが著書

バスティア――田舎紳士で学者

『エコノミック・ハーモニーズ（Economic Harmonies）』で述べているように、「競争は、不平等が存在することによって出現するものである。労働者は、本能的に最も対価の高い方へと移っていく。そして、享受される不自然な優位性に確実に終止符を打つのだ。そうなることで、不平等には歯止めがかかり、平等へと収束していく。これこそが、社会のメカニズムに潜む『目的論』の好例であろう」[5]。

バスティアがオーストリア学派の原型とも言えるのは、彼が人間行動学（人類の行動を研究する学問）の用語を用いて経済を説明するところにも現れている。いわく、社会とは人々が「互いに助け合い、互いのために働き、互いの存在を尊重し、見返りに応じて自身の能力や、その行使の結果を他人に委ねることで成り立っている」のだ。個人とは国家のように単独で存在するものではなく、その生死は互いの相互作用に依存するのだ。バスティアは「人々をあたかもカタツムリのように完全に一人ぼっちにするような」[6]保護主義者に対抗してこのような論理を展開したのである。

若かりしころのバスティアは一対一の対話を好み、自身の深遠な考えを披露していた。彼の最も近しい友人に、フェリックス・クーデロアがいる。彼は、隣接する農地を経営する同世代の若者であった。トゥールーズの法律学校を卒業したばかりのクーデロアは、フランス革命に思想的影響を与えたジャン・ジャック・ルソーに心酔する社会主義者であった。これほど対極を成す組み合わせも珍しいが、長い時間のあと、バスティアはクーデロアを古典的自由主義者へと変貌させてしまう。バスティアは国家権力はすべての者にとって良いものであるという主張にいら立っていた。そして、「すべての者に食いぶちを、すべての企業に資本を、すべてのプロジェクトに信用を、すべての傷に軟膏を、すべての苦しみに慰めを、すべての当惑に助言を、すべての疑いに解決策を、すべての智者に真実を、欲するすべての者に娯楽を、赤ん坊にはミルクを、大人にはワインを施し、あらゆる要望に応え、すべての欲求を満たし、あらゆる間違いを正し、あらゆる失敗を埋め合わせ、人々から配慮や慎重さ、判断、洞察力、経験、秩序、倹約、節度、そして行動を奪うような」[7]慎み深い国家を想定するような考えをバカにしていた。そんな考えは、バカバカしすぎて取り合うまでもない、と。

　何年かかけて自身の考えを発展させたあとの一八三四年四月、バスティアはあらゆる税金の撤廃を懇願する最初の論文を世に問うことになる。その後、第二弾としてワインにかかる税に反対する論文を、そして土地にかかる税（明らかに我田引水だが）と商取引の制限に反対する論文を発表する。そして、フランスとイギリスの関税について一方的に送りつけた原稿が権威ある『ジャーナル・デス・エコノミステ（Journal des Economistes）』に掲載されると、バスティアは自由貿易と自由主義経済の強力な支持者として、また台頭する保護主義への防波堤としての立場を確立していくことになる。筆の冴えるバスティアは、自身の論文をまとめた処女作『エコノミック・ソフィズム（Economic Sophisms）』を刊行、本書は今もって自由貿易を擁護する最高の一冊と考えられている。その後、渾身の一冊とも言える『エコノミック・ハーモニーズ』を発行し、そのなかで、私的所有権が尊重されるならば、社会を構成するすべての者たちの利害は調和すると主張した。彼の考えでは、政府の主たる役割は、人々の生存権、自由と財産を守り、不正を防ぐことだけとなるのだ。

バスティアがフランスで自由貿易を擁護する経済論文を認めていたころ、かのカール・マルクスはロンドンに居を構え、『共産党宣言』と『資本論』を書き、階級闘争による社会主義理論と、資本主義社会における労働者の搾取とを叫んでいた（マルクスはバスティアを「俗悪な経済の最も「皮相的な」擁護者とみなしていた[8]。バスティアにしてみれば、自身も同様に侮蔑していた相手からの賛辞であったろう）。マルクス主義者にとっては最大の敵であるオーストリア学派の首魁として、マルクスに対する攻撃を先導するバスティアは『エコノミック・ハーモニーズ』において、資本家（起業家）も労働者も自由企業から同様に利益を得ることができると説明している。「経済的調和はかようにもたらされる。つまり、労働を通じて人々の行動は自然の活動と結びつく。その協調の結果として効用が生まれる。人々は、自身が生み出した価値、つまり提供したサービス、言い換えれば、生み出した効用に応じて、その利益を手にすることができるのだ[9]」。資本の蓄積による生産性の向上、賃金の上昇そして価格の低下（これらはすべて産業化された経済においてバスティアの指摘するとおりに実現した）を通じて、労働者も資本家も豊かになるというバスティアの考えは、あとで現れるオーストリア学派の資本理論と軌を一にしている。バスティアはまた、資本と労働、生産者と消費者との間におこる「対立」

ゆえに社会に自然に発生する組織は不適切であるとして、人工的な組織を追及する社会主義者を批判してもいる。バスティアにしてみると、実際に存在する対立とは、「二つの相異なる原理、つまり自由と制約」[10]の間にのみ発生するものなのだ。彼は「労働者と経営者の利害の調和」は「論理明快な結論」であると考えていた。[11]

一八四八年、フランスに再び革命が起こり、ナポレオン失脚後に確立された王政が転覆、第二共和政が始まる。バスティアは、国会議員に選出され、財務委員会の副委員長に就任した。当時のバスティアは、議場の右翼に陣取る保守派に対して、自由主義者や急進派とともに左翼（これが政治の世界における右翼と左翼の原型である）[12]に座る猫背で細身の男と認識されていた。バスティアは社会主義や共産主義には激しく反対していたが、政府による介入に反対の陣を張る彼にとっては右翼よりも左翼のほうが居心地が良かったようだ（保護主義は繁栄よりも貧困を支持するようなものであり、第二共和政はその経済政策ゆえに瓦解するとバスティアは正確に予見していた）。

バスティアの最もよく知られた仕事は、一八五〇年に書かれた『見えるもの、見えざるもの（Ce Qu'On Voit et Ce Qu'On Ne Voit Pas）』という題のパンフレットである（記しておかなければならないが、バスティアは引っ越しの最中に原稿を紛失してしまい、書き直しを余儀なくされた。しかし、二度目の原稿には不満でこれを焼いてしまう。新しい文書が完成したのは、彼が結核で四九年の人生を閉じるほんの数カ月前のことであった。[13]もし彼が書き直しをしなかったら、われわれは経済思想の古典を二つ失っていたことになる。一つはバスティアのそれであり、もう一つはバスティアの論を基にしたヘンリー・ハズリットの『世界一シンプルな経済学』(日経BP社)である。これはバスティアとオーストリア学派を世に知らしめた一冊である)。自由貿易と保護主義との反事実的比較を用いた経済的な寓話を通じて、バスティアは読者の注意を、見えるものから、見えざるもの、さらに、予見できるものへと誘っていった。バスティアは次のように記している。「経済において、行動や習慣、制度や法律がもたらす効果は一つではなく、一連の効果を呼び起こすのだ。これらの効果は、まず一つが目に見える形で現れ、それが同時に次なる効果の原因となる。これが『見えるもの』である。そしてその他の効果は、あとを追って次々に現れる(これが見えざるもの)のだ。それが『予見され』得れば良いのである」[14]。しかし、目的に至る手段(時間という自然の要素)が無視されると、好ましいものであろうとなかろうと、結果が予見され得ないというジレンマがあることも、バスティアは正しく指摘していた。

バスティアによれば、目の前の事象を越えて、あとで出来する結果を予見することができるかどうかが、大きな違いになるのだ。「この違いは大きい。目の前の結果が好ましいものであるときに限って、最終的な結果は酷いものであったりする。それゆえ、無能な経済学者は、悪い結果がついてくるにもかかわらず、目の前の小さな成功を追い求めるのであり、優秀な経済学者は、たとえ今、少々状況を悪化させてでも、将来の良い結果を追求するのである」[15]。この「一連の効果」や「ひどい結果」がついてくる「目の前の小さな成功」という言葉のなかに、バスティアが時間に対して高い意識を持つとともに、目の前のことに目を奪われたり、時間の意識を持たないことをさげすんでいることが分かる。これとともに、演繹的に予見することの重要性を指摘してもいる。つまり、演繹的予見は、「効率的ではあるが、乱暴な指導方法」とならざるを得ない帰納的経験論よりも「はるかに優しい教官」である、ということだ。目の前の結果に翻弄され、将来起こり得ることに意識が向かない、という状態を回避することが大切なのである。バスティアは、「甘いものに慣れれば慣れるほど、結果は厳しいものとなるのだ」[16]と警告する。本書であとで見るとおり、この指摘に、オーストリア流投資法の本質を見いだすことができる。

バスティアは執筆活動を通じて、同時代の人々の尊敬を広く集め、一九世紀で最も影響力ある経済学者となっていった。そのことは、『ジャーナル・デス・エコノミステ』への寄稿を依頼されたり、フランスで最初の政治経済大学の初代学長に推されたりもしていることからも分かる。彼の死の二年後に出版された一八五二年版の『ディクショナール・デコノミステ・ポリティーク（Dictionnaire d'Economie Politique）』は彼に捧げられたものである（バスティアがもう少し長生きしていたら、経済思想にどれほどの貢献をなし得ただろうか。少なくとも彼の若きころの考えを分かりやすく伝えてくれたはずだ）。優れた洞察力を持っているにもかかわらず、バスティアはその文章力が災いして真面目に受け止めてもらえないことがあった。彼に高い評価を与えていた者ですら、先駆者というよりは古い考えを攻撃する者程度にとらえていた（経済学者のジョセフ・シュンペーターですら、彼を「理論家というよりも聡明なジャーナリスト」だと評価している）[17]。愚鈍なまでの尊大さこそ知性だと勘違いしている者たちにとって、バスティアの文章はあまりに分かりやすく、明快にすぎたのだ。「だれもその国の預言者たり得ず、それは国際的な経済学者の集まりにおいても同様[18]」であることを彼の運命が思い出させてくれる（これはオーストリア学派においても当てはまることだ）。しかし、後の著名なオーストリア学派の経済学者たちは、最も重要な経済学者であり、価値論に多大なる貢献をした「偉大なる理論家」としてバスティアをたたえている[19]。

バスティアは自身のスタイルを弁護するにあたり、「人々は最もシンプルな真実に複雑な説明をつけたがり、またありもしない難しさを見いだすことで自身が有能だと信じたいのだ」と述べている。彼は簡潔さこそが「真実の試金石[20]」だと信じていた。時の経過とともに、彼は世に埋もれ始める。これも、多くの自由主義者を脅かすケインズ経済学者の雪崩の犠牲となったものであり、ほとんどの経済学書から姿を消し、せいぜい通り一遍の紹介をされるにすぎなくなった。しかし、バスティアはオーストリア学派に居場所を得ることになる。プライオリズムや彼がさまざまな形で予見した人間行動学がこの学派の根幹にある（バスティアの名は、一九五三年にマレー・ロスバードとその友人たちがつくったザ・サークル・バスティアに残った。これは知的な討論と友情をはぐくむ場で、一九五九年まで継続した）。バスティアに与えられた評価は低いものであったかもしれないが、彼が残した論文は、メンガーを祖とするオーストリア学派の伝統と「前オーストリア学派経済学者の思考との知的架け橋」として認識されている。[21]

今日バスティアは、オーストリア学派の原型として広く認められているが、メンガーは彼を受け入れることはせず、またバスティアの規範的アプローチを採用することもなかった。そのことがオーストリア学派のなかでちょっとした緊張関係を生み出したことは事実である。しかし、ルートヴィヒ・フォン・ミーゼスは、経済学は中立かつ客観的であるべきで、その点バスティアは論争好きにすぎるとみていた（ミーゼスは最も過激な国家介入主義であるナチズムの恐怖を直接体験したのであるから、その指摘も理解できる）のである。メンガーからすると、バスティアは社会主義者同様に、多分にイデオロギー的で、先入観による価値判断が最初にあって、経済的分析はその後からついてきているという。メンガーとミーゼスも次のように述べている。「当時のほとんどの政府がそうであったように、オーストリア政府が採用した介入主義政策には心底反対である。しかし、バスティアは、著作を通じた解説や大学での講義以上に、より良い代替案を提示できたかといったら、そうではなかろう」[22]。メンガーは、経済学とは価値判断をするものではない（Wertfrei）、つまり中立かつ客観的であるべきだとした。この実証経済学と規範的経済学との対立は、今日でもオーストリア学派のなかにその影を落としている（バスティアは価値中立的ではないというメンガーの判断が間違いであった可能性は否定できない。ガン研究のための資金集めに躍起になっている医師が主観的な医学論に陥らざるを得ないのは仕方ないのではないか）。

チュルゴーやセイの伝統をひくバスティアは、その極端なまでのプライオリスト・アプローチ（これはミーゼスのそれととてもよく似ている）など、オーストリア学派の方法論に多大なる貢献をしたと認められている。[23] それゆえ、バスティアは主観性と「行動する人間（これはミーゼスが自身の「人間行動学」において用いる言葉だ）」による選択の重要性を説くオーストリア学派の世界観（Weltanschauung）の礎を築く一助を成している。オーストリア学派の原型であり、「時代に先駆けた人間行動学者」[24] でもあるバスティアは次のように述べている。「われわれの理論は、単に普遍的な真実、意見、計算そして普遍的に見られる手続きの方法などを観察し、より理解しやすいものとするために、それらを分類し、調整することで作られるのである」[25]。見えるもの、見えざるものを通じてバスティアが遺したものは、経済を異時点間の交流、目の前の手段と究極の目的との目的論的つながりであるととらえることで、今できること、上流で用いることができる目標（目標［Ziel］、戦略的優位性）によって、あとで下流でより効果的な成果を得る（Zweckを達成するためのMittel）ということだ。このようにして、われわれの迂回路は続き、経済学の一集団へと続いていく。一九世紀ウィーン、カリスマ性と野心とを持ち合わせた若き経済学者、そしてジャーナリストであったバスティアの著述は経済学に消しがたい足跡を遺し、また図らずも故郷の名を冠した学派を作り出した。

東西交差点――ウィーン

ウィーンは、長らく商人や十字軍の兵士たちがその偉大なるドナウ川を通って行きかう「洋の東西の交差点」（地理的にも本書には最適だ）であった。[26] 一九世紀、ナポレオンの征服期を挟んで、ハプスブルグ王朝の帝都として黄金期を迎える。また、フランス降伏後の欧州を規定したシェーンブルンの和約が結ばれたのも、ここウィーンである。ロンドン、パリに次ぐ欧州第三の都市であるウィーンは自由の都となり、文化、音楽、芸術、政治そして知的探求の中心地となった。新時代は、市内中心部を囲む美しい環状道路、リングシュトラーセの構築で幕を開ける[27]（筆者の見るかぎり、ウィーンは今もって世界で最も優れた都市である）。ウィーン国立歌劇場の総監督にして、稀代の作曲家グスタフ・マーラーが本章に登場するオーストリア学派の祖カール・メンガーなどの一流の科学者、哲学者または経済学者などと一緒に、ウィーンの街を闊歩していた姿が想像できよう。このウィーンで開花したさまざまな思想がオーストリア学派をはぐくむ豊かな土壌を作り出し、目的論的思考が芽生え、イマヌエル・カントの目的論が生まれた。そのなかには、ドイツの生物学者カール・エルンスト・フォン・ベーアのような人物もいる。しかし、カントもベーアも、また彼らの仲間たちも自然科学の研究を行うための規範的アプローチを見いだすには至らなかった。むしろ彼らは、目的論と方法論とを結ぶ明白な原理を導き出したにすぎない。

カント、クラウゼヴィッツ、ベーア、そしてメンガーという知的水流は、メンガーが「すべての事象は原因と結果という法則に縛られている」[28]と指摘するとおり、手段と目的という枠組みに結実する。この共通性は、目の前の目標であるZielと究極の目的であるZweckとを明確に区別するドイツ語によるものと言っても言いすぎではなかろう。この区別は西洋のほかの言語には「欠落」しているものである。[29]

目的論は、ドイツの生物学者が生命体に組み込まれた目的を発見したことで、自然科学の世界で再び日の目を見ることになる。そのなかで、定量的科学や実験科学（この二つは互いに排他的ではないが）も採用されていく。これはアリストテレスを祖とし、中世まではキリスト教神学とその神の計画という考え方に支配されていた目的論的思考の最後の革命である。しかし、カントはこのような考え方を排除している。目的論には二つある。一つは有神論的なもので、神の偉大なる力によって差配されているとするもの。もう一つは第8章で見るとおり、個々の種に備わる「制御」機能としてのそれである。チャールズ・ダーウィンは一八五九年の『種の起源』において、目的論に反対意見を述べるということはしなかった（実際に、当時彼は目的論者として声高な批判にさらされていたが、今になってみると、それは有神論的意味合いのほうが強い）が、自然選択を通じた進化という彼の理論は、少なからず目的論の影響を削ぐ効果があったことも事実である。実際に、ダーウィンは自然選択という考えを通じて、アリストテレスやカントの目的論に反証を挙げることはせず、むしろそれを支持していた。目的論は、有名な重力とともに、自然世界に別の力を持ち込んだと言える。[30]

一方、自然科学における有神論的、神人同一論的、また神の代理人によるものといった見方を否定していたベーアは、ダーウィンとはまったく異なる、カントの「目的論」の枠組みに基づく進化論を提唱していた。ベーアは、目的論的関係こそが、有機体と自然世界の形状と機能との因果関係を見いだす基礎だと考えていたのだ[31]（例を挙げると、ダーシィ・トンプソンは一九一七年に記した『オン・グロース・アンド・フォーム（On Growth and Form）』という優れた書において、生物学的成長と進化には定量的に一貫した物理的・機械的ルールが存在していると指摘している）。

カントのおかげで、ドイツの生物学者たちは、あとの段階において重要な役割を果たす原初の状態がいかに重要かということを認識したのである。カントが主張するように、有機体の高次の姿は低次のそれから生み出されるのではなく、高次の姿が低次のそれを規定しているのだ（これはスティーブン・ウルフラムによる現代の科学手法を思い出させるものである。そこでは、自然選択によるランダム変異ではなく、「明確な進化則」をもった複雑系が前提にされている）[32]。そのような目的は目に見えないものであるが、それにもかかわらず、カントは生態系ではなく、人間の行動にそれを見いだすことができるとして、その前提を押し通した。この考え方は、ベーアの発生学研究に適用されている。彼は、胚を成獣の最も本質的なものととらえ、

「動物は、最も普遍的・本質的なものから、より個別の特徴へと発展していく」としている。[33] 実際に、普遍的な特徴が、新たな部位が加わることではなく、後の成長ならび個性化へとつながっていく。「要するに、将来が現在を形作っているのだ」[34]（針葉樹の目的論に触れた第2章に続き、もう一つ生物学に触れることになるが、この迂回した議論には目的があり、極めて重要な目標を達成するための手段なのである。カント哲学において、目的論は普遍的な戦略［当初不利な立場にあることで、後の優位性を確保する］のもう一つの形であり、どのような主題も学派をも超越するものなのだ。経済学を含む多くの領域で取り扱われていることがその重要性を強調していよう）。

ベーアが指摘する蝶の目的論

将来の必要性が現在に与える影響ということでいえば、蝶の芋虫からの変態、その構造および行動（特に、その旺盛な食欲）ほどそれを雄弁に物語るものはなかろう。ここでも、まるでウサギとカメのような針葉樹の話を思い出す。

まずは、ころころと太った芋虫だ。それは素人目には将来の優美な姿とは似ても似つかない姿の生き物である。その当初の醜い姿にもかかわらず、蝶になる力を与えられているのだ。栄養を必要なだけ吸収し、余分な分は排泄してしまうその他の多くの動物と異なり、芋虫は消化器内に余分な栄養は蓄積しておき、さなぎになったときに利用するのだ。準備が整うと、芋虫はその旺盛な食欲を失い、繭を作る場所を求め、変態の過程に入る。そこでは、神経系は転換し、羽や触覚、長い脚など芋虫とは似ても似つかない蝶の特徴となる機能が作り出されるのだ。芋虫は、最終的な目的である形を生み出すための材料となる資源を、今のうちに手段として蓄積しているのだ。言い換えれば、蝶という将来の姿が芋虫の形とその成長過程に影響を与えているのである。その太った身体は、蝶の機能を作り出すために必要な材料を提供するためにあるのだ。ベーアが指摘するように、「これらすべての働きが将来の必要性に従ってなされているのだから間違えようがない。このような関係は、目的因、ラテン語でいうCausa finalis、つまり「終わりのため」に規定されるのだ[35]」。

ベーアは、博物学者や生物学者としてではなく、オーストリア学派の経済学者としても高い評価を得たことだろう。芋虫のこの見事なまでの目的論的メカニズム（道具など役に立たないかのような状況でボートや網を作るロビンソン・クルーソーのようだ）は、第10章の主題となる資本や生産、そして投資にかかるオーストリア流そのものと言える。

発生学の研究を通じて、ベーアが発見した生物学的現象がある。つまり、あとで発現する（例えば、成人したとき）ための手段となるものが、最初の段階（胎芽）ですでに存在しているのだ。これは、生物有機体のなかに、偶然とは言えない相互調節とも言える「自然の調和」、目的論的枠組みが存在しているということだ（ベーアは単に死に至るためのものだと考えている）。これは「目的論的法則」とも呼べるもので、合理的なエージェントの仮面をかぶった中間的目的、特定の目的、つまり目標と目的（Ziel und Zweck）の融合である（ここでもまた、バスティアが指摘する「社会の仕組みにおける「目的論」、または第8章で見るノーバート・ウィーナーの「サイバネティックス」が見られる）。そのような調和は、ベーアが描き出した「壮大かつ利己的で、どこか感動的なまでの自然」を表現している「バッハのフーガ、またベートーベンのソナタ」を想起させるかもしれない。[36]最終的な目標が目の前の事実に影響を与える、目的が方向性や手段を規定するという例えのなかに、われわれはオーストリア学派のいう起業家の姿を見るのだ。彼らは、資源を獲得し、消費者の需要に応えるべくそれらを調和させる方法を考えているのである。

メンガーが築いたオーストリア学派

メンガーは、意図して伝統的な経済学者と対峙し、新たな経済学派を作ったわけではなかった。ジャーナリストとして身を起こすも次第に経済学者としての足場を固め、ついには高名なウィーン大学の教授にまでなったメンガーの並外れた学識がそうさせたのである。ロスバードは、メンガーは何も新しい学説を発見したわけでもなければ、伝統的な学会で生き抜くことができなかったオーストリア学派の原型（およびアリストテレス派、筆者は老子派の主張を支持したい）とも言えるものを発展させたわけでもないのだと指摘している。つまりは、人類がこれまでに発見してきたことの積み重ねにすぎないというのだ。

彼、カール・メンガー・エドラー・フォン・ウォルフェスグレムは一八四一年、オーストリア帝国領ガリツィア、現在のポーランドの貴族の息子として生を受けた。彼の先祖には、音楽家、軍人、職人および官僚などがいる。母方の祖父はボヘミアの商人で、ナポレオン戦争時に巨万の富を得て、それをメンガーが子供時代の大半を過ごすことになる領地への投資に充てた（メンガーは後に、その名前から貴族の出であることを示す「von」を捨て、また短いものにしている）。一八五九年から一八六三年までプラハ大学とウィーン大学で経済学を学び、その後、ジャーナリストとして働き始める。一八六六年、経済記者として働いていたウィーン新聞社を退社し、法学博士の口頭試験の準備を始める。そして一八六七年には弁護士見習いとして働き始めた。その年にクラクフ大学から博士号を受けている。その直後、メンガーは経済記者に舞い戻り、後のノイエ・ウィーナー・タグブラットとなるウィーナー・タグブラットの創刊を手伝ったりしている。ちなみに、この新聞はウィーンで最も影響力のある新聞となった。[37]

一八七一年、『国民経済学原理（Grundsaetze der Volkswirtschaftslehre）』という冊子を出版したことで、経済学の世界を永遠に変えてしまう。この本は、彼がウィーンで経済記者をしているころに書かれたもので、当時彼は価格決定における主観的な需要の重要性を発見したのである。特にオーストリア学派の経済学者フリードリヒ・ハイエクが後に指摘するとおり、彼は「価格に関する伝統的な理論と、現場にいる人間として価格の決定に重要だと考えることがあまりにもかけ離れていること」に衝撃を受ける。[38] このズレを解消しようとする試みが『国民経済学原理』の発行へと結実する。彼は完璧主義者ゆえに、何度も改訂を繰り返したため、書物自体はそれほど普及しなかった。

彼の文体は、新聞記者としての経験が影響してか、ドイツの学者のそれとは異なるものであった。メンガーはドイツ人ではなく、オーストリア人であるが、生粋のオーストリア人というのではなく、オーストリアに住んだ人である。[39] これまでのドイツ語の経済学書と異なり、メンガーの『国民経済学原理』は、道徳観や宗教的枠組みといった形而上学的な実存主義への偏りはなく、その意味でドイツ語で書かれた現世的な経済学書としては最初のものであった。[40]

メンガーの『国民経済学原理』はウィリアム・ジェボンズやレオン・ワルラスによる限界効用（分かりやすくいえば、人々はさまざまな目的を達成するために、それぞれの優先順位に応じて手段を行使する、という考え方である）の発見と偶然にも軌を一にするものであった。メンガーの書は、すべての価格の現象および金利、賃金ならびに家賃の動きを説明する統一の価格理論を提示することを目指している。[41]『国民経済学原理』のまえがきでメンガーは次のように述べている。「正確な考察を得るために、人間の経済活動に見られる複雑な現象を、可能なかぎりシンプルな要素に落とし込むよう努めた。そして、それらの要素をその性質に合わせて観察し、それに従って、確たる原理に依拠するそれらの要素が作り出す複雑な経済現象を把握しようとした」[42]

ジェボンズやワルラスと異なり、メンガーは演繹的・目的論的・人間主義的アプローチを好んだ。もちろん、同時代の者が好んだ抽象的な論法を用いることもあるが、現実を人為的に形式化するよりも、現実の人間の現実社会における行動を説明することに興味を抱いていた。自身の目的論的思考を展開するなかで、メンガーは人々が行う選択のなかに生来の手段と目的という関係を見いだす。ジェボンズとワルラスは因果関係を否定し、それがメンガー派の人々やオーストリア学派を除く経済学の標準となった。ジェボンズとワルラスは経済の均衡点を見いだすために「同時測定」アプローチを選択している。

メンガーの『国民経済学原理』は経済学の世界では画期的なものであった。特に、財とその価値を規定するにあたっては、その効用を考慮しなければならないというものだ。メンガーは次のように述べている。「いかなるときでも、われわれの幸福というのは、それがどの程度を望むかにもよるが、満足のゆくだけの消費ができるかどうかにかかっているのだ」[43]

メンガーの目的論的思考は、彼の残した初期のメモ書きに見ることができる。そこには、人生のさまざまな局面での活動や考え、そして影響を受けたことなどが記されていた。メンガーの息子がデューク大学に寄贈した資料にあったメモの一つに、手段と目的（Mittel-Zweck）にかかる独自の枠組みを構築するキーワードの表が遺されている。これは、経済学に関する彼の思考を形作るためのものだったと思われる。表を縦横に見ていくと、需要（Beduerfnis）を

ZWECK	*MITTEL*	*VERWIRKLICHUNG*
目的	手段	達成
MENSCH	AUBENWELT	LEBENSERHALTUNG
人間	環境	生存
BEDÜRFNIS	GUT	BEFRIEDIGUNG
欲求	財	満足

満足（Befriedigung）させるための手段（Mittel）としての価値（Gut）、という具合である。[44]

メンガーは、ある物が財たるため、彼の言葉を使えば「財として特性を獲得する」ために同時に満たさなければならない四つの基準を記している。いわく、人間の欲望。ある者をこの欲望の満足との因果的連関のなかに置くことを可能にするようなその物の所属性。人間の側でのこの因果連関の認識、そしてそのものを欲望の満足のために実際に用いることができるようにする「所有権」という目的論的思考が強調される。[45]人類の幸福は、その欲望を直接満たす財を消費することでもたらされるのだ。こうして、欲望を満たせることが、財としては不可欠な特性なのだという目的論的思考が浮かび上がってくる。

メンガーが「高次財」と呼ぶ、われわれの需要を直接的に満たすことのできる財は「財の特性」を持っているものだけというわけではない。「高次財」としてパンを例に挙げれば、消費者の需要を満たすことができる財はほかにもある。つまり、パンの元となる小麦と塩、そしてオーブンを熱するための燃料である。「パンを作るための機械や道具、それらを使いこなすための熟練労働は、普通に取引されていることが分かる。これら全部とは言わないまでも相当数のものが、人々の需要を直接的に満たすことはできない。熟練したパン職人の労働や、パン焼き器または大量の小麦粉それ自体が人々の需要を満たすことはなかろう。しかし、それらの品々が人々の経済活動において財として取り扱われているのは、それらを通じてパンやほかの高次財を生産することができるがゆえであり、たとえそれが間接的なものであっても、人々の需要を満たすことができるからである[46]」

さらに、メンガーはこれらの材料、つまり最終財をつくるための「生産要素」の価値は、最終消費財の価値に依拠するのであり、その逆はあり得ないと論じた（例を挙げれば、ワイン一本はそれを生産するために投資された土地や労働ゆえに価値があるのではない。土地や労働が投下されてつくられたワインに消費者が価値を見いだすから、ワインには価値があるのだ[47]）。

メンガーはまた、スミスが指摘する「普遍的な富裕」、文明の経済的進歩と全体的な富の拡張という議論を拡大させている。スミスは、分業の発達が推進力と見ていたが、これが「人々の幸福度を高める要因の一つにすぎない」ことはメンガーには明らかであった。つまり、「人々が消費できる財（一次財）が増大し、そこで用いられる高次財が増加すること[48]」が本来の、より高い次元での要因である。この簡潔な論理こそが、オーストリア流投資法に不可欠となる。

著述とともに、メンガーは教師としてその影響力を広めることになる（特筆すべき生徒がオイゲン・フォン・ベーム・バヴェルクであり、彼の弟子がミーゼスとなる。こうしてこの学派は成長していく）。ウィーン大学では、法学部（オーストリアの大学では経済学は法律のカリキュラムに組み込まれている）に所属し、最初は私講師（学生が講師に直接謝礼を払うのが習わしだった）、その後、一八七三年には員外教授となる。成績優秀で、なかにはすでに博士号を取得した者もいた彼のゼミナールでは、メンバーの一人が念入りに準備した論文について討論する。討論のほとんどは学生主導で行われるが、メンガーは時に二万冊を超える膨大な蔵書（現在は東京の一橋大学にある）を開放したりしながら、生徒をサポートするのだ。彼の指導は、論文の構成から、主要な点の討議、さらには演説法から呼吸術まで幅広い[49]。

その才気と教育の才能ゆえにメンガーの名声は高まり、だれあろうハプスブルグ家の目に留まるまでとなる。そして一八七六年、彼は最も誉れ高く、また影響力のある役割を得ることになる。オーストリア皇帝フランツ・ヨーゼフⅠ世と皇后エリザベートの一人息子で、オーストリア・ハンガリー帝国の皇位継承者であるルドルフ・フォン・ハプスブルグの家庭教師となる。

皇太子の家庭教師

一八七六年の最初の三カ月、メンガーは一八歳になるルドルフ皇太子に、アダム・スミスの『国富論』を最初の教材とした短期集中指導を行った（メンガーは皇太子に「経済政策」を教えるにはスミスで十分であり、それ以上に経済理論に深入りする必要はないと考えていた[50]）。

ルドルフは、講義が終わるたびに記憶だけを頼りに膨大なメモを作ることが求められ、メンガーはそれを見直し、編集する。すべての講義が終了しても、メンガーはルドルフと一緒に居続け、その後二年にわたって欧州旅行に出かけている。そのときに交わされた会話が歴史を大きく変えてしまったのである。

断固たる反社会主義者であるメンガーは、プロイセンの大学が有害な知識を世界中にまき散らしているとして反論を展開した。[51] しかし、その戦いも無益なものに終わり、メンガーは「暗鬱な気分」に包まれていたと、ミーゼスはこのオーストリア学派の祖について語っている。「欧州列強が推し進めている政策は陰惨な革命を伴う戦争へとつながり、欧州の文化は消滅し、すべての国々の人々の繁栄も破壊されてしまうとメンガーは予見していたのだ」[52]。この悪い予感はルドルフにも伝染し、結果的にマイヤーリンク事件として知られる、個人的・世界的悲劇へとつながってしまう。

一八八九年一月三〇日の朝、すでに結婚し、三〇歳になっていたルドルフと、彼の一七歳の愛人マリー・アレクサンドリーネ・フォン・ヴェッツェラ男爵令嬢の死体が名高いウィーンの森のマイヤーリンクにある皇室の狩猟館で発見された。情死である。皇太子の死によって、皇位継承者を失ったハプスブルグ家はフランツ・ヨーゼフの兄弟であるカール・ルートヴィヒに白羽の矢を立てるが、彼は早々に継承権を放棄、直後に腸チフスで亡くなると、その息子フランツ・フェルディナント大公に継承権が移る。この皇位継承で帝国内のバランスは崩れ、オー

カール・メンガー――学者、教師、執筆家、そしてオーストリア学派の創設者

ストリアとハンガリーとの関係が不安定化、ついには一九一四年六月のサラエボでセルビア人民族主義者によって、フランツ・フェルディナントとその妻ゾフィーが暗殺されるに至る。第一次大戦の最初の銃撃と言えるだろう。

『メモアール（Memoir）』でミーゼス（彼の祖父はメンガーの兄マックスと交流があった）は、ルドルフの死について衝撃的な見解を述べている。メンガーの弟子は愛ゆえではなく、経済学ゆえに自殺したというのだ。「皇太子は、帝国と欧州文明の将来を憂いて自らの命を絶ったのであり、愛人がその理由ではない。その若い女性は自ら死を望み、そして皇太子は彼女とともに死んだのだ。彼は彼女ゆえに自殺したのではない」。ルドルフは、自ら価値を見いだしたすべてのものが崩壊することを予見して絶望の淵に落ちたのだとミーゼスは述べている。四八歳になっていたメンガーは「どうにか人生の半分をやり過ごす」も、予見されるのは「彼自身トロイの必然的な崩壊」以外の何物でもなく、この悲観論が「鋭敏なるオーストリア人を消耗させた」のだ。[53]

では、メンガーがルドルフに教えたこととは一体何だったのだろうか。後年、ルドルフの手帳が公表されると、その真実が明らかとなる。そこには、皇太子の回想とともに、政府の政策に対するメンガーの偏見（公表された自身の論文では注意深く隠されていたが）、フランツ・ヨーゼフ治世のオーストリア・ハンガリー帝国の政策に真っ向から反対する急進的なまでの不干渉主義的意見が記されていた。ルドルフはメンガーの教えを受け入れ、父親の政策を批判する文書を匿名で記していた[54]。皇帝は、筆者の正体も、そこにメンガーが深く影響を与えていることも気づかなかったようである。

一方で、メンガーの家庭教師としての功績はフランツ・ヨーゼフに高く評価され、ウィーン大学の経済学正教授に任命される。これは名誉ある地位であり、メンガーが首相になるための段取りとも言えるものだった（しかし、皇太子の死でその可能性は吹き飛んでしまう）。とはいえメンガーは一九〇三年、六三歳で辞職する（教授の定年は七〇歳であった）までその高名かつ高給の教授としての人生を謳歌し、その後は研究所にこもり、執筆をしたり、大学の学生に頻繁に会ったりしていた。辞職の理由として原因不明の病を挙げたメンガーであるが、本当の理由は辞職の一年半後に生まれた非嫡出子のカールの誕生にあるようだ。メンガーは公式には独身であったが、実際にはカールの母親であり、メンガーの死後研究室を引き継いだハーマイン・アンダーマンと「内縁」関係にあった（カトリック教徒であるメンガーは、ユダヤ人で離婚歴もあるハーマインとは結婚できなかったのだろう。その当時の結婚とは、宗教儀式だったのだ[55]）。

隠遁生活を送るメンガーは、『国民経済学原理』を完全かつ体系的に改訂しようとするが、彼の研究範囲や読書対象は、哲学、心理学、社会学から民族誌、さらにはその他多くの領域と、完全に道を見失っていた。満足いく改訂ができず、メンガーは改訂版の出版を繰り返し延期した。そうこうするうちに、原書は絶版となってしまう。にもかかわらず、生前のメンガーは不完全だという理由で、再版も翻訳も認めなかった。英訳版が出版されたのは一九五〇年になってからで、彼の思想を広げるには遅きに失した感は否めない。幸いなことに、彼の跡を継ぐ者たち、特にベーム・バヴェルクの『資本積極理論』は発行され、一九世紀後半には英訳にもなっている。第5章で見るとおり、メンガーの理論を発展させる一冊だ。この書がなければ、オーストリア学派の祖は世に埋もれてしまったことであろう。しかし、メンガーの残したものは、単なる一冊の本にとどまらず、オーストリア学派を際立った存在としている方法論全体に及んでいるのだ。

方法論争

『国民経済学原理』の序文で、メンガーはドイツの経済学者たちに対して、本書は「オーストリアの協力者からの親しみを込めた挨拶[56]」であると記している。これを文字どおり受け取る人間などいないだろう。メンガーは、膨大な量の経済データやその分類に取り組むドイツの歴史学派の特徴とも言えるデータへの依存を退け、手段と目的という論法を用いた因果関係から演繹的に導き出した普遍的な経済法則を採用する、まったく異なったアプローチを用いた。彼は、そのときはそうとは認識されなかったかもしれないが、反実証主義者であったのだ。それゆえ、メンガーは、経済学はデータから導き出すような科学ではなく、人間の行動を観察し（これがミーゼスの人間行動学の扉を開いた）、演繹的にとらえる「プライオリスト」の方法を用いるべきものであるとするオーストリア学派の基本的信条を確立したのだ。要するにメンガーの『国民経済学原理』は「純粋な理論の実践」[57]だと見ることができる。

批判する側にすると、オーストリア学派やメンガーは反経験主義者で、非科学的（オーストリア学派への批判としては的外れだろう）であるとされる。ロスバードは、メンガーやベーム・バヴェルクに関する講義で、彼らが数学を嫌うのは知識を欠いているがゆえではないということを強調している。むしろ、彼らの数学の能力は高いのだ。経済理論に数学を用いることに関して、「彼らは数学をよく理解している。それゆえに避けるのだ」とロスバードは述べている（数学それ自体の全面的な否定ではない）。結果として、「オーストリア学派の書籍は、それ以前のものに比べて、内容も、文体も、匂いさえもまったく異なるものとなっている。その一つとして、数学がまったく用いられていないか、用いられていてもほんのわずかにすぎないことが挙げられる。オーストリア学派の書籍は、明快で、論理的で着実に論を展開していく。いきなり地に足のついていない抽象的な幻想に逃避するようなことはない」[58]。その後のメンガー派、とりわけミーゼスはオーストリア学派経済学の認識論的基礎を定義づけた一人となる。

メンガーもその後継者たちも、経済を理解するために経験的方法を用いることには反対していない。ミーゼスは、彼らの目的は「経済理論に確たる根拠をもたらすことであり、そのことに専念しているのだ」と述べている。しかし、グスタフ・シュモラー率いるドイツの歴史学派は理論的分析に深い不信を抱いており、「普遍性のある経済原則などあるはずがないと痛烈に否定しているのだ」[59]。

シュモラーははっきりと実証主義を受け入れていたわけではないが、経験的証拠や科学的帰納法によらずに、演繹的に普遍的法則を導き出そうとするメンガーの経済学を批判していたことを考えると、実証主義的思考と相通ずるものを持っていたものと思われる。一般的な実証主義に応えることで、メンガーはシュモラーの微妙な立ち位置を効果的に打ち砕いたと言える。

シュモラー自身は実証主義なるものを一度たりとも定義づけしたことはない。それゆえ、歴史的経験から帰納的に考えることが持つ本質的な不適切さもあって、われわれはミーゼスの『ヒューマン・アクション』の言葉に頼らざるを得なくなるのだ。「複雑な現象を体験する歴史的経験は、自然科学が実験の結果として示すような意味での真実を提供するものではない。歴史的経験がもたらす情報を基礎に、理論を構築することも、将来の出来事を見通すこともできないのだ。あらゆる歴史的経験は、いかような解釈も可能であり、またそうされてきたのだ」。ミーゼスに言わせれば、「実証主義が前提とするものは、幻想」にすぎないのだ。物理学や自然科学に用いるような方法で、人間行動学を学ぶことはできない。「人間の行動や社会的出来事に関する帰納的な理論を構築する手段などありはしない。自然科学が研究室での実験の前提として受け入れたり、拒絶したりする仮説のような一般的な命題を歴史は認めることも否認することもない。この分野において、一般的な命題を経験的に立証することも偽証することもできないのだ[60]」

「方法論争（Methodenstreit）」として知られる、メンガー派とドイツ歴史学派との衝突は、メンガーの第二作が出版されるとさらに熱を帯びることになる。第二作の題名は『社会学、特に経済学の方法に関する研究（Untersuchungen ueber die Methode der Sozialwissenschaften und der politischen Oekonomie insbesondere）』という目を引くものであった。一八八三年に出版された『研究』は、歴史学派の反理論的立場を取り除く「方法論的ハウスクリーニング」としてドイツの経済学者に提示されたものということができる[61]。

『原理』でドイツの歴史学派に送った親密な挨拶とは異なり、『研究』は社会科学の戦場でゲリラが用いる武器以外の何物でもなく[62]、また、時間や場所に影響を受けない普遍的で、独立した理論や法則の重要性を守ろうとするメンガーの盾でもあった。メンガーは次のように述べている。「具体的な社会現象を歴史的視点から理解するというのは、科学的調査によって唯一成し遂げられることだ、などということはけっしてない。むしろ、社会現象を『理論的に』解釈することにもまったくもって同様の価値と意義があるのだ[63]」

この本への反応は、全面的な支持から痛烈な反対までさまざまであったが、急先鋒はシュモラーであった。彼は痛烈な批評を認め、「この本でかたがついた」と『研究』をはねつけた。シュモラーは、メンガーは「一般的な哲学的・歴史的教育を欠いているだけでなく、視野狭窄に陥ってもいる」、それゆえ歴史主義者の視点を称賛してもいるのだ[64]。メンガーも彼一流の軽蔑に満ちた言い回しで反応する。いわく、「方法論者のシュモラーは、シュプレー川（シュモラーが教鞭をとった大学があるベルリンを流れる川）の河原にいるライオンのように飛びかかり、たてがみを震わせ、前足を振りかざし、認識論的にあくびをしてやがる。彼の目的論的なそぶりを真剣に受け止めるのは、無邪気な子供かバカ者だけであろう[65]」。

経済学を巡るこの戦いは、一八六六年の普墺戦争におけるオーストリアの敗北という古い妬みを呼び起こすものであった。オーストリアとプロイセンとの離反が、ウィーン大学でのドイツ人とオーストリア人学生との殴り合いにまで発展したのだ[66]（メンガーとシュモラーの対立についてはほ喜劇的側面もあった。メンガーは晩年になって最も長いひげを生やしたのはだれかを決めるため、ほかの経済学者の写真を集めることに没頭する。七〇歳の誕生日を迎えるにあたり、メンガーは世界中の経済学者の公式な肖像画をかき集めて、最も豊かな頬ひげを持つのはだれかを決しようとした。もちろん、メンガーが勝者となるのだろうが、これをもって教授としての威厳を計る基準にしようという魂胆だ。三〇年も前の「方法論争」で辟易しているシュモラーと彼の弟子であるドイツ人歴史主義者フランツ・ブレンターノがこれに加わらなかったのも当然だろう[67]）。

メンガーがドイツ歴史学派との論争を打ち切ったことで、「メンガー派」、後の「オーストリア学派」「ウィーン学派」という言葉が生まれる。これは、シュモラーが侮蔑を込めて付けた名で、メンガーとその後継者たちを孤立した無名の徒たちという意味で表現したのである。オーストリア学派はこの名前を次第に受け入れるようになり、メンガーに至っては一八八九年の新聞記事で、オーストリア生まれながらも、後に故郷を去っていった経済学者たちと区別するために、自ら「オーストリア学派（Oesterreichische Schule）」という言葉を用いている[68]（皮肉なことに、経済学の世界では、オーストリアはまったくもってオーストリア人のものではなかった。ミーゼスは次のように述べている。「『オーストリア学派の経済学者』と呼ばれる者たちは、オーストリアの大学に籍を置く忍耐力ある外国人のことだ[69]」）。何年もあと、ミーゼスは著書『セオリー・アンド・ヒストリー（Theory and History）』で歴史主義者に言及し、彼らは先験的な理由づけと歴史的経験だけが有効であるという考えに依拠しており、経済原理は無効であるとする彼らの主張に反論している。「そのような歴史的経験は、自然科学が実験を通じて独立した現象を示すために用いるような意味での真実を提供するものではないのである」とミーゼスは述べている。さらに、「自分たちのオフィスや書斎、図書館を経済学、統計学または社会科学の調査を行う『実験室』と呼ぶような輩は『絶望的なまでのマヌケ』」だと批判している。「歴史的事実というのは、あらかじめ得られた原則にしたがって解釈されるべきものである[70]」とミーゼスは記している。

一方で、ドイツの歴史主義者たちは、そのような経済原則の存在を基本的に否定している。それゆえ、彼らの主張は「経済学それ自体の否定にも等しいものだ」とミーゼスは反論している。[71]対照的にメンガーは、あらゆる国家、文化、そして地域において適用される普遍的な経済理論を生み出そうとしてきた。これには、メンガーがさまざまな形で先鞭をつけた手段と目的という枠組みが必要となる。このような考え方は、因果関係（それゆえ手段と目的）を否定するドイツの歴史学派にはまったく受け入れられないものであったろう。

シュモラー率いる歴史学派とメンガー主導の理論家との論争は、データの利用や経済理論の適用という枠を大きく超える結果を生むことになる。第一次大戦以前のドイツ帝国におけるドイツ歴史学派は、社会主義を擁護する主要な経済学者、歴史学者、政治学者からなり、規制のない自由市場は労働者の搾取につながり、国益を害するものであるとの信念を持っていた。しかし、彼らは革命による打倒を必要とする社会主義者たちとは一線を画し、「鉄血宰相」と呼ばれたオットー・フォン・ビスマルクが一八八〇年代や一八九〇年代に推進した近代的福祉国家のような社会改革を伴う「国家社会主義」を提唱していた。一九五二年に発行されたエッセー集『プランニング・フォー・フリーダム（Planning for Freedom）』でミーゼスは、「今日の介入主義者の進歩主義」と「ドイツ帝国の一流ブレーン集団」との系譜を追っている。特にシュモラーは「ビスマルクの正当性とジェファーソンの正当性という二つの正説の対立」を提示している。[71] その他の者はより強力で、より陰湿な関連性を示している。つまり、「ビスマルクやその同時代の人々によってまかれた種と、ナチス社会主義の台頭」とを繋ぐものである。[73] オーストリア学派の信奉者たちが、それこそが自由のとりでだと考える（ロン・ポールが序章で述べているように）のは、けっして誇張ではないのである。

オーストリア学派

メンガーは、個々の選択が持つ優位性や人間の行動の主観性を認めることで、経験主義者や歴史主義者とはまったく異なる、理論的な方向へと経済学を進歩させた。個人、特に消費者としてのそれは、研究の対象とすべき経済主体である（オーストリア学派の一般的な分析方法は、個々の経済学者によって方法論こそ異なるが、主観論に基づくものである）。メンガーはまた、上流における生産（手段）と下流における生産（消費者の需要を満たすもの）との目的論的関連をも認識していた。これは、科学主義に固執し、目的論的調査には価値を見いださなかった実証主義者とは対を成すものであった（第8章で見るとおり、今日の「臨界」科学の隆盛とともに、退屈な一般均衡理論やモダンポートフォリオ理論が華やかであるが、これらは市場の目的論的プロセスを見落としている）。オーストリア学派は人間の行動それ自体を取り扱う存在論の一つでもある。つまり、彼らが認識する世界とは、議論の余地のない、因果関係によって形作られる事実なのである。彼らが強調する経済的現実というのは、原因としての資本とその目的としての消費者を持つ、遺伝的かつ目的論的なものであり、そこには明白な手段と目的を見いだすことができる。

シュンペーターは、一九二一年のメンガーの死に際して、オーストリア学派の祖をたたえる追悼のなかで彼の経済学への貢献をまとめている。メンガーは「だれから教えを受けたわけでもなく、自ら立ち上がった人物である」。彼は単に、人々がものを売買したり、生産したり、またはそれらのものを通して需要を満たしたりすることを発見したのではない。彼が発見したのは、人々の需要の法則は、それだけで「現代の交換経済における複雑な現象[74]」を説明することができるということだ。

人々の相互作用を第一とする、その独特の考え方を持つオーストリア学派は、多くの経済政策の正当性や効果を否定するがゆえ、経済学者だけでなく、政治的にも批判にさらされることになる。オーストリア学派には政治的左派または右派に敵対する者がいないわけではないが、そのようなものから距離をとることで、優れた主体性と自立心とを獲得してきたのだ。

時がたつにつれ、多くの者がメンガーを信奉するようになる。ベーム・バヴェルクやミーゼスなどは、メンガーの思想に磨きをかけ、改良し、多大なる貢献をしている。しかし、メンガーこそが創始者であることに疑いをはさむ余地はなく、彼こそがオーストリア学派の旗を掲げ、プライオリズムという独特の方法論、演繹法、そして主体的な人間の選択と行動の重要性を示したのである。これらはすべて、消費者の需要に応えるためあらゆる手段を積み重ねていかなければならない起業家の目的論的枠組みのなかにあるものである。

オーストリア学派の方法論は、見えるものの限界を超え、見えざるもの、さらには予見できるものへとつながる異時的な道、つまり目的（Zweck）を達成するための手段（Mittel）となる目標（Ziel）という一連の流れである。メンガーを祖とするオーストリア学派の（目的と手段という）目的論的分析手法は、単に資本というものを考える方法にとどまらない。それにより、財や資本を上流のものと下流のものに区別すること、つまりはそれ自体を異時的プロセスでとらえることを可能とするのだ。バスティアやオーストリア学派の原型とも言える者たちがその基礎を築き、メンガーや彼に続く者たちが形式化したオーストリア学派の資本理論は、資本（生産のための要素）を結集させることの重要性を認識していた。それは、迂回それ自体が目的なのではなく、迂回的な構造を作り出すことで、効率性を獲得し、消費者の需要に応えるのだ。これは、第5章の主題となるベーム・バヴェルクにつながるものである。彼は、メンガーが生み出した学派の初期の信奉者として、名を遺した一人である。

第5章
迂回路——起業家の回り道

すでに読者には分かり切ったことであろうが、本書の主題は、迂回的方法、究極の目的や結果に対して間接的な手段や条件を通じて獲得できる戦略的優位性である。つまり、直接的なルート（「誤った近道」[1]）を通るのではなく、より有利に左に行くためには、あえて本能に逆らってでも右に進むということだ。われわれは、戦略的思考の歴史的基礎に通底する概念を通じて、迂回というものに取り組んでいる。それは、道教の「勢」に始まり、プロイセン人の「目標（Ziel）」「手段（Mittel）」「目的（Zweck）」を経由し、そして偉大なるオーストリア学派経済学の中心的理念である「迂回（Umweg）」に到達しようとしている。

「迂回（Umweb）」は「勢」同様、ありふれた言葉であり、その哲学的・実用的重要性は一見分からない。文字どおり、「回り道（detour）」「間接（indirect）」または「迂回路（roundabout route）」と訳されるこの言葉の経済的意味は、オーストリア学派の中心人物であり、カール・

メンガーと並んで学派の創設者とも呼べるオイゲン・フォン・ベーム・バヴェルクが生み出したものである。メンガーの理論を足掛かりに、ベーム・バヴェルクはそれを分かりやすく、実用的なものとし、価値、資本、そして金利に関する自身の主張を積み上げていった。メンガーひとりであったら、研究所に閉じこもり、改定を重ねるばかりで、オーストリア学派の伝統は死に絶えていたであろう。オーストリア学派が経済学の一学派として認識されるだけの厳格さを獲得し得たのはベーム・バヴェルクのおかげであり、その意味で彼は単なるメンガーの弟子以上の存在である。

ベーム・バヴェルクが資本理論と経済成長の把握とにもたらした影響は絶大で、二〇世紀初頭、イギリスを別とすれば最も有名な経済学者であったろう（今日、彼の名がオーストリア学派以外ではほとんど聞かれなくなったのが不思議である）。ベーム・バヴェルクの功績は、「迂回（Umweg）」に結実する。それは互いの経路を横断するのではなく、あたかもロータリー型の交差点を通じて往来が効果的に合流していくかのようである（まさに、最終的に左に行くために右にいくのである）。それにならって、本書が行く道も、距離と時間、軍事戦略家と経済学者、針葉樹と起業家と遠回りながらも、計画どおりに進むのである。普遍的な戦略思考を追い求めることで、多くの材料から物事を把握する構造を築き、それをもって、資本家が自ら持つ手段と、生産工程をいかに積み上げていくのかを再現していく。最終章で見ていくように、オーストリア学派の投資法（オーストリア流投資法）も同様に、目の前に見える第一の結果を越えて、まだ見ぬ最終的な結果を見通す資本主義的な迂回方法を用いる。それは、下流で最大の効果をもたらすために上流に位置する方法であり、容易なる時と場所とに配置する方法であり、「芽が出る前の種」[2]を見いだす方法である。

オーストリア学派の物語の主役は、ベーム・バヴェルクの著作では「Unternehmer」または「引受人（undertaker）」（セイが生み出したフランス語の直訳である）と表現される起業家であり、必要な材料と生産要素を、経時的な資本構成へと統合していく者たちである。ベーム・バヴェルクが論証しているとおり、資本蓄積とは、最終的な消費財を消費者の求めに応じてより効率的に生産するために必要な、幾つもの段階を通して結果的に得られる生産工程であり、消費者を満足させるという究極の目的に向けて着実に歩を進める戦略的優位性である。この目的を達成するために、「起業家（Unternehmer）」は目の前の市場の状況を超えて、消費者が何を欲するか、さらに重要なことはそれをいつ欲するかを見通さなければならないのだ。現在と将来の満足とには異時的選択、トレードオフの関係が存在するので、「起業家（Unternehmer）」は「目の前の現象」に先んじ、「将来の現象」を追い求めるのだ。

資本家または起業家という概念はオーストリア学派特有のものであり、それは経済の不均衡のダイナミズムを解する者のことである。この不均衡こそが、資本構成への投資を通じて開拓すべき機会であると考えられよう（不均衡はあまりに複雑なため、主要な経済学者たちの数学的モデルでは対処できない）。メンガーが最初に指摘し、後にベーム・バヴェルクが発展させた、この資本構成は幾層にも積み重ねられたものであり、原材料（土地や鉱物、材木など）からなる上位層から、中間財へと進み、最終的に消費者の手にわたる低位まで広がる（これは集計モデルだが、オーストリア学派は集計を好まず、むしろ個人の行動に焦点を当てたがる）。資本構成は、起業家が自身の生産工程（それゆえ自身の資本構成）をより「迂回的（Umweg）」にする機会を検討していくことで進歩、発展するのであり、その結果として生まれた迂回路が、物質社会にさらなる発展をもたらすのである。

「ポジティブ」な主義

「ベーム」のニックネームで知られるオイゲン・フォン・ベーム・バヴェルクは、学者と政府官僚という経歴を通して、実際の経済を観察し、優位な地位を享受した。彼は一八五一年、オーストリアのブルノで、公務員であり、また副知事であったオーストリア貴族の末子として生を受ける。ウィーン大学に学び、一八七五年には法学博士号を取得、その後一八八〇年代を通じてインスブルック大学で教鞭を執るかたわら、主著を出版する。その後、政府入りし、一八九〇年代にはオーストリアの大蔵大臣に就任している。在任中（一九八四年から二〇〇二年まで、一〇〇オーストリア・シリング紙幣の肖像ともなった）、ベーム・バヴェルクは財政を均衡させ、通貨を安定させる実績を上げる。またオーストリアの税制改革を主導してもいる。

オイゲン・フォン・ベーム・バヴェルク――彼のペンは剣より強し

ベーム・バヴェルクは、『キャピタル・アンド・インタレスト（Capital & Interest）』の最初の二巻を発行したことで、その名を上げた。第一巻『ヒストリー・アンド・クリティーク・オブ・インタレスト・セオリー（History and Critique of Interest theory）』を出版したのは一八八四年、わずか三三歳であった。そのなかで、金利ならびにそれに関する理論を幅広く検討し、その誤りを洗い出すとともに、金利は人工的、不当なものではなく、むしろ論理的にも市場に付き物のものであるという議論を展開している。ベーム・バヴェルクは、メンガーの考えに対しては批判的で、むしろジョン・ラエに重きを置いていたが、メンガーの思想、特に時間選好に基づいて品質、数量および形などあらゆる点で均質な財であっても、今現在ある財は、将来の財よりも価値が高いと主張した。彼の主著ともなる第二巻『ザ・ポジティブ・セオリー・オブ・キャピタル（The positive theory of capital）』が発行されたのは一八八九年で、すぐに英語に翻訳出版される。これは、ベーム・バヴェルクにとっても、オーストリア学派にとっても驚くべき業績である（題名に「Positive」という言葉が使われているからといって、ベーム・バヴェルクが実証主義者であったというのはあたらないことを指摘しなければならない。「Positive」という言葉を使ったのは、既存の理論の欠陥を指摘した第一巻は「Negative」なものであるという彼の意図の現れである）。第三巻『ファーザー・エッセイズ・オン・キャピタル・アンド・インタレスト（Further Essays on Capital and Interest）』は第二巻の付属書であり、彼の死後、一九二一年に発行されている。

二〇世紀が終わりを告げると、彼は政府を退職、再び学術界に戻りウィーン大学で教鞭を執る。資本論に関する彼の講義と、私的ゼミナールは多くの学生を魅了し、そのなかにはルートヴィヒ・フォン・ミーゼスも含まれていた。

個人としてのベーム・バヴェルクは（彼は親友であり、オーストリア学派の仲間であり、オーストリア学派第三の創始者と呼ばれるフリードリッヒ・フォン・ウィーザーとは義理の兄弟であった）、物静かで、謙虚で、親しみのある典型的なオーストリア人であったと言われている。有能なチェロ奏者でもあった彼は、音楽（時間にこだわる彼にはぴったりだ）やクロスカントリーバイク、また夏にはドロミテの山登りなどで余暇を過ごした。[3] アウトドア派で健康そのもののようであったが、第一次大戦が勃発し、オーストリア・ハンガリー帝国が崩壊する直前に、彼は六二年の生涯を閉じた。彼の人生は短いものであった（彼の仲間のほとんどが八〇代まで長生きしている）が、彼が残した生産に関する概念などは、経済学の発展に多大なる寄与をもたらし、今日の資本理論の議論を可能にしてもいる。彼こそはオーストリア流投資法へと結実する概念の核となる人物である。

迂回生産

ベーム・バヴェルクは自身の経済理論を説明するにあたり、日常の経験や、第１章で述べたような「内省的交渉」、さらに言えば「方法論的個人主義」（これは、メンガーの著作ならびに、集団の行動は各個人の行動の集合体である「行動」にすぎないので、社会的・経済的相互作用は、個人のそれを通じて検証すべきだという信念に基づく原則である。また、これは要素還元主義の一類として、相互作用をそれぞれの個人単位に還元しているということができるかもしれない）を引き合いに出している。個人の行動に焦点を当てるのは、オーストリア学派の基本コンセプトの一つである。メンガーはそのことを次のように説明している。「あらゆる経済的現象は、経済的に行動する個人やその考えが発端となっているのだ」[4]。オーストリア学派は、複雑な「マクロ」現象を検証することも辞さないが、重要なのは、そこに含まれる個人の行動や意欲に立ち返ることで、そのような現象を説明しようとしていることである。

ベーム・バヴェルクは個人の検証を行うときに、しばしば寓話を用いるが、これが彼の最も有効な教育的手段となっている。また、それらの寓話はオーストリア学派独特の経験主義の好例であり、それを通じて、厳格な経済法則ではなく、一般的原則（例えば、道具を使う優位性など）を理解することができる。ベーム・バヴェルクに倣い、本書でも実際の「Produktionsumweg」または「迂回生産」を描きながら、彼の概念を伝えていこう。「迂回生産（Produktionsumweg）」は単に生産に時間をかけるというのではなく、間接的に取り組むということである。つまり、迂回路を通ることと、時間をかけることはまったく異なるのだ。無意味に時間をかけたり、先送りしたり、あちこち寄り道をする必要はない。「迂回生産

（Produktionsumweg）」を通じて、取引の道具であり、収益性や効率を増大させる中間財などを蓄積していき、後にそれを実現させるのだ。ベーム・バヴェルクは次のように述べている。「迂回的方法を用いたほうが、直接的方法を用いるよりも良い結果を引き出せるということが生産に関する理論全体で最も重要かつ基本的な命題である」（同様のことが、迂回的投資についても当てはまる）。時間の経過とともに、投入財（中間財やその他の生産要素）が一つに結びつき、「やがて望むべき結果、求められる製品が出来上がる」のである。[5]

ここで再び、難破したロビンソン・クルーソーの例を引く。オーストリア学派は、会社の発展を分かりやすく説明するために、クルーソーの例（彼の名前は、ドイツ語の「Kreutznaer」という苗字に置き換えられている）を用いてきた。というのも、クルーソーは、目の前のことに目を奪われるのではなく、より迂回的な方法を採ることで生き残ったからである。

デフォーが「絶望の島」（トリニダードからほど近い、ベネズエラの南方にあるトバゴ島が地理的には一致している）と呼ぶ孤島で、生活に必要な基本物資を調達することがクルーソーの最優先課題であった。食糧を獲得するために、彼はまず最も原始的な方法を採る。つまり、自分の手を使って食糧を追い求めたのだ。ベーム・バヴェルクはこれは、「mit der nacktenFaust」、文字どおり訳せば「素手で」と表現している[6]（デフォーがクルーソーに与えたのは、狩りの手段と、主要な産物の栽培、そしてヤギの飼育であるが、ここでは釣りに焦点を当てる）。クルーソーは海に入り、そばを泳ぐ魚を捕まえようとするが、ヌルヌルして、動きの速い魚を捕まえることができない。そこで、方法を改め、原始的な道具を作り始める（中間財を作る最初の試みだ）。木の枝を削り出して槍を作ったのだ。最初のうちは失敗することが多かったが、やがて日に五匹は捕まえられるようになる。しかし、食べつくしてしまえば、また槍を作るのに一日釣りを休まなければならなくなる。そこで、クルーソーは、より少ない時間と労働で同じだけの魚を捕まえるにはどうしたらよいか、同じ時間をかけてより多くの魚を捕まえるにはどうしたらよいかを考え始める。その答えは、より迂回的になることであった。

しかし、ここで問題が発生する。槍を使っても日に五匹の魚を捕まえるのにはかなりの時間を費やさなければならないのに、より良い道具（改良された中間財）を開発するには、現在の生産を削減しなければならなくなるということだ。言い換えれば、クルーソーは魚を採るために費やしていた労力の一部を「節約」しなければならないということだ。これによって、釣りに充てられる時間は減少し、日に採れる魚は三匹になる（つまり、彼は空腹になるということだ）が、そうすることで、余った時間を倒木から簡素なボートを作ったり、つる草を編んで漁網を作ったりすることができるようになる。この過程には数週間を要するが、その間クルーソーは（おなかいっぱい魚を食べるという）目の前の欲求を満たすことを先送りすることで、ボートと漁網という中間財を手にし、将来の優位性を獲得することになる。下流でより多くの魚を手にするために、クルーソーは上流で汗を流したのである。これを経済学用語で言い直せば、クルーソーは現在、わずかな余剰時間を利用し、将来のためのより生産的な手段を作り出した、のである。

これこそ「迂回（Umweg）」である。クルーソーは、当初捕まえる魚が少なくなろうとも、最終的な目的を達成することではなく、間接的な手段を獲得するために今ある労力を傾けたことで、より多くの魚を手にすることができるようになったのだ。

重要なことは、クルーソーが示しているのは、節約が単なる自制でも欠乏でもないということだ。むしろそれは、極めて戦略的に譲歩または「敗北」することで、将来の優位性を実現させ、やがてその撤退が正当化され、労働や投資の果実が得られることを待つのだ（もちろん報いがあれば良いが、起業家による新興企業には実現可能性も収益性も保証されてはいない）。ここでもまた、現在の損失と将来のより大きな利益という時間を超えた交換を見ることができる。それゆえ、ベーム・バヴェルクは、節約は否定的なことではなく、むしろ消費を先送りすることで、将来より多くの消費を可能とする生産的な資源を提供する行為だと見抜いたのである。

やっとのことで、ボートと漁網の準備が整う。腹を空かせたクルーソーはさっそく海に入り、二時間もかからないうちに五匹の魚を捕まえる。ここで日々の糧が手に入ると、クルーソーは次なる迂回生産への投資ができるようになった。つまり、ボートや網の修繕だけでなく、魚を干すための棚や、保存用の塩を得るために海水を乾燥させる枠などを作り始めるのだ。クルーソーはあっという間に、極めて効率的な漁業工程を持つことになった。消費する以上の魚を獲得し、食糧を蓄積する。そして同時に、さらに多くの資本財を補修または作り出すための「時間の蓄積」を得るのだ。

いまや、ボートと漁網のおかげでより迂回的になったクルーソーは、貯めておいた魚の干物を日々の消費に充てて、その一方で、最初に作った漁網が破れるときに備えて、二つ目の漁網を作り始める。資本とは、徐々に減少していく経時的構造だと認識しなければならない。さらに言えば、今日実現する優位性や利益は、それよりも前に投下された資本によるものなのである。ここで述べていることと同じプロセスが、第2章で登場した針葉樹においても発生しているのだ。針葉樹は岩がちの荒れた地に種をまき、当初は後れを取ろうとも、ゆっくりと成長し、栄養を蓄える。そして、じっくりと積み上げた優位性を生かして、あとで大いに繁栄するのだ。

ロビンソン・クルーソーにしても、針葉樹にしても、まったく異なるシナリオであったらどうであろうか。つまり、漁網や簡素なボートを作り、日々の食事を二匹減らして三匹しか食べられない時間が数週間ではなく、二カ月かかるとしたらどうだろうか。針葉樹でいえば、より成長速度の速い段階に突入できるまで、より長い時間がかかるとしたらどうだろうか。もしくは、野火が少なく、その結果として肥沃な土地が減ってしまったとしたらどうだろうか。あらゆる手続きに時間がかかりすぎ、犠牲とする時間が長すぎたらどうであろうか。クルーソーについて言えば、問題は漁網とボートがもたらす生産性の向上が、その間に取り損なった魚に見合う（二匹×六〇日か、または、二匹×一二〇日か）かどうか、どれだけのカロリーを失ったかである。だれかがボートと漁網を無償提供してくれるのであれば、それを利用すれば良いだけであるが、一二〇匹の魚を犠牲にしてまで、それらを作るのに時間と労力を投入するだろうか。向上した生産性はそのコストを正当化できるだろうか。クルーソー本人にしてみても、二カ月もの間、ほとんど飢えたような、肉体的苦しさを補うだけのものを得られるだろうか（日々食べていかなければならないという現実が、資本的生産を行うための自然の障害となっているのだ）。ここでも現実の経済的生産性というものを見ることできる。つまり、「物理的に生産性が向上されるだけでは不十分で、経済的にも向上しなければならないのだ」。

過程、それ自体が迂回的になったからといって、それだけでより優位になると考えるのは幼稚にすぎる。バカげた例えを挙げるならば、クルーソーがさらに魚を捕りたいと思ったら木に登るような「過程」を経ることも可能である。しかし、これが直接的な方法よりも効果がないことは言うまでもない。ベーム・バヴェルクは、「迂回生産（Produktionsumweg）」に時間をかけてよい唯一の理由は、そうすることでだれかが欲しいと思う財を、それを欲しいと思うときに生み出す生産性の優位（より良いもの、またはより少ない労働、エネルギー、原材料）をいずれ獲得できることであると述べている。迂回的方法によって、同量の材料でより多くの生産物を生み出すという物理的優位性を得られることがある。また、そうすることで、直接的な方法では生み出し得ない優れた財を生み出すこともある。それゆえ、ベーム・バヴェルクが「賢くも回りくどい」と呼ぶ方法を用いることで示される間接的方法の優位性は、「それが特定の財を生産する唯一の方法であるという事実をもって証明される。それが往々にして唯一の方法であるならば、なお良しである」[7]。

クルーソーが示しているとおり、迂回的生産を行う起業家は、どれだけの時間がかかるのか、どれだけの費用がかかるのか、より多くの生産物を得るためにどれだけの資源を投入しなければならないのか、そして、回収するまでどれだけ待てるのか（あとで述べるが、これらはすべて金利水準によって左右されるものだ）という基本的なことをじっくりと考える必要がある。

クルーソー一人だけの経済を例にすると、「最もシンプルかつ原理的な特徴が明らかになり、言うならば、経済全体の骨格が見えてくる」。その点については、ベーム・バヴェルクも次のように述べている。「ロビンソンの話や原始的な環境の記述は、最も簡潔な原則を明示するため、さらに言えば経済の骨格のようなものを明示するためには有用である」。しかし、ある時点で骨格は「現代の経済社会における実際の活動」によって肉づけされなければならず、また「現実の説明を伴う抽象的な公式」で満たされなければならない。それゆえ、「迂回生産（Produktionsumweg）」を学ぶためには「クルーソーを無人島に置き去りにし、何百万もの人々からなる大国の工業に到達しなければならないのである」[8]。

大なれ小なれ、あらゆる経済において生産ならびに資本投下の選択は、直接的な方法と迂回的なそれとの中間で下される。ベーム・バヴェルクは次のように述べている。

われわれは、目的に到達する前に労働を供するか、意図的に迂廻路を取る。つまり、望むべき財の生産に必要な条件が整うや、その財の存在が労働を必要とするのである。もしくは、財を生み出す間接的な要因や、財それ自体ではなく、その要因を獲得するために労働を供すると言い換えてもよいかもしれない。その要因とは適切な原材料や労力であり、それら多くの要因を通じてやがて人々の満足を満たす最終財が獲得されるのである。[9]

古代中国の戦国時代から、欧州の戦乱、「起業家（Unternehemer）」、そして投資家に至るまで、戦略的・目的論的過程をこれほど明快かつ正確に説明する文もなかろう。

中間資本財の迂回的構造を「自己触媒的過程」とみなすことができるかもしれない。つまり、一つの反応によって生み出されたものが、さらなる反応の触媒となる。言い換えれば、過程それ自体が触媒となり、資本蓄積や再投資に見合うだけの成長をもたらすのだ（「自己［Auto］」という言葉はあらゆる段階で人間による決断がない、という意味ではない。消費者の選択は最優先であり、起業家は消費者が現在または将来欲しがるもの、必要とするものに応じて行動しなければならない）。それゆえ、生産は自己触媒的・自己再生的なものとなり、より高次の資本財の生産がより低次の消費財の生産を促す。そして、より良い消費財を作り出すべくイノベーションを通じて資本は継続的に発展していくのである。生産過程をこのように見ていくと、技術やイノベーションや生産は適用学習であり、先の一歩が次の一歩を生み出す漸進的な歩みであり、ベーアが指摘する芋虫の目的論である。一つ一つは単に前の一歩と歩調を合わせているだけであっても、そこには明白な目的意識が存在している。技術的進歩は既存の技術と組み合わさることで、それまでは不可能であった（もしくは経済的に生産することができなかった）ほかの技術や消費財の生産を可能とするのである。

一方で、「迂回生産（Produktionsumweg）」を制約するものも存在する。それは正の時間選好であり、金利である。ベーム・バヴェルクは、将来の財に比べ現在の財により価値を置くという一般的な考え（つまり、ほとんどの人が同じ量の財ならば、明日または一年後よりも今日手にしたいと考える）から導き出される金利を説明するにあたり「利子主因時差説」を用いている。これは一般にすべての財に当てはまることで、それゆえ正の金利が発生する。主体的な選好の結果としての金利をめぐるこの市場の現象は、オーストリア学派独特の見識であり、ベーム・バヴェルクの評価につながる理論の核心でもある。

ベーム・バヴェルク――ブルジョアのマルクス

ここまでのところで、ドイツ語圏の話題を豊富に取り上げてきたが、筆者には文化的偏見があると非難されるかもしれない（理由はともあれ、ユダヤ系を含むドイツ語圏の人々の功績を見逃すことはできないだろう）。ここで、これまで紹介してきた人物たちとまったく異なる立場の人物を紹介しよう。カール・マルクスその人だ。

一八六七年に発行された『資本論』で、マルクスは労働価値説（労働こそが価値を決める要因だとする）を提唱して古典的経済学に戦いを挑んだ。マルクスの主張は、労働だけが価値を生み出すという信念を軸にしている。それゆえ、マルクスからすると、財の価値はそこに投入された労働時間と等しくなるのだ（メンガーが唱えたのは、最終財が中間財の価値を決定するという価値の主観的理論である。つまり、ワインがブドウやブドウ栽培者の努力に価値をもたらすというものだ）。マルクスのおかしな考え方によると、財の市場価値はもっぱらその生産に必要な（社会的に必要な）労働量によって決まる。と同時に、労働者は自ら必要とする以上の量の財を生み出すことができるので、資本家はすべての財（財に投入された労働量に相当する）を売り、一方で労働者にはわずかばかりの生活の糧を与えることで搾取しているのだという。マルクスにすると、この差が「余剰価値」であり、寄生虫が労働者から掠め取ったものとなる。

これらの過激な理論が初めて世に出たとき、古典的な経済学者たちはマルクスに反論をしなかった。それゆえ、資本主義は階級闘争を生み出すという彼の主張が証明された形となってしまった。第4章で述べたとおり、バスティアはマルクス主義者や社会主義者に対し自身の立場をはっきりさせたが、彼らを経済理論をもって効果的にやり込めたのはベーム・バヴェルクであった。バヴェルクは、マルクス主義は社会学や歴史の分野でほど経済学には根づかないと批判している。[10]

ベーム・バヴェルクは、起業家に雇用されている労働者は、労働時間も含めその価値が正しく算出されているかぎりにおいて、労働の対価「全額」を即座に支払われていることを完璧な論理展開でもって示した。結局のところ、ほとんどの生産工程において、投入された労働時間が「即座に」最終財を生み出すわけではない。たとえそうであったとしても、労働者には即座に賃金が支払われるのに対して、起業家は収益が上がるのを（何年も）待たなければならないのだ。実際のところ、生産活動を行うということは、ずっとあとに行われる製品販売のために、投入財を先行投資することで、借り入れを行っているに等しいのである。待つ費用を利益額が上回るならば、そこに投入財と生産財との「異時的な裁定取引」が発生する。であるから、起業家は生産工程を通じて労働者に収入を提供するのであるが、これは彼らが生み出した生産物に先立ってその対価を支払っていることになる。労働は、起業家が経済的利益（となる可能性がある）を得るための、迂回的・間接的手段なのである。

ベーム・バヴェルクは論証のために、二〇〇〇ポンドの市場価値のある家の所有者が、建設費としてちょうど二〇〇〇ポンドを支払った例を挙げている。この例でいくと、「搾取を可能とするような「余剰利益」は存在しない。マルクスの理屈に従えば労働者には「その労働の全対価」が支払われていることは明白だ。しかし、ここでベーム・バヴェルクは、建物の所有者が賃貸に出して、毎年一〇〇ポンドの収益を永久に得られると仮定する。そうすると、所有者は投資に対して五％のリターンを、利回りという形で獲得することになる。マルクスが言うとおり、労働者は自らが生み出した財の市場価値とまったく同額の賃金を獲得したわけで、そうすると、「一〇〇ポンドを搾取された労働者はどこにいるのだ」ということをベーム・バヴェルクは問うたのだ。[11]

労働者と起業家との違いを示すもう一つの要素がある。それは、リスクという概念で、労働者は起業家に比べるとリスクが著しく小さいのである。労働者が給与と引き換えに労働時間を売る一方で、起業家は労働者の生産物が最終的に市場で売れるかどうか分からないというリスクをすべて引き受けることになる。たいていの場合、労働者はプロジェクト全体が最終的にどのくらいの収益をもたらすかに関係なく、前払いで賃金を獲得するのだ。起業家は自らの投資の結果について常に不確実性に直面しており、かなりの負債を抱え込んだり、場合によっては倒産したりするようなダウンサイドのリスクを背負っている。一方で、最終消費者から「支払いを得る」より先に労働者に対価を支払わなければならないのである。現実社会における不確実性を考慮すると、労働者は労働の「全対価」を支払われるというマルクス主義者の前提が妥当かどうかは不明確である。もし企業が立ち行かなくなった場合、今にして思えば労働者は明らかに賃金をもらいすぎだったからと言って、起業家はこれまでに支払った賃金を払い戻してもらうことができるのだろうか。

ジョゼフ・シュンペーターがその包括的な理論システムゆえに「ブルジョアのマルクス」と呼んだベーム・バヴェルクは、マルクス主義者やその搾取理論に慈悲深い「とどめの一撃」を与えたのである。主観的価値理論は、マルクスの「弁証法的まやかし」を排斥したのだ。[12] さらに、有名な小論『カールマルクス・アンド・ザ・クローズ・オブ・ヒズ・システム（Karl Marx and the Close of His System）』でベーム・バヴェルクは、マルクス主義者の金利の説明には技術的に大きな不備があることを力説してもいる（今日、マルクスに内心親しみを抱く者はその論理的欠陥に気づかずに暗黙的に擁護しているのだ）。

ベーム・バヴェルクはまた、金利は厄介なものとする先人の見方とは相反する考え方を打ち出した。アリストテレスは、お金それ自体は本質的に成果を生むことはできないとし、貸し手の利益は借り手が破産した場合にのみ発生すると考えていた。初期のキリスト教会も同様の考えであり、貧しい債務者を富裕な債権者から守ろうともしていた。[13] しかし、時間コストとしての金利はまったく異なる意味を有するのだ。つまり、金利は即座に資金を手にするために支払わなければならない代償であり、それによって投資のリスクとリターンが決まるのである。それゆえ、ベーム・バヴェルクの資本および金利の理論では、金利は資本家がどれだけ迂回的であり得るかを導き出す指針であるとされている。

一九世紀中ごろ、ベーム・バヴェルクがこの世に生を受けるころまで、中間財の品質が向上したことで、高次財はより良いものへと進化し、そのことがさらにあらゆる低次財の生産（鉄道を利用した流通に至るまで）に変化をもたらしていった。まさにこの急激な世界的産業化は特筆すべき「迂回生産（Produktionsumweg）」であり、世界史上最大のもので、ベーム・バヴェルクの主張のみならず、資本化そのものの根拠となったものである。欧州大陸に産業化の波が訪れたのは比較的遅かったため、石炭や鉄や鋼鉄といった原材料の進歩が、古く生産性の低い生産要素、特に木材（熱源としての）に取って代わり始めた。オーストリア学派が資本化の理論を発展させるに先立ち、生産性の低い林業に取って代わって農業が一気に広がりをみせたことで、土地の利用方法ごとの収益性を計る手段の開発が求められるようになった。ベーム・バヴェルクは材木の経済的成熟度や割引現在価値、その他資本化の要素を取り扱ったが、ドイツの森林官であるマーティン・ファウストマンの名を知っていたかどうかは定かではない。彼は、『資本の積極理論』が発行される四〇年も前に、森林経済学に関する独創的な研究を行い、機会費用と資本化を形式化した人物である。

ファウストマンの森林経済

マーティン・ファウストマンは二四歳の若さにして、科学誌『アイグマイネ・フォーストト（Allgemeine Forst - unt Jadg-Zeitung）』の共同編集者となる。一八四九年、二七歳になった彼は、本誌のなかで『Berechnung des Werthes welchen Waldboden sowie noch nicht haubare Holzbestaende fuer die Waldwirthschaft besitzen（Calculation of the value which forest land and immature stands possess for forestry）』と題した画期的な記事を発表する。

このような研究に取り組んだのはファウストマンが初めてではない。一九世紀初頭、ドイツとオーストリアの一部の森林官が土地の価値を算出しようと試みた。一八一三年にゴットローブ・ケーニッヒが有形資産、とりわけ森林の割引現在価値を算出しようとしたのが始まりであろう。もちろん、ケーニッヒ以前にもほかの分野で試みられていたであろうが。その後、一七七六年のアダム・スミスの土地資本理論を範として、一八一七年にデービット・リガードが地代論を発表する。[14]とはいえ、今日ではファウストマンこそが、森林ならびに地代の価値評価の定式を生み出した人物として知られている（ケーニッヒ・ファウストマン式という表現が用いられることもあるが、今日ではファウストマン式という言葉が主流である）。

ファウストマンは、簡潔ながらも喫緊の疑問に正確に答えようとしたのだ。つまり、森林はどの程度経済的価値があるのか、現在からみた将来の森林の価値（ファウストマンが「Bodenerwartungswerte」と呼ぶ、土地の期待価値［ＬＥＶ］）と、原野の市場価値（森林として経営されている土地の再取得価額［ＬＲＶ］）とはいかなるものかという問題である。つまり、森林として使用するのがよいのか、その他の利用方法を考えたほうがよいのかということだ。ファウストマンは、休眠地となっている（または農業に充てられている）土地の、現在の市場評価に比べて、資産としての森林の現在価値が割高なのか、割安なのかを算出しようとしたのだ。

ここで二つの評価額の比率を見ることができる。つまり、ファウストマン比率と呼ばれるL

ＥＶ÷ＬＲＶだ。これが示すものは明白である。ファウストマン比率が一以上（ＬＥＶがＬＲＶを上回る）であるならば、森林として投資対象となり得るということだ（少なくとも、森林資源として売り抜けることは可能だ）。もし比率が一を下回るならば（ＬＥＶがＬＲＶを下回る）、その土地への投資、少なくとも森林としての投資は控えたほうがよいということだ。ドイツとオーストリアにまたがる針葉樹の深い森とファウストマン比率を通して、本書でこれから述べることに不可欠な経済的概念を見いだすことができる。

ファウストマンの業績を特別なものならしめたのは、森林経営で必要となる長く迂回的な生産期間と、長い間回収されることのない複雑に入り組んだ費用とを定量化したことにある。森林管理は本質的に長期にわたる仕事であり、今日における先渡し市場のようなものである。第2章で見たとおり、多くの種（特に針葉樹）は当初ゆっくりと成長し、強い根や厚い樹皮などの「資産」を集積し、自然界であれば生存の臨界点に至って、農場であれば収穫期に至ってから、より効率的かつ早い成長を成し遂げるのだ。つまり、成長を加速させるには待つことしかないのである（例えば、一本の木を一五年間放っておいたほうが、五年ごとに計三回伐採するよりも多くの木材を得ることになる。しかし、後者は五年ごとに所得が生まれることになるが、前者は一五年後にまとめて所得を得ることになる）。それゆえ、木材パルプ用なら一五年、木材としてなら二五年以上の時間を必要とする森林経営に土地を充てるには、割引現在価値というものを理解しなければならない。森林経営は迂回事業の教科書なのである。

ファウストマンがLEVの公式を考案したことで、長期間にわたる森林経営と、より短期間で済む干し草や大麦などの農業生産との比較が可能となった。ファウストマンの時代において、これは極めて重大な問題であった。というのも、森林がより収益性の高い農業生産にとって代わられ、また価格差も相まって計画対象となる期間が短くなってきたからである。干し草とマツ（生産期間という点では両極端なものであり、干し草は一年に何度も収穫されるが、マツは一〇〇年で幾度か伐採できるにすぎない）とは、ある特定の土地（どちらの栽培にも適しているると仮定する）で栽培する選択肢として比較され、それゆえ、どちらを選択すべきかを考える経済的基礎が必要となったのだ。そのためには、ファウストマンの公式が絶対に不可欠なのである。資本化の公式概念と、後に経済学者が「帰属計算」と名付けた考え方は必要から生まれたものだったのだ。

現在のゆっくりとした成長を耐え忍ぶことが、あとでの急速な成長という目的を達成するための手段なのであるが、森林官はまず自身の忍耐力にかかる外的制約条件、つまり資本の「機会費用」に打ち勝たなければならない。ドイツの森林官の名誉のために言っておくと、これはフレデリック・バスティアがほのめかし、メンガーに至って公式化され、その後、メンガーの弟子であるウィーザーによって一九一四年に世に問われた考えである。機会費用を通じてオーストリア学派が認識したのは、支払わなければならない費用だけでなく、同額を別の投資に充てれば（同様のリスクで）稼ぎ得たであろう「既定の機会」である。例えば、ある一定の額を

$$LEV = \frac{B}{(1+i)^r} + \frac{B}{(1+i)^{2r}} + \frac{B}{(1+i)^{3r}} + \ldots + \frac{B}{(1+i)^{\infty}} = \frac{B}{(1+i)^r - 1}$$

土地への投資に充てた投資家は、その土地に建設したもの、または植えたものからどれだけ利を得られるかということと同時に、それを銀行に預けておいた場合などほかの選択肢を採った場合に得られたであろうことまで考えを及ぼさなければならないのだ。それゆえ、金利は、迂回生産（Produktionsumweg）の本当の経済的犠牲を規定する客観的条件となる。

土地の期待値に関するファウストマンの公式（簡略化した）は上のとおりである。Ｂは個々の収穫における木材の価格から間伐などあらゆる費用（簡略化のために割愛した）の現在価値を差し引いた額であり、ｉは適切な金利、つまり資本の機会費用、ｒは収益を生み出す伐期の回転周期である。ここでファウストマンは、無限に続く将来の「地代（Bodenrente）」、つまり永久に続く森林からの定期的な収入を、現在価値、算出が容易な等比級数へと置き換えている。ファウストマンの功績は、森林官にとっての土地の期待値をはじき出す厳密な方法を生み出したことであり、以来、それは「古典的な森林経済学の根幹となっている」[15]。実際に、ファウストマンは、今日では当たり前になっている割引現在価値の分析方法を用いて、現在価値を正しく導き出した最初の経済学者である[16]。割引現在価値による評価方法は、今日あらゆる収入（確かなものであろうとなかろうと）、とりわけ、債券や株式（現代の金融理論では「配当還元モデル」として知られている）の価値評価に用いられている。土地の価値は、収入の純額（ファウストマンの公式のB）つまり、収入を得るために費やした額と収入との差額と、資本の機会費用（ファウストマンの公式でいう割引率r）とに基づいて決まるのだ。

本来、この方法は過度に簡略化されていると言える。つまり、その土地にはより高い価値を生む利用方法があり得るということを考慮しておらず（例えば、収穫までの期間がより短く、頻繁に収穫できるような作物）、また立木は何らかの要因でいつでも切り倒され得ることも想定していない。土地の利用方法はさまざまであるはずだが、ファウストマンは森林としての土地のみを対象としたのである。

ここで特徴的なのは、回転周期を表すrである。実際に、rはファウストマンの公式の外生変数である。木々の成長を一定と仮定して、回転周期をゼロから徐々に増加させるとした場合、LEVは当初増大し、そして後に減少していく。LEVの最大値は、最適な回転周期の下で達成されることになる（ファウストマンの公式においては、収穫ごとに売却される木々の現金価値Bは、木々の成長はより長期の周期のなかで達成される以上、回転周期の影響を受けることになることを記しておかなければならない）。ファウストマンの公式では、素人目には森林の管理とはまったく関係ないように思われる金利の重要性も認識されている。「斧の原理」だ。つまり、森林の成長と将来期待される材木の販売価格とが市場金利を上回るだけの収益をもたらす水準のものであるならば、現時点で木々を伐採し、売却することの機会費用は相当高いものとなる。この場合、森林官は斧を振るうべきではなかろう。しかし、逆に木々の成長と期待される将来の価格がもたらす収益が市場金利を下回るものならば、現時点での収益は伐採する機会費用を上回ることになる。であるならば、森林官は木々を切り倒すべきなのだ。その他の条件をすべて均一とした場合、金利が上昇すれば、最適な回転周期ｒが減少することは明らかである。言い換えるならば、「金利が上昇すると、収益性のある生産期間は短くなる」ということだ（これはオーストリア学派の教科書に先んじた指摘であろう）。いつ木々を伐採すべきなのかという異時的問題はこのようにして解決されたのだ。材木の価格と金利を所与のものとし、回転周期とそのスケジュール下で行われる伐採から得られる収益との関係も一定とすることで、最適なｒを見いだすことがＬＥＶを最大化する方法であることを、ファウストマンは示したのである。こうして、真の経済的割引価値が算出されるのだ。

さらに付け加えると、ファウストマンは、資本化した土地の価値は、そこに植えられた木々が単一の樹齢のもの（断続的な管理）であろうと、多様なそれ（持続的な管理）であろうと変わらないことを示している。対象とする森から、特定の発育段階の木を選んでも（森の価値から、在庫の価値を差し引く）、森にあるすべての発育段階の木を対象としても結果は同じであることが分かる。つまり、すべての伐採が終わるまで待つ必要はなく、成長する森の一部分の地代に注目すればよいのである。回転周期が重要なのは、それをもって、毎年どれだけ伐採し（Ｂの大きさ）また植林すべきかが決定されるからである。ここでは、収穫の頻度を年に一回とする（つまり、ｒは１）。こうすることで、毎年の収穫から得られる材木の現金価値と、割引率とを比較することが可能となり、土地の期待価値が直感的に分かりやすくなる。

ＬＥＶ＝Ｂ÷ｉ

ベーム・バヴェルクはウィーンの森に囲まれながら生活し、さらには林業がモデルケースとなり得るような生産活動の時間相について取り組んでいたにもかかわらず、彼がファウストマンの公式に言及することはなかった。一方、彼は弟子のスウェーデン人であるヨハン・グスタフ・クヌート・ウィクセルとともに、ファウストマンのいう斧の原理を追認している。つまり、材木は現時点での土地と立木の価値に比して、新たに成長する木々の価値（投下資本利益率＝ＲＯＩＣ）が、その土地と立木を保有する機会費用（資本の機会費用ｉ）を上回るかぎり、経済的に意味ある（それゆえ成長余地のある）ものとなる。

再びファウストマンの比率に立ち返ると、土地の年間利益（土地の再取得価額に対する伐採の価値）は、

ＲＯＩＣ＝Ｂ÷ＬＲＶ

となり、土地の期待価値は、次のように示される。

ＬＥＶ＝ＬＲＶ×ＲＯＩＣ÷ｉ

それゆえ、ファウストマンの比率は、次のように示すことができる。

ＬＥＶ÷ＬＲＶ＝ＲＯＩＣ÷ｉ

このように、比率が示すのは、原野の経済性（土地の再取得価額）だけでなく、材木がもたらす価値（ＬＲＶに比して）と、その生産に用いるべき割引率との関係である。これは突き詰めれば、「投下資本から得られるリターンと、資本の代替費用との関係」と言える。繰り返すと、ＲＯＩＣが資本の機会費用（金利ｉ）を上回るならば、材木を伐採するべきである。そうでなければ、木々の成長の遅さゆえに金利負担に耐えられず、その土地はあまりに高価であり、干し草のような輪作作物に充当（もしくは何も栽培しない）したほうがよいという結論になる。まさに、斧の原理は今日の企業財務の根本規範となっているのだ。

あたかもウサギとカメの物語のような針葉樹の話同様に、当初ゆっくりと成長し、あとでそれが加速するということをどう解釈したらよいのだろうか。成長の遅い木々を若いうちに伐採するのがよいのだろうか。それとも、カメが独り立ちできるまで競争を繰り延べるのがよいのだろうか。これは（クリップパラドックスを想起させる）迂回戦略の矛盾である。つまり、目の前のことだけでは経済性は測ることはできず、それに目を奪われれば、バスティアのいう「無能な経済学者」となってしまう。目の前では損失を出しているかもしれないが、それはより長い生産期間を通じて大きな利益をもたらす手段となるのだ。

ファウストマン比率は、森林や土壌だけでなく、あらゆる資本に当てはまるものだといってよいだろう。それゆえ、林業におけるファウストマンの発見と、その後を襲うベーム・バヴェルクの資本と金利の理論に共通点を見いだすことができるのだ。つまり、金利が低いほど、より正確に言えば時間選好が弱ければ弱いほど（今は蓄え、あとで費消する）、マツの立木であろうがその他の資本財であろうが、より迂回生産（Produktionsumweg）たり得るということだ。

資本の輪

資本には異時的側面がある、というのはそれが非同次だということであり、それこそがオーストリア学派が重く見ている点である（ほかの経済学派は「資本」を無定形の同次のものと解釈しているため、その重要性と変容とを著しく過小評価している）。非同次性というのは、資本の形状が常に同じというわけでもなく、また同じリターンを生むわけでもないということだ。

さらに、資本構成の拡張は次元の高低を通じて、同時的および等比率での資本増大を伴うもの

図5.1　ベーム・バヴェルクの年輪

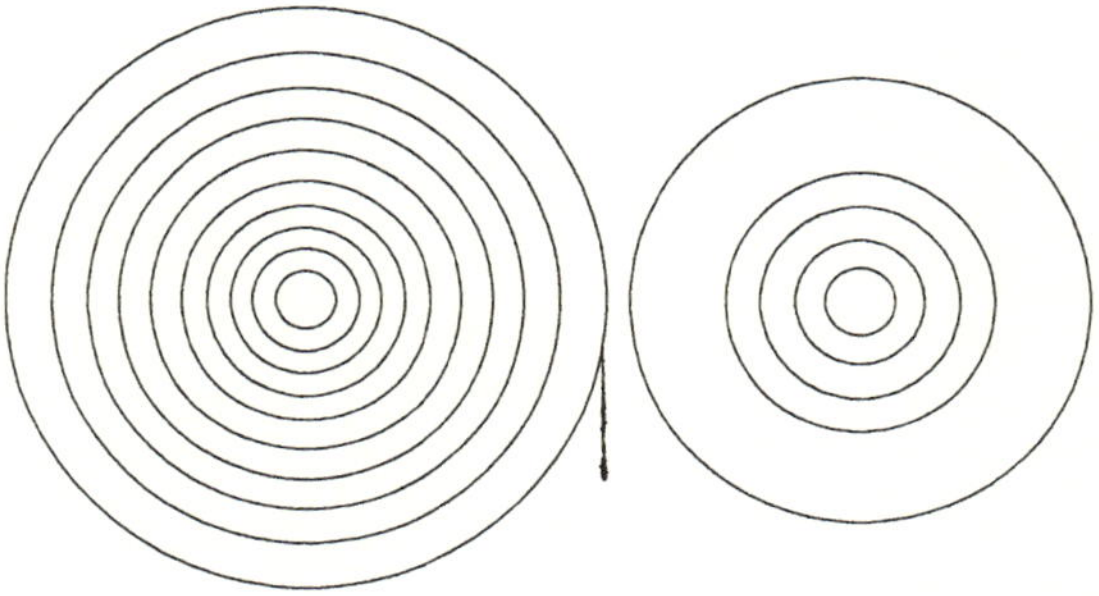

異なる経済の資本構成を示している。生産プロセスの「ライフ・サイクル」は真ん中の輪から始まり、外側に拡がっていく。右側の経済は迂回的ではなく（おそらくは貧しく、また生産性も低い）、付加価値のほとんどが低次財、つまり最終消費財に近いところで生まれている

出所＝『ザ・ポジティブ・セオリー・オブ・キャピタル』より

ではない。むしろ、さまざまな次元に、相応の資本が再分配されるのである。オーストリア学派は資本構成の非同次性を前提としているので、市場メカニズムを検証するにあたり、経済の異時的生産計画は消費者の異時的選好に合致するという独特の立場を採ることになるのだ。

ベーム・バヴェルクは資本の非同次性の説明をするにあたり、お気に入りの比喩を用いた。「均一なものではなく、あるときはせき止められ、あるときは流れ出す[17]」水脈は、孫子のお気に入りのイメージを彷彿させるものである。さらには、好都合にも、われわれの「主題」とした針葉樹の例に倣うかのように、ベーム・バヴェルクは、木々の成長、太い幹を輪切りにしたときに現れる年輪（「Konzentrische Jahrestinge」）を例に引く

（図5.1参照）

本書が主張する生産的な資本投資のプロセス、つまり異時的・累積的な手段と目的のプロセスを示すのに、これ以上良い例があるだろうか。この異時的構造を見失うということは、被写界深度を失うことであり、そうなると生産性も失われるのである（図5.1は投資家全員のブルームバーグの画面に張り付けておくべきだろう）。本書を通じてほかに何も伝えられなかったとしても、この点を明白にすることができれば、当初の目的（Zweck）は達成したことになる。同心円状の輪が示すとおり、生産工程も価値も、核から蓄積されていくものなのだ。プロセスは時間をかけて外側へと広がっていき、生産要素が次々に加わっていくように、連続した輪を通じていずれ中間財ができてくるのである。中間層が多ければ多いほど、より迂回的な生産となるのだ。そして、最も外側の層、つまり最終財が市場へ投入されることになる（しかし、木々の年輪のように一定の輪ではなく、一つ一つの輪の間隔は大きくなったり、小さくなったりする）。

年輪の一つ一つは、「満期構成」とも呼べるものを表している。つまり、最も外側の年輪には翌年に最終消費財となる資本の一部が含まれており、外側から二番目の年輪には二年後に消費財となるものといった具合である。構造の変化は、経済の発展度合などによっても変わってくる。たった一つの原材料や商品だけで構成される極めて発展水準の低い経済を仮定した場合、断面は一つの輪で構成されているであろう。その対極で、高度に産業化した経済においては精緻に組み込まれ、投入されているアセットクラスの大きさを示すような深みのある輪となろう。そこでは、生産にかかるより長い時間とより迂回的な過程を示すかのように輪も多くなるであろう。ベーム・バヴェルクは次のように説明している。「あらゆる生産工程のなかで、より低次の満期になるほど、投入される資本の量は増大する」[18]

ベーム・バヴェルクは、資本構成は累積的（自己触媒的）なものであると指摘している。つまり、先に起こることがその後に起こることのきっかけとなり、また内包されてもいるのだ。実際に、先に投入されたすべての資本が次の輪を作り出している（言い換えれば、次の輪に組み込まれている）。例えば、およそ一万年前の原始的な資本財としてヤギが挙げられるが、これは食糧としてすぐに消費することもできるし、メスならばミルクを生み出す中間「財」ともなる。さらに、そのミルク（ヤギの第四胃から採れるレニン酵素と混ぜれば）はチーズの材料ともなり、チーズはフォンデューを作る材料となる。これらすべての消費財が順次、次の消費財にとっての中間財（それゆえ、「内包」されている）となり、徐々に拡大する迂回的な生産過程において、輪を加えていくことになるのだ。今すぐにヤギを食肉として処理するのではなく（言ってみれば金の卵を産むガチョウを残しておく）、大量の、そして願わくば上質なヤギのチーズを求めて何カ月も腹を空かせても待つことが日常における資本主義的な異時的トレードオフであり、それこそが人類がその日暮らしの生活から脱皮した起源である。

ヘンリー・フォード――迂回的起業家

研究開発、工場とその工程の近代化、新製品の開発、そしてその製品を消費者に届けるための物流機構の改善などを促進するのが資本である。そして、その資本の源泉となるのは、貯蓄のみである。例えば、一九世紀アメリカでの貯蓄率は、南北戦争以前の一五％から、一八七〇年代には二四％、一八八〇年代には二八％まで上昇している。[19] 産業化が大いに進んだこの時代において、利益とともに増大した資本は、カーネギー・スティールやスタンダード・オイルといった企業の事業に再投資されていった。垂直統合によって、巨大な企業が生み出され、原材料から最終財までの生産工程（生産におけるすべての「輪」）を見事に支配し、迂回生産（Produktionsumweg）の利点を大いに生かすこととなった。労働者も中間資本財のおかげで、より生産的になり、収益力（より多くの消費財から効用を得る能力）を増大させていった。測定装置、切削工具、旋盤、そして工作機械の普及によって、「道具をつくるための工作機械を作るための機械の開発といった具合の連鎖反応」[20]が爆発的に起きたのである。多くの道具がさらに多くの道具を生み出す、ということこそ資本主義的生産の重要な点（介入主義によって、このオーストリア流投資法そのものと言えるプロセスが破壊されていることを理解しなければならない）である。自己触媒的な「乗数効果」が農場から工場に至るまで、あらゆるところで生産性の大幅な向上をもたらした。と同時に、産業発展が新たな商業、および貯蓄銀行、生命保険会社、投資会社を生み出し、株式市場が資本投資の支配的な地位を占めるようになる。[21]

二〇世紀が幕を開ける直前、「隣人」ベーム・バヴェルクが敷いた「起業家（Unternehmer）」の道を行くドイツの発明家たちは、文字どおり世界を変える新たな輸送方法を導入した。ガソリン燃料のエンジンを積んだ乗り物が荷馬車に取って代わったのである。自動車の歴史は、ドイツ生まれのオーストリア人投資家ジーグフリート・マルカスが一八七〇年ごろに手車に内燃機関を積んだ「マーカスカー」にまでさかのぼる。ドイツ人技師による伝説はさらに続き、ニコラウス・オットー、ゴットリープ・ダイムラー、そしてヴィルヘルム・マイバッハが一八七六年に最初の四気筒エンジンを開発した。しかし、一八七九年、内燃機関の特許を取得、一八八六年には自動車の最初の特許を取得したカール・ベンツ（後にメルセデス・ベンツとして有名になる）のほうが世間的には有名であろう。

大西洋の反対側では、一八七六年の夏、ミシガンのとある農場の一三歳になる息子が、原始的な蒸気機関を積んで目の前をゴロゴロと通りすぎていく奇妙な乗り物に心を奪われていた。それは、彼が初めて見た馬以外の何かによって動かされている乗り物だったのである。この少年はだれあろうヘンリー・フォードであり、彼は後にこう述懐している。「エンジンに興味を持ったことで、自動車の世界に入ったのだ」[22]。起業家精神あふれるパイオニアであったフォードは、平均的なアメリカ国民にまで自動車を広めるとともに、欧州、特にドイツにも生産拠点を持つ世界的企業を築き上げた。フォードの伝説的な「大量生産」は、欧州では「Fordismus」

として不朽の名声を獲得し、効率性と生産性を高めた産業の理想として語り継がれている。自叙伝「マイ・ライフ・アンド・ワーク（My Life and Work）」がドイツ語に翻訳された一九二三年には、フォードはすでにアメリカ産業界のスーパースターとしてあがめられていた[23]（戦争を無益なものと反戦を唱えたフォードは、一九三〇年代初頭、忌まわしくも、かのアドルフ・ヒトラーの執務室にその肖像が飾られていたのである）。フォードにも落ち度はあり、ひどいところではユダヤ系に対する嫌悪感から金融家をひどく嫌っていた（残念ながら、この時代には多く見られた偏見であり、彼だけの問題ではない）。彼の信仰に関することはさて置き、ライン生産方式という、生産における新たなパラダイムを作り出した迂回的起業家の象徴として彼の業績を見ていこう。つまり、ベーム・バヴェルクのいう「年輪（Jahresringe）」による効率性と生産性の向上を形にしたかのような垂直統合であり、石炭から、鉄鉱石、そして鋼鉄から自動車に至る一連のプロセスである。

近代、優れた業績を上げた人物の一人としてあがめられる（一九九九年、フォーチュン誌は「アメリカが誇る実業家」として彼を挙げた）フォードであるが、生前には得ることのなかったもう一つの称号がある。彼こそはオーストリア学派の歴史において最も典型的な迂回的起業家であるというものだ。フォードがベーム・バヴェルク（このアメリカ人「起業家（Unternehmer）」に意識を払っていたであろうことは間違いない）を読んだことはないであろうが、彼は、一九二六年に著した『テゥデイ・アンド・トゥモロー（Today and Tomorrow）』のなかで、オーストリア学派の賛美歌を高らかに歌い上げているようにも思える。いわく「製造業における時間という要素は、原材料が地球から採掘された瞬間から、最終財が実際の消費者の手に渡るまでをいうのだ」[24]。オーストリア学派は起業家が本能的に知るものとして記している（フォードはオーストリア学派と同じような考えを持っていた。例えば、利益は生産的資本の源泉であり、消費者の効用を高めるべく再投資されるべきである。また、銀行や金融制度の現実の姿を毛嫌いしており、もし人々がそれを理解したら、「明日、太陽が昇る前に革命が起こる」であろうとさえ言っているのだ）。

起業家として名を成したフォードであるが、もともとは農場経営者の子として一八六三年に生まれた。その当時、アメリカ中西部にあった彼の生家は、オーク、セイヨウトネリコ、カエデ、そして、もちろん針葉樹の深い森に囲まれていたのだ。フォードは、父ウィリアムの跡を継ぐことを期待されていたが、彼の興味は機械と名の付くあらゆるものに向けられていた。少年時代、あらゆる道具（爪からコルセットのピンに至るまで）を使って時計を修理して評判を得ている（膨大な労力を投じて生産手段を統合し、スピードと効率、そして生産工程を著しく向上させた起業家の片鱗がうかがえる）。技師となるか農場を継ぐかで父親と大いにもめたあと、一八七九年に一六歳で家を離れ、デトロイトの機械工場に就職、後に造船工場に移った。一八八二年、収穫の手伝いをするために農場に戻ったが、そこで農機具に興味を持ったフォードはウェスティングハウスに修理工として採用され、一八八三年から一八八五年にかけて農場を回る生活を送っていた。一八八六年になると、彼の父親は、技師になることをあきらめれば、八〇エーカーの土地を与えると約束した。木材がフォードを農場へと呼び戻したとも言える。フォードはこれに同意（もちろん、一時的に）し、材木業（「ファウストマン比率」が正であったのだろう）を始める。一八八八年にクララ・ジェーン・ブライアントと結婚し、一男に恵まれる。この子はフォードの子供時代の親友の名にちなんでエドセルと名付けられた。

父との約束にもかかわらず、フォードの内燃機関に対する興味はやむことなく、一八九〇年まで二気筒エンジンの開発に取り組んでいた。クララとともにデトロイトに移ると、エジソン照明会社で技術者としての職を得（後に、主任技師となる）、そこで「自動車」への夢は否が応にも高まる。一八九二年には最初の試作車が完成し、一八九三年には公道での試乗試験も行っている。一八九五年に二号機ができたころには、すでに市場では競争が始まっており、ニューヨークのメイシーズにはドイツのベンツ社の車が飾られていた。[25] 一八八六年には、「クアドリサイクル」を売却、迂回的起業家の本領を発揮し、売却資金は研究開発に充当する。創業者である彼が、製品の改良と迂回生産への長期投資を継続的に行わなかったら、フォード・モーターの発展はなかったであろう。

フォードといえば、自動車産業や起業家としての成功の代名詞であるが、彼も最初二つの事業（地元の製材王に援助を受けたもの）で失敗している（偉大な起業家でこのような失敗をした例は多い。フォードの親友でもあるトーマス・エジソンも破産していた。こうした経験こそ

当代最高の起業家的資本家であるヘンリー・フォードは簡素な田舎生活を好んだ

が成功への迂回路となるのだ）。そして、一九〇三年、ついにフォード・モーター社が設立され、五〇フィート×二五〇フィートの組み立て工場で、外部から調達した部品を使ったA型の生産が始められる。フォードはまた自動車レースにも並々ならぬ情熱を注いだ。これは、自社の自動車の宣伝になる（楽しみはさておき）との信念からである。一九〇四年には、セントクレア湖の氷上でB型を走らせ、当時の世界記録を更新している。時速一〇〇マイルを記録し、それまでの時速七七マイルを大幅に更新した[26]。レースでの偉業が事業に役立ったのは明らかで、一九〇四年には工場を拡大している。一九〇五年から一九〇六年にかけて、四気筒のN

型（販売価格は六〇〇ドル）と、六気筒のK型（同二八〇〇ドル）を発売した。時に共同経営者との不和の原因ともなった彼の理想は金持ち相手のオープンカーを作ることではなく、労働者でも手が届く、安価で高品質の車を生産することであり、その象徴がT型である。一九〇八年に発表されたT型は、数年前までは車を欲しがることすら想像できなかった一般層を熱狂させたのである（「人々に何が欲しいかと問えば、より早い馬が欲しいと答えたであろう」とかつてフォードは述べている）。T型の登場で、会社も生まれ変わり、アメリカ社会も新たなる時代に突入したのである。[27]

フォードのビジョンに導かれ、会社も単なる組み立て工場から生産者へと迂回的変遷を遂げ、すべての工程でコストを削減し、仕入れを優位に進め、不要な在庫は削減し、効率とイノベーションを追及する組織へと生まれ変わっていった（デトロイトは今日のシリコンバレーのようであった）。判断基準は経済性である。大量生産によって、部品のコストを切り下げ、納入業者から仕入れられるようにした。[28] フォードの迂回生産の真骨頂はリバー・ルージュ工場で、そこでは、港から造船所、製鋼、鋳造、ボディ製造工場、製材所、ゴム加工、セメント工場、発電所から組み立て工場までそろっている。まさに、迂回生産（Produktionsumweg）の縮図であり、文字どおり、時間と膨大な資本投資が必要となるが、フォードに言わせれば「再投資によって事業はより良いものとなり、ついには消費者に還元されるのだ」となる。[29] プロセスが迂回的になるほど膨大な時間がかかり、ロビンソン・クルーソーのように一見犠牲ばかりが目に付くが、最後には大幅な時間の節約が可能になるのが迂回のパラドックスである。それはあたかも、針葉樹が最初はゆっくりと成長し、あとで一気に繁殖するかのようである。

迂回生産のプロセスを確立するまではたぐいまれな忍耐強さを見せたフォードであるが、ひとたびそれが出来上がると、一気にギアを入れ替え、いかに速く生産できるかに執着するようになる。一九一六年には年間五八万五〇〇〇台であったT型の生産台数は、一九二一年には一〇〇万台に、そのたった二年後には倍の二〇〇万台まで増大している。スピードと効率が重要で、工場のフロアにはストップウオッチを持った査察官が見回り、生産のスピードを測定していたくらいである。新聞各紙もその製造工程の驚くべきスピードを伝えた。一九一三年の記事によれば、T型はあらかじめ組み立てられたユニットを用いることで二分半に一台生産されたという。後に二四秒に一台ずつ新車が生み出されるようになる。[30] 大衆の英雄でもあったフォードは、リバー・ルージュでの生産性の向上は「自分たちが生産するあらゆるものの価格を引き下げる」ことになり、車の値段も農機具のそれも引き下げることになると考えていた。トラクターも「安いことが大切なのだ」とフォードは言っている。「さもなければ、農業従事者たちが力を得ることにはならない」[31]。農業従事者が車の快適さと力を手にすることで、彼自身が知り尽くしている農業の退屈な肉体労働が軽減されることを望んだのである。

フォードの生涯と業績とを見ると、迂回生産（Produktionsumweg）は、遠回りしても確たる信念を持って取り組むことで成し遂げられるものなのだということが分かる。フォード自身、試行錯誤を繰り返しつつも、大衆のための車を効率的に生産するという彼のミッションはけっして揺るがなかった。後に利益ばかりを盲目的に追いかけることが流行となってしまうのではあるが。現実世界はそうではない（『オブリクイティ［Obliquity - an academic's take on indirectness］』の著者であるジョン・ケイが説くように[32]）。起業家たちは、行き当たりばったりに幻想を追い求めるのでもなければ、蝶々や終わりなき選択を追い求めるのでもない。彼らは明確な目標を達成するための手段を手に入れるため、埋没費用も受け入れざるを得ないような厳しい状況を受け入れているのである。たとえ、迂回的方法で、何度も何度も振り出しに戻ったとしても、最終財を作り出すための道具を作り直さなければならなくなったとしても、彼らの決心は揺るがないのである。また、起業家が曲がりくねった道の先に虹を見いだすのも、セレンディピティゆえでもなければ、アラーの御心によるものでも、ましてや偶然でもないのである。彼らは計算づくで迂回しているのだ。彼らは自分たちがどこを進んでいるかを理解し（もちろん、そこに到達することを事前に知っていたわけではないが）、そのなかで学べることから自分たちの目標を再評価し、修正しているのだ。彼らは、目標（Ziel）から目標（Ziel）へと迂回的に歩を進めるが、目的（Zweck）に至る手段（Mittel）があることを片時も忘れはしない。これこそ、市場の特異かつ深遠な目的論的発見プロセスである。

フォードにとって、効率性を向上させ、生産コストを下げるという目標（Ziel）は、消費者に安価に提供する（究極的にはより生産性の高い事業にしたい）という目的（Zweck）へ向けたものであり、最終的には公益のためであるとの信念ゆえである。これはフォードがオーストリア学派を代弁しているかのようだ（もし時間を巻き戻せるなら、フォードとベーム・バヴェルク、ミーゼスとの会談を手配したいものだ。彼らは同時代に生きていたのだから）。フォードは「一般消費者」の味方であったし、可能なかぎり安い価格で財やサービスを提供すべきだと考えていた。彼は「利幅の大きい車を少量売るよりも、合理的な利幅でたくさんの車を売るほうが」断然良いと考えていた。それゆえ、フォードにとって利益とは「過去の活動に対する報酬ではなく、将来の進歩のための資金」[33]だったのである。利益を配当という形で支払うこと、特に優先株に大きく払い出すことは少数の者の手に利益を渡すことであって、さらなる迂回生産に資金を充当することにならない。フォードは次のように述べている。「企業の所有者も、その労働者も、価格の低減がもたらす事業の拡大をもって報酬とすべきなのだ。産業とはけっして一部の人々のためだけに存在するのではない[34]（後述するが、再投資する資金が不足すると、迂回というよりも資本を浪費することになるのだ）」。生産性よりも利益に目を奪われたり、手段よりも目的ばかり追いかけたりするのは、フォードに言わせれば「荷車で馬を引く[35]」ようなものなのだ。

フォードは「よく見られる誤りとして、事業と株価とを混同する」ことを指摘している。彼は、株式市場は「ばくち打ちたちが株価をつり上げれば、事業がうまくいっている証拠であり、逆に下落させれば、事業がうまくいっていないことを示している」と人々を誤解させるものとして非難している。彼にとって株式市場は「余興」[36]にすぎなかったのであるが、今日に至り、投資が生産的な資本を求める者たちよりも、「ばくち打ちたち」が牛耳る世界になろうとは知る由もなかった。フォードにしてみれば、「太極拳」や「囲碁」同様に、株式市場と本来の投資とはまったく異なるゲームなのであり、前者は後者の影にすぎなかったのだ。終生、金融に対する軽蔑と銀行に対する不信感（彼の偏見はさておき）を抱いていたフォードは、ウォール街の「短絡的な金融」を敵視し、目の前の利益を追うのではなく、獲得した利益は事業に再投資していく彼の迂回的方法とは対極を成す「事業の毛玉」くらいにみなしていた。「大半の人は機械を最大限利用することばかりに目を奪われ、それを改良しようとはしないものだ」[37]。フォードは（興味深いことに、第3章で登場したクラウゼヴィッツと同様に）、「才能を与えられし者は、それだけ成すべきことが多いのだ」と言う。運転資金を犠牲にして、個人の財産を蓄積してはならないと、起業家たちに強く薦めている。彼はまた、「アメリカやその他の国々を誤らせている間違った考え」も指摘している。つまり「事業とはお金であり、大事業とは大きなお金である」[38]という考えだ。しかし、間違えてはならない。フォードも忠実な資本家であり、お金を儲けることは正しいことだと確信していたが、それ以上に今日生み出した資本を消費してしまうのではなく、より戦略的に優位な立場を得るために、異時的に再投資するだけの知恵を兼ね備えていたのである。

フォード・モーター社が拡大するにつれ、生産工程の最後の「輪」である生産物はより効率的に生み出され、そこに至るまでの鉄や石炭や鋼鉄といった在庫の「輪」は小さくなっていった（フォードは不要な在庫は無駄だと考えていた）。一九二〇年代半ばになると、彼は「自分たちは倉庫を一つも持っていないし、使ってもいない」[39]ことを自慢にしていた。フォードはまた、過剰な雇用は無駄であり、一人でできる仕事に二人を雇用するのは社会悪だと考えていたが、その一方で、組み立て工場の退屈さゆえの高い離職率を受け入れざるを得なかった。一九一三年になると、離職率は三七〇％という驚くべき数字となり、およそ一万三六〇〇人の平均労働力を維持するために、五万人以上を採用しなければならないほどであった。[40]

利益が増大すると、彼は労働者に還元し、日給をそれまでの倍の五ドルとしたときには騒動となり、失業者がフォード社に文字どおり列をなしたのである。高い賃金を支払うのは、彼にすれば利他的なことではない。また、ただ単に労働者に「生産物を買い戻せるだけの」賃金を支払おうとしたためでもないが、一九二九年の株式市場の暴落のあとには、高賃金政策を説いてもいる。フォードにしてみれば、比較的高い賃金を支払うのは賢い事業の方法なのである。彼は、賃金の高い熟練工は、高品質の原料と同じように重要だと考えていた。賃金を良くすることで、離職率は下がり、新たに雇用や教育をする必要が減るため、結果的にコストの「削減」になるのだ（当時の新聞は、フォードによる賃上げは善意のパフォーマンスだとみていた）。

賃金政策に加え、フォードはルーズベルトのニューディール政策にも一矢報いている。というのも、彼はニューディール政策には猛反対しており、高い賃金と事業への少ない規制、そして低い税率こそが国を富ませると考えていたからである。ほかの自動車メーカーとは異なり、フォードはルーズベルトの「ブルーイーグル」キャンペーンにも賛同しなかった。これは、政府の経済、賃金政策を支持する企業の生産物に記章の使用を許諾する政策だ。激怒したフォードは「ルーズベルトのハゲタカ野郎、そんなもん、わたしの車には絶対に付けさせん」と怒鳴り散らしたという。「子供だましの仕組み」と片付けていた全国復興庁（NRA）やニューディール政策を受け入れるよりも、全米の実業界は「自分たちの事業を把握し、正直で、堅実なアメリカのビジネスセンスにのっとって経営していく」[41]べきだと説いている。フォードはこのような立場をニューディールに反対した企業人のだれよりも自信を持って取っていた。大恐慌の惨害のなかで、自主的に労働者の賃金を上昇させたのであるから、「彼が」空疎なレトリックを弄していると非難することはできない。これは、彼の私欲の問題でもなければ、労働者の苦境に無関心であったがゆえでもない。ルーズベルト政権は、連邦政府の本来の持ち分を大きく逸脱していると、フォードは考えていたのだ。

フォードは自身の生産活動を、国家の「経済構造」に当てはめ、故障するのを待つのではなく、順調な間になすべき改善を行うべきであり、「恐慌を不可避な異常事態」と考えることは誤りだと警告している（第7章で見ていくが、ミーゼスも言うとおり、その指摘は真実のように思われる）。フォードが指摘するように、「不景気の種は好況時に犯した誤りのなかにあるのだ。好況時はだれも犯した過ちに聞く耳を持たない。ゆえに、政策は『足元の明るいうちに出していく』べきなのだ[42]」。経済構造は、「経済の健全さを司る自然の法則を無視」し、事業は「永続する」という誤った信念が原因で壊れるのだとフォードは確信していた[43]（第8章で見るとおり、経済構造は、それ自体を制御する自然の内部管理機能を持っているが、無知な介入主義によって損なわれてしまうのである）。

購買力の幻想をもたらすインフレと、短絡的な認識ゆえの投機を厳しくいさめるフォードは、オーストリア学派の主張をはっきりと表明している。通貨制度改革については、健全な通貨を全面的に肯定しているが、残念ながら友人であるエジソンの影響もあり、ゴールドではなく、アメリカの農作物を裏付けとする通貨制度を支持している。「フォード・エジソン・マネー」として知られるそれは、農業従事者が銀行に支払う金利負担を軽減することを目的とした提案であった。しかし、これは、ベーム・バヴェルクが指摘する金利の「要因」としての時間選好という明白な事実を無視したものであり、農業従事者の支持は得ながらも、広く支持を取り付けることはできず、後に棄却された。

しかし、われわれがフォードに焦点を当てるのは、その政治的・金融的思考のためではなく、資本は事業と経済を進歩させるための血液であると考える迂回的起業家としての彼の天分ゆえである。彼の異時的な動き方はまさに天性のものであり、彼の被写界深度は年単位を大きく上回るものである（彼は心底優秀な農夫であるかのようだ）。フォードの偉大な成功は、彼が農夫としてのルーツをけっして忘れなかったことにあるのではないか。彼はミシガン州ディアボーンのグリーンフィールドビレッジに公園を作り、そこにはライト兄弟の自転車店から、エジソンが電球の実験を行ったメンロパーク研究所まで、八〇以上の歴史的建造物が保存されている（フォードの信頼、簡素、忍耐といった意志が伝わってくるような場所だ。晩年、この土地で脱穀を楽しむ彼の姿を思い浮かべる者もいるであろう。これらはまさに、彼の偉大さを培ったものである）。フォードが敬意を表したこれら過去の象徴も、単なるほこりをかぶった遺物ではない。そこには、彼らがまいた将来への種が大切に保存されているのであり、それこそ、資本主義と文明の進歩をもたらす発見やイノベーションに至る迂回的プロセスを象徴するものである。

人生の迂回路

人類の活動、特により戦略的（筆者は、クラウゼヴィッツの目標と目的（Ziel - Zweck）を「より大きな優位性を獲得する手段」と定義づけしている）で、高次元の試みは、迂回的であること、そして間接的な目的合理的アプローチによって、その利益を享受することができる。迂回的（Umweg）であることの戦略的優位性は大きなものであるが、そのように考え、行動することは極めて難しい（第6章で述べる）。それができる人間はほとんどいないであろう（迂回が容易なものなのであれば、だれもがそのように行動するわけで、そうすると迂回的であることの戦略的優位性がなくなってしまうことは言うまでもない)。さらに、得てして迂回路は見落とされがちなのだ。というのも、われわれは最終財や究極的な目的に目を奪われがちで、その過程や、目的に至る一見無関係な手段を見落としてしまう。

また、人生で迂回的であることの優位性を示す例（戦争のような分かりやすい例のほかにも）は事欠かない。もう一度、善良なる道教徒に倣って、自然に目を向けてみよう。配偶者選択における進化のメカニズムでは、配偶者から得られる直接的・即時的な効用よりも、子孫により良い遺伝的特性を伝えようとする「間接的な効用」を目的とした戦略が用いられる。これは途方もないことで、岩場に育つ針葉樹の異時的・世代間戦略と同じで、今起こっている事柄は子孫の戦略的優位性を確保するための手段なのである。このようにして子孫の適応性のために配偶者を選択することで、この迂回プロセスが持続するメカニズムが形作られるのである。

戦略的な手段と目的という考え方の例を求め、理論から実践に目を移す時、スポーツを話題にせざるを得ないであろう。さまざまなスポーツのなかには、戦術的なもの（一瞬の個別のプレーなど）から戦略的なもの（個別のプレーをゲーム全体の一つとみなすもの）まで段階がある。このなかで、バスケットボールは二点または三点を獲得する個別のプレーが行われる、戦術的なものと言えるだろう。欧米のサッカーは、おそらくその中間に位置し、おおよそ戦術的なものであるが、クラウゼヴィッツの視点からすると少々戦略的なものと言える。その他はおよそ迂回的、より高次元のゲームだといえよう。

例えば、タイガー・ウッズが勝利した二〇〇六年の全英オープンは、直観に反する、一見、逆効果とも言えるような戦略の好例である。困難極めるコース設定のなか、当時屈指のロングヒッターであったウッズは、彼の代名詞とも言えるドライバーを使わず、四番または五番アイアンばかりを使い、堅実なゴルフに徹したのである。その理由は、作家のアンドレアス・クルスが著書『ハンニバル・アンド・ミー（Hannibal and Me）』で説明しているように、ウッズは通常のゴルファーの「精神的機能を反転」させたのである。これは、第3章で見た囲碁でも求められる反転を思い起こさせるものでもあるし、一九世紀ドイツの数学者カール・グスタフ・ジェイコブ・ジャコビがいう「man muss immer umkehren」、粗訳すれば「反転せよ、常に反転せよ」という言葉（彼によれば、難解な問題は逆から考えると答えを導きやすい）を思い出させるものである。ウッズは試合中、「フェアウエーではなくピンを、グリーンではなくピンを見ていた」[44]のだ。そうして彼は、ピンに寄せるうえで最も有利となるような場所がフェアウエーのどこなのかを導き出した。そして、次のショットが容易になる手段として最初のショットを打ち、最終目標としてパッティングを容易なものとしたのだ。

このような反転こそが、迂回的ゲームにおいて直観に反するも最適なアプローチを導き出す、おそらくは唯一の方法であろう。第1章の「推手」の戦略と同じように、フェンシングやテニス、さらには紳士のスポーツと呼ばれるスカッシュでもフェイントがあり、相手の体制を崩すドロ一イングショットがあり、それによって最後の決定打が可能となるのだ。スカッシュ（特に「軟式」や「国際」大会）では、二つ以上先のショットを考えながら打たなければならないとされている。おそらくは最も迂回的なゲームと言えるアイスホッケーの戦略は分かりやすい。直接的にゴールに向かうのではなく、アタッキングゾーンで文字どおり迂回的に、我慢強くパックを回し、敵の陣営を崩し、ゴールへの道筋を見いだすのだ（ホッケーの主要戦略であるフォーチェックは、分かりにくいかもしれないが実践での迂回戦略の一例である）。ここでもまた「勢」と「力」の対立、目的から逆算する戦略を見ることができる（ウェイン・グレツキーの次の言葉はバスティアを彷彿とさせるものがある。「優秀なホッケー選手はパックのある場所でプレーする。しかし、偉大なる選手は、パックの行く先でプレーするのだ」）。

筆者が初めて直観に反するような迂回戦略に出合ったのは、子供のころ、ミシガン湖岸で開催されたゴムボートのレースを見たときであった（確かに、スポーツは子供がこの手の事実に触れるのに最良の手段かもしれない）。時々刻々と変わる風向きが、風上にあるボートに有利に働き、直線コースはそれが最も有利となったときのために温存される。たとえ追い風であっても、ブイからブイまでの直線的なコースは、それが明らかに最短コースであるにもかかわらず、避けなければならない。まずはブイから離れること（ちょっとした「一間切り」）で、よりスピードに乗ってブイに向かえるようになり、それが距離としては長くとも、驚くほど早いコース取りとなるのだ。

「目標」と「目的」の異時的取り組みという点では野球が一番分かりやすいかもしれない。

野球史に残る偉大なる監督のひとりであり、野球殿堂入りしたアール・ウィーバーの指導哲学がその好例であろう。二〇一三年一月下旬、ちょうど本章を書いていた矢先に八二年の生涯を閉じたウィーバーは、一七年にわたるボルティモア・オリオールズ（筆者が贔屓にしているロチェスター・レッドウィングスを一時傘下に収めていた）の監督生活で、アメリカンリーグでの優勝四回、ワールドシリーズで一回の優勝を果たした。「野球は、古き良き良識である」との考えを持つウィーバーは（クリップを連想させる）、迂回生産（Produktionsumweg）と表現するにふさわしい采配を見せる。最後の一振りが生きるように選手を起用していったのである。それは、あらゆるスイングでもなければ、打席でもない。つまりは、「勢」と「力」である。ウィーバーが選手に言っていたのは、「場外まで飛ばせるボールが来るまで待て。たとえフォアボールで歩くことになっても、次のバッターが返してくれるさ[45]」というものだ。ウィーバーの言葉は、テッド・ウィリアムスの「打ちごろの球」を待てというウォーレン・バフェットの投資スタイルのような言葉を思い出させるが、ウィーバーの方法論はもっと感覚的であり、我慢というよりもむしろ「被写界深度」を用いたものである。つまり、今の打席だけにとらわれるのではなく、バントや盗塁などで無駄なアウトは重ねず、次の打席の可能性を最大化するのだ（ランナーはリードを取ることで、バッターを優位にすることもできる）。

ウィーバーの戦略は分かりやすく、二つからなる。つまり、まず「目標（Ziel）」として塁に出ることだ。そして、それが三ランホームランなどを通じて、可能なかぎり多くの点を取る（つまり、試合に勝つ）という「目的（Zweck）」のための「手段（Mittel）」とするのだ。すべてのバッターとすべてのランナーが、すべてのイニングで、自分が点を取るという「目的（Zweck）」にだけ向かえば、結果として一度に一点しか取れないことになり、それは極めて非生産的な方法となる。ウィーバーは、ランナーを塁に出すという「目標（Ziel）」に注力することで、出塁率を高め、その結果、試合に勝つという「目的（Zweck）」を実現するチャンスを大きくしていたのである（これは、マイケル・ルイスの良書『マネー・ボール』で有名となった「ビッグ・ボール」という今日なお議論を呼ぶ戦略であるが、ウィーバー、「勢」またはラウンドアバウト・ボールとしたほうが適切かもしれない）。オーストリア流のレンズを通して見ると、ウィーバーは、塁にランナーを出して「中間財」を積み上げていくことで、各イニングにおけるチームの生産期間を引き伸ばしたのであり、首尾良くいけば、走者一掃のヒットという最終「消費財」に到達し、起業家（Unternehemer）は最終的に資金を回収するのである。ここでも、目的から手段へとさかのぼることで、迂回路が姿を現すのだ。

多くのスポーツを通じて、迂回的戦略を直観的に理解することができるし、そのことがスポーツを面白くしているとも言える（それなのに、投資に関しては無視しがちなのはどうしてだろうか）。また、バックギャモンの「ビルダーズ」やポーカーでのブラフなど、より単調なゲームにおいては想像以上に優れた戦略となるのだ（ポーカーでは、早いうちにブラフで負けておくと、後で有利な手が来たときに大きく勝つことができる）。最後に、改めて最高の戦略戦

「迂回生産」を巡るベーム・バヴェルクとフォード

であり、人類最古のゲームである「囲碁」に立ち返ろう。囲碁は、やるかやられるかといった「力」戦略、一手一手（すべてのティーショット、すべての打席）で「目的（Zweck）」を達成しようと直接的に取り組むだけでは勝てないということを教えてくれる。むしろ、より大きな優位性を獲得するという「目標（Ziel）」のために、今は退却し（フェアウエーにきざんだり、フォアボールを取ったり）、優位性を得たところから究極の「目的（Zweck）」を達成しようとする「勢」の戦略を取れる者が勝つのである。このように遠く離れた目的を達成するために、多段階的・間接的手段を取る姿に、より効果的に目的を達成するためには、あえて目的から遠ざかる「無為」を見るのである。また、「囲碁」に当てはまることは、将来の優位性のために異時的な交換をするオーストリア流の起業家（Unternehemer）にも当てはまる。戦略的思考と意思決定、「勢」と「迂回（Umweg）」（起業家に求められる迂回を定義したオーストリア学派とそれを実行に移したアメリカ人が奉じる）の普遍性のなかで、オーストロアジア世界を踏破し、新たな世界へと突入していくのだ。

これまで、ベーム・バヴェルクと起業家（Unternehemer）の領域について述べてきた。つまり、目の前の欲望に打ち勝ち、より迂回的になろうとすることは、消費者の最終的な利害、さらには物質社会全体にとっても当てはまる課題なのである。改めて述べることになるが、この目的を達成することは人類の本能に真っ向から反することなのである。

第6章 時間選好――人間の弱さを克服する

本書が追い求めるオーストリア学派の投資法（オーストリア流投資法）には、不都合かつ不幸な真実がある。それは、実行することが極めて困難、ということだ。それは、本能というわれわれに深く刻み込まれたものが障害となるからだ。われわれ人類は、「勢」や迂回、資本的生産や投資を元来好まない性質を持つ。戦略的な「勢」、言い換えれば、異時的・間接的・迂回的なことよりも、戦術的な「力」、つまり、即時的・直接的・決定的なことを好む。異時的な見方や考え方を持つことの優位性は過少評価され、また見落とされがちである。しかし、それこそがわれわれの成功にとって、最も有力かつ特筆すべき能力の一つであり、カギとなることは間違いない。

時間の認識は、本書の核を成すものであるが、それ以上に、オーストリア流投資法を実践することができるかどうかを決する要となるものだ。迂回は、われわれの時間のとらえ方とは相反するものである。あとで見るように、われわれの時間のとらえ方は、迂回的であるために必要な認識や能力とはまったく正反対のものである。

直接的であること、「力」は人類固有のものである。だからこそ、この一見乗り越えられそうもない問題に打ち勝つこともできると言えるのではないだろうか。そのためには、まずわれわれの本能には逆らって、「勢」に向かわなければならない。これは、「時間不整合」（一般には数学的に「双曲割引」モデルと表現されることが多い）と呼ばれる行動パターンをまったく逆のものとしなければならない。われわれすべてに備わり、時には危険なほどの強さをもって現れるこのパターンは、遠い将来なら待てるが、近い将来ならば待てないというものだ（もちろん、遠い将来が到来したときには、同じように待てなくなるのであるが）。われわれは一貫して、取るべきものとは異なる行動を取ることを望み、よく練られた計画や、さらに迂回的な計画を台無しにするようなことをするのだ。この現象が人生のあらゆる局面でわれわれを悩ますことになる。それは投資判断だけでなく、ダイエットや、語学の習得、旧友との情報交換などにも見られるものだ。われわれは、長期的な利益をもたらすような、ちょっと厄介なことをしたがるわりには、けっしてそれを「今日」やろうとはしない。この偏った時間選好に効果的に取り組む方法を見いださないかぎり、これまで議論してきたすべてが無駄になる。つまり、実行されることのない知的逃避行にすぎなくなるのだ。

オーストリア流投資法では、このような生来の時間選好と正反対の行動を計画し、そして実行していかなければならない。つまり、戦略的に近い将来のことに我慢強くならなければならない。しかし、これは面白みもない将来のための美徳ある習慣としてではないことは言うまでもなかろう。むしろ、遠い将来において貪欲となるために、今は我慢強くあるのだ。分かりにくいかもしれないが、これこそが迂回的投資における目的論的「時間の矢」である。これは、強い忍耐力を示したヘンリー・フォードの姿を思い出させるものである。彼は、より迂回的になるために、長い時間をかけて生産工場や機材に利益を投入し、生産が開始されるや、ストップウオッチ片手に、完成した車両が組み立てラインから出てくるまでの時間を計っていたのである。

この理想とも言える迂回は、われわれの思考と行動という現実に反する二面性のダンス、時間的なツーステップである（明日からダイエットを始めようと決心しながら、今チョコレートケーキを食べずにはいられない人に聞いてみるとよい）。遠い将来なら我慢強くなれるが今はそうではない、というのは人の道である。

だからこそ、われわれは時間をまったく異なる、新たな異時的次元でとらえ直さなければならない。将来の優位性のために今は甘んじて痛みを受け入れる迂回は、われわれが目の前のことに目を奪われてしまう自身の性質に打ち勝って初めて機能するのだ。それこそが、最終的な目的をより効率的かつ容易に達成するための優位性を獲得する唯一の道である。これは極めて困難なことである、と言ったら控えめにすぎるかもしれない。

困難な理由は、われわれの遺伝子レベルにある。つまり、進化の過程で、短期的な利益を見過ごすことで命の危険にさらされるようなサバイバル体験をしてきていることに端を発するのだ。しかし、このような過程を生き抜くことができるのは、ひとえに迂回的であることで、継続して獲得してきた利益ゆえである。つまり、簡単な道具を作り、動物を家畜化し、穀物を育て、収穫し、蓄え、鉱物を溶かし、ついには、起業家的進化を通じて、複雑な資本構成（オイゲン・フォン・ベーム・バヴェルクが『ヤーレスリンゲ［Jahresringe］』で示したような資本の「年輪」を築いていった）を構築し、そこから産業革命、デジタル革命をも可能にしていったがゆえである。人類のこのような記念碑的業績も、将来の大いなる可能性のため（「勢」）に、目の前の利害を追う（「力」）ことを慎むことができたからこそ、可能であったのだ。この「道」に従うためには、第一に、遠い将来（時間選好が低い）なら我慢できるが、近い将来（時間選好が高い）のことはまるで我慢ができないというわれわれ固有の「時間選好」と「短絡的な双曲割引」を知らなければならない。われわれは、「より良い立場を得るために己を卑下してみせる[1]」道教の賢人や、敵を圧倒する「興」を求めて引き下がるクロスボウの射手のようにならなければならないのだ。

　時間選好と双曲割引とを理解することが、迂回を学び、そして実践に用いるための第一歩であり、この精神的飛躍を可能にすることが本章の目的である。互いに連関し、相互補完するこれら二つの概念がわれわれの本能的習慣や行動を規定しているのであり、われわれはそこから毅然として抜け出さなければならないのである。異時的武器を手に入れることで、目の前の事柄にとらわれることなく、時間をかけて優位性を獲得していけるようにならなければならない。

時間選好に関する研究を先導し、そのような行動の認識的・感情的・心理的原因にスポットライトを当てた伝説のオーストリア人である偉大なるベーム・バヴェルクに再び登場してもらおう。われわれに迂回の重要性を示してくれた彼はまた、われわれの認識に潜むワナを知るためのロードマップを示し、迂回を実践するにあたっての厳しいジレンマをも説明しているのだ。ベーム・バヴェルクに倣い、目の前のことにとらわれる欲求を抑え、被写界深度を精査することを学び、ベーム・バヴェルクのいう起業家（Unternehemer）にとって必要となる、あとでより多くの利益を得るために、今は我慢強くなれる性質を身に付けなければならないのだ（オーストリア学派のひとりルートヴィヒ・フォン・ミーゼスがあとで述べているように、「永遠の」禁欲など無意味であり、いずれは消費する決断を下さなければならない。そのときにこそ、今行動したいという時間選好の神髄が現れるのだ）。このように、筆者がオーストリア流投資法と呼ぶ手法は、目の前の投資機会に重きを置き、利回りばかりを追い求め、あとで具現化するであろう機会には気づかない世の一般的な投資法とは対照を成すものである（「勢」のアプローチとは異なり、時間の意識がない真正面からの取り組みは目の前の現象をすべて一面的に評価するにすぎない）。最終章で述べるつもりでいるが、最良の資本投資を行うためには、異時的な取り組みが必須である。

ここで第1章を思い出してほしいのだが、異時的な被写界深度を採用するのは、単に「忍耐強くなる」ためでもなければ、「長期的視野」などという陳腐な言葉のためでも「けっしてない」。現在に軸足を置いた長期的視野という言葉は多くの投資家の間で繰り返し唱えられていることであるし、その最たる例がウォーレン・バフェットのようなバリュー投資家の唱える「永遠」という時間軸であろう。しかし、長期的というのは現在から遠く離れた将来に至る軌跡のことなのであるが、往々にしてその途中経過である成熟期は無視されてしまう。

オーストリア流投資法は、利益源泉として「異時的取引」に主眼を置いている。つまり、現在と期待される将来との交換である。この取引は、CBOT（シカゴ商品取引所）の古き良き穀物トレーダーのエベレット・クリップの英知でもある。取引所のピットでは、即時性を提供できる者が優位性を獲得し、それが真の競争力の源泉となる。そのために、われわれは「為さずして為す」「負けるが勝ち」（そしてクリップの「損失を愛する」）といった「無為」の迂回戦略を奉ずる。その間も、「無為」の忍耐と「偽の謙虚さ」[2]は単なる先送りでもなければ、受け身でいることでもないということを肝に銘じなければならない。ロビンソン・クルーソーは終日ハンモックで寝るために魚取りを見送ったのではない。水辺を離れ、日々の糧（より小さな、目先の利益）を犠牲にすることで、時間と労力をボートや魚網を作ることに費やし、あとでより効率的に魚を取ることができるようになったのである。あとで彼は強欲なまでに大きな魚、すべての利益を獲得するのであるが、当初はとてつもなく腹を空かせていたのだ。われわ

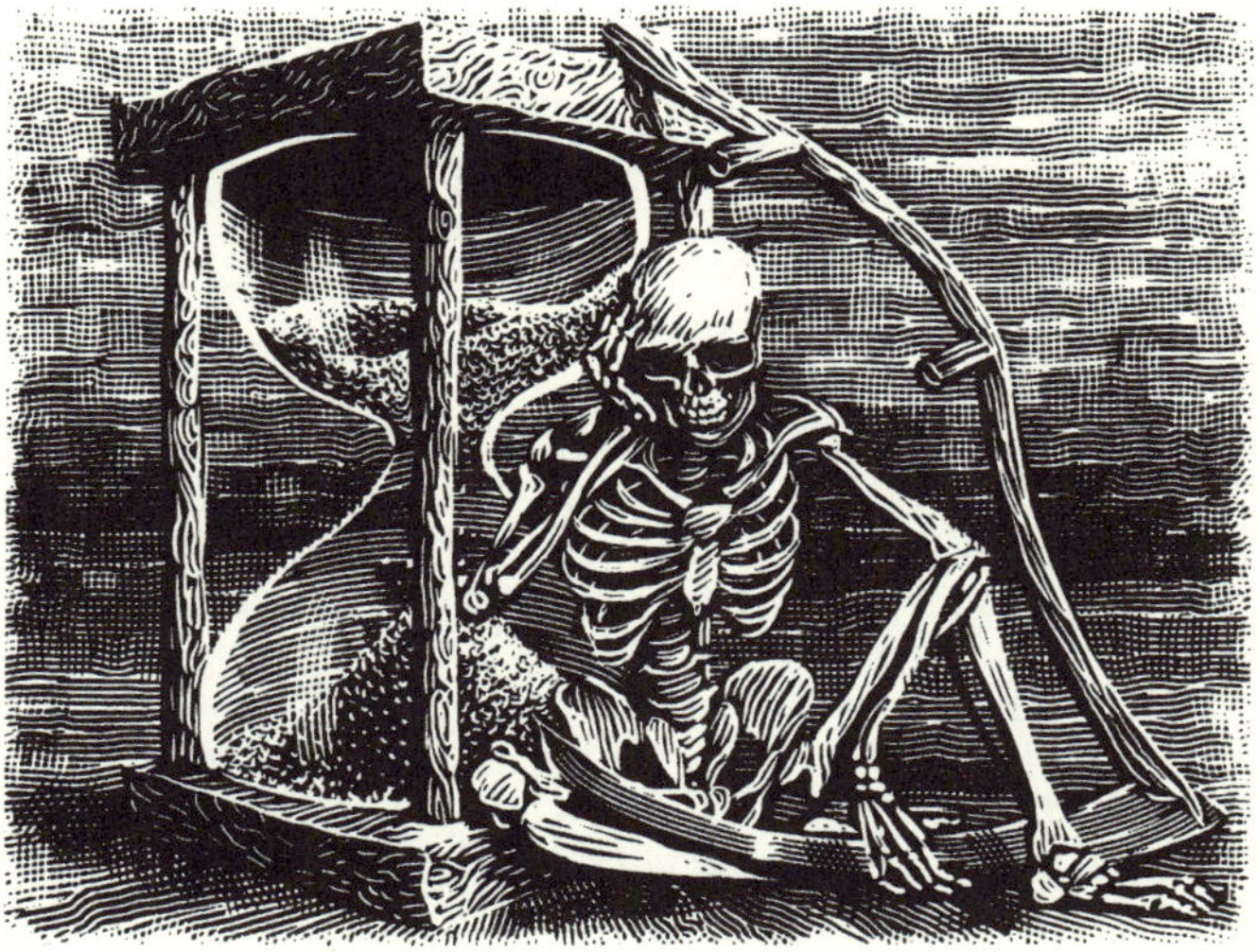

時間の意識を持つことで有限性に直面させられる

れも、自分たちの意識を異時的なものへと置き換えるべく困難かつ不快なことにも取り組み、将来までの時間のとらえ方を万華鏡のようなごちゃごちゃしたものから、明快かつしっかりしたそれへと変えていかなければならない。

　本書には一貫したテーマがある。それは、将来訪れる好機のための手段として現在を利用せよ、ベーム・バヴェルクの言葉を借りれば、「われわれの経済行為は現時点では何のかかわりもないが、将来において大いにかかわりをもたらすものだ[3]」というものだ。では、どうすればこのような離れ業を成し遂げられるのだろうか。まずは、われわれが持つ時間選好についての基礎的なメタ知識を持つことから始まる。時間選好とは個人個人でさまざまなパターンを持ち

（年齢や環境など）、「かつ」一個人においても環境や選択肢の内容などそのときどきによって変化する極めて主観的・文脈的なものである。しかし、全般的に言えることは、一貫して時間のバイアスがあるということだ。一見不合理なことに思えるが、そうではない。これこそが、「ホモ・サピエンス」の一種としてのわれわれの存在そのものである。さらには、われわれは進化の過程で、欠乏と死の恐怖とに直面しているのである。

時間選好を理解し、克服するためには単にそうなることを望み、待つだけでは達成し得ない。もしだれでもできるほど簡単なことなのであれば、第5章で迂回生産（Produktionsumweg）について述べたとおり、その優位性は間違いなく消え去るのだ（より多くの道具を作るために利益を捨てられるヘンリー・フォードが大量に登場することになる）。カギはわれわれの脳にあり、思考やインパルス、欲望や行動を司る灰白質について知ることにある。しかし、科学や実証に移る前に、論理的・演繹的アプローチを取ることでオーストリア学派に倣ってみようと思う。

人間の特性を鋭く観察するベーム・バヴェルクは、時間選好から時間不整合（ならびに双曲割引）を、迂回生産（Produktionsumweg）に至るうんざりするような挑戦としてとらえた最初の人物（一九世紀の無名の経済学者でベーム・バヴェルクがその功績をたたえながらも、後に彼自身が大いに凌駕していくジョン・レイとともに）である。ベーム・バヴェルクが現代の行動経済学や行動ファイナンスに先んじていたことを知るために、次の一説を検証してみよう。

「一定の時間内に対応しなければならない不愉快でも避けることのできない物事に直面すると、だれもが適当な時期まで先送りしようとするが、結局は急いで取り組まざるを得なくなるのではなかろうか」[4]。今すぐ取り組もうとしながらも「先送り」するのは、将来もたらされる喜びを割り引いているというだけなく、もっと微妙な時間不整合という問題、つまり、現在はやっかいなことでも将来になればもっと取り組みやすくなると考えているからであろう（例えば、現時点ではわれわれの時間選好は強く、消費を好む傾向が強いが、いずれは時間選好も弱まり、消費を控えたり、貯蓄をしたりすることができるようになるだろうと考えるのだ）。われわれ全般に言えることだが、人間がこれとは正反対のこと、つまりわれわれが自然と感じる衝動や欲望を反転させて、将来良い時間を過ごすために、今進んで悪い時間に甘んじることは難しいのだ。ベーム・バヴェルクが見いだした時間不整合が金融の世界で知られるようになったのは、（依存について研究していた）行動心理学者が数十年前に経験的にそれを発見してからである。しかし、金融の世界に対する時間不整合の示唆、特に資本投資や株価評価におけるそれは今もって認識されていない。ベーム・バヴェルクのおかげで、われわれはそれを学び、オーストリア流投資法の望むべき結果をもたらすための手段として活用することができる。そのために、時間選好と呼ばれているものを見いだした先駆者を振り返ってみよう。

「急進的」なベーム・バヴェルクと時間選好の心理学

ベーム・バヴェルクは経済と時間は表裏一体の関係にあると考えていた。音楽（ウィーン人の琴線に触れることだろう）にとっての時間と同様に、それは資本そして経済学にとってのキャンバスであり、引き延ばしたり、縮めたり、曲げたりしてドラマチックな意味を持たせることもできるのだ。

これは、現在と将来との異時的トレードオフというバヴェルクの画期的な考えの要点であり、資本の生産性や金利理論にとどまらず、前述のとおり認知的局面をも取り入れた最初のものである。しかし、彼をして最も急進的としたのは、意志の力（まさに、感情的要素）と満足を先送りする努力とを導入して、感情という要素を取り入れたことにある。ベーム・バヴェルクは、時間選好には心理的・感情的側面があることを認めたことで、単に認識にかかわる異時的選択という解釈から一線を画し、認識や行動に影響を与えるすべての要因への理解を深めたのである。[5]

現在、というのはわれわれも実感できるわけだが、将来も少なからず実感を伴うものだ。ベーム・バヴェルクは次のように述べている。「一週間後、または一年後に起こることは、今日起こることほどではないにしても、『われわれ』に何らかの影響を与えるものなのだ。それゆえ、経済において同様に検討されるべきであるし、『幸福の増大』こそが経済の目的なのである」[6]。ベーム・バヴェルクは、資源を管理運用するにあたっては、「現在と理想としての将来とを同等に扱う」[7]べきだと述べている。わたしたちが現在行うことは、現在の自分を超えてかかわりを持つことになる。ベーム・バヴェルクは、わたしたちの将来にはさまざまな選択肢があり、そのどれもがわたしたち自身に関することであり、等しく起こり得ることを示している。しかし、「原理としてのこれらすべての選択肢が、すべて同等に実行されるかどうかは別の問題である」（ベーム・バヴェルクは一九七〇年代から始まる「フューチャーセルフ（将来の自分）」という心理学上の議論を予測していたのだろう）。われわれは、「いずれ経験するであろう感情を文字どおり「事前に感じる」能力を持ち合わせていないため、将来の望ましい自分から遠ざかる。[8]現在に執着することで、将来を無視しがちになる。ベーム・バヴェルクは警告する。「人間は、『その弱さゆえに』それが一日もたたぬうちに後悔することを知りながらも、性急に行動したり、約束したりするのだ」。このような軽率な行動は、知識がないからではなく、「意志の欠落」[9]が原因である。ベーム・バヴェルクは、将来の優位性のために現在の「損失」を受け入れる迂回生産（Produktionsumweg）に必要な、感情の改宗を迫る者である。

では、将来の幸福が重要であるのに、なぜ現在に囚われるという悪癖があるのか。第５章でベーム・バヴェルクが紹介した小作農や職人のような、貧しい人々であれば理解はできる。将来など思いも及ばないような状態であるなら、まずは今を生き抜くことを考えなければならないので、現在「だけ」に囚われてしまうことも理解できる。同様のことは、「とても危険な職業[10]」に従事しているなど、常に死と隣り合わせの人々についても言えるだろう。

では、現在よりも将来のことに気を配れる人々とはどのような者であろうか。これこそ、文化も世紀をも超えて、人々を悩ませてきた問題である。ベーム・バヴェルクは次のように述べている。「どれほどの未開の部族が、幾ばくかの『火酒』の樽と交換に、父祖の地、生活の糧を不用意に手放したことだろうか」。同様の行動は、「土曜に得た一週間分の給金を日曜日に飲んでしまい、その後の六日間を妻子とともに腹ペコで過ごす労働者[11]」にも見ることができる、と彼は付け加えている。手軽さと、享楽ゆえに、将来の機会や幸福は簡単に捨て去られてしまう。

「現在」は、もちろん極めて感情的な要素、つまり「今を楽しみたい」という欲求を帯びている。西洋にも東洋にも広く行き渡った妄想で、今を知らしめる思想体系があるが、ことわざのバラの香りを嗅ぐために立ち止まる意義もある。「カルペ・ディエム（Carpe Diem）」、その日を摘めという考え方は、「毎」日を、そしてあらゆる一瞬を大切にしろということではあるが、けっして将来を犠牲にしてよいものではない（ドイツ生まれの物理学者アルバート・アインシュタインは、友人に宛てた書簡のなかで過去も未来も現在も区別はないと記している）。今日を生きるという文化は、今こそが実感できるすべてであるのだから重要なのだとするあたかも悪性のウイルスかのような姑息な考えに浸食されている。この病の兆候は、アメリカにおける慢性的に低い貯蓄率（これは金融面に限らず、真水や土壌、もちろん森林にも及ぶ話である）と、それと相似を成す信じられないほどの政府財政赤字とに見られるが、これらが後世に残す禍根ばかりが大きくなっている。それゆえ、異時的に考え、行動するためにはアメリカの文化を反面教師としなければならない。一瞬だけではなく、人生全体で、可能なかぎり豊かな時間を過ごしたいとは思わないだろうか。

ダイエットや禁煙、薬物の克服など、習慣を変えるには固い決意と努力が必要であるように、より時間の意識を持った姿勢を身に付けるには一時的にスイッチを入れるだけではいけない。というのも、われわれは、将来の感情を今現在で感じることができないからである。ベーム・バヴェルクは次のように述べている。「われわれの表現力や理解力が不十分であろうと、必要な努力を怠ろうと、いずれにせよ、遠い将来への理解など不完全なのだ[12]。「想像がもたらすものが不完全である[13]」ことなど明らかなのであるから、将来に起こることを正確に予測することなどできず、予見することすら難しいのだ。

遠近法というのは、認識によって変化する時間間隔のことではない。それは、「静的なゲシュタルト性質」と呼ぶ独特の近視眼的ミラーイメージである。われわれは、一瞬だけ、つまり、近接（強度という視点も含め）した一瞬、または過去の終わりや将来の始まりを示すに最も近接した瞬間だけで物事を記憶する傾向がある。研究者はこの現象を作家ミラン・クンデラの隠喩を用いて説明する。つまり、「記憶が撮るのは映画ではなく、写真にすぎない[14]」のだ。これは、「焦点を絞ることの錯覚」であり、ダニエル・カーネマンが指摘するように、われわれの過ちは「選択した瞬間に目を奪われ、その他の瞬間に起こっている現象に目が行かない[15]」ことにあるのだ。

われわれは、時間というものを、それをさかのぼらせようが、先に進めようが、いずれにせようまく知覚することができない。精神的なタイムトラベルは不完全なのだ（興味深いことに、記憶喪失をした者や統合失調症患者などは将来の予定を立てたり、想像したりすることが難しくなる）。だれもが多かれ少なかれ、時計のような直線運動とは異なり、まったく誤った形で時間を体験し、知覚し、そして思い起こすのである。われわれは将来も過去も、偏見で評価するので、まるで自動車のバックミラーで見るかのように、それは曖昧かつ現在とはかけ離れたものとなる[16]。

幸いなことに、難しいとは言え、人類はある種の異時的妥協（時間に鈍感な特性にも打ち勝って）を図ることができる。現代の人々はそうでないとしても、原始的な道具を用いながら洞窟に住んでいる人種もいるであろう。この能力は何も人類に限ったことではなく、多くの動物や鳥類さらには植物（特に、地上最古の種である針葉樹）にも見られるものである。種が発展すればするほど、被写界深度も深くなり、あとで優位性を獲得するために必要な手段として、異時的、相互連関した一連の目的論的ステップを踏むことができるようになる。皮肉なことに、老練な人々のほうが若者よりも衝動に打ち勝つことができる。同様に、明日なきかのように目の前のことにとらわれて生きているのは青年のほうであり、残された時間の少ない熟年のほうが将来に備えた異時的選択を下すことができるのだ（おそらくそれは、一人の人生を超え、世代を超えた適応性や優位性を考えての行動なのであろう)。

あとでより大きな利益を得られるならば、前もってコストを支払おうとする、費用対効果分析に基づくかのような、異時的トレードオフは生命体に内在する普遍的な特性である。対照的に、生命を持たぬ複合システムである川は直進のコースを取る。川は左に曲がるために右に進むことなどできず、さらに言えば、あとでより急流を下るために上流にさかのぼるなどということもできない[17](堰き止められた水が流れ出す様は、道教の「勢」の象徴であるが、河川の容赦ない蛇行をまねることなどできない)。この一時的な目的論こそ、生命そのものの証しである。原因と結果、手段と目的、ZielとZweckとを明確にしながら、異時的に結果がもたらされる決断を下し、そして行動する力を発揮しなければならない[18]。しかし、あとで見るように、異時的な思考と行動とを可能とする仕組み(「現在」に対する高い時間選好を抑え、「将来」という低い時間選好を支持する)が失われたり、壊されたりする厳しい環境もある。最悪のシナリオでは、人間は、将来を予見し、計画を立てるだけの思考も能力もなく、ただ現在にのみとらわれることになるのだ。

興味深いフィネアス・ゲージの事故

神経学に関する文献は数多くあれど、フィネアス・ゲージの興味深い事件以上に語られる話もなかろう。一八四八年の夏、バーモント州の二五歳の鉄道作業員は、おぞましいほどの脳の損傷を受け、すっかり気性が変わってしまったのだ。ここに、われわれは最も極端な時間選好のシンボルを見いだし、さらには、迂回に対する忍耐力の肝となる、人間の行動や脳の構造に潜む神経学の考察を得るのである。

一九世紀半ば、アメリカでは産業革命が最盛期を迎え、経済成長の源たる原材料と、それを運ぶ鉄道への自己触媒的需要が生み出されていた。ラットランド・アンド・バーリントン鉄道は、バーモント州のグリーン・マウンテンから乳製品を市場に届ける鉄道（氷を満載した冷凍車で、ボストンまでバターを運ぶ車両として知られていた）であった。新路線の拡張に伴い、ラットランド・アンド・バーリントンの作業員たちは、ブラックリバー沿いの固い岩盤の発破工事に当たっていた。文字どおりの迂回路を通るのではなく、この鉄道会社は直線的なルートを取るべく発破による開通を目論んだのである（ここでもまた、直接的なルートは往々にして迂回路よりも険しく、また劣っていることが示されている）。この作業を統括していたのは、仕事の能率に優れ、会社の評価も高く、また同僚からも慕われていたフィネアス・ゲージであった。

岩盤に開けた穴に火薬とヒューズを入れ、正確な科学技術を駆使するこの勤勉な男が、極めて責任感が強く、冷静で、統率力のある人間であることが想像できる。さらには、彼の行動もこのように推察することができるのではないだろうか。飲み食いもほどほどで、おかしな悪癖もなく（彼を知る者が後に語ったところによると、彼は乱暴な鉄道屋というよりも、あたかも少年かのような口調で話したという）、おそらくは給金の一部を貯金に回す習慣があったのではないか。言い換えれば、ゲージは当時の典型例であり、ありふれた存在で、（爆薬を扱ってはいても）現在の消費に重きを置くかなり低い時間選好を持ちながら（結局のところ、彼は二五歳にすぎない）も、将来を見通し、結婚をして、家族を持ち、持ち家を建てることを考えていたかもしれない。

しかし、迂回路を通らず、鉄道をまっすぐ引こうとしたことがゲージに悲惨な結果をもたらし、将来を見通しながらも、日々の生活に取り組む彼の能力は破壊されてしまったのだ。それはある日起こった。火薬とヒューズを穴に入れたあと、彼はしばし気を抜いたのであろう。ほかの作業員が岩場に掘られた穴に砂を入れる前に、ゲージはそれを鉄の棒で突き固めようとしたのだ。火薬は爆発し、彼の顔は熱風にさらされ、重さ約六キロ、長さは一メートル弱、直径二・五センチを超える鉄の棒が彼の頭部を貫いたのである。鉄の棒は、彼の左頬から入り、前頭葉を通り、頭頂部を貫通、一〇メートルも先に血と脳にまみれて落っこちた。驚くべきことに、ゲージはそのときまだ生きていたのである。

あとでこの話は、ニューイングランドの新聞各紙に取り上げられ、悲惨な事故であると同時に生命の奇跡として伝えられた。医学界では、ボストンの医学誌『メディカル・アンド・サージカル・ジャーナル（Medical & Surgical Journal）』で「パッセージ・オブ・アン・アイロン・ロッド・スルー・ザ・ヘッド（Passage of an Iron Rod through the Head）」という見出しの下で議論された。これらはゲージの治療にあたった地元の医師の話を伝えている。彼によれば、頭蓋骨の傷口から「脳の拍動」がはっきりと見て取れるのに、患者の意識ははっきりしており、自然と会話もできたという（この医師には、患者はまったく正気だとしか考えられなかった）。ゲージは左目の視力を失ったが、右目の視力に問題はなく、聴覚も触覚も、話すことにも何の損傷もなかった。しかし、回復するにつれ、ゲージを知る者たちは、彼がもはや昔と同じ人物ではなくなっていることに気づいた[19]。

彼は「気まぐれで、礼儀知らず」で、時には「極めて冒涜的な言葉」を口にして喜んだり、彼の欲望に反するような指示や忠告には我慢ができなくなったりしていた[20]。ゲージは下品で、過度の飲酒や性衝動に駆られ、ウソをつき、人のものを盗ったりするとしたリポートもある。事故のあとにゲージに起こった変化はこれだけではない。彼は、将来の計画を立てることも、また計画した行動を実行することもできなくなっていたのだ。つまり、彼の目的論的機能は著しく損傷してしまったのである。

鉄道会社がその異常な行動ゆえにゲージの復職を拒んだために、彼は職を転々とし、あるときは貸し馬車屋で働き、あるときはサーカスの見世物になって自分の傷口と鉄の棒を見せびらかしたりした。三八歳を前にして、彼の健康状態は悪化し、激しい痙攣に見舞われるようになると、母親と姉妹の元に身を寄せることになる。その後、痙攣が止まらなくなり、やがて彼は死を迎えることになる。

まことに悲惨な話なのではあるが、この事件に言及したのは、鉄の棒が脳を貫通したにもかかわらず生きていたことよりも、ゲージが神経学の分野で注目を集めたことにある。この事件は、人間の脳の特定の部分が時間推論に関連していること、それが衝動を抑え、異時的な選択や将来に基づいた決断を下すことを可能とする組織であることを示す最初の実証となったのである。ジキルとハイドとも言えるゲージの人格の変化こそが、時間選好は人類の生態の一部であることを示す動かぬ証拠である。

「勢」の脳と「力」の脳

就学前の小さな子を持つ親にとっては驚くことでもないが、人間の脳は成長するにしたがって、より長い時間我慢する能力を発達させるのである（筆者も子供たちの成長を待つ身であったが、そんなときは子供にごほうびを与えることが親にとって有効な道具となる）。やがて、感情的にも意識的にも、欲望を満たすことを先送りできるようになるので、目の前の小さな誘惑にかられて、より大きく、長期的な利益を台無しにするようなことがなくなるのだ。自制心と意志の力とが、満足を先送りすることを可能にし、それが迂回の感情的・心理的土台となるのである。ついでながら、われわれは、フィネアス・ゲージのおかげで、そのような能力がどこに存在しているのかを正確に理解することもできるのだ。

神経学的にいうと、この成長は、短期的な記憶を長期的な記憶へと転化させるに不可欠な海馬や、利害、注意、意欲、および計画といった意識の働きに重要な役割を果たすドーパミン作動性ニューロンが詰まっている大脳皮質の一部である前頭葉の発展に見ることができる（余談だが、セロトニンは前頭葉の働きや、時間の経過と関係する判断や選択に関連する前脳構造をサポートするものとして知られている。臨床実験において、セロトニンが将来に関連する判断に与える影響を調べるため、科学者たちは被験者にトリプトファンを投与した。その結果、セロトニンは時間割引や異時的選択に独占的ではないにしても、重要かつ不可欠な働きをなすことが分かった[21]）。

脳の構造でいうと、四歳ごろから始まる前頭葉と大脳皮質の発達によって、本能的行動に関係があると科学者が指摘する（扁桃や「爬虫類脳」を含む）基底構造をインパルス制御で抑えることが可能となるのだ。つまり、前頭葉が完全に機能するようになるまで発達した脳は「冷却システム」、感情的にも中立で、冷静かつ、目的合理的な戦略的な行動を可能とする認知システムであり、迂回的、「勢」のシステムとも言えるかもしれない。対照的に、感情的な「前進」システムとも言える「加熱システム」は、恐怖や情熱、性急さ、衝動や反射的行動の中心であり、自制心を損ねる「力」の座である。健全な脳では、この「勢」と「力」の両システムの相互作用によって、衝動を引き起こすような強い刺激を抑制し、自制心が発揮されるようになるのである。これによって、衝動に駆られ、理性を無視する「快楽原則」を打破するのだ[22]。加熱と冷却とのダイナミクスによって、意図した目的を達成するための自制心が発露するのだ。

幾度となく引用される古典的な例として、スタンフォード大学の心理学者であるウォルター・ミッシェルが一九七二年に、三二人の幼児（平均四・五歳の男女それぞれ一六人）に実施した「マシュマロ実験」がある。子供たちは、マシュマロ、オレオクッキー、またはプレッツェルを選ぶことができ、そして今すぐ一つを食べることもできるし、一五分待つことで二つもらうこともできると言われた。一人部屋に残された子供たちをマジックミラーから観察すると、目を閉じたり、髪の毛をいじったりしながら我慢しようとしているのが見て取れた。ある者は一五分間我慢できて、二つ目を手にし、ある者はすぐに食べてしまったりした。そして、面白いことに、我慢できなかったのではなく、もしかしたらマシュマロをもう一つもらえないかもしれないという不信感が一五分間待とうとしなかった大きな理由だというのである。我慢する力の差は年齢によって決まったことは当然であろう（園児たちに自制心を植え付けようとしていた幼稚園の先生を思い出す。筆者は彼女をまねて、「我慢なさい、我慢なさい」と叫びながら家のなかをうろついたものだ。両親にとっては面白かっただろうが、後に一〇代になるとこのマントラを明らかに放棄した筆者にがっかりしたに違いない）。

何度となく再現され、満足パラダイムの古典ともなったこの検証の重要な点は、自制心や克己心の兆候を示し、さらには大人になってからの行動の予兆をも示すことにある。我慢した子供たちは、後にＳＡＴ（大学進学適正試験）でより良い結果を示し、人間関係においても優れた能力を示すことが明らかとなった（残念ながら、ヘッジファンドの運用者やウォール街のトレーダーとしての前途は明るいものではなかったかもしれない）。マシュマロを迂回的資本生産や投資の代用品と考えるのはおかしいかもしれないが、基本的な面は当てはまるであろう。つまり、目の前のことを超えて、まだ見ぬ次の瞬間までを見通し、衝動や疑念を抑え、あとでより大きな優位性を獲得しようとしなければならないのだ。

時間の主観性

現在を過度に重視し、将来を過少にとらえるわれわれ人間の傾向は、多分に主観によるものである。ベーム・バヴェルクが指摘するように、時間間隔を一〇〇％、五〇％または一％と割り引く者もあれば、将来の効用を極端に過大評価する者もいる。人それぞれ、または特定の環境の下、一人の人間のなかでも見られる、この主観の差は、ベーム・バヴェルクの言葉を借りれば、一定の時間で「調和的・段階的に配列される」[23]ものではない。ファウストマンなどが仮定したとおり、一年後に受け取ることができるであろうものを五％割り引いたからといって、二年分を割り引くために、翌年にも五％の割引率を当てはめればよい、というのでもない。「むしろ、主観的な過少評価というものは、極めて不公平かつ不規則なものである」とベーム・バヴェルクは指摘している。現在と将来の喜びの間には「大きな隔たり」が存在するが、「かなり先の」喜びと、「そのまたさらに先の」喜びの価値評価には「大した差はないか、まったく差がないか」である。[24]にもかかわらず、「これら想像上の将来の感情は比較可能である。たった今経験できる現在の感情との比較だけでなく、将来の感情同士を比較することもできる。また、同じ時間帯のなかにあろうが、なかろうが無関係に比較することもできるのだ」[25]（このような鋭い指摘こそが、ベーム・バヴェルクが単なる時間選好を超え、時間不整合までをも認識していたことを示している）。ベーム・バヴェルクは、その後に続くオーストリア学派経済学者たちと同様に、臨床上のデータではなく、人間の状態を広く理解することを通じて、時間不整合や双曲割引などの人間行動学的現象を演繹的に導き出してきた。ベーム・バヴェルクの考察から学ぶべきことは、われわれは、想像を上回るようなことや、理由のいかんを問わず実現が疑わしいと感じることよりも、最も目立ち、手に取ることが可能であり、形あるようなもの（その典型が、目の前の現在）に重きを置きがちだということである。そして、このようなはっきりとした人間の性向が優柔不断さや、依存症などおなじみの（そして恥ずべき）行動につながっていく現象であり、傾向であるということだ。この分野の研究は、ベーム・バヴェルクの直観的な口頭での説明とは対極の、厳格な数学の公式である双曲割引という概念に引き継がれている。

時間不整合を引き起こす一般的な傾向は、後に「セイラーのリンゴ」（シカゴ大学の経済学者リチャード・セイラーにちなんで名付けられた）として知られる事例で説明されている。そこでは次の選択肢が与えられている。[26]

Ａ１．今日、リンゴ一個
Ａ２．明日、リンゴ二個
Ｂ１．一年後、リンゴ一個
Ｂ２．一年と一日後、リンゴ二個

忍耐力のない典型的な人間は、Ａ２の明日のリンゴ二個よりも、Ａ１の今日のリンゴ一個を選択する。古いことわざのとおり、やぶのなかにいる複数の鳥よりも「手のなかにいる一羽の鳥（確実な利益）」を望むのだ。就学前の幼児のように、たった今、手に入る最小の喜びを、ベーム・バヴェルクの言葉を借りれば、あたかも「最大にして最も永続する利益」かのようにつかみに行くのである。[27]単に時間選好、または一般に現在バイアスだけで言うなら、これは理にかなっており、われわれはあとで手に入るより大きなものよりも、目の前の小さなものを望むものなのだ（われわれは自分たちが考えている以上に、幼児時代から変わっていない）。

時間不整合の存在が明らかとなったのは、一年後のケースにおいてである。セイラーは、もう一日待てばリンゴを二つ獲得できる（Ｂ２）ときに、一年後に一つ（Ｂ１）で満足する人はいないことを発見する。すでにご承知のとおり、遠い将来においては、後回しにしてでも多くの成果を求める傾向がある。しかし、時間がある時点まで進むと、望ましかったB2は徐々に拒絶されていたA2と同様になり、どういうわけかわれわれは心変わりするのである。

理屈のうえでの解釈には理解も共感もできるが、そのような判断は極めて不整合（「不合理」）である。今現在はもう一日我慢したくない（一日後に二つもらうよりも、今すぐリンゴを一つ欲しい）のに、なぜ将来においては違う（一年待って、報酬を二倍にするためにもう一日待つ）のであろうか。問題は特定の価値判断にあるのではなく、むしろ個人にあるのであり、現在の自我が訴えている選択を将来の自我が選択し得ないことを理解できていないことにある。現時点での行動はまったく反対のことを示しているにもかかわらず、一年後には二つのリンゴを獲得するためにもう一日待つことを望むというのはどういうことだろうか。ベーム・バヴェルクは時間不整合に関する考察において、後に研究所で検証されることになるわれわれのなかにひそむ奇妙な性質に気づいていたようである。現代の「利用可能性ヒューリスティック」と同様に、抽象的なものから離れ、認識しやすい思い出や連想に注意が向いてしまう、つまり目の前のことに目を奪われる性質である。

人間の時間選好における主観性についてのベーム・バヴェルクの説明は、将来は割り引くべきとする規範的・機械的なケースとは相いれない。一九三七年、後のノーベル賞受賞者で、マサチューセッツ工科大学の経済学者であるポール・サミュエルソン（彼が著した有名な教科書の一九八九年版で、思いも寄らぬことを確信を持って次のように述べている。「多くの懐疑論者の意に反して、ソビエト経済は……社会主義者が主導する経済は機能し、繁栄できることの証左である」[28]。つまり、欠陥だらけの計画経済にとって数理経済学は有効だというのだ）は、一八四九年にファウストマンが採用した指数関数的（指数関数的という表現を用いたのは、割引係数1＋iを毎年複利的に用いていたからである）な割引方法を導入した。英語圏の立派な経済学者（無名のドイツ人森林労働者ではなく）による、厳格な異時間選択のモデルであり、よく知られた複利計算を用いたことは納得できる。特筆すべきは、人間の行動を「一貫した」ものととらえ、複雑かつ一時的なものにすぎない選好を、たった一つのiというパラメーター（ファウストマンに倣って）に集約させたことである。サミュエルソン自身はその適合性には限界があるとしたにもかかわらず、このモデルは経済学の流行となり、今日、その有用性を改めて指摘する論文が著されるほどのスタンダードとなっている[29]。

問題はこの点にある。均衡点を「導き出す」公式の美しさや、利便性は確かだが、将来の効用を画一的に割り引くサミュエルソンのモデルは、現実世界の人間の行動を正確に描写してはいない。これまで述べてきたとおり、われわれの時間選好は明らかに「一貫性がなく」、先送りにすることに対する選好は時間とともに変化するのであり、単一の（またはいかなる）統計的パラメーターでも言い表されるようなものではないのだ。

この点、ファウストマンは正しいと言える。彼の公式（ご記憶のとおり、森林管理のために編み出したものだ）は、機会費用と資本コストの複利計算において客観的、規範的方法を提供

$$LEV=\frac{B}{(1+i_1)}+\frac{B}{(1+i_1)(1+i_2)}+\frac{B}{(1+i_1)(1+i_2)(1+i_3)}+\dots$$

している。しかし、現実世界においては、このシンプルな複利計算に主観的な割り引きが加味される。これをファウストマンの公式と比較すると、バイアスが明らかとなろう。

ファウストマンの公式を修正して、時間選好の割合・iを変化、時間の経過とともに減少させていく。すると、土地の期待価値にかかるファウストマンの「時間不整合」公式は上のようになる。

i_nはnの増加とともに減少する（つまり、$i_1>i_2>i_3$）。これが意味するところは、連続するB、言い換えればマシュマロやリンゴの割引（還元）価値は、短期的（極めて近い将来の収穫）には急速に減少し、長期的（遠い将来の収穫）にはゆっくりと減少する、ということだ。ファウストマンの指数関数的な割引モデルでは、Bの還元価値は一定割合で減少していくことになる。これは、一言でいえばわれわれの時間不整合を表現しており、双曲割引モデルに等しいということができる（「劣化法的」割引モデルもまた同様に、長期にわたって割引率が低減していくことを説明するものであるが、これを選好の反転ととらえてはいない）。

このモデルと、ファウストマンのジェダイのような割引方法との違いは極めて大きい。ファウストマンの公式における初期の割引率（つまりi_1とかi_2）が大きいと、忍耐力は極めて低く、針葉樹のゆっくりとした成長を許容することなどできないため、割引率がかなり低くなり、忍耐力も高まるであろうころの早い成長期まで到達し得ない。「斧の原理」は、たとえ高い収益率を前提としたとしても、事業の寿命を短くするであろう。ｉは低くあるべきときに高く、高くあるべきときに低い。客観的な公式を用いたとしても、極めて迂回的な針葉樹の経済は、われわれの本能とは相いれないようである。あとで楽をするために、最初の厳しさに甘んじなければならない迂回路を通るには、最初に忍耐が求められ、後に貪欲さが求められる。けっして、その反対ではないのだ。これは、将来を犠牲にしても目の前のことに固執しがちな個人にとっては相当に難しいものである。テクノロジーの進化によって、彼らはすべてが加速し、ダグラス・ラシュコフが「プレゼント・ショック」[30]と呼んだ状態のなかに生きているのだ。ちなみに、プレゼント・ショックでは、一九七〇年のアドルフ・トフラーの『未来の衝撃』（中公文庫）に触れているが、これは今日の社会の進歩が加速する（自己触媒的に）ことで、プロセスの変化そのものについていけなくなると指摘したものである（これらのコンセプトも一見現代的に思えるが、ベーム・バヴェルクの考察がベースにあるのだ）。

想像どおり、児童や注意欠陥・多動性障害（ＡＤＨＤ）を持つ成人は、そうでない者に比べると、より明白な双曲割引と、目の前の利益に対する選好度を示した。この結果から推察するに、注意欠陥障害（ＡＤＤ）を患っていない成人に、並行作業を強制するなどして「ＡＤＤ疑似体験」をさせたらどうなるだろうか。現代の生産性を向上させるユビキタス技術が、「超」がつくほどの双曲割引を示す社会を作り出しているのであろうか。これらの疑問を検討するに、エドワード・ハロウェルの検証を前提にすると良かろう。精神分析医である彼は、名著『ビジネスパーソンの時間割――集中とアイディアを生む時間投資術』（バジリコ）のなかで、ＡＤＤを患っていなくとも、「忙しい」病がＡＤＤに似た症状（彼は、Frantic Frenzied Forgetful Flummoxed Frustrated fragmented の頭文字をとって、Ｆ状態と呼んでいる）を引き起こすと述べている。程度の差こそあれ、そのような状態にある人々が高い双曲割引傾向を示すことが経験的に分かっているので、衝動を抑え、将来に禍根を残すような行動を慎めるような見識やメタ知識の必要性は高まるばかりである[31]（これはまた、株価情報を流すような携帯情報端末も脳へ過剰な刺激を与えているようなものだろうという筆者の長年の疑念をさらに高めるものである）。ハロウェルの発見によって、クールな「勢」システムによって可能となる自制心の重要さは増すばかりであり、それができなければ、「近刺激」の誘惑にあらがい、大きな目標を追及することなどできなくなるであろう。[32]「勢」システムが機能しなければ、異時的選択など無駄となり、極端な例では、フィネアス・ゲージのように、その選択肢自体がなくなるのだ。筆者が「勢」システムと呼ぶ機能を強化するには、森のなかで過ごすことが大切であり、特に幼少期に自然に接してくると、ＡＤＨＤの影響が軽減されるようだ（リチャード・ルーブはこれを自然欠乏症候群と呼んでいる[33]）。同様に、長い時間をかけた繁栄の手本ともなる針葉樹の森で、ゆっくりと静かな時間を過ごすことも、時間の感覚を長くする一助となるのではないだろうか。

この矛盾、言うなれば気ままで、勝手な人間というものを理解することで、長期にわたる認識や反応、意思決定が可能となり、他人の異時的行動（はっきりとした現在バイアスが確実に見て取れるだろう）、さらには自身のそれをも見いだせるようになるのだ。ベーム・バヴェルクが述べているように、「将来の効用を低く見積もっているので、人々は本来為すべきほどには、将来に備えることをしないのだ。言い換えれば、この過少評価が、富の蓄積の邪魔だてをするのだ[34]」。次章では、人間の行動を観察するところから、思いつくかぎり最も感情的な場でもある、資本投資の世界へと歩を進める。これを理解することがわれわれの武器となり、また真に理解することでしか、武器を手に入れることはできないのだ。投資におけるミスプライスの原因がはっきりとした今こそ、「異時的アービトラージ」（オーストリア流投資法と同義である）の準備が整ったのだ。しかし、異時的矛盾のバイアスは、そのさやを得んとする者こそが最もバイアスの影響を受けるがゆえに、容易に裁定されることはないのだ。

依存のトレードオフ

健康の分野ほど、時間の認識が明白かつ論理的に現れるものもなかろう。健康に関する選択がもたらすトレードオフの最たる例が依存症である。物質や経験がもたらす喜びがあまりに強いため、将来もたらされる結果には、それがどんなに悲惨なものであろうと、思いが及ばなくなるのだ。まるで、双眼鏡をひっくり返してのぞき込んでいるかのように、将来は一段と遠く、現在とは何ら関係がないもののように思えるのだ。この姿勢は、ペリー・コモの歌「フォーゲット・ドマーニ（Forget Domani）」を思い出させる。「明日のことなど忘れよう、明日などないのだ」と繰り返すのだ。われわれが思っているような将来はけっしてやってこないのだ。想定内の悪い結果なら何とかなるなどというのは幻想にすぎない。いずれ変えられると独り言を言うかもしれないが、依存症というのは常にそう言いながら進んでいくものなのである。[35]

依存症は、健康も生活も人間関係も、そして本人の命すらダメにできるのだ。セラピー治療の「一二のステップ」は、人々の意志力を回復し、将来より良い健康状態を得るために、今は渇き（酒を飲まない、ギャンブルをしないなど）を受け入れようという将来志向の選択を促すことで、依存性のある物質の摂取や行動をやめさせようとするものだ（ヘロイン依存症は、目の前の「利益」しか考えない、バスティアの言う無能な経済学者のようだが、その後に肉体的苦痛を伴う「大きな悪魔[36]」がやってくるのだ）。興味深いことに、アルコール依存症の者に対しては、薬理学が目の前の小さな喜びと将来の大きな害との間を引き裂くことができる。つまり、摂取中に酒を飲むと即座に不快な状態（頭痛、むかつき、嘔吐など）を引き起こす経口剤（アンタビューズなど）によって、それがなされるのだ。これはわれわれが最も強く実感できる現在に、将来を引き寄せるものだ。幸運なことに（オーストリア流投資法の優位性が保たれるので）、経済学者や投資家用の、この手の薬はまだ開発されていない。時間圧縮という錯覚が、近視眼的な時間不整合や、時間をかけて効用を最大化しようとしない人々の行動を後押ししてもいるのだ。メリルリンチが提供している「フェイス・リタイヤメント」というサービスは、利用者の顔写真を老化させるオンライン機能であり、利用者が将来の自分の姿を「見る」ことができるものである。賢いマーケティング手法として認識されているこの方法で見落としかねないのは、老化させた写真を見ると人々は貯蓄を増やそうとするというスタンフォード大学の研究結果が存在するということだ[37]。実際に、将来の自分と見つめあうことで、将来の自分が浮き彫りになるのだ。

メリルリンチのサービスには、将来設計の美徳を教える、イソップ童話の「アリとキリギリス」のテーマが隠されているようにも思われる。暖かい夏の間、寒い冬が来ることを気にもしないキリギリスは終日、太陽の下で歌っている。一方、働き者のアリは、これから起こることを理解しているので、夏の間中、将来に「備え」て、冬に食べる食べ物を蓄えていく。厳しい寒さが訪れると、アリはちゃんと準備しているが、キリギリスはただ腹を空かせるだけとなる。

ほかにも、「三匹の子豚」のおとぎ話も参考になろう。一匹は、快適な時間をすぐに手に入れるために、わらの家を建てる。もう一匹は、多少時間をかけて木の枝で家を建てるが、すぐにわらの豚と遊び始めることになる。そして、三匹目の豚は、遊ぶのを我慢して、レンガの家を作った。さて、大きな悪い狼が腹を立て、息を吹きかけると、わらの家も木の枝の家も吹き飛ばされてしまった。この高い時間選好を持つ二匹にとって幸運だったのは、働き者（オーストリア学派の著書を読んでいたことは間違いない）の仲間はレンガの家に無事に守られ、二匹が逃げ込むのを受け入れたことである。

将来を見通すことを教えるこの手の話で、筆者が一番気に入っているのは、一九四五年に出版された児童書で、ルース・クラウスの手による『にんじんのたね』（こぐま社）である。「ニンジンの種を植えた少年」は、「何も生えては来ない」という家族の疑いにもめげず、懸命に育て、大きなニンジンが採れる日を待っていた[38]（筆者は本書を、自分の子供たちに迂回生産とその反対論者について教える秘密の入門書にしたのだ）。

これら昆虫や豚、そして家庭菜園に勤しむ少年による異時的行動の訓話に効果がないのなら、プロテスタントの職業倫理や敬虔なまでの勤勉さ（その他の伝統的な信仰など）など学ぶべき話はほかにもある。清教徒と同様に、プロテスタントは労働を単に賃金を稼ぐ手段としてではなく、「それ自体が目的」であり「福音」であるととらえていた[39]。働き、蓄え、今日の喜びはほどほどに、明日に備える（世俗的にも精神的にも）という姿が、低い時間選好を促し、被写界深度を深めていったのである（まさに王国へと至る道であろう）。

将来に対する認識を研ぎ澄ませば、双曲線をひっくり返す、つまり現時点で「より我慢強く」なり、しかるべき時が来たら「わがままなほど貪欲に」振る舞うことができるようになる。将来に焦点を当てた手段と目的の枠組みを構築することで、時間の目的論を自らのものとすれば、将来により大きな可能性を追求することができる。重要なのは、これは迂回（Umweg）と時間選好とが連動しているということであり、現在と将来とでの忍耐強さをひっくり返すことで、第5章で述べたような、目的から逆算的に現在の手段を考えることができるようになるのだ(二〇〇六年の全英オープンでフェアウエーではなく、ピンに集中し続けたタイガー・ウッズのように)。言い換えれば、目的(Zweck)が分かっていれば、それを達成するための手段(Mittel)となる、適切で漸進的な目標(Ziel)を設定することができるのである。

目的意識のないウォール街

被写界深度という視点がなければ、時間の犠牲者となってしまう。即時性は暴君のようであり、ストレスを増大させ、時間に追われる感覚をどんどんと強くしていく。そして、時間不整合が大幅に増大していくのだ。時間がなくなり、砂時計の最後の砂が落ち、死に神が待ち受けているかのようになると、あとはやけくそになるだけだ。未来も将来もなく、ただ今があるのみとなる。このような世界では、目標(Ziel)を追い求める時間も欲望もなく、あとで大きな優位性をもたらすような一時的な目標を達成しようと我慢をすることもない。あるのはただ、次から次へと現れる目的(Zweck)であり、食うか食われるかの悲壮なまでの行動だけである。この将来忍耐強くなることを期待して、今は貪欲になるという思考は、会社を大成功へと導いたヘンリー・フォードの迂回(彼をして起業家[Unternehmer]の範とする特徴だ)とは正反対のものである。目の前の利益を捨て、生産工程の構築に多大な時間をかけ、その後にものすごいスピードで車を生産・販売していったのだ。

ベーム・バヴェルクは兵士を例に挙げたが、同じようにリスクを伴う仕事として、ＣＥＯ（最高経営責任者）やＣＦＯ（最高財務責任者）、さらには投資運用者やトレーダーなどが挙げられるが、彼らは目の前のことに注意を傾けなければ、社会的な死を迎えることになろう。

ウォール街がその最たる例で、すべてのトレーダーの賞味期限は短く、一年単位（もっと短い場合もある）で生きているのだ。文字どおり生き抜くために稼ぐ、さもなければ将来はないのだ。ベーム・バヴェルクが言うとおり、戦場の兵士のような「特殊な環境下での死の意識が彼らを強いる」[40]のである。狂ったようにお金を稼ぐことに集中できないウォール街のトレーダーは、死を迎えるのである。それゆえ、迂回などなく、また今ある機会を将来訪れるであろうより良い機会と裁定しようなどということはあり得ないのだ。「将来」がどれほど大きいものだとしても、「すぐに」がすべてである。実際に、モメンタム投資から金融政策の変更を当て込んだものに至るまで、ウォール街の常識のほとんどは時間不整合が基本にある。

ウォール街に蔓延する問題の一つが、つまり今取り組まなければ、明日はないということだ（用心深い幼児と同じように、トレーダーたちは手に入るかどうか分からないより大きなマシュマロを待つことなどしないのだ）。最大の罪は、損をすることではなく、自らの大切な席を確保するために十分なお金を稼ぐことができないことにある。いつでも首をすげ替えられるという絶え間ないプレッシャーゆえに、ウォール街のトレーダーたちは皆一様に、今だけを見ているのである。

このような現在バイアスの副産物がリスク管理の失敗であり、一九九八年のLTCM（ロング・ターム・キャピタル・マネジメント）の破綻や、一〇年後のリーマン・ブラザーズの倒産となるのだ。このような過ちを時間選好を基礎に説明するのは直観とは相いれないものであろう。ウォール街でなぜそのような荒っぽいギャンブルが行われるのかという問題への最も明快な答えは、トレーダーたちは「フリーオプション」を持っているということだ（つまり、相場に勝てば巨額のボーナスを手にするが、負けても損を被ることはない）。しかし、このような災難や、それを引き起こした（もしくは見落とした）連中のなかには個人的に大きな損害を被った者もいるという事実を考えると、必ずしもフリーオプションが悪いと一概には言えない。制度に問題があることは事実であろうが、それは多くの人々が考えるものとは違う理由によってである。

ウォール街のギャンブル狂たちを駆り立てるものは何かを理解するために、ちょっとした実験（コンピューターでのシミュレーションゲーム）を行った。ここでは、ボーナスのフリーオプションといわゆる「ノックアウト（毎年ある一定水準の数駅を獲得しなければ、「ノックアウト」つまり職を失う）」を与えられたロボットトレーダーに、簡単な投資戦略を選択させる。一つ目の戦略は、少額の損がたびたび発生するが、時折巨額の利益を得る可能性があるもの（第

1章のマルコだ)。二つ目はまったく反対で、少額の利益を頻繁に獲得できるが、時折巨額の損失を被る可能性があるもの(ウォール街やヘッジファンドでよく見られる戦略だ)。そして最後が、その中間である(これらの戦略、言い換えれば、収益分布はどれも同じ幾何平均となるので、どの戦略を選んでも、期待収益は同じである)。驚くべきことに結果ははっきりとしたものであった。ノックアウトの条件が付けられたトレーダーは二つ目の戦略(キャリアを確保する可能性が最も高い)を選択し、条件のないトレーダーは二つ目を避けたのである。さらに、「自費を投入したり」、損失を一部負担するなどフリーオプションを軽くしたり、取り除いたりしても、戦略の選択には影響がなかった(どの戦略を選ぶかは、トレーダー個人の報酬が一番大きくなるのはどれかにかかっている。どの戦略を選ぶかという問題の統計的有意性は一%以下であり、利益や損失の歪度はまったく問題にならない)。

この「思考(gedanken)」実験において、収益分布があらかじめ分かっているトレーダーは、毎期の結果を最大とすべく直接的なアプローチを取り、最も重要な目的はノックアウトされることなく、ゲーム(とても実入りの良い)に参加し続けることとなる。顕微鏡を通して今を見ているのだ(クリップが言うとおり、過度なキャリーコストは、目の前の出来事を拡大して見せるのだ)。さらに追い打ちをかけるかのように、現実世界ではこの傾向は自己増強し、今に目を奪われたトレーダーたちの双曲割引は「超」が付くほどに高まるのである(あたかも前頭葉に鉄棒が突き刺さったかのように)。さらに、ウォール街では、極端なシステミックな損失(L

TCMの話を想起されたい）では罪を咎められない一方で、小さな損失や不適切な利益は職を奪うという特異な傾向がある。ウォール街においては、当初不利益を被ろうとも将来より大きな優位性を得ようとする迂回的投資など不合理の極みであり、まるで明日なきかのように振る舞うことこそが、合理的なのである。

それゆえ、「大きすぎて潰せない」取引のリスクに対する最良の解決策は、リスクテイカーが異時的になることを許容することである。トレーダーたちの終身雇用制度はさておくにしても、こうすることで資本の所有者はより監視の目を行き届かせることができるようになり（ギャンブルのような商売をやっている企業は、私企業とすべきだ）、まずは資本をギャンブルのような事業から隔離しておくことが可能となる（もちろん、政府がばくちで損失を出したウォール街を救済したことが何よりもの害悪ではある）。時間的展望を持つことが、資本投資またはリスクテイクには必須の条件である。それこそが、われわれの機会には重要であり、またそれを決定付けるのだ。時間的展望というのは環境により多分に左右されやすいものなのである。

しかし、事態は悪化している。ベーム・バヴェルクが指摘する迂回の優位性を獲得するための時間選好の低さ、というのはそれだけで大きな過ちを回避できるわけではない。第8章で、ミーゼスに触れながら述べることであるが、認知機能や感情によってゆがめられるわれわれの時間認識は、より狡猾（一見、無害なようだが）かつ破壊的な金融面でのゆがみに影響されやすいものである。これこそが、今日われわれが生きるゆがんだ世界の原因であり、オーストリア流投資法が忌避すべきものである。

異時間への対応

人類の進化がもたらした顕著な特徴の一つが、脳であり、さらに言うならば極めて大きな前頭葉である。これによって、われわれは理性を持ち、未来を知覚しながら、身の回りの環境を整え、道具を作ることができるようになったのである。この前頭葉の発達によって、人類は文明の発祥地でありサハラ以南のアフリカからあらゆる方角へ広がり、群れを成しながら、新しい気候や地形に適応していったのである。自然の気候変動に耐えたり、特定の地域を選択したりすることは、広く定住する初期の人類にとっては不可欠のことであった。時に厳しい季節の変化に触れたことで、初期の人類は時間と迂回という問題に取り組み始めたのではなかろうか（捕食者の動きに合わせてより不快な環境に移っていった種族はより良いスタートを切ったことだろう）。およそ五〇万年前の中国で、人類は火の利用を始めた。火を消さないためには、燃料を供給しなければならず、またそのために燃料を貯蔵しなければならない。言語の発展によって、思考の対象は今、目の前にあるものから、将来の抽象的なものまで拡大していった[41]。化石を見ると、人類の移動は、時間という概念があって初めて可能なものであったと言える。つまり、手ごろな木々に熟した果物がひっきりなしに成っていたわけでも、大量の家畜を当てにできたわけでもないのである。人類は将来を知るにつれ、協働することを学び、また将来に備えることを身に付けたのである。果実を日干しし、冬には食肉を冷凍し、放牧のため季節ごとに家畜を移動させ（「移牧」）、凝乳してチーズとして保管する。これらすべてが、時間選好の低下と迂回の発展を示している。食料供給が季節によって増減する場所では、初期の人類は生き残るために現在の利益を先送りし、将来の優位性を模索することを学ばなければならなかった。人類が進化の過程でもがき苦しんだのは、生来の不完全な時間感覚に打ち勝つことであり、現在に対する過大評価を改めることであったのだ。迂回戦略（「勢」戦略）は、われわれの種が圧倒的な（類を見ない）成功を収めるための戦略であったのだ。

今日も、進化は日々継続され、テクノロジーは七大陸の隅々まで行き渡り、われわれは時間認識という最も根源的な挑戦を続けている。今というブラインドを取り除き、より深く、広い時間に目を向けていくという点については、大躍進を遂げるためにより大きなリスクを抱えていたわれわれの祖先たちとさして変わらないのだ。おそらく、われわれに備わった本能と戦い続け、人類の最大の利益のため、つまり文明そのもののためにもがき苦しまなければならない最前線なのであろう。

ほとんどの人が一貫して迂回路を通ることは不可能だという事実は変わらない。これは、精神的なワナがだれにも潜んでおり、狡猾なまでにわれわれを目先の満足や、快楽、成功の追及へと引きずり込むからである。だからこそ、そこにオーストリア流投資法の優位性が見いだされるのであり、これこそが本章の主題である。しかし、クリップが常に言っていたように、「言うは易し、行うは難し」である。この優位性を獲得するためには、即時的な束縛を逃れ、徹底的な慎重さと克己心とを持ち合わせ続けなければならない。われわれの心の動きを知れば、意識的に時間不整合をひっくり返せるようになるし、あとで戦略的に貪欲になるために、今は我慢強くなることができる。この厳しい道こそが、本書で蓄積した知識を実行に移すための唯一の道なのである。筆者の投資家としての成功の多くが、クリップの教えを皮切りに、時間不整合にあらがうべく絶え間ない我慢を繰り返したがゆえであり、けっして一時的な利益を最大化しようとするのではなく、時間の経過を全体のなかでとらえ続ける力を高めようと努めてきたからである。このことを認識し、そしてある程度熟練すれば（これは一生を通じた鍛錬である）、オーストリア流の次の段階に移っていくことができる。つまり、市場とはプロセスであり、生来の現在バイアスを克服して、そのプロセスのなかに身を置くことができるようになるのだ。

第7章
市場はプロセスである

一世紀以上にわたり、オーストリア学派はその原理的な方法論ゆえに、時代遅れで非科学的なものと軽んじられてきた。二〇世紀初頭のジョン・メイナード・ケインズ（『雇用・利子および貨幣の一般理論』は、アインシュタインの相対性理論がもたらした革命的変革と双璧をなすものとされている）をはじめとし、二〇世紀中盤に登場したポール・サミュエルソン（一九七〇年に、アメリカ人として初めてノーベル経済学賞を受賞した）をその頂とする主流派経済学の議論は、オーストリア学派のアプリオリな方法論を圧倒していった。主流派経済学は、ほかの分野の科学とは異なる新たな方向へと向かっていた。「物理学への羨望」とも呼べる、定量的・実験主義的技法への崇拝である。物理学者たちが自らの分野で確実に前進を遂げていく一方、この数理経済学の「専門家」たちは、世界に度重なる経済危機と労働市場の停滞とをもたらすばかりである。そのどちらも、大恐慌を研究したことで解決済みだと、数理経済学者たちがのたまっていた問題そのものである。実際には生産者も消費者も、それぞれ主観的な期待を持ち、それに基づく選択を下す存在であり、数学的なモデルとは適合しないのだ。経済学には社会学的な要素が強く、それゆえ人間行動学（人間の行動を科学的に分析するにあたりミーゼスが用いた用語である）にみられるような、論理的で、演繹的でアプリオリなアプローチが求められるのである。ミーゼスは、カール・メンガー、オイゲン・フォン・ベーム・バヴェルクの価値、資本、時間にかかる理論を引き継いだ。自立的思考を有するミーゼスは、彼らの理論をより洗練させたうえで、自身の主張を盛り込んでいった。ミーゼス独自の理論といえば、金融に焦点をあてたものと、今日「オーストリア学派のビジネスサイクル論（ABCT＝Austrian Business Cycle Theory）」として知られるものである。これは、山や谷のうねりのような当時の景気循環と、今日まで続く破壊的なまでの力とを説明するものである。ミーゼスは、オーストリア学派の方法論にとどまらず、その適応性をも明らかにしてみせた（実際に、彼はバーバルロジックにおける演繹法を最も強く支持していた）。さらにミーゼスは、学派には発展の余地が多分にあることも証明している。それは、オーストリア学派の投資法（オーストリア流投資法）として本書が紹介するものも含め、新たな解釈や活用方法の扉を開いたと言えるだろう。

ミーゼスは、生を受けた時代柄、さまざまな場で時代の証人となるべく最前線に立つことになる。第一次世界大戦では砲兵隊の下士官として、オーストリア・ハンガリー帝国崩壊時にはウィーンの住人、そして大学講師として、金融華やかなりし一九二〇年代には金融理論を展開した学者として、そしてナチスが台頭し、ユダヤ人たちが欧州から逃げ出さざるを得なくなったときには国家社会主義に断固反対するユダヤ人として、時代を過ごしていった。そして『ヒューマン・アクション』でミーゼスは、経済学は人間の主観的な行動以外では説明し得ないものとして、その人間行動学としての確たる基盤を提示した。しかし、学者であり、教師でもあった彼は周囲の者から理解されることはなかったのだ（残念ながら、だれも彼の言うことに耳を貸そうとしなかった）。

一九五四年のある日、すでに七〇歳代になっていたミーゼスは、講堂を埋め尽くす大学院生（そのなかには、後にオーストリア学派経済学者として尊敬を集めることになるイスラエル・カーズナーもいた）に向かって、オーストリア訛りの英語で「市場はプロセスである」[1]と語りかけた。おそらくは史上最も偉大な経済学者であろうミーゼスは、この一見シンプルな言葉で、学生たちの視野を大いに広げたのだ。市場とは、無数の人々の行動の集合体であって、単に静的なもの、物理的場所としてとらえるべきではなく、ましてや封じ込めることなどできはしないのだ（クリップが、取引所のピットで起こっているのは、価格の発見プロセスであることを示したように）。市場は、プロセスとしてのみ理解が可能なのである。それは目的論的存在であり、参加者たちの意識的行動による原因と結果の連続なのである。環境とそれに対する認識は、時に自然に、時に人為的介入と、その結果としてのゆがみによって変化する。ミーゼスは市場を理解していたがゆえに、ABCTで明らかとした発見プロセスとしての市場の土台が崩れたときの誤りも認識していた。プロセスとしての市場は、そのすべてを通じて均衡をもたらす力の押しと引き、「推手」をもって反応し、順応するのである。

その日ミーゼスが講堂で謳い上げた最初の言葉同様に重要だったのが、その場所である。それは、オーストリア学派の新たな本拠地となるニューヨーク大学（光栄なことに、筆者の母校でもある）であった。ここに、古典的自由主義とオーストリア学派の砦とがミーゼスという一人の人物に集約されたのである。燃え盛る聖火を受け継いだ彼は、それが世界に広がる干渉主義、古典的な意味での不自由主義政策の息に吹き消されることがないよう守り続けたのだ。彼の厳格かつ強固な意志は、この難民である学者に重い代償を課した。一九四〇年に渡米したとき、職業上不当な扱いを受けたミーゼスであるが、職を確保するために意見を変えることには抵抗を示した。妥協すれば職を得やすくなったであろうが、抵抗し、犠牲を払ってくれたおかげで、今の世界があるとも言える。ロン・ポールが指摘するように、ミーゼスは「伝統的な経済学会に受け入れられるよう主張を弱める誘惑にけっして屈することなく、強靭な意志と高潔さとを持つことを示したのである」[2]。

ミーゼスは自身の主張を貫き通した。それによって、富を得ることはなかったが、経済学者のイェールグ・ギド・フュールスマンによるミーゼスの伝記にもあるように、千金にも代えがたい名誉を獲得している。それは、「自由主義最後の騎士」[3]というものだ。

大恐慌を予言した人物

ルートヴィヒ・ハインリッヒ・エドラー・フォン・ミーゼスは、今日のウクライナはリヴィウ、ハプスブルグ帝国の北東の果てレンブルグの町で、一八八一年に生を受けた（皮肉なことに、歴史上最も強い信念を持つ自由市場の擁護者が生まれた地は、後にソビエト連邦の一部となった）。彼の父親はオーストリア鉄道の技師であり、ミーゼスが受け継ぎ、使い続けた名誉ある「フォン（von）」の称号は、その仕事を通じて得たものである。一家は、父親が政府で名誉ある地位を得たことをきっかけに、ウィーンに移り住む。そしてルー（ルートヴィヒは愛情をこめてそう呼ばれていた）は、母親の影響の下、弟のリヒャルトとともに優れた教育を受けることになる。兄弟の違いははっきりしており、ミーゼスは社会科学に、リヒャルトは自然科学に興味を抱き始める。[4] 前者は演繹法と人間行動学、後者は経験主義と歴史主義と、その違いは年を追うごとに大きくなり、その後、けっして埋められることはなかった。

ミーゼスは、ウィーンのアカデミッシェ・ギムナジウムで教育を受け、そこでラテン語とギリシャ語の古典を学ぶ。「不幸に屈するな、むしろいっそう勇敢に立ち向かえ（Tu ne cede sed contra audentior ito）」[5]、ウェルギリウスによるこの一説がミーゼスの持説となる。後に、ウィーン大学に入学すると法学と政治学を学び、一年時には一八世紀スペイン・ガリシアの農民とその権利拡大のための試みに関する研究に従事する。後に彼は、若かりしころの「歴史に対する不変かつ熱い興味」が「ドイツ歴史主義の無能さを認識する」[6]ことにつながったと述べている。

一九〇二年一〇月、大学の試験が終わった三カ月後、ミーゼスはオーストリア帝国陸軍砲兵隊で兵役に就く。彼はウィーン近郊に駐在、一年間の兵役を終えたあと、一九〇三年九月に復学する。中尉に列せられる（後に大尉に昇格）予備役として、その後、一九〇八年と一九一二年の二度にわたり動員を受け、一九一四年には、再びオーストリア陸軍の制服をまとうことになる。

ミーゼスは政府の有給インターンとしてキャリアをスタートさせたが、官僚主義を嫌う彼には不向きであり、法律の世界に身を投じることになる。しかし、ミーゼスには学問の世界以上に魅力的なものはなく、まずは学生として、後に教授として過ごすこととなる。ミーゼスが大学に通っていた当初、かのメンガーも教鞭を執っていたが、彼がその講義に出席することはなかった。しかし、一九〇三年の終わりに、ミーゼスはメンガーの『国民経済学原理』（日本経済評論社）を初めて手にすることになる。後に自伝で、「わたしが経済学者となるきっかけとなった本である」[7]と回想している。ミーゼスに直接的に知的影響を与えたのは、ベーム・バヴェルクであった。ミーゼスは一九〇五年にバヴェルクの夏季ゼミに参加、こうしてメンガー、バヴェルクからミーゼスに至るオーストリア学派の継承が成ったのである。

ミーゼスは、一九一二年の処女作『テオリー・デス・ゲルデス・ウント・デア・ウムラウフスミッテル（Theorie des Geldes und der Umlaufsmittel）』で、銀行制度には信用を膨張させ、マネーサプライを増大させる特異な力があり、政府の介入がそれを助長していることを説明している。政府の介入がなければ、金利は預金という形で自発的に供給され、起業家の需要によって利用される信用の量に応じてダイナミックに変動する。しかし、信用がそれを超えて無理やりに供給される（筆者はこれを「信用の強制投与」と呼ぶことにする）と、異様な事態がもたらされるのだ。

ミーゼスは、私講師になるにあたり『テオリー・デス・ゲルデス』を大学に提出、一九一三年春にその地位を得た。夏にはゼミを開講したが、すぐに状況が変わってしまい、欧州全土を襲った第一次世界大戦の戦火によって、兵役に服さざるを得なくなってしまったのである。ちょうど戦争が始まったころ、ミーゼスの師ベーム・バヴェルクがこの世を去る。メンガーは隠棲し、自身の著作の改訂にいそしんでおり、より著名なベーム・バヴェルクが早く逝ってしまった今、オーストリア学派の伝統は戦場に赴くミーゼスの肩にかかっていた。

一九一七年が終わりを迎えるころ、ミーゼスは大尉に昇進、ウィーンの陸軍省経済部の配属となった。一九一八年には、講師として大学に戻ったが、戦時中で男子学生は数えるほどしかおらず、彼の銀行論の講義は女学生ばかりであった（ミーゼスは、教師としてのキャリアを通じて男子学生も女子学生も等しく扱った）。ウィーン大学に籍を置く間、『プロテスタンティズムの倫理と資本主義の精神』を著した、著名なドイツ人経済学者マックス・ヴェーバーに出会っている。一九二〇年のヴェーバーの死に際し、ミーゼスは「ドイツにとって大きな惨事である」とコメントを寄せ、ヴェーバーが長生きしていれば、今日ドイツの人々は「国家社会主義に破壊されないアーリア人」[8]を見ることができたであろうと述べている。

ミーゼスは、「人生で中欧・西欧のマルクス主義者のほとんどに会うことができた」と述べており、そのなかでオットー・バウアーだけは「マルクス主義者でなかったら、公正かつ立派な政治家となったであろう」と評価している。第一次世界大戦と連合国側の食糧封鎖を受けて、バウアーはオーストリアをボルシェヴィズムに転換しようとした。ミーゼスはこれに異論をはさみ、一九一八年から一九年の冬にかけて、「オーストリアにおけるボルシェビキの実験は、数日とたたぬうちに失敗が明らかとなり、オーストリアの食糧供給は、かつての敵の援助があって成り立つ輸入に頼ることになるだろう」[9]とバウアーを説得している。

その冬、帝国は崩壊し、オーストリアは共和制に移行する。ミーゼスはウィーン大学のゼミで市場の現象と価値の主観論に関する議論を先導していた。彼は、社会主義がその猛威を振るい拡大していたその時代の欧州における古典的自由主義の代弁者であった。フュールスマンの言葉を借りれば、「ミーゼスは『自由の人（der Liberale）』、古典的自由主義思想の体現者という意味で今日英語圏では、ミスター・リバタリアンと呼ばれていた」[10]（こうして本書における老子から、最も偉大なる自由主義者とだれもが認める最高のリバタリアンであるミーゼスまでの物語が完結するのである）。

言論による戦いを奉じる知的自由の戦士として、ミーゼスは、一九二二年には古典ともなった『ソーシャリズム――アン・エコノミック・アンド・ソシオロジカル・アナリシス（Socialism:An Economic and Sociological Analysis）』を著し、社会主義の危険性について記している。ミーゼスは次のように述べている。「人類は、市場経済か社会主義かのどちらかを選択しなければならない。国家は、人々の生命、健康、そして私有財産を、暴力的・詐欺的攻撃から守ることで市場経済を保護することができる。一方、国家は自らすべての生産を管理することもできる。何を生産すべきかを決める機関が必要となる。もしそれが市場における需要と供給を通じて決定を下す消費者でないのであれば、政府が行わざるを得ないであろう」[11]。ミーゼスは、あたかも番兵のような注意深さをもって、インフレの危険性を繰り返し警告していた。バスティアがたたえる「良き経済学者」のように、悲惨な結果をもたらす巨悪を予知していたのである。彼は、紙幣の増刷を繰り返す政府のインフレ政策には大声で異議を唱え続けた（文字どおり、彼らしい話である）。一九二〇年代は、インフレ的な信用膨張とそれによる永久の繁栄を謳うＦＲＢ（連邦準備制度理事会）が登場した勇ましい新時代とされた（今日の経済学者たちは、この時代が貨幣的現象によって動かされていたことを今もって認めようとしない。しかし、この論争を見ているとデータだけからゆがみを認識することの限界を知ることができる。しかし、幸運にもわれわれは本書であとで述べるとおり、そのゆがみを見いだす方法を発見したのである)。

一九二九年のなかば、信用膨張によって経済が崩壊すると警告するミーゼスに、ウィーンのクレディタンシュタルト銀行から高給の仕事が提案された。彼はその申し出を辞退するにあたり、率直かつ予言めいた理由を述べた。後に伴侶となるマルギットに語ったところによると、早晩訪れる「大暴落」と「自分の名前がつながること」[12]は是が非でも避けたかったようだ。

ミーゼスは、職の機会を失ったことについて、お金を稼ぐことよりも、お金の研究をすることのほうに関心があるとマルギットに語っている。そして、最大の破滅を避けることで、幾ばくかの財産と、何より世間からの信用を守り抜いたのである(この点、抜け目ない人物と言われながらも、破滅を予測できなかったケインズよりは評価できるのではないか)。ミーゼスは、オーストリア学派の理論を投資へと結実させようとはしなかった。自分はお金の研究はしていても、それを多く得ることはないだろうとマルギットに語ってもいる(オーストリア学派経済学を投資そのものに適用することは本書の目指すところである)。ミーゼスの予言は正しかった。暴落が起こり、クレディタンシュタルト銀行は破産、金融パニックの波が中欧全体に広がっていった。ミーゼスは、来る困難な時代、大恐慌を予言した男であった。

ナチスからの逃亡

一九三三年一月、ヒトラーがドイツ首相に就任した。その二カ月後、政府がパレードや集会を禁じているにもかかわらず、オーストリアのナチスはウィーンの街で暴動を起こした。ミーゼスにしてみると、一九三四年三月にスイス・ジュネーブの上級国際研究所に経済学の客員教授として招聘されたことは、つかの間の安心であったろう。しかし、これは一時的なものであり、事あるごとにマルギットに会いに帰国していた（ミーゼスは母親が一九三七年にこの世を去るまでマルギットへのプロポーズを控えていた。これは、母親が未亡人で女優でもあったマルギットを受け入れようとしなかったことが原因のようだ）。一九三四年になり、著書『テオリー・デス・ゲルデス（Theorie des Geldes）』（『貨幣及び流通手段の理論』）の英語版『セオリー・オブ・マネー・アンド・クレジット（Theory of Money and Credit）』が出版されるが、遅きに失していた。一〇年前に彼の主張が伝えられていたら、世界はどれほどの苦難を防ぐことができただろうか（もちろん、人々がそれに耳を傾けるという大前提が必要ではあるが）。ミーゼスもやっと正当な評価を受けるようになったが、この現在の事象を唯一正しく説明している学説を人々が重んじるようになるために、大惨事が必要であったことは不幸なことではある。今日においても、主流派経済学のほとんどが、市場のゆがみの根本的な原因を正しく理解できていない。第8章で明らかにするとおり、原因は「バブル」としてあっさりと受け流されてしまうのだ。

『貨幣及び流通手段の理論』(実業之日本社)が出版されてすぐあとの一九三六年、こぎれいで、爽やかかつ洗練された英国紳士ケインズによる『雇用・利子及び貨幣の一般理論』が出版されると、ミーゼスは忘れ去られてしまった。ケインズが株式市場の暴落で大損害をこうむっていてもお構いなしである。大切なのは、彼の著書が厳密さと近代性を表す数学とギリシャ文字のおかげで科学的かつ洗練されたもののように見えたことである。加えてケインズには行動力があった(それが建設的か破壊的かはさして問題ではなかったのだ)。ケインズ卿は、有効需要の原理(消費者の選好と実際のそれとは異なるという理屈だ)をもって失業に立ち向かい、政府財政を悪化させ、輪転機を回し続けたのだ。ミーゼスはいわば、ケインズ派の雪崩にのみ込まれてしまったと言える。ケインズとその一派は、ミーゼスに異議こそ唱えなかったが、完全に無視したのである(ケインズはミーゼスのドイツ語の著書を初めて読んだとき、独創性に欠けるとして退けた。それはケインズ自身も認めているとおり、彼のドイツ語力は、すでに自分が知っている内容であれば、なんとか理解できる程度のものだったのだから、その指摘もうなずけよう)。

一九三八年三月、ミーゼスは会議に出席するためウィーンに戻っていた(マルギットとの待ちに待った結婚の準備も続けていた)。ドイツはすでに侵攻の手はずを整えており、祖国では緊張が確実に高まっていた。ミーゼスは、自身ユダヤ人であることに加え、経済や社会のあらゆる側面を強制的に管理しようとする全体主義、ナチスの強制的同一化（Gleichschaltung）に断固反対していたことで、自身がナチスのブラックリストの上位にいることを理解していた。それゆえミーゼスは再び、そして今回は永久にウィーンを離れることになる。ナチスの敵を捕らえ、その財産を没収しようと親衛隊が到着する数時間前、彼とマルギットは、トラップ一家さながらの逃亡に成功した。親衛隊はミーゼスのアパートに侵入、荒らし回った。ゲシュタポは二一箱分に及ぶ所持品を押収し、アパートを閉鎖した。そして秋に再び舞い戻り、書籍や私信、絵画、銀に書類など遺留品を押収していった。第二次大戦終結後、ミーゼスのファイルはボヘミアの列車のなかで発見され、秘密裏にモスクワに送られた（そこではまったく無視されたことは明らかである）。一九九一年、それらの書類は改めて発見されることになるが、ウィーンにあったミーゼスの貴重な蔵書の所在は今もって不明である。[13]

一九三九年に戦争の幕が切って落とされると、ミーゼスは欧州を去ることを考え始めた。オーストリア人作曲家のグスタフ・マーラーは自身を「三つの意味でホームレスだ」と表現したが（オーストリアではボヘミア生まれとして、ドイツではオーストリア人として、そして世界ではユダヤ人として）、その点はミーゼスも同じであった。オーストリアではユダヤ人として、ドイツではオーストリア人として、そして歴史主義者のなかではオーストリア学派経済学者として。ミーゼスの運命はマーラーの言葉と共鳴する。「どこへ行っても邪魔者で、けっして歓迎されることはない[14]」

ミーゼス夫妻は、スペインと国境を接する地中海の小さなフランスの町セルベレを目指してウィーンを去るが、彼らの逃避行は危難の連続であった。マルギットの回想録にあるように、バスでの道中は危険であり、「ドイツ兵と遭遇せずに到着するために、運転手はフランスの農民や兵士からもたらされる情報をもとに、頻繁にルートを変えなければならなかった。ドイツ兵は奥地まで侵攻してきており、至るところにいた。彼らから逃れるために後戻りしなければならなかったのも一度ではない」[15]。一九四〇年七月、ミーゼス夫妻はやっとのことで「ヨーロッパ」号に乗船し、新天地へ向かうことができた。もしミーゼスが欧州脱出に失敗し、捕らえられていたら、彼の人生は重大な危険にさらされるとともに、オーストリア学派がアメリカの地に足がかりを得ることもなかったであろう。

ヒューマン・アクション

愛するオーストリアから亡命したミーゼスにとって、アメリカでの生活は容易なものではなかった（第二次世界大戦の終結までに、オーストリア学派経済学のあらゆる痕跡がウィーンから一掃されていた。ナチスはウィーン大学にあったメンガーの像まで破壊したのだ。しかし、一九五〇年になって、大学の中庭に復元された）[16]。ミーゼスは、ロックフェラー財団がジュネーブ時代の給与の三分の一を保証したことで、全米経済研究所（ＮＢＥＲ）に職を得る。働く機会に感謝しつつも、ミーゼス夫妻は生計を立てることに苦労していた。彼はまた、第二の故郷となるアメリカに吹き荒れるイデオロギーに落胆してもいた。それは共産主義と国家社会主義に対抗してのものではあったが、ニューディール政策を経て、経済のあらゆる面で国家による介入主義が色濃くなりつつあった。

職も立ち行かず、主流派以外には興味を示さないアメリカ出版界において、当時の風潮に影響を与える術もなかったミーゼスは、絶望の淵に陥った。一九四三年、NBERとの契約が更新されないことを知ると、全米製造業者協会で、コンサルタント兼経済政策顧問団のメンバーとして働き始める。そして一九四四年、ニューヨーク大学の客員教授への道が開かれ（給料は民間の資金が充てられることになってはいた）、ミーゼスは経済学のゼミを持つこととなった。彼は、二〇年以上にわたって「客員教授」だったのである。教鞭を執ったすべての大学で、教授という正式な肩書きを持っていなかったにもかかわらず、ミーゼスはゼミや著作を通して、オーストリア生まれの弟子で後にノーベル経済学賞を受賞するフリードリヒ・ハイエクや、オーストリア学派アメリカ人のマレー・ロスバードなど、後に知的リーダーとなる者たちに影響を与えていった。しかし、名門大学での正規のポジションがなければ、オーストリア学派の将来を担う学生や教員を育てることはできない[17]（ミーゼスは、オーストリア学派の発展にその人生を捧げたと言える。アメリカに渡ったあとに収集した五〇〇〇冊を上回る蔵書は、ミシガン州のヒルズデール・カレッジに譲られた。同大学の図書館にあるルートヴィヒ・フォン・ミーゼス室にはウィーンのアパートでナチスに押収され、後にロシアで発見されたミーゼスの私物、記事、手紙、執務机と椅子などが保管されている。驚くべきことに、学生はこの特等席で勉強することが許されているのだ)。

大学という後ろ盾はなかったが、ミーゼスは一九四九年に『ヒューマン・アクション』(春秋社。原著は『ナチオナルエコノミー・テオリー・デス・ハンデルンス・ウント・ヴィアシャフテン(Nationalökonomie : Theorie des Handelns und Wirtschaftens)』として一九四〇年にドイツ語で出版されている)を出版、経済学会のスポットライトの下に一躍躍り出た。ロスバードは、『ヒューマン・アクション』をしてミーゼス「最大の功績」とし、「今世紀において人類の英知が生んだ最高の成果の一つであり、経済学の完成形だ[18]」とたたえている。ミーゼスがアメリカで得た最初の友人であるヘンリー・ハズリット(筆者の愛読書である前述の『世界一シンプルな経済学』[日経BP社]の著者である)は、『ヒューマン・アクション』は「経済学の発展におけるランドマークだ」とニューズウィークに記している。彼は、「偉大なる伝統を踏まえて記された、素晴らしく独創的な研究だ」とし、「現代のいかなる経済分析よりも、論理的かつ正確である[19]」と称賛している。

オーストリア学派を批判する者たちが理解できなかったのは、ミーゼスの著書のタイトルが示すとおり、経済学とは、極めて主観的で、データや数学的モデルに単純化することなどできない人間の行動の研究であるということだ。この点を学生たちに説明するにあたり、ミーゼスはニューヨークのグランドセントラル駅、ラッシュアワー時の乗客たちの行動を例に挙げた。人間の行動を研究するには、その行動には目的がある、という前提から始めなければならない。この場合、朝、家から職場まで電車で移動し、夜、帰路に着くというものだ。一方で、経験主義に依存する「真に科学的」な行動主義者が採る方法論では、特定の時間帯に、特定の目的もなくでたらめに先を急ぐ人々の群れを見いだすのみである。ミーゼスは、この例を用いることで、人間の行動へのアプローチでどちらが有意義かを示したのだ。演繹的方法のほうが有意義なのは言うまでもなかろう[20]。

ミーゼスは、ほかの者がアリストテレス的アプローチを採るなかで、カント的アプローチを採った。そのことがオーストリア学派内での意見の違いを生んだのである。メンガー、ベーム・バヴェルク、ミーゼス、そしてロスバードの間にもわずかな意見の相違がみられたが、オーストリア学派の方法論の主要な部分については皆が同意しており、それこそがオーストリア学派らしさであり、本書にとっても重要な点である（「アプリオリズム」を巡るオーストリア学派の方法論議はピンの先で何人の天使が踊れるか、という議論と似ていた。それは哲学者たちに任せておけばよい）。いずれにせよ、第4章でも議論したように、最も重要なことは、人間の行動には定数など存在せず、経済学は自然科学（電子電荷など）のような経験的「実証主義」を採り得ないということだ。経済学者は歴史を見て、事実が「おのずと語る」に任せるべきだ、というのは無意味である。なぜなら、どの事実を考慮すべきか、さらには何をして「事実」とするのかを決めるにも理論が必要だからである。何を「取引」と呼ぶかは、観察者が何を「取引」と認識するかによるのである。ミーゼスにしてみると、経済学者の仕事のほとんどは理論を発展させることや「検証する」ことではなく、歴史的事象を書きとどめることにある。「経済の歴史や記述的経済学や経済統計は、つまるところ、歴史なのである[21]」

オーストリア学派の方法論の根本にあるのは、データへの健全な懐疑心であり、とりわけ経済学(そして同様に投資)において、データから見いだせるもっともらしい関係にストーリーを持たせるためにデータをどのように利用するか(データマイニングと呼ぶ)である。たしかに、われわれは(本書のあとに見るとおり)、データをのぞき見ることはするが、自分たちの解釈を築き上げるために統計や歴史などの情報に頼ることはない。実際に、筆者は自らを反経験主義者とさえ呼んでいる。というのも、経験主義は往々にして幻想を生み出し、現実の根底で機能しているメカニズムを分かりにくくするからである。ミーゼスが説明しているとおり、「方程式は、経験的に得られた定数やデータを導入して初めて、実践的な問題の解決に役立つのだ。しかし、数学的なカタラクティクスの式は不変の関係性などありえない人間の行動の分野において、実際の問題の解決には何の役にも立たないのだ[22]」。

人間行動学の奉ずる者としてミーゼスは、「行動する人間」の極めて主観的な意思決定と行動とを前提とする、演繹的思考実験を行った(人間の行動を研究するために、内観を用いた)。この「行動する人間」は、その行動を通して、市場に(そして、それを観察する起業家たちに)

自らの選好を伝えていった。ミーゼスが述べるとおり、市場が不完全で、不安定な世界のなかで自ら順応し、調整をしていく一方で、価格は自身の利害というレンズを通した人間の行動によって導かれていくのだ[23]。市場がその自然な状態で置かれるとき（本章および第8章で触れるとおり）、起業家は将来の需要に応えるために、より迂回的な資本構成を構築すべきか、それとも消費者の直接的なニーズを満たすことを優先すべきか、異時的な決定を下すのだ（確実ではないにしても、情報伝達を阻害するような外部からの介入がなければ、だが）。

帰納的方法を疑わしく思っていながらも、人間行動学においては観察が大きな役割を果たすことは事実である。ミーゼスが述べているように、「経験のみが、行動の条件を知ることを可能とする。経験のみが、ライオンや微生物が存在することを教えてくれる。そして、厳格な計画を進めるにしても、具体的な状況下、外部世界に対してどのように行動すべきかを教えてくれるのも、経験だけである」[24]。ミーゼスの見解では、経済学者はいくつかの候補のなかから経済法則を選択するにあたり、経験という検証に頼ることはなかった。そのような法則は、論理的推論を通じて導き出されたのである。しかし、経済学者は、特定の経済法則や原理をいつ「適用」するかは観察（そして自身の判断力）に頼らざるを得なかった。例えば、ほかの条件を一定として、お金の量を倍にすれば物価は上昇する、と言うことはできるし、それを「検証」するために歴史に頼る必要はない。しかし、現実世界において人々を導いていくことを目的にその法則や原理を「利用」するためには、その社会においてお金がどのようにとらえられているか、どれだけ増えたのか、その影響を促すまたは阻害する要因はないかなどを理解しなければならないのである。

ミーゼスの情熱と意志の力によって、オーストリア学派は一九七〇年代に至り、そのルネッサンス期を迎えることになる。そのころになって、ミーゼスが経済学にもたらした多大なる貢献が認められるようになった。そのなかには、フリードリヒ・ハイエクと共同で行ったビジネスサイクルに関する研究も含まれる。彼らは信用膨張の危険性に警鐘を鳴らし、その結果としての通貨危機の到来を予測していたのだ。この研究は、ミーゼスの死の翌年、一九七四年にノーベル委員会の目にとまり、ハイエクのノーベル経済学賞受賞につながったのである（ノーベル委員会の経済学賞の選考は怪しさがつきまとうが、ミーゼスのケースはそのなかでも最も露骨なものであろう。ハイエクの受賞は彼にとっても、オーストリア学派にとっても良いことであるのは確かだが、ミーゼスの存在がなければ、オーストリア学派はメンガー、ベーム・バヴェルクとともに死んでいたのであり、ノーベル賞に称されたハイエクの功績もあり得なかったのだ）。

オーストリア学派の伝統にだれより寄与したのがミーゼスである。彼は、けっして評価されなかった（経済的にも報われなかった）だけでなく、ハイパーインフレや無責任な金融、財政政策、ボルシェヴィズムや国家社会主義など、世界を襲った巨大かつ陰険な悪に一人孤独に立ち向かったのだ（彼の魂は、妻マルギットの助力により設立されたルートヴィヒ・フォン・ミーゼス研究所に引き継がれている。彼女は一九九三年に亡くなるまで理事会議長を務めていた)。ミーゼスは、メンガーやベーム・バヴェルクという、いまだ色あせることない伝統に忠実であり続けた理性の光なのである。

ニーベルンゲンの起業家

オーストリア学派は、たとえ景気後退やインフレなど「マクロ」の問題に取り組むときにも、消費者や起業家といった個人の行動を基礎に置くミクロ経済学的アプローチをその分析の軸とすることで知られている。では、「市場はプロセスであり」、時間も機会も同一の静的な存在ではないことを示すために、経済学的な寓話を用いてみよう。まず、オーストリア学派のカギとなる概念、「偽の価格」の起業家的発見を物語の主軸に据えよう。また、筆者が「ミーゼスの定常性指数」(略して、MS指数)と名付けた新しい概念についても議論する。これは、ミーゼス自身によって構築されたものではないが、資本の異時的構造、迂回生産、および時間選好に関するメンガーやベーム・バヴェルクの理解と、金融介入主義の結果である経済的なゆがみについてのミーゼスの理解の延長線上に存在するものである。さて、準備が整ったところで、われわれは伝説の地、ニーベルンゲンへと旅立とう(ワーグナーのファンにはあらかじめ謝罪しておこう)。

ニーベルンゲンは、そびえ立つ山々、生い茂る森、絵にかいたような農場と、ヤギ飼いが甘い草と新鮮な空気をヤギに与えるために、毎年夏には「牧のぼり（Alpaufzug）」をする高地の牧草地がある美しいところである。ニーベルンゲンでは、ジークフリート、ヨハン、ギュンターの三人だけが土地を所有している。彼らは毎朝、裏口から自分たちの領地を眺めるのだ（彼らが所有する土地はほとんど同じ条件だ）。それらの土地はアルペンヤギの放牧地であり、およそ一カ月という比較的短く、直接的な生産工程（ベーム・バヴェルクを思い出す）に充てられている。それは、腹をすかせたヤギに牧草を与えるために、草や微生物群が成長するのに必要な時間に等しい。この短い生産工程によって、ニーベルンゲンの主要産物であるヤギのミルクが生み出される。もちろん、この土地で育つのは草とアルプスの花（Alpenblumen）だけではない。土壌と太陽、ふんだんな水によって、林業にも適していようが、材木は牧草を育てることよりも、はるかに迂回的で時間がかかる。牧草のように数週間という短い生産期間ではなく、材木が「収穫物」たるには四〇年ほどかかるであろう。材木は、燃料としても建材としても需要は豊富なため魅力的なのであるが、地主たちはヤギのミルクという旺盛な需要を当て込むこともできるのだ。

ある朝、家の裏口に立って、高地の牧草地に向かうヤギが鳴らす首の鈴の旋律と、村の建設現場のハンマーが奏でるスタッカートを聞きながら、ジークフリートはあることを思いつく。土地の「一部」を牧草地として、残りを林業に充ててはどうか。ヨハンとギュンターは、ジー

「永遠で無限な宇宙からすれば、人間は微小な一粒のちりである。しかし、人間にとっては、人の行動とその変化は現実の問題である。行動こそが人間の性質と存在の本質であり、その命を守り、動物や植物のレベルから自身を引き上げるものである」

クフリートの計画を聞いて、「なぜやらないのだろうか」と独り言を言った。まさに良い考えではないか。ヤギのミルクへの需要と材木へのそれとを考えると、三人が一部を牧草地に、残りを林業に充てるのは妥当と思われる。

さて、この段階で、ジークフリート、ギュンター、そしてヨハンは、投資資金（土地）にかかる市場金利と合致するだけのキャッシュフローを生み出すべく、土地をミルク生産のための牧草地と、材木の生産のための森林とに割り当てた。当初、ニーベルンゲンのこの三人の起業家がミーゼスの言うところの「均等に回転する経済」（第1章で記したERE）を経験していることが分かる。ここでは純粋な利益は生まれず、だれもが、土地一単位に対する投資で、債券に投資した場合と同額の収益を得ることになる。したがって、ファウストマン比率（第5章で述べた）は一であり、不動産投資のリターンは、市場利子率（資金の機会費用）と同じだということだ。何も変える必要はなく、皆が均衡しており、起業家はその用を足しておらず、無視できるのだ（主流派経済学の領域であろう）。

子供時代、ジークフリートは常に注目を集める存在だった。彼はヤギを育てることから、あらゆるタイプの女の子と親しくなることまで、何でもコツをつかむのが上手だったようだ（彼はギュンターの妹と結婚したうえに、ギュンターの妻からも愛されていた）。ジークフリート（「喜ばしい勝利」という意味だ）には、ほかの者とは一線を画す何かがあったのだ。やがて彼はほかの二人と物理的にも、生産コストの面でも同じ自分の土地で、優位性を見いだす。彼は、「アルペンホルン（Alpenhorn）」、正確を期せば魔法の「ワンダーホルン（Wunderhorn）」で、牧草地でセレナーデを奏でると、牧草がより早く成長することを発見したのだ。これは、森林でも同じであった。もちろん、ギュンターもまねてみたが、彼にはジークフリートのような音楽の才能はなかった。それどころか、ギュンターのところの植物は、彼が鳴らすツィター（Zither）の音色に苦痛を感じているかのようだった。何事も平均的な「普通のヨハン」は、すべて戯言だと一掃した。草木が音楽を聴くことができないのはだれでも知っていることじゃないか、と。

しかし、現実世界においては、物事は思いどおりに進まず、ＥＲＥはベンチマークとしては厳しすぎる。消費者の将来の需要を予測することや、その需要に合った商品を生産することなど（どちらもジークフリートの得意とするところだ）、特定の物事に長けている者もいれば、そうでない者もいる。それゆえ、起業家のなかには、利益を得る者もいれば、損失を被る者もいる。ファウストマン比率で測れば、結果はさらに顕著であろう。より成功した者の数値は一を超し、そうでない者は一を下回る。では、総体としてはどうだろうか。利益も損失もない「定常的経済」となる。ファウストマン比率の「総計」、つまり、すべての分子の合計または時価総額を、すべての分母または代替費用の合計、さらに言えば「純資産」で割った数値は一と等しくなる。ニーベルンゲンにおいては、ジークフリートの利益がギュンターの損失で相殺され、ヨハンは市場金利と同じ平均的リターンを獲得するのである。

しかし、忘れてはならないのは、状況は変化するということであり、それゆえニーベルンゲンの定常的経済はＥＲＥではないのである。ジークフリート（ニーベルンゲンのヘンリー・フォード）は、自身の不動産から一五％の収益が見込める（これは現在の市場金利、例えば八％より高いものとする）ので、これまでに上げた利益を懐するのではなく（すでに十分良い暮らしをしている）、それらをより多くの不動産に再投資しようとしている。つまり、彼の事業は拡大しているのだ。一方、ジークフリートにまたしても出し抜かれたギュンターは、たった一％の収益しか生んでいない自身の材木事業を縮小させなければならないと考えた。彼は、土地の一部をジークフリートに売却する。この再分配は追加的な売買の結果、ジークフリートが資本コストを上回る利益を上げることができなくなる、またギュンターが少なくとも資本コストに見合うだけを稼ぎ出すことができるようになるまで続く（ギュンターがすべての不動産を手放すまで続く可能性もあるが、それは数字次第であり、一概には言えないだろう）。しかし、ギュンターは、生産性の低い土地から売却していくのであるから、それを通じて単位当たり利益を着実に増大させているということはできる。前述のとおり、簡略化のために三人が持つ土地はまったく同じ条件であると仮定しているが、ギュンターがその一部を売却することで利益を増大させることができるとするのは理にかなっていよう。というのも、彼は従業員を雇い、ヤギの飼育や林業のためにその他の資本投下が必要なのであり、事業規模を縮小すれば、最も生産性の低い従業員や機材への資本投下を減らし、最も効率的な構造を維持することができるからである（土壌の質や、適合性が一律でない現実世界においては、この仮定はより現実味を増そう。最も痩せた土地を最初に手放すことが合理である）。そして、ギュンターが事業規模を縮小することで追加的な利益を増大させることができなければ、彼は事業そのものを辞めてしまうと仮定することも可能であろう。しかし、この物語では、ギュンターはすべてをジークフリートに売却してしまうのではなく、損失に応じて事業を調整できると仮定する。

一方、ジークフリートは、ギュンターから土地を購入するにつれて、限界生産性が逓減していくことを実感する（そうでなければ、ジークフリートはニーベルンゲンのすべての土地を手にするまで購入を続けるだろう）。利益がおそらくは資本コスト以下まで減少する理由の一つが、ジークフリートが付加価値の高い商品（「アルペンホルン」のセレナーデを聞いて育ったヤギのミルクと木材）への需要をあらかた満たしてしまい、供給が増大したことが価格に下落圧力をかけたことにある。実際に、ジークフリートの事業が発展したことで、彼自身と消費者の生活はより良いものとなった。もしジークフリートが際限なく事業を拡大させていこうとすれば、資本の借入コストそのものが増大し、事業の拡大に歯止めをかけることになるだろう。

このように、ジークフリートは投資のリターンが資本コストを上回る状態にあるので、個人としては好ましい不均衡かつ非定常な状態にあるといえる。それゆえ、ジークフリートは「前進している」のだ。つまり、彼は将来に向けて種をまき、収益を先送りし、その生産活動はより迂回的になっているのであり、彼の事業では資本が蓄積されているのである（一方で、ギュンターは資本が縮小しているので、「後退している」のだ）。ジークフリートは、偽の価格に対する起業家の不寛容性というミーゼスの原理の良い見本である。ミーゼスが『ヒューマン・アクション』で述べたとおり、「重要なことは、生産要素の『偽』の価格が維持され得ないのは、利益を追い求める起業家の競争ゆえである、ということだ」[25]。さらに、このような起業家の活動が利益と損失の双方を縮小させながら、偽の価格を修正していくのである。起業家も常に誤りを犯すことを念頭に置かなければならないが、全体として定常性がある場合（貯蓄および投資にかかる選好に変化がないとした場合）には、総体として、ある起業家の損失は別の起業家の利益によって相殺されるのだ。われわれは、市場のプロセスにおいて重要な役割を果たしているジークフリートとギュンターとにこのダイナミズムを見ることができる。二人とも市場プロセスを通じて自分の状況をより良くしようとしただけであるが、そうすることで結果的に偽の価格を一掃し、損益の機会を消滅させているのである。そこには総体としての安定性はあるが、定常的経済における横断的な安定性は存在しない（つまり、起業家間での差がある）。「前進」する事業もあれば、変わらないもの、「後退」するものもある。言い換えれば、何人ものジークフリートとギュンターがいる。そして、その中間に何人もの平均的なヨハンがいるのだ。

では、さらに踏み込んで、ジークフリート、ヨハンそしてギュンターがすぐに事業を外部の資本家に売却するとした場合（彼らは引退して、ボカの街で余生を送ることにした）、適切に見積もられた売却価格の総額は、ＥＲＥ、定常的経済のいずれにおいても、土地とその市場価格（さらに木々など蓄積した資本を加えたもの）を掛け合わせた額と等しくなる。つまり、総体としてファウストマン比率の分子（土地の期待値の合計、ＬＥＶ）は、土地の再取得価格（ＬＲＶ）と同じになる。言うならば、全体は各部分の合計なのだ。具体的に言えば、不動産事業の所有権、つまりその土地がもたらす将来の利益（牧草や材木）の純額を現在価値に割り引いた額を手にする権利、または分子のＬＥＶは、市場における土地の再取得価格と同額となる（要するに土地がもたらす収益と再取得価格が等しくなる）。ＥＲＥにおいては、個別の企業が収益と再取得価格との間の完全な均衡を達成することで、このバランスが実現されるのである。定常的経済では、前述のとおり、総体としてのみ実現されるのだ。個別企業の収益はバラバラなため、資本コストを上回る収益を獲得しているジークフリートの事業は資産価格以上で売却され、収益と資本コストが同額のヨハンのそれは売却を通じて利を得ることはない。一方で、資本コストを下回る収益しか上げられないギュンターのそれは資産価格以下で売却されるのだ。

事業が生み出すフリーキャッシュフローの市場における現在価値と、投下した資本の市場価値との間にミスマッチがある。これこそが、ファウストマン比率が一に満たないギュンターに土地を売却せしめ、ファウストマン比率が一を上回るジークフリートが土地を取得することを可能とするのである。ギュンターがジークフリートをまねようとしても、彼の利益がそうさせないのだ。土地の一部を市場価格で売却し、売却代金を市場金利での投資に充て、牧草地の経営に集中したほうがギュンターにとっては良いのである。一方、「ワンダーホルン」という武器を持つジークフリートが追加取得した土地から得られるであろう利益はかなり大きなものである。たとえ、土地を追加取得するために銀行から借り入れを起こさなければならないとしても、彼の収益は市場金利を大幅に超えているのだ。この最も収益力のないものから、収益力のあるものへと流れる資源の調整は、各自の将来の「ネット」キャッシュフローがそれぞれの土地の価値と等しくなるまで続く。もちろん、現実世界においては、この収束点に到達するまえに、新しい変化がプロセスを中断する可能性はある（また、現実世界においては、ヤギのミルクや材木の値段は変化すると考えるのが妥当だが、そのような細かいことは概念を説明するために省略する）。ニーベルンゲンでは、ゲームの参加者たちが知らぬ間に進めた調整プロセスによって、経済は定常的な状態へ（データにさらなる変化がなければ、EREへ）と導かれ、偽の価格は消滅することになる。これこそが、ミーゼスが「市場はプロセスである」と言ったことである。

ニーベルンゲンにおける経済の寓話は、ミーゼスの定常性という概念を適切に説明している。土地がもたらすキャッシュフローの現在価値の総額（LEV）と、土地の再取得価格の総額（LRV）との比率が一から乖離すると、それは経済が定常的でないことを意味するのだ。そこで筆者は、このLEVとLRVとの比率を、そこに含まれる重要な概念を生み出したミーゼスへの敬意をこめて、MS指数と呼ぶ。このMS指数が、第9章と第10章で述べるオーストリア流投資法で用いる中心的な指標であり道具となるのだ。

このMS指数は、ノーベル経済学賞を受賞したジェームズ・トービンが一九六九年に議論した、かの有名なトービンのQと似ていることは記しておくべきであろう（実際に、第９章で筆者が算出するMS指数の値はトービンのQと同値である）。厳密に言うと、トービンのQは分母の企業債務に対する純資産の比率として算出される。これは、債務と金利費用とはそれぞれLRVとLEVとから差し引かれ、結果に影響は与えないので、ファウストマン比率と同等に扱うことができる（ファウストマンは自身の林業では負債はないものと仮定したが、その影響は取るに足らないものである）。しかし、筆者はこの「発見」の栄誉はトービンではなく、ミーゼスにあるべきだと考える。その理由は、トービンのQに関する研究はミーゼスのそれよりもずっとあとに行われたものであるし、またトービンは金融政策の効果を測る指標としての利用方法を完全に誤解していたことにある（指数の持つ重要性は、その裏付けとなる計算方法や経験主義にあるのではなく、概念そのものにあるのだ）。トービンは本書が通った経路とはまったく異なる方法で指標に到達しただけなく、彼が分析と「ともに」提示した政策提言もまったく異なるものであった。トービンはわれわれ同様に、金融政策の緩和によって、資産価値の評価はその再取得価格を上回ってしまう、つまりトービンのQが一を超えてしまうことを認識してはいた。しかし、経済における資本ストックについては単純なケインズ的解釈をしていたトービンは、それが良いことで、期待どおり新たな資本財への投資を促し、経済をより生産的なものとすると考えたのである（あたかもこの論点を強調するためかのように、筆者がこの原稿を仕上げようとしていた矢先、かのポール・クルーグマンはニューヨーク・タイムズのブログ記事で、経済は「当たらない謎」を示していると述べた。クルーグマンは、「収益がこれほど多いのに、どうして企業は投資に向かわないのか」分からないというのだ。そして、彼はトービンのQを持ちだした。筆者の主張を際立たせるかのように、クルーグマンはこれら「実物面」での謎は、FRBの政策とは何ら関係ないものと捨て去り、資産バブルの「横顔」すら見いださなかった[26]）。

MS指数は、ニーベルンゲンの起業家たちのみならず、われわれすべてにとって資本投資の重要な指針なのである。

ニーベルンゲンで起きた真の変化――市場が引き起こした金利低下

さて、ニーベルンゲンでは、ジークフリートは収益を上げて土地を買い増し、一方、ギュンターは土地を売却、ヨハンは資本コストに見合う分だけを稼ぎ出していた。ジークフリートは村を歩きながら、ふと風向きが変わったかのような変化を感じた。人々がヤギのミルクなど消費財の購入を抑え、貯蓄に回し始めているのだ。おそらくは将来より多くの材木（またはヤギのミルク）を買うためであろう。言い換えれば、消費者の時間選好が低下したのだ。貯蓄は増大し、その結果として金利は下落を始めている。

　よく晴れたアルプス日和のある日、ジークフリートは裏口に立って、この変化が自身の土地に与える影響について考えた。つまり、カーズナーの言う、潜在的な収益機会を常に探し求める起業家の「敏捷性」をジークフリートは見せているのである。この敏捷性は、価格の乖離から生まれるちょっとした裁定取引から、新製品の開発、新たに改善された生産プロセスの発見に至るまで、起業家の活動領域のすべてに見られるものである。[27]ジークフリートは、「Verstehen」、つまり理解という一種の評価プロセスを進めているのであり、これが迂回的であるための判断に重要な役割を果たすのだ。これは消費者の需要についての主観的な予測であり、期待値と加重平均のような機械的プロセスではない。[28]ジークフリートの場合、自身の事業と競合の者のそれのファウストマン比率を予測し、まだ見ぬ事業のそれまでも評価しているのだ。その分析に基づき決定を下し、そして、それに従って行動するのだ。ゆえに、ジークフリートはミーゼスが呼ぶ「本物の起業家」であり、「利益をもたらすであろう事業を取り巻く市場の将来の姿に対する自分の意見を実行に移したがる」投機家なのである。将来は不確実であり続けるが、起業家たちは「教えられることも、学ぶこともできない」、「独特の予測的理解」を頼りに、過去や現在の状況ではなく、将来のあり得べき状況に基づいて行動するのだ。ミーゼスに言わせれば、「行動のよりどころは、生産要素と、他者とは異なる方法でその生産要素を用いて産出する商品の将来価格に対する評価である[29]」。

ニーベルンゲンで起きていることは、終わりなき変化と不均衡、そして実験と訂正という継続的な発見プロセスを示すものである。その結果が終わりなきかのように変化する価格であり、新たな生産（ギュンターの場合のように、新たな清算も）なのである。各々がこうしてファウストマン比率に反応するたびに、総体としての経済はそのMS指数に反応し、進歩し、定常的状態に戻り、また後退していく。市場は、偉大な恒常性維持プロセス、つまり経済全体の統制とコミュニケーションとを促進する。残念ながら、このプロセスに対する誤解がいまだかつてないほどに自然のプロセスを傷つけ、ゆがめる介入へとつながっているのだ。

介入もなく、金利が時間選好の変化に応じて自然と反応するニーベルンゲンのケースでは、ジークフリートは遠い将来の利益に対する割引率が低いため、林業がもたらす予想キャッシュフローの現在価値が上昇しているがゆえに金利が低下していることを知るのだ（彼はまた、今貯蓄を増やしている消費者は将来より多くの材木などを買うであろうと考えているかもしれない）。彼が直観的に理解している（ジークフリートは賢い男である）のは、自身の事業のファウストマン比率は少なくとも現時点では一より大きいということであり、これは消費者による出費は現在から将来へと持ち越されている一方で、将来の支出を割り引くべき金利が下がっていることを意味している。つまり、要は不動産事業を所有する価値は総体として増大したということだ。ジークフリートは為すべきことを理解している。牧草栽培からより迂回的な木材生産へと土地の利用方法を転換するのだ（経済分類において、森における資本とは土地そのものではなく、成長していく木々のストックであることに留意してほしい。林業に適した土地を前提とした場合、森は人によって「作られる」ことが可能であるが、それには時間がかかる。したがって、ある時点で伐採可能となった樹齢の木々は自然の賜物ではなく、トラクター同様に人間の手によるものなのだ）。新たな土地を耕すには、実質資産の投資、つまり土地を切り開き、地面をならし、用水路を掘って灌漑設備を導入することに労働や設備を投入しなければならないのであるから、不自然に聞こえようが、そうしてできた生産物は新しい「資本」なのであり、土地は「資本」だと呼ぶことができるのだ。

ジークフリートとその従業員たちが彼の所有する土地で働き、将来より多くの木材が絶え間なく伐採できるよう、たくさんの木が植えられることで、「資本」の蓄積が目に見えるかたちとなっていく（現実世界において、経済をより迂回的にするもう一つの方法は、それまでは耕作に適さなかった土地を切り開いていくことである）。しかし、最も重要なことは、個々のファウストマン比率がそうであったように、ＭＳ指数は、投下資本がもたらすリターンの総計とそれに対応する機会費用との関係を示す指針であり続けるということであり、それこそがＭＳ指数が特別である所以でもある。

本項において、われわれは、消費者の時間選好が突然、予想外に変化した場合に何が起こるのかを見てきた。彼らが急に貯蓄欲を高めたことが一部の生産者を助け、一部の生産者を苦しめたのだ。貯蓄のために、消費者が消費を減少させたため、ヤギのミルクの価格は下落する。

つまり、牧草地に充てた土地がもたらす収益は減少したのだ。その一方で、より迂回的な森林地がもたらす収益は増大する。ジークフリートは森林地を所有することで収益を上げるが、悲しいかなギュンターは再び後塵を拝し、牧草地の収益力の低下に見舞われるのである。しかし、現実の貯蓄と投資とが存在するこの物語では、総体としてジークフリートの利益がギュンターの損失を上回る。これこそが資本蓄積期に見られる「成長」（もはや定常的ではない）経済とミーゼスが呼ぶものの典型例である。

さて、ここで消費者の低い時間選好に応じてニーベルンゲンに発生するその他の変化を想像することができよう。われらが三人の「起業家」のうちで、チーズの生産を始める者が出てくるかもしれない。それは、ヤギのミルクを毎日売ることよりは長いが、材木用の木々を育てるよりははるかに短い、中間的な迂回プロセスである。それに、金利が低下したおかげで、チーズ生産は収益力が高まっているのだ。

この成長経済では、前述のとおりMS指数が上昇するが、その効果はあっという間に消え去ってしまう。木材生産者の利益の総計はミルク生産者の損失の総計よりも大きくなるので、分子は大きくなる（ミーゼスとその後継たるオーストリア経済学派は、消費者の貯蓄は経済全体での純利益の源泉であると主張した）。しかし、新たな貯蓄はチーズや材木の生産のための土地や設備など「純」資本の取得に充当されるため、分母もまた増大するのだ。

したがって、貯蓄によって引き起こされた金利の低下（定常的経済からは一時的、断続的に脱するが）が、ＭＳ指数の構造的変化を招来すると予測する理由はない。分子の増大となる総体としての利益の増加（金額として測定される）は、総体として所有される資産の市場価格の上昇によって、あっという間に相殺されてしまう。同一の原因、つまり時間選好の低下とそれによる消費者の貯蓄の増大は、分母、分子の「双方」を増大させる。お分かりのとおり、長期的には分子が分母に先行することはあり得ない。というのも、迂回生産は生産要素の取得を生来するからである（そうならない場合というのはＬＥＶの上昇を通じて、事業から上がるより大きな収益を獲得しても、それを再投資しようとはしない「欲深い起業家」を前提とする場合である）。

ニーベルンゲンには材木業以外にも、酪農、乳製品生産、工具生産など、さまざまな事業が存在する。これら通常の市場の力がＭＳ指数を即座に一まで押し戻す。ジークフリートやその仲間たちが事業を営むにあたり、投資家の「合理性」やその欠如に対して何らかの立場を取る必要はないのだ。彼らは、ケインズが呼ぶところの「アニマルスピリッツ」や、ロバート・シラーが呼ぶところの「根拠なき熱狂」の影響を受けることはあるかもしれない。しかし、重要なことは、これらの事象が「株価」をつり上げることがあるのに、「資本財の価格」をつり上げることはないのはなぜか、ということだ。もし投資家が運輸会社の株を買いたいと考えたならば、なぜ人々はトラック自体を買い急ぐことをしないのか。その意味において、われわれはＭＳ指数が発散する歴史に、「定常的経済からゆがみ」の傍証を見ることができる。それがニーベルンゲンにもちょっとした混乱を巻き起こすことになろう。

ニーベルンゲンを襲ったゆがみ――中央銀行による金利引き下げ

ニーベルンゲンのある晴れた日、ジークフリートは苗木と牧草に聞かせるセレナーデを奏でるために所有地に向かう途中、「こんにちは（Gruess Gott）」と隣人のフリッツに元気よく挨拶をした。このフリッツは銀行家である。

挨拶を返したフリッツは、中央銀行に勤める友人から聞き出した未公開のニュースを囁いた。金利が引き下げになるというのだ。ジークフリートは頭をかいた。人々が支出を抑え、その分を貯蓄に回せば、確かに金利は下がるだろうが、彼にはそうなるようには思えなかったのだ。彼は歩きながら考えた。彼の事業は、資本コストが変わらずとも、すでに十分儲かっているのだ（いつもどおり、「魔法のホルン（Wudnerhorn）」のおかげである）。数日後、新たに芽生えた収益に踊るギュンターとヨハンに遭遇しても驚きはしなかった。資本コストが低下した現在、だれもがこれまで以上に利益を得ているかのように見えるのである。

しかし、これは貯蓄の増大がもたらした本物の金利低下ではなかった。むしろ、ニーベルンゲンの定常的経済は、より多くの通貨を供給し、金利を引き下げる決定を下した中央銀行家たちに揺さぶられたのだ（厳密に言うと、信用創造は商業銀行が顧客の預金の一部を貸し出しに回すときに起こるものであるから、ミーゼスのビジネスサイクル理論においては、中央銀行は登場しない。しかし、現代では、そのような商業銀行による信用創造は中央銀行の後援のもとで起こるのだ)。

家計の貯蓄は減少、消費が増大し、材木やヤギのミルクの値段が上昇する一方で、金利が低下している今こそ、ギュンターとヨハンはやっとジークフリートのように収益を上げる好機と見たのだ。人為的な金利低下と人為的な物価の上昇は、「すべての」土地所有者に有利に働いた。だれもが、自分は収益を上げていると考えたのだ。

企業の市場価値（ここでは既存の資本の価格だが）が競り上げられ、人々も将来の期待純利益を上方修正しているので、ニーベルンゲン・ベーセ（株式市場）は活況を呈することになる（市場価値が高まるのは、将来の純利益を割り引くための金利が低下していることが理由の一つである）。金利低下が人為的なものであるため、この場合、分子の増大は、本来の貯蓄主導の金利低下に比べて大きなものとなる。前述のケースでは、家計はヤギのミルクに対する支出を抑えていた。ジークフリートのような起業家（材木が儲かると予測した）の利益は、所有する土地のほとんどを牧草地に充てたギュンターのような起業家の損失によって相殺されていた。つまり、「全般的」な好景気ではなかったのだ。しかし、流動性を供給する中央銀行によって引き起こされた高揚感のなか、少なくとも一時的にも「すべて」の分野が繁栄を享受しているかのように見えるのだ。人為的に金利が上下する場合、一つの企業の利益がほかの企業の損失によって相殺される必要はなく、それゆえ、総体としての利益はより増大するのであり、ＭＳ指数の分子は、貯蓄によって金利が低下していた場合よりも大幅に増大するのだ。今や、皆が「ジークフリート」なのだ。着飾り、笑顔を絶やさぬ、街の人気者なのだ（と本人たちは思っている）。一方で、貯蓄が金利を引き下げた場合の分母を増加させていた力は、中央銀行が主導する物語においては消えてしまう。平均的なヨハンですらジークフリート並みの収益を獲得しているとしても、そこには本来の貯蓄が存在しないため、新たな資本蓄積がなされることはない。中央銀行はお金を刷ることはできるが、土地を生み出すことはできないのだ。第2章で触れた山火事に押される森のように、あらゆるものが同時に成長するよう促される。この点は第8章で改めて触れよう。ニーベルンゲンは、介入主義のはびこる現実世界同様に、恐ろしいほどにゆがんだ場所となったのだ。牧草地に充てられている土地のすべてに収益力があり、増大させてしかるべきかのように見えている以上、材木の生産に土地を割くなど不可能なのだ。

さらに悪いことに、人為的な低金利によって現状維持では済まなくなった。つまり、ヤギのミルクの消費量が「より大幅に」増大したのだ。安価な借入に踊らされたニーベルンゲンの人々は贅沢な暮らしを楽しみ、ヤギのミルクの消費を増大させたのである。その需要に応えるためには、林業に充てられていた土地の幾ばくかは、牧草地に転換せざるを得ない。土地所有者のなかには、伐採を終えたばかりの森林に新たに植林するのではなく、ヤギのミルクの生産を増加させるため牧草地に戻すことにした者もいた。だれも待つことなどしたくないのだ。迂回的な資本構成を構築するために資本を蓄積するよりも、それが材木であれ、ヤギ牧場であれ、牧草地であれ、既存の事業の価格を競り上げるほうが先なのだ。フリッツの自己売買部門はすでにフロントランニングを始めており、低い金利を上回る収益を稼ぎ出す資産をむさぼっていたのだ。

隣接地は、森林や牧草地を拡大させる余地として（総体として、投下資本に対する収益を低下させる）安全弁の機能を果たせるのだが、概して人為的な低金利は生産構造全体を「短絡化させる」ことになる。これは、貯蓄が増大したことで金利が低下するという本来の反応とは対極の動きであり、ミーゼスはこれを「資本消費」と呼んだ。

現実世界においては、資本消費はインフレが会計上にもたらす予想外の影響によって引き起こされる間違いとして発生する、とミーゼスは考えた。例えば、経営者が償却設備を買い替えるために、将来の収益から「減債基金」を積み立てていた場合、予想外のインフレが発生すると、彼の計画も狂ってしまう。彼は、顧客が自社の製品を自由気ままに買いあさる「好況期」を迎えると、設備の劣化に合わせて、彼にしてみれば十分な額を買い替えのために取っておく一方で、残りは純粋な利益と思いこんで費消してしまう。しかし、現実にはそれはインフレの結果でしかなく、いざ設備を買い替えようとしたときに、資金が足らないことに衝撃を受けるであろう。彼は自身の意に反して、事業の設備を「費消」してしまったのだ。

このように、インフレを誘発するような銀行制度による信用膨張は、不幸にも経済全体の資本構造の「縮小」（経済の後退）に繋がってしまう。資本財の市場価値は、将来の収益が増大すると予想されれば、それに応じて上昇するのであるが、資本構造が縮小していると、貯蓄が追加的な資本財の生産を可能にする場合に比べて、資本蓄積の増大が遅いか、縮小しているのであるから、総計としてのＬＲＶの分母の増大がより遅くなることは明らかであろう。

ミーゼスが、インフレがもたらす予想外の影響について述べるとき、それは銀行貸し出しの人為的な拡大、つまり経済全体の通貨総量について語っていることを肝に銘じなければならない。彼は、経済学者やアナリストが今日「インフレ」という言葉で指し示すような、消費物価指数の上昇を意味していたのではない。貨幣的インフレまたは信用インフレは、ほかの要素が不変ならば、物価インフレを引き起こすが、これは、オーストリア学派の理論においては、主たる要因ではない。人為的な低金利を伴う信用膨張は、世間一般がそれを「インフレ問題」と受け取るかどうかは別として、資本構造をゆがめ、やがて崩壊するしかない持続不可能なにわか景気を助長するのだ。ミーゼスは『ヒューマン・アクション』のなかで、中央銀行が主導する金利低下による、偽りの持続不可能なにわか景気について、次のように述べている。「しかし、金利の低下は経営者の計算を狂わせる。手に入る資本財の量は増えていないのにもかかわらず、彼らが計算で用いる数値は、資本財の増大があった場合にのみ可能なものとなる。それゆえ、計算の結果は誤ったものとなるのだ。信用膨張で操作されていない金利を基準にして計算していれば実現不可能だと分かるプロジェクトが有益かつ実現可能なように見えるのだ。起業家たちはそれらのプロジェクトを実行に移すであろう。企業活動は活性化し、そして、にわか景気が始まるのである[30]」

さらに言えば、経済における情報および統制のパラメーターとしての金利を抑えつけると、「いわば」インフレではなく、ゆがみをもたらすのである。つまり、中央銀行が紙幣を刷り、それが議会に送金され、費消されるだけならば、インフレを誘発し、経済に悪影響をもたらしはするが、にわか景気とその崩壊というゆがみを生み出すとは限らないのだ。

ニーベルンゲンでは、夏の花粉症よりも早く、偽りの繁栄が広まっていた。安価な借り入れに惑わされ、消費者は大盤振る舞いをしている。村には新たな事業が生まれ、人々はクレジットカードの限度額まで買い物をする。普通の事業家であるヨハンも、事業の拡大のおかげで家をリフォームし、ギュンターに至っては別荘を物色する有り様だ。ミーゼスは『ヒューマン・アクション』を著したとき、ニーベルンゲンを見ていたのかもしれない。「人々は、恵まれていると感じ、気前よく消費し、人生を楽しむようになる。彼らは家を飾り立て、新たに豪邸を建て、娯楽産業を援助したりするのだ[31]」

時間不整合と期間構造

ミーゼスの理論は、ニーベルンゲンでも明らかとなったように、金融的なゆがみがどのようにビジネスサイクルにつながるかを説明するものである。信用膨張（銀行が引き起こす金融インフレである）が人為的に金利を引き下げ、偽りの繁栄をもたらす持続不可能なにわか景気を生み出す。価格の発見システム、およびシグナルシステムがゆがんでいるため、消費者が貯蓄を減少させているなかで、起業家たちは投資を増やし、さらに悪いことに、投資は誤った方向へと向かっていってしまう。これらの「本当の」不均衡は、経済全般の崩壊へと繋がり、その厳しい現実に経済が対応している間、労働を含む多くの資源が一時的に使用されなくなるのだ。

ミーゼスの理論を実際の金融界に適用するにあたって、現実的なものとなるよう二つの手を打つ。一つは、オーストリア学派の書物でよく議論されるように、「特定の」金利ではなく、複数の金利が存在するという前提に立つ。もう一つは、金融界の投資家の多くを説明するに、指数割引という一般的なアプローチよりも、第6章で議論したように、双曲割引モデルを用いたほうが良いという前提に立つ（ミーゼスとその後継者たちはこれらの用語を使うことはなかったが、一般的な指数割引という枠組みでは説明できない、時間不整合に言及することもなかった。皮肉なことに、すでに述べたとおり、ベーム・バヴェルクはこの「現代的な」研究の多くを予測していたようであるが、彼の後継者たるオーストリア学派の経済学者たちがそれを発展させることはなかった）。一般的なオーストリア学派の理論に微調整を加えるにしても、われわれはミーゼスのビジネスサイクル理論の精神を心にとめるとともに、昨今の不況の多く、そして、その他のことについて経験主義的な考察を提示できる立場にある。

中央銀行は、国債を購入すること（「公開市場操作」と呼ぶ）でマネーサプライを増大させ、利回り曲線を右肩上がりにする強力な力を発揮することには、すべての経済学者が同意するところである。直観的に言えば、これは、より多くの通貨を創造することが長期的な価格インフレを高進させ、長期的な名目利回りを高めるからである（つまり、ＦＲＢが動かせるのは、価格インフレの比率一般、要は「名目」金利だけであって、「実質」金利を変化させることはできないということだ）。今日の「量的緩和」策も、その効果は限定的である。なぜなら、中央銀行が取得する長期債が増えれば増えるほど、「刷り出す」通貨量も増大し、投資家が期待する価格インフレも高まる。そして、それらすべてが利回り、特に満期の長いもののそれを押し下げようとする試みを自滅させてしまうからである。

中央銀行が人為的に引き下げられる金利は、利回り曲線の左方に集中しているため、金利低下後の最大のスプレッド、または最大の裁定機会は、狭い範囲の投資または生産に限られることになる。これはまた、現在の生産資本に短期的な収益機会をもたらし、結果として、既存の資本に対する権利（つまり、株式市場）が、その投下された資本の収益、さらに言えば資本に対する権利が生み出す収益が、低下した資本コストを上回らなくなるまで買い上げられる、ということだ。しかし、最も壊滅的なのは、資本の新しい所有者がその価値が低下していっても手放すことを望まず、現在の利益を追加的に得ようとし、さらに買い増そうとした場合である。彼らは、一定期間（金利が短期金利ほど下がっていない期間）は収益を生まないような資本へ投資しようとはしないため、より迂回的になることはない。したがって、株式やその他のリスクが高い長期債へ過剰なまでに集中する。それは中毒と言ってもよいくらいのものだ（「満期のミスマッチ」）。そこには、急な利回り曲線への抑えきれない誘惑があるのだ。辛抱強く、迂回的な投資家を生み出そうとしたことは、その対極、極めて投機的な「キャリートレード」に勤しむ投機家を生み出してしまうのだ。

筆者が説明したように、これらの傾向は大多数の投資家が時間の経過とともに割引率を大幅に低下させることで増幅される。これは、主流派の経済学者が今日「双曲割引」という言葉で表現するものである（第6章参照）。すべての金利が均等に低下したとしても（「特定の」金利しかないのであれば、デフォルトを仮定する）、投資家が双曲割引と呼ばれる特性を有していれば、全般的な金利低下は結果が早く訪れるプロジェクトの予想価値を上昇させることになる。

双曲割引が示すのは、指数割引で暗に仮定したように、ある「ゲシュタルト（gestalt）」の間隔（首尾一貫した方法）で、割引率を処理することはないということだ。むしろ、割り引きというのは、極めて連続的・異時的なものである。今から来週まで待とうとするためには、今から明日まで、明日から明後日まで、と待つことが求められる。そして、双曲割引の定義どおり、最初の日は耐えるのが辛いと感じるが、その後に続く日々についてはより容易だと感じるのだ。しかし、後の日々に到達するためには、最初の日々をやり過ごさなければならないのだ（これが連続ということだ）。

つまり、当初（今から明日まで）待つことに不満を感じるとしたら、たとえ最後まで（今から一週間後まで）待った場合に大きな満足が得られるのだとしても、後の段階（今から六日後または七日後）まで待とうとはしないだろう、ということだ。我慢した見返りとして早い段階で与えられる「マシュマロ」が少なければ（幼稚園児の実験を思い出されたい）、さらに待ってより多くのマシュマロを手にすることなどないであろう。

マシュマロを求める投資家たちは、遠い将来により大きなマシュマロをたくさんもらうことよりも、小さくても今すぐにマシュマロを手に入れたいという思いを強くする。標準的な指数割引では、さまざまな満期の金利が全般的に下落すると、通常「最も長期の」プロジェクトの現在価値が顕著な反応を示すが、双曲割引では、短期のものが一番反応するのだ。直近の割引率がより大きい（つまり、最もせっかちな）ので「キャリートレード」が最も魅力的になるのだ。これは、ベーム・バヴェルクが言うところの「短い」プロジェクトに投資家が資金を振り向けるということを必ずしも意味するのではない。つまり、長い資本の蓄積期を経過した、すでに稼働している生産を含めるか、短い生産期間を含めるかは重要ではないのだ。「収益を実現する速さ」こそが重要なのであり、それゆえ人々はすぐに投下資本を回収できるプロジェクトに投資しがちなのである。そのため、短期金利が低く、双曲割引的な時間選好があると、投資家は既存の資本構成の所有権を買うことに向かい、けっしてゼロから事業を始めて、完成するまで待つ苦労などしたがらないのである。

また、近視眼的な投資家たちは、投資したものから直接的に収益を獲得しようとするため、その効果が雪だるま式に大きくなるのだ。新たに取得したり、拡張したりした事業に再投資することよりも、高い配当金や自社株買い（今日見られるように、そのために借入をしたりするのだ）を通じて現金を吐き出したり、または単に「現金にあぐらをかこう」とするのだ（投資家が「高配当投資」への戦略を変更すると、企業はその投資家を引きつけるために調整し、将来の発展が搾り取られていくのである）。したがって、起業家も投資家も、ミーゼスがインフレについて語ったのと同じように、資本を費消しているのである。興味深いことに、「人為的な」低金利のもとで高進する近視眼症状は、「自然の」貯蓄がもたらす低金利とは正反対の症状である。貯蓄によってもたらされた本当の金利低下は、資本の蓄積、より迂回的な生産、そして経済の成長へとつながる。一方で、信用インフレによる人為的低金利は資本の浪費と経済の後退につながるのだ。

信用インフレが起こると、短期間で調整が行われ、これまで収益力がないように見えていた投資対象に資金が向かい、その新たな投資が利回り（または、資本投資に対する「金利」収入の比率）を、さらに低いものへと押し下げていく。「これ」こそが、オーストリア学派だけが注目するにわか景気の側面である。しかし、筆者は、よりバカげたマルインベストメント（低金利もしくは量的緩和によるバブル投資）は、低金利が制度全体のなかで裁定される最初の崩壊のあとに行われると考えている。人々が近い将来を、遠い将来よりも大きく割り引くという事実によって増幅されて、経営者たちは現時点で可能なかぎり自分たちの会社から搾り取る、というおかしな結果にたどりつく。つまり、彼らの即時性は増大し、会社が成長を続けるため（さらには維持していくため）に必要な資本支出を放棄するのだ。したがって、人為的な低金利は実際の貯蓄額と比較して、あまりに「迂回的」すぎるプロジェクトへのマルインベストメントに繋がるとした標準的なオーストリア学派の分析は正しい。しかし、筆者はにわか景気の別の側面を強調したい。それはミーゼスも論じたことであるが、資本ストックが実際に低下し、迂回的でなくなるということだ。この二つめの現象をもってこそ、過去ならびに現在われわれが体験している不景気の定型化した事実の多くを説明できるのである。

この点は、オーストリア学派による分析のなかで示された、ＭＳ指数が上昇した場合に起こる重大な逆説をも説明できるのだ。「流動性のワナ」という概念を持つケインズ学派も同じ問題の周りを徘徊するが、いつもどおり、彼らは本当の問題を誤認している。今日のケインズ学派は、金利がゼロまで押し下げられた場合に起こる問題を認識してはいる。つまり、現金と国債とが実質的に同じになり、ＦＲＢは「トラクション」を失い、投資を促進することができなくなるのだ。しかし、彼らは問題を誤認しているため、ケインズ流「解決策」はひどいものとなる。つまり、彼らは政府による赤字財政支出か、価格インフレへの国民の期待を高める「型破りな」金融政策を薦めるのだ。当然ながら、この処方は、オーストリア学派が正しくも指摘する資源の不適切な配分を助長するだけである。

持続不可能なにわか景気によって生じたゆがみと、その結果として避けることのできない惨劇とをかんがみると、ミーゼスが経済は「致命的に重症」だとしたのも不思議ではない。彼にとって、これは単なる頭の体操ではなく、むしろ「人類、そして文明の将来そのもの」が経済原則をどう理解するかにかかっていたのである。[32]

ニーベルンゲンに訪れた最後の審判

ニーベルンゲンでは、当面の間、利益が資本コストを上回る（少なくとも収益力は向上している）ような状態が続いていた。株価はつり上がるが、一方で企業が持つ純資産の市場価値は低迷している。したがって、ＭＳ指数は上昇していた（金利が自然に決まっている環境下では、上昇はちょっとした時間だけ見られたか、気づかないほどであった）。つまり、それを一まで引き戻し均衡させようという力ははるかに弱かった（もしくは存在しなかった）のである。不思議なことに、各部門の合計よりも、総計のほうが大きいという状態である。さらには、明らかに実物資産の不適切な配分がなされているのだ。土地は、どちらも有益に見える牧草地と森林地とで引く手あまただ。起業家たちは、乳製品製造所を建設したり、チーズ製造の設備を購入したり、と後戻りのできない投資を行っている。最後の審判の日が訪れ、崩壊が起これば、これらの投資は無に帰すであろう。

豊かさの増大と信じられてきたものが、実は信用膨張によって引き起こされたゆがみであったことがついに明らかとなったのだ。斧の原理は振り下ろされ、店舗は閉じられる。建設現場でのハンマーの音はやみ、飼いヤギは売り飛ばされる（または、処分される）。牧草地は伸び放題で、使われなくなる。乳製品製造所のピカピカの設備はほこりをかぶる。そして、森林はばっさりと切り倒され（おそらくはパルプにでもするのだろう）、植林されることはない。

ジークフリートは、価格の下落で若干の害を被り、彼が所有する土地の幾ばくかは、需要の減少で利用されなくなったが、金利が人為的に引き下げられる以前と同様に収益を上げ続けている（彼はまた騒動からも超然としていた。このわれらがヒーローには第10章で再び登場してもらう）。彼は、資本コストの低下に影響を受けることはなかった。彼の事業は、金利が変化せずとも利益を上げていたのだ。しかし、愛する村が受けた打撃を見て、陰鬱な気持ちになった。ヨハンの家の前後には「売り家」の看板が、ギュンターの家の表玄関には「差し押さえ」の看板が出ている。ジークフリートが「魔法のホルン（Wunderhorn）」を奏でても、それはあたかもニーベルンゲンで失われた夢を悼む葬送歌のようであった。

オーストリア学派の見方

オーストリア学派の見解では、現代の市場経済を定期的に悩ませるビジネスサイクルは、政

ミーゼスは、ゆがみが続くと、災いは避けられないと指摘した

府による通貨および銀行制度への介入の結果と考える。ミーゼスが教えてくれたように、にわか景気にいったん火がついてしまうと、崩壊は避けられない。問題は、それが「いつ」起こるか、ということだけだ。不景気から抜け出すために支出を促すような典型的なケインズ流解決策を用いるのではなく、オーストリア学派はにわか景気そのものを避けようとするのだ。中央銀行の緩和策に踊らされたにわか景気が長く続けば続くほど、そして資本構成がゆがめばゆがむほど、やがて来る崩壊はよりひどいものとなるのだ。

ここまでで、われわれが寓話に利用し、現実世界にも適用可能な概念に、ビジネスサイクルのなかでゆがみを生じさせる力が働いていることを見いだしたミーゼスの名にちなんで、ＭＳ指数と名付けた理由がお分かりであろう。ミーゼスやほかのオーストリア学派経済学者の見解が、優れたものであることは明白だ。第一に、当初は逆説的で、バカげているようにも見える金融政策がなぜ継続的に一を上回る比率をもたらすかが理解できる。第二に、人為的な低金利が誘発する資本投資が望ましくないことが理解できる。さらには、生産の迂回的構造というオーストリア学派の意味深長な概念をもってすれば、どのような「種類」の投資が大切なのかを知ることができるのだ。

市場プロセスの勝利

ルートヴィヒ・フォン・ミーゼスは、一九五四年に教壇に立ち、「市場はプロセス」であると宣言したとき、彼はわれわれが介入によるゆがみのない、自然なシステムのなかで暮らしているなどという幻想を持ってはいなかった。一九五四年は、ＦＲＢの発足から四一年目であり、当時は緩やかな景気後退を体験した経済（その後の一九五八年には、短くも過酷な景気後退を経験する）を、インフレを抑制しながらどうにか「管理」しようとしていたときである。オーストリア流ビジネスサイクル理論の生みの親であるミーゼスは、インフレと景気拡大がデフレと景気縮小よりもはるかにひどい、破壊的な結果をもたらすことを知り尽くしていた。彼が『ヒューマン・アクション』に記したように、「景気拡大は、マルインベストメントと過剰な消費によって、希少な生産要素を浪費させる。景気拡大が終わると、それが残した残骸を一掃し、回復するための飽き飽きするようなプロセスが必要となる。一方で、景気縮小は、マルインベストメントも過剰な消費も生むようなことはない」のだ。景気縮小期には、経済活動は縮小し、消費財も生産要素も消費されなくなる。これが終わりを迎えても、資本が費消される人為的な景気拡大の高揚期のような痛みを伴う治療を必要とすることはない[33]。

破壊的なまでの資本の費消は、単なる過剰な支出ではない。それは文明そのものを維持し、さらには進歩させるために必要な資源を、現在と、そして将来の世代から奪い取る致命的なウイルスである。建設的な資本蓄積は、過去に対する感謝の念と将来に対する責務とを全うするための異時的遺産であり、それ自体がプロセスであるのだ。ミーゼスが記したように、「われわれは今日に至り、その恩恵を受けている資本財を自らの資本で築き上げた父祖たちの、光栄なる継承者なのである。電気の恩恵を最も受けたわれわれ世代は、漁網やカヌーを作りだし、仕事の時間の一部を遠い将来の準備にささげた、かつての漁師たちの積み重ねた努力のおかげを今もって受けているのだ。もし彼ら伝説的な漁師の息子たちが、漁網やカヌーなどの中間財を新たなものと取り換えることなく、使い果たしていたといたら、彼らは資本を費消してしまったことになり、貯蓄と資本蓄積はやり直しとなっていたのだ[34]」。

ゆがみは残り、資本は迂回的な資本生産に害が及ぶまで費消される。しかし、プロセス、つまり市場は継続するのだ。第8章で見るように、森林から市場まで、自然のシステムは継続的に均衡を求め続ける。介入による障害や遅れが生じても、この均衡を再構築しようとする力を止めることができない。焦土と化すような破壊力ある過剰資本をシステムから排除しようとするには、痛みが伴うかもしれない。しかし、この自然のシステムは常に活路を見いだすのである。

第8章 恒常性――ゆがみのなかで均衡を求める

恒常性システムは、その性質からして常に流動的であり、ある方向に行きすぎると自ら調整を図ろうとする。けっして静的ではなく、継続的な発見プロセスを通じて動かされ、自ら観察することで得た情報に基づき、均衡を図ろうとする。「恒常性」という言葉は、何もオーストリア学派創設の父たちだけが使ってきたわけではないが、定常化したり、崩したりする起業家の力という経済における機能を観察する、学派の思考に深く定着したものである。オーストリア学派が、昨今の行動科学者による「発見」（特に双曲割引に関する研究）の多くを予想していたように、オーストリア学派の市場のプロセスに対する理解は、現代のサイバネティクス、つまり、システム内のコミュニケーションや制御に関する研究にも適合する。

森林から市場に至るあらゆるシステムは、自然な状態であれば、その内部統制と誘導を通じて均衡を達成する。それは市場の売り手と買い手、木々と森の草食系捕食者（特に、火事）、または消費者の需要に応えるべく、いつ、どのようにして迂回的になるかを決断する起業家といった、さまざまなプレーヤーたちの相互作用によって変化する状況を、内的に伝達・反応するシステムそのものの能力に依存したものである。システムのなかでは、エラーが起こり、資源は入れ替えが必要となる。つまり、われわれは取り組むものが森林であれ、工場であれ、または銀行であれパン屋であれ、独立した個々のエラーは発生するのだ。

フィードバックループや依拠すべき正確な（操作されていない）情報が保たれているかぎりにおいて、プロセスは自立したものとなり、その結果として、投資のための貯蓄や木々のための日光や土壌といった一定の資源のもとで相応しい成長を生み出すのである。しかし、このシステムに介入し、統制しようとすると、意図したものとは対極の結果がもたらされる。つまり、秩序や均衡ではなく、やがて崩壊へとつながるゆがみが生まれるのである。

このフィードバックループ機能がないと、システムは、あたかも家のなかを溶鉱炉のように熱く、冷蔵庫のように寒くする狂った温度自動調節機のような状態になってしまう。フィードバックループがゆがみや操作によってショートしてしまうと、システムはその誤りを正すのではなく、それを助長し、不適切かつ不健康な成長がシステムそれ自体に取って代わるようになってしまうのだ。こうなると、システムが崩壊してしまう。予想される消費者の需要に基づいてより迂回的な生産に投資するのか、それとも現在の高い需要を取りにいくのか、という起業家の判断が断ち切られてしまう。つまり、木々は、健全な成長を可能とする生態系の限界を超えて繁殖しようとするのだ。しかし、たとえ均衡が崩され、制御する力が衰えたとしても、システムの恒常性は再び現れ、伝達と制御する力が再び生きてくるのである。

さてここで、読者を悩ませるであろうわれわれの議論の一側面について明らかにしなければならない。つまり、機能しているときには気づかないシステム内部の「伝達」をどのようにとらえることができるのだろうか。そして、システム内での「成功」や「失敗」をどのように定義付けできるのだろうか。温度自動調節機であれば、それは設計者である人間が作ったものであるから容易であろうが、生態系の場合はどうであろうか。そのような議論は、市場経済そのものには相応しくないと思われるかもしれない。市場は、オーストリア学派自身が強調しているように、一人の人間や専門家たちによって意識的に計画されるものではない。

あり得る誤解をなくすため、ここでの議論ではサイバネティクスの文献（章の後半で探求する）にある概念や用語を使っていることを記しておきたい。サイバネティクスの先駆者は、自己制御するフィードバック機構を「目的論的（teleological）」なものと表現した。この言葉は、メカニズムが目標や目的を持っていることを示唆している。これに対し、後の批評家たちはシステムは単に「目に見える」目的を示しているにすぎないと強調するために、「目的論的（teloonomic）」（第4章のフォン・ベーアのくだりで触れた）という異なる用語を用いたことも確かである（例えば、現代の生物学者の一般的な考えでは、進化は目的論的（teleonomic）な過程となる。それは、生命体には素晴らしい秩序や自己制御機能が内在しているが、おそらくは意識的に作り上げられたものではないからである）。しかし、そのような区別はわれわれにとっては不要である。筆者はルートヴィヒ・フォン・ミーゼスが「ヒューマン・アクション」と呼んだ市場参加者の「意図的」、目的論的な振る舞いに焦点を当てているのだ。これらの意図的な個々による、より広い市場での相互作用について言うならば、オーストリア学派でさえ、それが生み出す結果については「合理的」なのか、「自発的秩序」なのかという点についてはあいまいにしている。しかし、私的所有権と自由市場を前提とする資本主義は、それぞれ主観的な目的を持った多くの個々人の間に広がる局地的な情報を結集するための特別な機構として機能するという考え方には議論の余地は「なかろう」。システム全体が持つ平衡力、つまりフィードバックのメカニズムをよりどころとする市場の能力こそが筆者が本章で着目するところである。そして、金融危機とその後の不景気について議論するとき、読者が事の「善」と「悪」とを理解することに困難を感じることはないであろう。

市場の目的論

前章のニーベルンゲンの物語で、市場のプロセス、にわか景気とその崩壊に関するいくつかの真実を探求してきた。本章では、同じ話題を恒常性という視点から議論してみたいと思う。にわか景気が起こると、恒常性という目的論的、目標探索メカニズム（まさにカントが言う、「目的論的メカニズム」）がシステムを定常的な状態、現実的な状態に押し戻すまで、資産は持ちこたえられないほどに蓄積され、競り上げられていく。強欲な投資家の一群を再調整の過程の一部として見いだすことは難しいかもしれないが、それこそが現実に起きていることである。市場は指針なくさまよっているのではない。それは、無目的に急降下しているように見える鳥の群れであり、そこに隠されているのはナビゲーターとしての彼ら自身の存在なのだ。第7章で見たように、起業家的な誤りは無作為に起こるのであるが、起業家的プロセスは、意志ある者たちがシステムの変化に応じた一連の原因と結果をもたらすわけで、それ自体は目的論的なものであると言える。システムそれ自体が、定常性つまり安定を求めて動き、「努力」するのだ。市場をこのように理解すると、投資に対しても目的論的取り組みをすることに利点があることが分かる。それは、われらがヒーローのジークフリートが行い、オーストリア学派の投資法（オーストリア流投資法）ですするように、資本投資は異時的プロセスであるという理解に基づいた手段と目的の戦略を用いた投資である。

市場の恒常性という性質（ミーゼスが教えてくれたように市場は「プロセス」である）を観察し、理解するためには、市場を無作為に起こる衝撃（例えば、落雷で火事になる）の不運な被害者として振り回されるものだという解釈を改めなければならない。現在進行している発見プロセスのなかでそれらの衝撃に適応しようとするシステムの現実を受け止めなければならないのだ。

しかし、明らかな二律背反がある。一方に、物事は自然の状態でどのように機能すべきなのかという問題と、もう一方に、なぜ、そしてどのようにして物事が機能不全に陥ってしまうのか（欠陥は常に外側からの操作があり、システムそれ自体にはない）という問題だ。さらにそれは多くの人々の目に映っているものではない。彼らは目の前にある一本の木に目を奪われているがゆえに森を見ることができないのだ。そうすることで、被写界深度を失い、何世代にもわたる木々や、将来の森の成長度合いを異時的にとらえることなどできなくなるのだ。

たいていの場合、特に今日は、制御し、避けようとして目の前の衝撃や火事にばかり目を奪われるのだ。その願望が、均衡を保たんとするシステム本来の統治者の邪魔をし、悪気もなく蹂躙している可能性もある。そうなると、状況はより悪化する。こうして、われわれは自然のプロセスよりも官僚の権力に対する盲目的な信頼に屈してきたのである。

一方で、われわれはオーストリア学派経済学者や、ミーゼスの弟子であるフリードリヒ・ハイエクの言葉に耳を傾けることができる。ハイエクは「どうして物事がうまくいかないかを問う前に、どうしたら物事がうまくいくのかを説明しなければならない」[1]と述べている。恒常性は物事が「うまくいく」ためのプロセスである。進歩する経済（象徴的に用いられる「うまくいく」というのは、つまり、どのようにしたら健全な方法で「うまくいく」のかということである）での迂回的な資本蓄積のなかで、恒常性に「勢」を見るのだ。自然界における池の波紋と同じように、自己復元的な動きを通じて均衡を回復していくシステムの特性である。道教の逆転、剛なるために柔、強なるために弱、進むために退くといった物事を逆からとらえる考え方、そして勝つために負けるというクリップパラドックスを思い出す。しかし、異時的均衡は、伝達と制御とが自然に機能する場合にのみ達成されるのである。

イエローストーン効果

恒常性を研究し、自然のシステムのなかにそれを見いだそうとしたとき、われわれは再び初期の教育手段、自然の教室である森に立ち返ることになる。まずは、第２章で取り組んだダイナミズムを思い起こそう。最初はゆっくりと成長する針葉樹が、成長が早く、日光をさえぎる被子植物のなかで生き延びようとしたときに起こる正面からの競争である。自然の森林（森林管理が行われない）では、利用可能な資源を巡る終わりなき競争が複雑な恒常性プロセスの一環であり、そのなかで被子植物は競争から抜きん出られる（少なくとも早い段階では）主だった肥沃な土地を、しばらくの間は占拠し、一方、針葉樹はほかの種が生息できない岩がちで、荒れた僻地に根を下ろしていくのである。被子植物が支配的な森林でひとたび過剰繁殖を起こすと、小規模な山火事が起こりやすくなる。そして、山火事が起これば、土地は開かれ、忍耐強い針葉樹が再び種をまく道が開かれるのだ。これは、森林に見られる継続的・異時的転換である。山火事で開かれた土地に風に乗った種子が飛んでくるだけでなく、多くの針葉樹が持つ樹脂で固められた松ぼっくりも炎やその熱で開かれるのである。このシステムは、不適切な成長を制御し、森の「貯蓄」とも言える利用可能な資源と均衡を保たせるための自然の調整を行っているのだ。

これは、成長の早い被子植物という競合のなかに誤って種をまかれてしまった針葉樹のように、森林が「採用のボトルネック」を体験するときこそ重要となる。若い針葉樹は、成長を加速させるに十分なまで成長することができず（われらがカメはウサギになれない）、病気になり、文字どおり弱々しく資源を分け合い、山火事に対して脆弱な状態となる。そして、炎が広まると、これら発育不全の木々は一掃され、資源は再びより健全な成長に向けて再分配される。したがって、山火事はただ破壊的なだけではなく、カタルシスであり、浄化作用であり、オーストリア学派の言葉を借りるなら「創造的破壊」の主体と考えるべきで、森林が恒常的な均衡を取り戻すためにシステムに組み込まれたサイバネティクな伝達と制御の一部なのである。マレー・ロスバードが述べるとおり、山火事は「回復のプロセス」であり、「災難とは程遠いものであり、森林が『最適な効率性』を取り戻すために必要かつ有益なリターン」なのである。[2]

しかし、小さな炎が抑えられ、防火という幻想が生み出されると、山火事は悲惨なものとなる。確かに、山火事は林業にとっては複雑な問題である。森林保護とは木々を壊滅させる山火事を抑え、防ぐことだというのは、直観的に正しく思われる。過度な簡略化を恐れずに言えば、そのような考えは今日の木々という直接的な手段に焦点を当て、何としても現状を維持しようとする「力」の戦略であると言える。迂回的な「勢」の戦略では、森林の成長が異時的に達成されるように、今現在は木々を壊滅させる山火事という異時的目的を追求する、この場合は山火事を許容しようとするのだ。特に、生態系は、気候やその他の環境変化に応じて、針葉樹と被子植物との間に常に適切なバランスを見いださなければならないのだ。

捕食者が、ほかの種の健全性を維持するための存在として重要なように（ウサギは、それらを捕らえるキツネがいないと、草地を蹂躙し、最終的に餓死してしまうかのように）、山火事は変化をもたらす自然の力なのである。生態系において生物の数が増え、それを支える資源の限界を超えると（牧草地にウサギが増えすぎる）、それは捕食関係のなかで制御されざるを得ない（キツネにしてみれば、次の食事にありつくために大して苦労しなくて済むのだ）。そして、システムが均衡に達する（ウサギが適量となる）と、捕食関係もまた制御される。彼らは腹を空かせて、他所に移るのだ。過剰繁殖した森林の場合、その制御は、最も貪欲かつ無差別な捕食者である火事によってもたらされる。そして火事は、制御機能を果たす消費者となるのである。[3]より小規模の火事は、極めて便宜的に森林を管理する。つまり、大きな被子植物に太刀打ちできない発育不全の針葉樹を含む下生えを焼き尽くすことで密度を下げ、その一方で、林冠の成長には影響を与えないのだ。

たしかに逆説的だが、林業の古き慣習は、火事を食い止めようとした結果としていっそう大規模な山火事になってしまうことを防ぐために小規模な火事は燃えるに任せておき、それを通じて森林を管理しようとすることの重要性を示している。抑圧は、やがて大きな破壊をもたらすのだ。ここでもまた「悪しき経済学者」の登場である（本書で繰り返し登場するが、要点の一つなのである）。森林管理の歴史において、一九八八年にイエローストーン国立公園で、およそ公園の三分の一以上（約八〇万エーカー）が焼き尽くされた事件以上に悲惨なものはない。それはアメリカ国立公園局史上、類を見ない悲劇であったが、その根本的な原因は火災への対応にあったのだ。

火災を鎮静させようという考えが広まったのは、アメリカで森林管理が確立されたことと関連している。一九〇〇年代初期までに、森林は保護すべき資源である、つまり、山火事はもはや許されないと考えられるようになったのだ。このアプローチの危険性はイエローストーンで悲劇的なかたちで明らかとなった。火事が一服した一九八〇年代後半になってやっと認識されたのであるが、小規模な火事は乾燥した環境ではリスクが大きすぎるので鎮静化することになった。小規模の火事を鎮静化しても、結局は制御しきれず、イエローストーン史上最大の火災へとつながったのである。この火事は、過去の例の三〇倍もの土地を焼き尽くしただけでなく、ヘラジカやバイソンの群れが夏と冬とに食べる植物が生えた土地を破壊し、さらには生態系をも変えてしまったのである。火災を鎮静化しようとしたことで、木々が互いに置き換わる機会も理由もなくなり、森林の成長は弱まり、破壊されやすくなったのだ。不当かつ脆弱な成長をした（当初から誤った播種がされ、成熟する機会すらなかった）区画が、自然の小規模な山火事によるよりもはるかに広大な地域にゆがみという犠牲を波及させたのである。これがイエローストーン効果である。[4]

ゆがんだ森林からの教訓

一九八八年に起きたイエローストーンでの破壊的な大火事は、一〇〇年にわたり自然に発生する小規模の火災すらなくすという忍耐力のかけらもない取り組みが、危険なまでに森林を脆弱にしたことを証明するものであった。針葉樹と被子植物とがあちこちに生息する一連の異種混合化で明らかなように、微弱な炎は資源を整理し、恒常的な森林の遷移に秩序をもたらすものであることが明らかとなった。均衡を求めて行ったり来たりする森林のシステムは、すべての種が一度に繁殖しようと迂回的戦略を放擲し、生き残りのための資源をむさぼって危険なまでに過剰繁殖することを避けようとする。自然界には、経済と同様に高次財と低次財との間で資源の自由な移動がなされているに違いない。人が介入することで自然の循環を妨げると、システム本来の恒常性、つまりネガティブフィードバックを起こす力が弱くなる（ネガティブフィードバックとは、均衡状態からどの程度乖離しているかをシステム内部の統治者に伝達し、統治者がそれに応答するという仕組みである）。森林管理の視点から、教訓は得られた。一九九五年の連邦原野火災管理政策では、山火事は自然界のプロセスにとって重要なものであることを確認し、生態系を放任することを求めたのである。

筆者が二〇一一年のウォール・ストリート・ジャーナルの記事を見ているかぎり、中央銀行家たちも、森林管理を行う同胞から学ぶべきことの一つや二つあったであろうと思う。偶然にも、連邦政府もイエローストーンの火災が起こる数年前に別の「火災抑制策」を講じている。一九八四年、コンチネンタル・イリノイ銀行という「大きすぎて潰せない」銀行の救済に乗り出したのだ。このあとを追ったのが、一九八七年、株式市場の暴落直後のアラン・グリーンスパンによる宣言である。ＦＲＢ（連邦準備制度理事会）は経済と金融制度を守るために資金を準備したのだ。一九八〇年代の一連の動きを通じて、ＦＲＢは世界に向けて、いかなる規模の火災も容認しないと宣言したのだ。これは「グリーンスパンプット[5]」の誕生を告げるものであった。

われわれ自身が作り出す金融の森では、抑圧はとりわけ問題であり、致命的なものともなり得るのだ。行きすぎやマルインベストメント（低金利もしくは量的緩和によるバブル投資）が華やかなるのはほんの束の間で、やがてはその脆弱さゆえに破壊されてしまうのである。たしかに、森林であれ金融界であれ、激しい「火事」は、資源を開放し、再分配する。市場においては、介入によるゆがみで避けられていた分野へと資本が向けられるのだ（第7章で説明したオーストリア学派のビジネスサイクル理論で取り組んだように、オーストリア学派はこの本質をよく理解している）。中央銀行家や介入主義者たちは、システムを無作為な衝撃により動かされるものととらえるのをやめる必要がある。このような見方をすると、システムを操作し、制御しようと考えてしまうが、それは一時的な救済をはるかに上回る長い期間の破壊につながるのだ。誤った考えを持つ期間が長ければ長いほど、より不均衡な状態となり、マルインベストメントは危険な状態に膨れ上がり、巨大かつ制御不能な大火を引き起こしかねないまでになる。密度（過度の成長）と均一性（迂回的なものではなく、すぐに回収できる高利回り商品など一種類のものが成長し、ゆがみによって「育てられる」）は、利用可能な資源を超えたマルインベストメントの証左である。森林では土地や栄養、水や日光を超えて繁殖することができないように、投資も貯蓄を上回ってなされることはない。しかし、介入が行われると、システムはそれがあるかのように振る舞うのである。これによって、にわか景気は紛らわしくも、幻想にすぎないものとなるのだ。

ここでわれわれは、政府による介入が彼らの意図するものと対極の結果を生み出しているという大きな矛盾に直面するのである。起業家と違い政府は、善意からそれをするのであろうが（筆者は世界中にいるポール・クルーグマンたちを疑わしく思っている）、システムに介入することで意図した結果を得ることはできないのだ（彼らはシステムのように、目的論的に活動することはできない）。政府や中央銀行は、システムに内在する統治者や目的論的プロセスを断ち切ることで、自然の恒常性プロセスを台無しにしているのだ。

「大きすぎて潰せない」としてみたり、株式市場が急落したときに金利を引き下げたりして、

ＦＲＢの「山火事抑制策」はより大規模で致死的な「森林火災」を招来する

市場が持つ自然な恒常性を阻害すると事態は悪化するだけで、本来ならば潰して、より生産的な取り組みへとその資源を配分すべき資産を買い支えるだけとなる（その好例が、二〇〇八年の不良資産救済プログラム、略してＴＡＲＰであろう。これは、山火事のような危機に対応するため、金融機関から株式や簿価を割った資産などを買い取るというアメリカ政府によるまったくもって不要な行動であるが、システムにある人為的ゆがみを解消しようとしたのだ。しかし実際には大惨事を防ごうとしたというよりも、ＴＡＲＰによって合理的な市場の調整を阻害したにすぎないのだが）。抑え込むことで事態はより悪化し、ダメージは急激に増大するまでになる。それはミーゼスの皮肉に満ちた見解を思い起こさせるものだ。「自動車に轢かれて傷ついた人に対して、『反対』側から轢き直してもらうなどという処方箋はないだろう」[6]

市場の荒々しい動きの原因を、群集心理の「アニマルスピリット」に帰するのは、本来の原因である政府の行動から焦点をそらすことになる。中央銀行が永久的に操作することで、金利は情報伝達手段として、また、いつ、どのように消費者に応えるべきかという起業家にとってのシグナルとして機能を果たさない、完全に無意味なものとなる。金利の人為的変化は見せかけにすぎなくなり、それによって起業家たちは実際よりも多くの資源（例えば、貯蓄）があるものと信じ込むがゆえに、マルインベストメントに精を出す結果となるのだ。金融政策は、われわれの時間選好や、経済計算を行う能力を弄んでいるのだ。ゆがみが大きくなればなるほど、それを正すための崩壊もより大きなものとなる。

二〇〇八年の金融危機は、一九八八年のイエローストーン同様に、いわゆる「管理者たち」がシステムに内在する自然の統治者たちを蹂躙しようとしていることに警鐘を鳴らすものであった。一方、「森林警備隊」の長であるベン・バーナンキ率いるＦＲＢは、あらゆる火種が破壊的な炎とならないよう抑え込んでいるのだと勘違いしていたが、実際に彼らがやったことは、過剰なマルインベストメントの泥沼に、流動性という不自然な肥料を注ぎ込み、さらに燃えやすくしただけである。第9章で議論するとおり、遅かれ早かれ火の手が上がったときには、Ｆ

RBはバケツもシャベルも持ち合わせておらず、炎に屈することになるであろう。

市場サイバネティック

イエローストーンの山火事や二〇〇八年の金融危機、さらに言えば、まだ見ぬ大惨劇は、本来起こらずにいてもよいものである。介入によるゆがみがなければ、システムは自制することができるのだ。オーストリア学派の考えでは、健全な経済成長とは消費者の時間選好に合わせた異時的生産を通して変化・適合できる不均一な資本構成のもとで起こるものである。そのプロセスのなかで起業家は、資源が最も適切に用いられる決定を下すために、価格のシグナルに頼るのだ。[7] そのプロセスがあればこそ、システム内にある利用可能な資源を求め、伝達し、反応することで恒常性は発揮されるのである。この連関への理解を促すために、われわれは「サイバネティックス」として知られる工学における学際的な制御システム理論を学んでいく。

サイバネティクスという言葉は、パイロットや統治者を意味するギリシャ語の「Kybernetes」、操縦する、統治するという意味の「Kybenan」に、その語源がある。サイバネティクスは、欠陥の発見やフィードバック（特に、システムがいつ、どの程度均衡を失ったのかを伝えるネガティブフィードバック）への反応を通じてシステムを制御するサーボ機構（一般には「サーボ」と呼ばれる）の働きに焦点を当てている。分かりやすく言えば、サイバネティクスとは、蒸気機関の調整器や温度自動調整器、血圧や血糖値を調整する機能（健全な血糖値を維持するためのフィードバックプロセスに欠陥があると、糖尿病になる）を通じてサーボがどのようにシステム（機械から人体に至るまで）を制御しているか、ということである。

数学者のノーバート・ウィーナー（偶然にも彼の苗字はウィーン人という意味であるが、彼はミズーリ州出身だ）は、サイバネティクスの祖であるが、彼は恒常性を「生理学的現象として例示されるだけでなく、システムの継続に絶対不可欠な、ある種のフィードバック」のプロセスだと考えた。[8] フィードバックは重要で、正常であるために必要なちょっとした修正を行うためにシステムに内在していなければならない。ウィーナーが挙げる凍結した道路を走る車の例と同じように、そのような修正は常々起きているのである。車の運転手は、車輪を常に動かすことで、大きなスリップを起こすほどではないにせよ、「車はスリップする危険があり、それに応じてステアリング操作という手段を制御している」というフィードバックを自身の運動感覚に伝えているのだ。[9]

「情報フィードバックによる制御」という概念は直観的に理解できる。特定の環境下で作動するために、「その環境」という情報をインプットし、ある一定の条件またはその条件の変化に対応するために継続的に調整をしていく。すべての動きがその瞬間の均衡への反応であり、けっして不変であることは求められないが、新たなギアチェンジやステアリング操作が求められるまでは現状を継続するよう求められる。また、恒常性のプロセスで求められる均衡を「吸引流域」という視点からとらえることができる。これは伝統的な「勢」のイメージをもって説明するのが相応しい科学的な概念で、谷底に落ちるためだけに急勾配の坂を押し上げられている大きな岩のイメージである。同様に、システムが混乱すると、それを均衡状態に戻そうとする力が働くのだ。これは、時間選好の変化やイノベーションによっても混乱する自然な状態の市場のような小さな領域で起こっていることである。

ウィーナーは、自然を引き合いに出して、システム内で釣り合おうとする力の前後運動と、マングースとコブラの戦い（「太極拳」の創設に霊感を与えたと伝えられるカササギとヘビの戦いを思い起こさせる。今回は残念ながらヘビがやられる番だが）を比較している。マングースのほうが動きが正確で早いという証拠は何もないのだが、必ずコブラに必死の一噛みを食らわすのだ。マングースは独自の目的論的・多段階的戦略を持っている（第5章で登場したスカッシュやホッケーの選手と同じように）。マングースは、まずヘビを挑発するようなフェイントから始める。それはどうにか避けられる程度のものであるが、次々にフェイントをかけ、徐々に「リズミカルな動き」へと続いていく。マングースの動きは徐々に速くなり、コブラが伸び切り、脳天に必殺の一撃をお見舞いできるところまで続くのだ。[10] マングースの迂回的戦略のなかに、サイバネティクス戦略がある。過度に制御せず、抑えつけすぎず、システム自身に失敗させ、都合の良いときに回復させる。まさに「為無為」だ。

ハイエクは、経済ではネガティブフィードバックを通じて、個々の参加者の「相互調節」がなされていると述べている。[11] 政府や中央銀行による介入は、このネガティブフィードバックをせいぜい「遅らせる」のが関の山で、フィードバック自体を排除することはできない。しかし、人々は市場をポジティブフィードバックシステムだとみなすことがしばしばである。ポジティブフィードバックシステムは、ある力を一定の方向に向けて（モメンタムのように）自己増強していくものである。しかし、ポジティブフィードバックシステムは、市場の実際の動きとはまったく逆のものである。市場がポジティブフィードバックシステムとなるのはゆがむときだけで、それも一時的なものだ。ポジティブフィードバックプロセスだけを見て、皆のまね事のような戦略（モメンタム戦略やキャリートレードなど）を取ろうとするのは、見えるものからの外挿にすぎず、人為的な低金利によってさらに狭められた被写界深度の狭さを示すものである。一見分かりにくいかもしれないが、市場の崩壊は、ネガティブフィードバックシステムが稼働しているということなのだ。近似的なポジティブフィードバックの道程は目の前で展開されているが、人々が市場が持つネガティブフィードバックという性質を理解すれば、その道程も、目的に至る手段として理解できるようになる。

サイバネティクスのフィードバックループでは、「エントロピー」（存在する無秩序の量）を検出することで、システムが秩序を失うことで崩壊してしまうことを避け、その構造を維持しようとする。それゆえ、自然な状態に置かれた経済においては、金利の上昇が迂回のブレーキとなる（奇妙なことに、第７章で「資本消費」について論じたとおり、人為的な低金利もそのようになる)。金利が上昇すると、より深遠で長期的な資本構造を積み上げるのにより多くの費用がかかるようになる。金利が人々の本当の時間選好とその結果として生じる行動を反映するならば、問題にはならない。正しい、言い換えれば「自然な」市場金利は、その定義からしても、貯蓄者が貯蓄期間を延ばそうとしたときにだけ(貯蓄者が、低い金利でより長い時間貯蓄しようとするとき)、起業家がより長期にわたる生産を「待つことができる」よう調整されるのである。しかし、この伝達が壊れ、金利が全般にわたって(長短金利差が大きくなるとさらに悪化する)押し下げられる(経済の実態とは無関係に)と、低い金利の結果の一つとして、人々はたった今待つことを非常に不満に思うようになるのだ(人々が本能的に求めるよりも低い金利の場合は、まったく待てなくなる)。こうして、人々は、将来得られるであろう、より多くのマシュマロなど目もくれず、目の前にあるマシュマロに「引っかかってしまう」のだ。それゆえ、第6章で見たわれわれの近視眼的な時間不整合ゆえに、イールドカーブ全体が等しく下落するという明白なパラドックスが、即座に回収できる既存の資産に対して人為的な刺激を与えることになる(手っ取り早いモメンタム取引や配当戦略などだ)。普通に考えれば、長期的なプロジェクトこそが需要を急拡大させると分かっていたとしてもだ。無秩序が君臨するのだ。

どのように物事が「うまくいくか」

オーストリア学派に倣うことで、定常性を求める自然の市場が介入の「ない」状態でどのように機能し、また圧力弁が最終的にゆがんだシステムを制御するように、「崩壊」は「にわか景気」を相殺する調整であるとわれわれに理解させるものであり、そしてゆがんだシステムはいずれ貯蓄、投資、そして信用という統治者によって圧倒されるということを学んできた。さて、ここに堰き止められた水が沸き上がる道教のイメージが想起される。ただ、今回は人工的な堤防によって抑え込まれていた水がもはや制御不能となり、その性質のまま自由に流れ、均衡を求める姿である。

ハイエクは、情報がとらえられ、作用していく経済にサイバネティクの性質を見いだし、これをオーストリア学派の理論と結び付け、確たるものとした（幅広い知識なくして、起業家は資源の適切な配分がいかなるものかを知ることはできない）。「それゆえ、すべての経済的秩序は、価格を指針またはシグナルとして用いることで需要に応え、赤の他人の持つ能力を利用できるという事実に依拠しているのだ」とハイエクは記している。増大する世界の人口をまかなうに十分な、高度な生産手段を構築するに必要な洞察は、価格という形で得られるのだ。「基本的に、価格は、目に見えない多数の個人の努力の集合体が示すシグナルであるという考え方は、ある意味で現代のサイバネティクス理論であり、私の研究を裏付ける主たる考えとなったのである」[12]

ハイエクは、アダム・スミスを称賛した。いわく、彼は「人類の経済システムの成功は、無数の個人の行動を調和させようとする、意図せざるプロセスの結果であることを基本的に理解していた」[13]。スミスやほかの人々が取り組まなかった点を、自らの責任として続けた。つまり、不完全ながらも、正しく機能しているシステムが出すシグナルに見いだせる情報の価値を他者に知らしめようとしたのだ。ハイエクが述べたとおり、競争とは発見の手続きだけでなく、選択のプロセスでもあり、それによって起業家は、機能する戦略を選び、機能しないそれを排除しながら、サイバネティクスのネガティブフィードバックメカニズムとして[14]、選んだ戦略を遂行するのである。つまり、ハイエクが指摘する市場は、起業家の考えの系統学的進化、または「市場における進化」のプロセスとみなすことができる。

市場の「静止状態」というミーゼスの概念（筆者にしてみればトレーディングピットでの小さな騒動についての考え方だが）にハイエクのサイバネティク概念を適用することができる。第1章で述べた、絶え間ない自己調整行動としての価格競争（Preisekampf）を思い出してほしいのだが、それは常に誤りを犯すが、「明白な静止状態を求めることで、常に揺れ動く」のである。[15]断続的に訪れる静止状態は、新たな情報や環境を踏まえた自己修正による再調整の結果であり、一定の環境のもとで、まだ見ぬ最終的な静止状態に達するのだ。それは、システムを定常へと導く、起業家による無意識の責務である。

フリードリヒ・ハイエクは一本の木から森林経済の発見プロセスを見た

自主的秩序

メンガー（彼の前にアダム・スミスがいる）に始まり、ハイエクによって花開いたオーストリア学派が「自主的秩序」と最初に呼んだものは、物理学の分野で徐々に流行し（社会科学から自然科学へと移り変わった最もまれな例だ）、「サイバネティクス」の名に始まり、「複合適応システム」「自己組織性」、そして「創発」へと移り変わっていった。[16]

自主的秩序は、国家による介入のように上から下への制御ではなく、個人の役割を重視する下から上へのダイナミクスのなかで、活動主たちの相互作用から生まれる秩序であると考えられるであろう。この内的制御に言及するにあたり、ハイエクは「経済」という言葉に替わる「カタラクシー（Catallaxy）」という言葉を生み出した。自主的秩序は、一見極めて無秩序に見える組織が偶然にも目的を持って設計されたもののように見えるかもしれない。それはあたかも、動物の群れやダグラス・ホフスタッターのアリの巣の秩序に見られる隠れた社会的調和が首尾一貫した精神を生み出す神経細胞に見えるかのように、だ。[17]

自主的秩序という概念は、われわれを再び道教の世界へと連れ戻す。ミーゼスの弟子であるマレー・ロスバードは、紀元前四～三世紀、中国戦国時代の道教の師である荘子を、「『自由放任』と国家支配への反対」に情熱を注いだ老子を継ぐ人物ととらえ、自主的秩序という考えを明確に示した最初の人物だと称賛している。秩序とは物事が放置されたときに自然と成し遂げられるものとする彼の考えは、二〇世紀に至りハイエクによって昇華される。明確なリバタリアン思想を主張する荘子は、「国家は大規模な山賊だと看破した最初の理論家であったかもしれない。コソ泥は刑務所送りになる。偉大なる山賊は国家の支配者となる。国家支配者と煮ても焼いても食えぬ強盗の首領との違いはただ一つ、略奪行為の大きさである」[18]。

自主的秩序は、介入から純然たる社会主義に至るまで、上意下達の統制によって（これまで見てきたとおり、時に危険なまでに）阻害される。市場同様の複雑さを持つシステムを人為的に統制することはできない。ご承知のとおり、迂回生産はあいまいかつ不確かであっても、将来の優位性、「勢」に集中することを求める。しかし、逆説的ながら、介入主義によるゆがみは迅速かつ確実な結果「力」を追い求めるのだ。

ゆがみ

ゆがみは、経済成長の単なる副産物ではないことはご理解いただけただろう。むしろ、最も重要なのは、それが一時的な現象であるということだ。特に、オーストリア学派は、一九一三年にＦＲＢが創設される以前から存在した中央銀行という存在を頂点とする政府による、人為的な信用膨張の保護こそが景気循環の原因だと考えている。一九一三年のＦＲＢ誕生に基づいてＡＢＣＴを批判する人々は、過去の信用ブームのニュアンスを見落としている（ロスバードの博士論文は一八一九年の恐慌に焦点を当てている)。オランダ人がチューリップの球根への投機に狂乱した史上最大のバブルともいわれる、一六三〇年の有名な「チューリップバブル」でさえ、中央銀行こそなかったにせよ、金融のゆがみによって引き起こされたものである。当時オランダには、アメリカ大陸産の金または銀を持つ者は自由に硬貨を鋳造してよいとする「自由鋳造」という政策があったのだ。一六三〇年までに、アムステルダムでの硬貨および地金の供給量は市場の需要を大きく上回って増大し、それがマルインベストメントと投機へとつながったのである。[19]

したがって、チューリップの値動きは、熱狂を生み出した感情の波によって引き起こされたわけでない。それでは原因を見誤っている。それはむしろ、ニーベルンゲンの物語そのままに、極度に集中した巨大な資産インフレを促したマネーサプライの増大によるものなのだ。これで、われわれは経済学と市場の機能とを理解できるようになる。つまり、経済学がでたらめだからこそ国家による介入を呼び起こすのであり、市場の自然の目的論的盛衰は恒常性プロセスによって起こるのである。

筆者の考えを明確にするため、景気サイクルはレバレッジに依存すると説明しようとしたアメリカの経済学者ハイマン・ミンスキーとの対比を行ってみたい。簡単に言えば、市場が調整されることなく長期間にわたり上昇を続けると、金融部門全体のレバレッジが徐々に増大し、システムを今だかつてないほどに脆弱なものとしてしまうのだと信じ込んでいた。ミンスキーの主張は、景気循環の特徴の一つを描き出すものとしては許容できるが、現象それ自体は「説明」していない。対照的に、オーストリア学派は、人為的な低金利がどのように持続不可能な好況（自然な金利環境下では非生産的な事業に、過度な借り入れを起こして投資する者に特徴付けられる）と、必然の結果としての崩壊とを助長しているかについてはるかに満足のいく理論を展開している。

生来の不安定さと予測不可能な暴落というミンスキーの考えは、彼を擁護するケインズ派の人々にとっては長所の一つとなる。実際、ケインズ派には二つの主要な流れがあり、ともに一九三六年にジョン・メイナード・ケインズの論文にある異なる主題に由来したものである。一方で、総需要と不本意な失業（机上の空論だ）という率直かつ決定論的なシステムがある。と同時に、ケインズの散文には、市場、特に資産価格については予測不可能であるとの一説がある。さらに、有名な「アニマルスピリット」と、株式市場をカジノや、参加者は現実ではなく「一般的な意見」に基づいて投票するというゲームになぞらえたケインズの主張がある。後者の世界観では、にわか景気とその崩壊に対するミンスキーのあいまいな対応は正しいことになる。なぜなら、多くの経済学者が信じたいであろう方法で論証できる「原因」など本当は存在しないからである（この点は第９章で述べる）。

砂の堆積効果

レバレッジによる急上昇が崩壊の下地になるというミンスキーの信念は、砂の堆積効果という古典的な例によって表現される、動的システムにおける自己組織化臨界現象という考えに似ている。かなりの高さになるまで一粒一粒が積み上がっていくのだが、ある点まで来ると、次の一粒が崩壊を引き起こす臨界点に達し、そして雪崩が起きる（ことわざにある、ラクダの背骨を折る藁である）。この基本的なセルオートマトンモデルは、山火事のモデルや、株式市場の暴落にも同様に適用できる。実際に、暴落を、システム全体の臨界的地滑りとみなすことが流行にもなっている。しかし、これらの見方やミンスキーの分析は的外れだ。市場の恒常性プロセスは、まずそれを機能させないようにする外部からの介入によって破壊されるのだ。特に、臨界は内部の繊細なカスケード網として自然に大きくなる、システム内部の付帯現象ではない。むしろ、それはサイバネティク機能内部での伝達と制御の失敗であり、一時的な策略によって当初から不健全な芽が伸びていたのだ。

「ミンスキーモーメント」という金融の専門用語は、今では資産価値の急落を指すものであるが、それは表面的な好況期に積み上げられたレバレッジの結果起こるものである。繰り返しになるが、この説明はオーストリア学派のビジネスサイクル理論と「一致」するが、重要な問題は答えられないままとなっている。つまり、市場が持つ通常のネガティブフィードバック機能が突然機能しなくなるのはなぜか。個々の起業家が間違いを犯すのはたしかだが、ロスバードが「誤りの群れ（Cluster of error）」と呼んだ好況期の「システマティック」な誤りはどう説明されるのか。[20]

量的緩和に期待される効果の理論的根拠としてまず挙げられるのが、いわゆる「資産効果」であり、これは、消費者は消費物価に関係する自らの資産（株式のポートフォリオや住宅など）の価格が上昇すると、より豊かになったと感じ、消費を増大させるというものである。資産価格の目先の上昇を根拠として人々を消費に向かわせるためにお金を刷る（資本コストが正常な状態に戻る、つまり経済やミーゼスの定常性指数（ＭＳ指数）が定常的な状態に戻ろうとしたときに何が起こるかなど、まったく気にしない）などというオーストリア学派の資本理論とは相いれない経済政策など思いも及ばないものである。

もしオーストリア学派が説明のための道具としての「アニマルスピリッツ」や「ミンスキーモーメント」を退けられるなら、ケインズ派のもう一つの妙案も棄却できる。つまり、いわゆる「節約のパラドックス」、景気後退で個々の家計が貯蓄を増やそうという合理的な行動を取ると、一つの家計の消費はほかの家計の収入でもあるため、経済全体としては貯蓄が減ってしまうというものである。ケインズ理論の学説書によれば、節約のパラドックスは、市場が持つ恒常性メカニズムが機能しなくなったとき、政府の赤字財政支出が経済停滞から抜け出す役割を果たすことを示しているとなる。

ここで改めて、ケインズ派の所得循環とは対極のオーストリア学派の資本理論に焦点を当てることで問題が浮き彫りとなる。景気後退とは、人々が十分に消費できない一種の不運ではないのだ。それは生産構造の物理的ゆがみによって特徴付けられるものなのだ。けっして、国債を積み上げることが貯蓄や実物投資の不足に対する手当とはならないのである。

それらの施策がどれほど高尚なものに思えようと、政府が止血剤を投げ出したかのような危機のあとでは、そのような介入主義的行動（山火事の昇華のような）は、いたずらに問題を長引かせ、森が健康を取り戻すのを先送りするばかりである。

ゆがみが解消されることはなく、広範囲にわたる崩壊に至るばかりである。しかし、究極的にははびこることはない。

ゆがみのメッセージ「何もするな」

市場経済は、自然界や人間社会の双方に存在する多くの「自発的」、自己制御的システムと同じように、内部の論理を持っていると多くの経済学者が指摘する。経済が定常的な状態から乖離すると、ネガティブフィードバックが自動的に発動し、均衡状態を回復しようとする。アダム・スミスの「神の見えざる手」と呼ぼうが、ミーゼスの起業家の活動による抵抗と呼ぼうが、さてはハイエクを手掛かりにサイバネティックスの概念を取り入れようが、混乱するたびに市場を本来の軌道に戻そうとする原理が根底にあるという事実は変わらない。市場を自然の成長に委ねると、必ず障害にぶつかる。しかし、逆説的ではあるが、それらの断続的な調整に伴う痛みを取り除こうとする温情あふれる努力は、必要な是正をせいぜい「延期」し、危機を悪化させるだけである。大規模な山火事を避けるのと同じように、経済恐慌を避けるための驚くべき対応策は、恒常性システムのなすがままにすることだ。「何もせず、座して待つのみ」である。

一方、政府や中央銀行による上からの介入が前提となる経済においては、投資家は、自らの置かれた状態、そして生産的手段を手にする方法を探すために合図を読み取らなければならない。これはあとの第9章と第10章の「オーストリア流投資法」で示していく（われらがヒーローのジークフリートが手本となる）。結局のところ、ガールトが「世界のエンジン」と呼んだ文明の発展は終わることはない。恒常性が広くもたらされることを信じ、確固として迂回を探求するのだ。

資本の「勢」

賢人たちは、その教訓に耳を傾ける者にのみ教えを授けてくれる。道教の師から、軍事戦略家、ＣＢＯＴ（シカゴ商品取引所）の古き穀物トレーダー、オーストリア学派の経済学者、そして迂回的起業家に至るまで、彼らは皆一つの言葉に集約される特質を持って、それぞれの難局を乗り越えてきた。それは、戦略的優位性、可能性、配置、形態、影響そして性質と、複雑かつ多様な意味を持つ「勢」だ。

あらゆることに「勢」を当てはめることで、今日をすべてとするようなゆがんだ感覚に惑わされることなく、自然と迂回路を歩み続けることができる。本書を進んで取り入れることで、われわれは毅然と、かつ意識的に己の意識を高め、今日という日は長い糸のなかのビーズの一つにすぎないと理解できるようになるのだ。われわれは、世界のほとんどがそうであることは承知しながらも、そのような近視眼的な時間不整合を退ける。われわれは異時的にとらえ、終わりなき一瞬の連続、すべては繋がり、人生とそれをも超えるほどに繋がっていくと考えるのだ。

戦略的な優位性を得るために、ずる賢いまでの忍耐強さをもって待ち続けることができる「勢」の師たちを見ることで、勇気をもらい、そしてそれを先達とするのだ。彼らはみな、「為無為」、為さずして為すことがどれほど難しいことかを十分すぎるほど理解していた。旨味と一時的な勝利は敵に譲り、自らその苦痛に耐えるのだ。謙虚に振る舞うことが、大いに苦痛だったこともあるだろう。しかし、意識的に遠回りすること、つまり戦略的優位性が得られ、「力」の行動が取れる機会が訪れるまで「勢」であり続けることの成果は、炎で開かれた土地にまき散らされた、種をいっぱい抱える松ぼっくり、いずれは狙った標的を射るためにかつがれたクロスボウ、そして物質社会を進歩させるために積み重ねられた生産的資本に見ることができる。オイゲン・フォン・ベーム・バヴェルクの迂回についての言葉を肝に銘じ、そして「勢」たらんとするのである。「それが唯一の道なら、なおのこと結構だ」[21]（この教訓に初めて触れるのなら、今こそ学ぶべきだ。そうすることで、オーストリア投資法Ⅰとオーストリア投資法Ⅱが有意義なものとなろう。そうでなければ、第９章も第10章も無益なものとなろう）。

「勢」、そして同じ意味をもつ迂回（Unweg）に、恒常性の絶え間ない働きと、定常性として知られる均衡への回帰を見ることができる。果てしない転換こそが世の習いである。ゆがみがどれほど自然のプロセスを蝕もうとも、結局は回避することはできない。『老子』が教えるように、「吾は以って復《かえ》るを観る。夫《か》の物の芸芸《うんうん》たる、各々其の根に復帰す。根に帰るを静という、是を命に復るという。命に復るを常という」[22]。「勢」の本質である「常」に、均衡への回帰、恒常性、オーストリア学派の言葉で言えば、定常性に対する道教の定義を見るのだ。

われわれは、この先達たる偉大なる師たちから大いなる恩恵を受けている。彼らは、「勢」、迂回、そして、恒常性回帰という偉大な知恵をわれわれに残してくれたのだ。われわれがこれを用いるならば、試金石となる。幸運にも、「力」なる世界で「勢」たらんとするわれわれには従うべき原型や指針がある。逆説的ながらも負けることを愛し、勝つことを嫌ったクリップの「勢」、軍事戦略家である孫子（Sun Wu）の「勢」、そして究極の「目的（Zweck）」を達成するための「手段（Mittel）」として、一時的な「目標（Zeil）」に武を見たカール・フォン・クラウゼヴィッツの「勢」である。そして、フレデリック・バスティアのおかげで、やがて訪れるより大きな悪（近視眼的な者には見えざるも、知る者には予見され得るものだ）を無視して、目の前の善にばかり目を奪われる悪い経済学者（今となってはわれわれの宿敵だ）に従わずに済むのだ。

迂回について言えば、ヘンリー・フォードという現世の例がある。彼は、目の前の手っ取り早い利益は避け、より遠回りなプロセスに忍耐強く投資し、後にストップウオッチを片手に、せっかちに（より高い効率性を持って）生産に取り組んだのだ。そして、神話的な起業家もいる。難破したロビンソン・クルーソーは、たった一人の経済のなかで、今日腹を空かせようとも、明日より多くの魚を取ろうとした。ワーグナーの叙事詩としての経済では、ニーベルンゲンの英雄的起業家、ジークフリートがいる。彼は、判断を誤らせ、「勢」という起業家としての誓いを破らせようとする悪（ゆがみの妙薬）から逃れていった。[23]

ジークフリート同様に、われわれも、レバレッジから、ゆがんだ資産という幻想へと誘うポジティブフィードバックへの軽率な迎合といった、あらゆる悪に連なる誘惑に直面するであろう。それらの敵に対するわれわれの剣と盾は、オーストリア学派が鍛えてきてくれた。経験的データに依存する歴史学派を打ち負かしたメンガー、手段の価値は最終消費財によって正当化される（その逆はあり得ない）としてマルクス主義を駆逐したベーム・バヴェルク、そして、経済を破壊へ誘う（優れた森林を悪化させる）ゆがみという真実をもってケインズ派（自らに酔っていた彼らは気づきもしなかったであろうが）を激しく非難したミーゼスである。

そろそろ、われわれの旅路もその哲学的な旅程は終わりに近づいている。次は実践に移り、

第9章、第10章の主題であるオーストリア流投資法Ⅰとオーストリア流投資法Ⅱを学んでいく。その前に、最後の審判に立ち合わなければならない。景気循環を説明することで、すべての要素をつなぐ理路整然とした物語を教えてくれるオーストリア学派の信奉者として、その場に立ち合わなければならない。理論から実践に（本書の前半の八章から、残りの二章へ）移るにあたり、筆者が生み出したMS指数、ファウストマン比率、迂回的起業家ジークフリートと、これまで記してきたすべての原理を利用する。

資本利益率が不自然にも資本コストを上回り、近視眼的な時間不整合と金融のゆがみとによって人々が目の前の利益を追い求めることで、MS指数が一から乖離しても、この不幸な群れに迎合してはならない。予見され得るものを無視し、目の前のものを追い求めてはならない。「力」の誘惑に負け、焦りの山を駆け上がる者たちは放っておけば良い。「勢」、迂回に忠実であり続け、ゆがみの真っただなかでも、やがて来る恒常性への回帰を待てばよい。実際に、ゆがみを避け、すべての資源を後の好機に備えておくことで、自身の迂回的投資のヒーローとなれるのだ。

これは読者の道であり、読者の選択である。読者自身の「資本道」も、読者の選択によって紡がれるであろう。

第9章
オーストリア流投資法Ⅰ
ワシと白鳥——ミーゼス流でゆがみを探る

膨大かつ多様な迂回戦略の古い系譜と、それがオーストリア学派の正説で果たす経済的役割について学んだ今、「無為」「勢」、そして「迂回（Umweg）」といった迂回の原理を資本主義的投資に適用する準備が整った。資本を効率的に展開するための発達した迂回路を歩もうとする現実的かつ確実な結論、ある種の目的に到達したのである。本書も峠を迎え、筆者がオーストリア学派の投資法（オーストリア流投資法）と呼ぶ方法について新たな議論を始めることにする。

本章では、具体的な行動よりも重要かつ有益なものとして、前章までに紹介した思考法を確認する。つまり、ゆがみが存在するときを明確に認識し、またそのときの人々の態度や姿勢を評価していく。われわれはどのようにマルインベストメント（低金利もしくは量的緩和によるバブル投資）にさらされるのか、と自問するのだ。例えば、人為的な低金利の影響を最も受けているものや、収益性の多くを人為的な低金利に依存しているものに投資するだろうか。それは避けたとしても、そのような環境で利益を獲得することができるだろうか。

本書が何もなし得なかったとしても、読者が「力」という人類がもつ直接的な利益を求める傾向を増幅させる経済や市場のゆがみを理解し、「勢」という険しい道のりをより深く理解することができれば、それ以上の成功はない。ここで最も重要なのは思考のプロセスである。つまり、すべての投資家に手にしてほしい処方箋であり、本書の最も重要なテーマでもある。たとえ、それがわれわれ人類の生体やシステムに反したものであろうと、生産的な資本投資という最終目的に向かう迂回的な手段としての「本書」の迂回路である。

本章では、かつては「アプリオリ」、つまり人間行動学的理解であったものが、思考から行動へと移ることで、歴史的理解となっていく。しかし、前章までで説明した老子からバスティア、メンガーからミーゼスにいたる偉大なる思想家たちが示した道筋には忠実であり続ける。それは演繹から帰納へ、方法論的個人主義から群衆へと、現実世界の理解の仕方と一致する人間行動に関する論理構成を発展させた彼らに忠実であるのだ。目に見えるものの多くは隠された真実から注意をそらさせるものであり、データやさらに言えば最初に目に入る現象から「学び」、だまされることがないよう警告している。彼らが言わんとしていることは、予見するためのシンプルな洞察である。彼らは、世界は多次元であり、原因と結果とを逆転して見せるような性質があり、そして、われわれはそれを支配する力を感じ得ないことを教えてくれる。ミーゼスは「経済史」の研究は「称賛に値するもの」ではあるが、「そのような研究の成果」と経済学の研究とを混同してはならないと述べている。経済史の研究は、「実験を通じて独立した現象を示すために用いるような意味での真実を生み出すものではなく、『帰納的な』仮説や定理を構築するための土台をもたらしてはくれないのだ」[1]。

このように、本来のオーストリア学派（ドイツ歴史学派と対決した）のスタイルを踏襲し、原理を受け入れ、われわれの思考を導く理論を採用し、課題を「じっくり考える」ことから始める。それで初めて、データをのぞき見る準備ができるのだ（それでもなお、いくばくかの後ろめたさを感じるかもしれない）。第一に、自制について訓練する。筆者は、自身で実施したいくつかのテストの結果を含め（工場に置き忘れてきたものはないはずだ）、重要なこと、試す価値のあるものだけに焦点を当てるが、その一つ一つが、思考のプロセスの正しさを示すことになるだろう。筆者にしてみると、これらの投資結果と資産状況を調べるときは、あたかも時計が時を刻み続けているかのように、経験主義的な作業は簡潔にしておくべきだと思う（そうすることで、無意味な後付け調査に陥ることもなくなるであろう）。筆者は、何年にもわたって生産手段や工具を開発し、ほんの数分で生産する（時には数十秒にまで短縮する）、ヘンリー・フォードの迂回を想起する。前者は後者に至るための手段にすぎない。何年にもわたる内観と準備の結果生まれたオーストリア流投資法のあとに続くのは、たった数分のデータ処理である。

ここで述べるオーストリア流アプローチと、経験主義的科学（経済学と金融論とが誤ってこれに含められることが多い）で標準とされるそれとの違いは、これまでに積み上げてきた理解なくしては、「いかなる」調査も、「何の」意味をなさないということだ（さらに言えば、データが何を示そうとわれわれの理解は妥当であるとさえ考える。これこそが経済学のジレンマであろう）。

機能する恒常性

市場は自然の恒常化、自己修正メカニズムであり、金融のゆがみはそのメカニズムを異時的に崩壊させるというシンプルな洞察がいくつかの結果の前兆となる。ここから何を見ることを期待するのか。「求める」のではなく、「期待する」のか。一歩離れてみて、本当に理解していることを調べてみよう。ミーゼスの定常性指数（ＭＳ指数）は、金融のゆがみだけで非常に高い水準まで上昇する（つまり、経済は定常的状態から乖離し続け得る）ので、極めて高いＭＳ指数が、既存資産の価格（株式市場、またはＭＳ指数の分子）が持続不可能なまでに上昇する予兆となることが期待される。そして、新たに行われるべき投資がゆがみによって阻害されるため、その資産の再取得価値（ＭＳ指数の分母）も反応が鈍くなることが期待される。実際の時間選好を反映していない人為的な低金利に不満を持つ貯蓄家や投資家は利回りの不足分を補うか、目の前の収益を追い求める（それ自体、人為的な低金利によって高められた消費と貯蓄の低下によって増幅される）かして、自分たちを納得させるのだ。彼らは、目の前のマシュマロをむさぼり、待つことで得られる潜在的な報酬を軽んじるのだ。低金利は、限界的な投資スキームを良いものに、限界的な既存資産（収益がほとんどない）を収益力あるものと見せることで、人々はそれに殺到し、市場が適応障害に陥るのだ。資本が現在、つまり消費に充当され、現在進行中の経済発展の幻想を維持するための資源が不足するので、システム内で迂回生産のための資本が枯渇してしまうのだ。

　投資家たちが一斉にポジションを解消しようとすれば、株式市場が嫌でも下落すること（激しく、集中的に下落する）は当然である。既存の資産は本来の収益力に比して高すぎる価格が付けられるが、起業家的誤りが露見すると、同時に金融の幻想が暴露されるのだ。ミーゼスの言う「にわか景気の架空の城[2]」がもはや支えられなくなり、要素価格が上昇するか、信用供与が限界に達したことで、金利が上昇すると、マルインベストメントの解消つまり、株式市場の崩壊へとつながるが、これこそが恒常性が「機能」している証左である。既存資産の処分価格が持続不可能なまで低下すると、マルインベストメントが崩れ、最終的にMS指数は過剰なまでに低下する。すると、資本は再び生産用途に向かって歩み始め、その価格も市場によって受け入れられるようになると、市場は定常的な状態へと回帰していく。金利が本来の時間選好を反映するようになると、貯蓄も必然的に増大し、需要と迂回投資のタイミングとが均衡し始め、

ワシと白鳥——異なる羽を持つ鳥

性急な消費は減少する。そして、偉大なる恒常性が統べることになるのだ。

ここに、株式市場と経済の暴力的な変遷に対するオーストリア学派の包括的な対応を見るのだ。時の権力者や首謀者たちは、この変遷を、後にブラックスワンと呼ばれるようになる、危険かつ無計画な市場の力の不幸な結果とみなすことだろう。しかし、これこそオーストリア流投資法Ｉへの準備であり、孫子の鳥（あるいはオーストリアのワシ）よろしく、機が熟し、戦略的優位性が獲得された今こそ、予期せざる大相場に付け入るべく、急降下を始めるのだ。

図9.1　ゆがみの足跡――MS指数

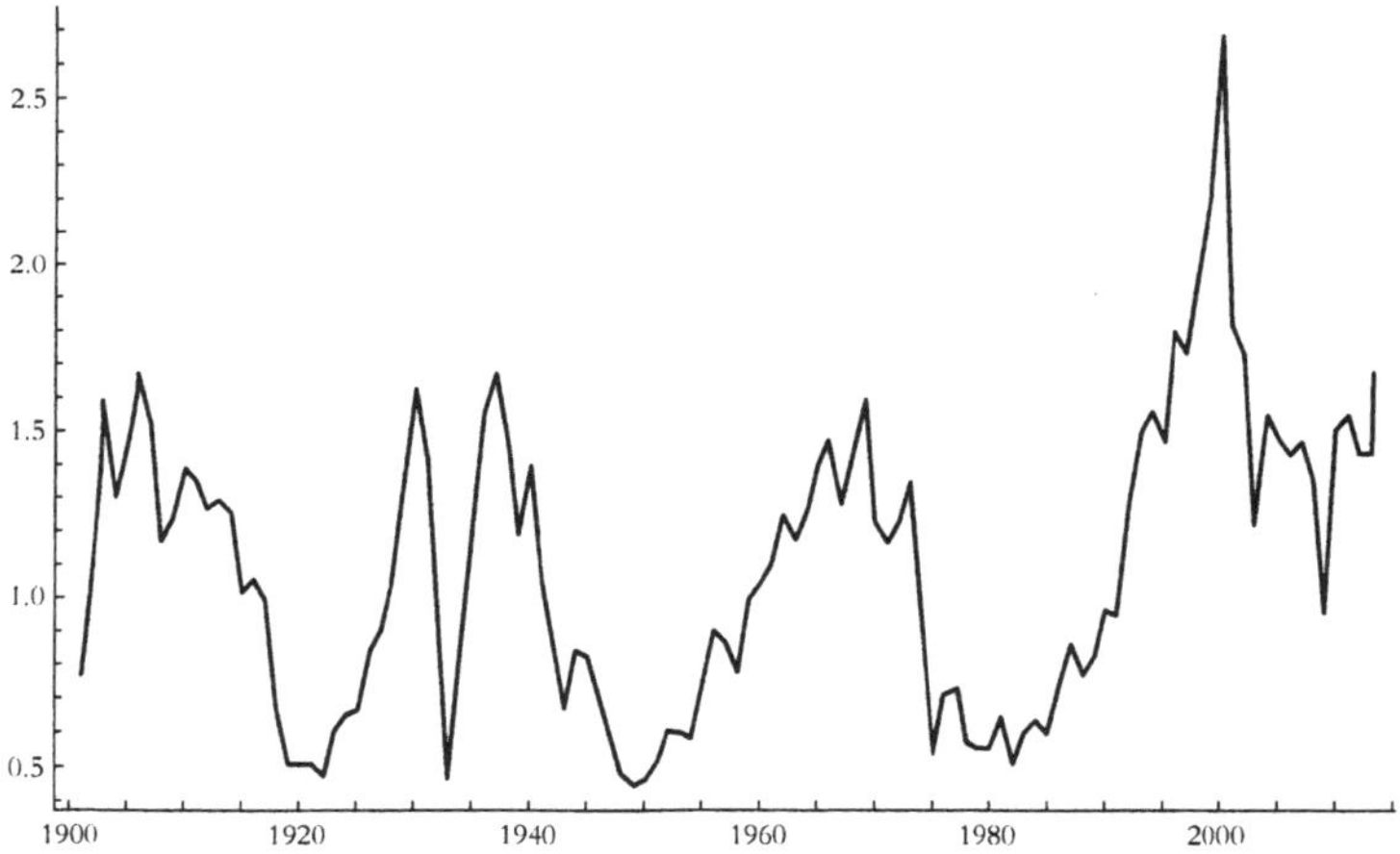

ゆがみの目撃者

では、少し整理をしよう。第7章で議論したとおり、MS指数は、アメリカ企業の株式時価総額をその純資産で割った（トービンの）株式Q比率として知られるもので表される。これは、オンライン上のさまざまな情報源から容易に得られ、FRB（連邦準備制度理事会）の資金フロー貸借対照表のデータを利用して容易に算出することもできる（ゆがみの根源である組織が、そのゆがみを測定せんとするMS指数の算出に必要なデータを提供するなど、皮肉の極みであろう）。

図9.1は、一九〇一年以降のMS指数のグラフである（これは幾何平均値である。つまり、それぞれの時点で利用可能な数値を平均化したもので、事後の情報は取り込んでいない。

こうすることで、ヒストリカルなバイアスを取り除いている）。歴史を通じて、一定かつ秩序立って平均回帰する曲線であることがうかがえるが、付け加えれば、そこに示される人間の苦悩や動揺、信用の循環による文明の停滞が語られることはない。

この図9.1は、歴史的な金融のゆがみの足跡を明確に描き出している。筆者は、これをオーストリア学派のビジネスサイクル理論（ＡＢＣＴ）の疑似的証拠とみなしている。学者たちは、ＡＢＣＴを経験主義的に証明すること（明らかな誤称だが）に苦労しているが、筆者にしてみれば、彼らは見るべきところを間違えているだけだ。

まず問うべき問題は、ＭＳ指数の分子にあたるすべての資産の再取得価値に対してゆがみがもたらす影響はいかなるものか、ということだ。つまり、既存資産の価格の上昇を裏付ける期待利益の上昇はどの程度その高い利益の源泉に反映されているか、ということだ。例えば、一を上回るほど高いＭＳ指数は、利益を求める起業家をして、より大きな資本投資に向かわせ、それによって、彼らのその後の努力が再取得価値や分母にあたる資産総額を増大させるのではないか（それによって、ＭＳ指数の分子の増大が相殺される）。実際に、ＭＳ指数の数値と、その後の資本投資の総額との間には、何ら統計的に有意で、一貫した関係は存在しない。つまり、資本支出の総計（投下された資本の割合）にも、企業の純資産の総計（ＭＳ指数の分母）にも変化は見られないのだ。おせっかいな中央銀行家たちには残念だが、金融の介入で確実に（わずかな時間だけ）影響を受けるのは株式市場だけなのだ。言い換えれば、中央銀行家たちが、金融緩和で資産価値をつり上げ、実際の実物投資を促進しようとしても、彼らはその目標を達成することはできないのだ（第7章で述べたとおり、その結果はトービンやその他のケインズ派の学者たちを困惑させ、ミーゼスですら、ベーム・バヴェルクの近視眼的な時間不整合に対する考察や、現実世界の金利に自身の正確なマルインベストメント理論を適応するまでは驚きをもって受け止めたかもしれない）。

景気循環を推し進める心理学的な「アニマルスピリッツ」の存在など、MS指数の変遷を説明しようとするほかの理屈は、この不合理がどうして株式市場にだけ現れ、その構成要素には現れない（つまり、全体では現れるのに、部分をつなぎ合わせたものには現れない）のかを語っていない。株式の保有者（生産要素である資本の所有者）だけが、どのようにして新たな資本を作り出す者たち、つまり新たな生産要素から区分されるのだろうか。これは、単に資産が高価である（特定の資産だけが高価なのであるが）という以上に、疑わしい話である。

次の最も核心を突いた問題は、ゆがみが分子（われらがニーベルンゲンで言えば、土地の期待価値の総計であり、現実の経済で言えば、株式の時価総額だ）にもたらす本当の影響は何か、ということだ。二〇世紀が幕を開けて以降の、さまざまな形態の金融のゆがみを追いながら、S&P総合指数（規模、注目度、取引量そしてデータとしても最大の時価総額加重のアメリカ株指数であり、MS指数が用いる株式総計には適切な代用数値であろう）の「超過リターンの総計」（一年ものの「リスクフリー」債券の利率を上回る部分に、配当を含めたもの）を検証

図9.2　高いMS指数と低い期待収益

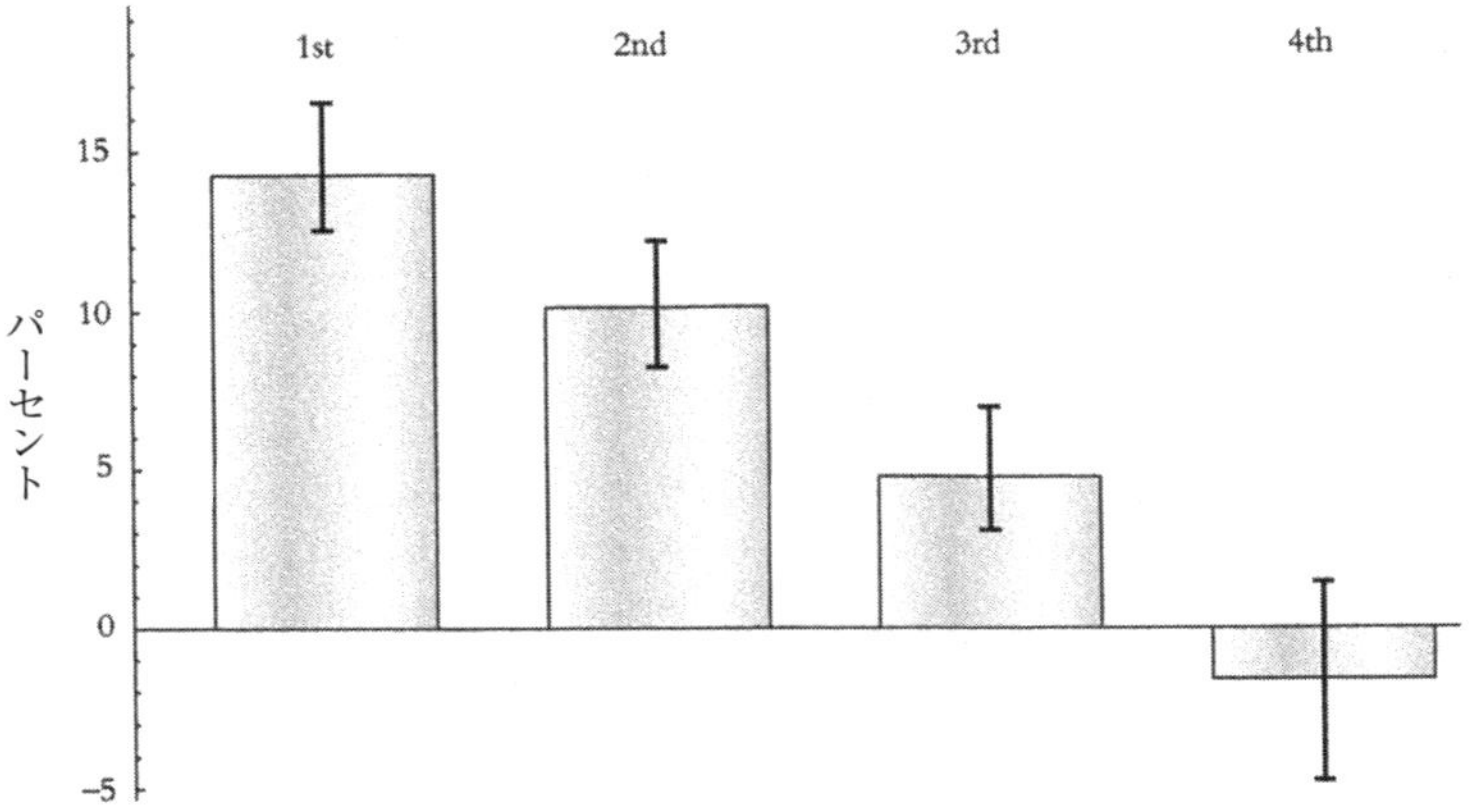

S&P総合指数コンポジット、年次エクセスリターン（等差中項）
期初のMS指数の４分位数に基づき分類（1901～2013年）

することから始めよう。

まず、S&P総合指数の年間リターンを、それぞれの年の初めのＭＳ指数を基準にして四つに分類する図9.2では、第一の箱（一番左）がＭＳ指数の最も低い数値（最下位の二五％）、二番目が次に高い数値、三番目がその次、そして四番目（一番右）が最も高いＭＳ指数となる。次に、それぞれのＭＳ指数の単純な期待値を知るために、それぞれの箱の超過リターンの平均値を算出する（リターンは配当込みの超過リターンであり、縦線で表現された誤差範囲はサンプル統計の九五％の信頼区間であり、非母数のノンパラメトリック信頼区間である。同様の方法を本章および次章で用いていく）。ここから逆相関の関係が観察される。つまり、ＭＳ指数が低いと、その後の平均的な株式のリターンは大きくなり、MS指数が高いと、その後の平均リターンは小さくなると推定できる（もしこの結果が見られ「なかった」としたら、それは投資家が低金利を受けて、新たに株式投資をしたということであり、この新たな投資はそれまでに為されたものとともに、金利が平準化したあとでも総じて収益を生むということになる。あり得ない話だ）。データはそれを支持している。つまり、オーストリア学派の理論から導き出した筆者の推測は、九五％の統計的有意をもって正しいと言えるのだ。

では、これら収益の差を生むものは何か。株式は、単純にMS指数が低いときのほうが高いときに比べて大きく動くということなのか。それとも何か別の理由があるのか。もちろん、われわれはこのような結果を生むマルインベストメントの清算、つまり容赦ない株式市場の下落の予兆を読み取るのだ（そのような下落の集中度やスピードについては後述する）。

次に、株式市場の下落を測る基準として、S&P総合指数の「ドローダウン」、つまりS&P総合指数の収益が三年間でマイナスとなった総額を用いる。図9.2と同様に、期初のMS指数に基づいたドローダウンを分類していくことで、市場のダイナミクスを明白にする。

図9.3では、色の濃い部分の下の線が二〇パーセンタイルのドローダウン、つまりそれぞれの箱のなかの全データのうち下位二〇％のものを示し、その上の薄い部分と濃い部分の境界線は、「中央値」とも呼ばれる五〇パーセンタイルのドローダウン、つまり全データのうち五〇％を下回るものを示している（誤差線は、九五％の信頼区間を表している）。一世紀にわたって見

図9.3　高いMS指数と大きなドローダウン

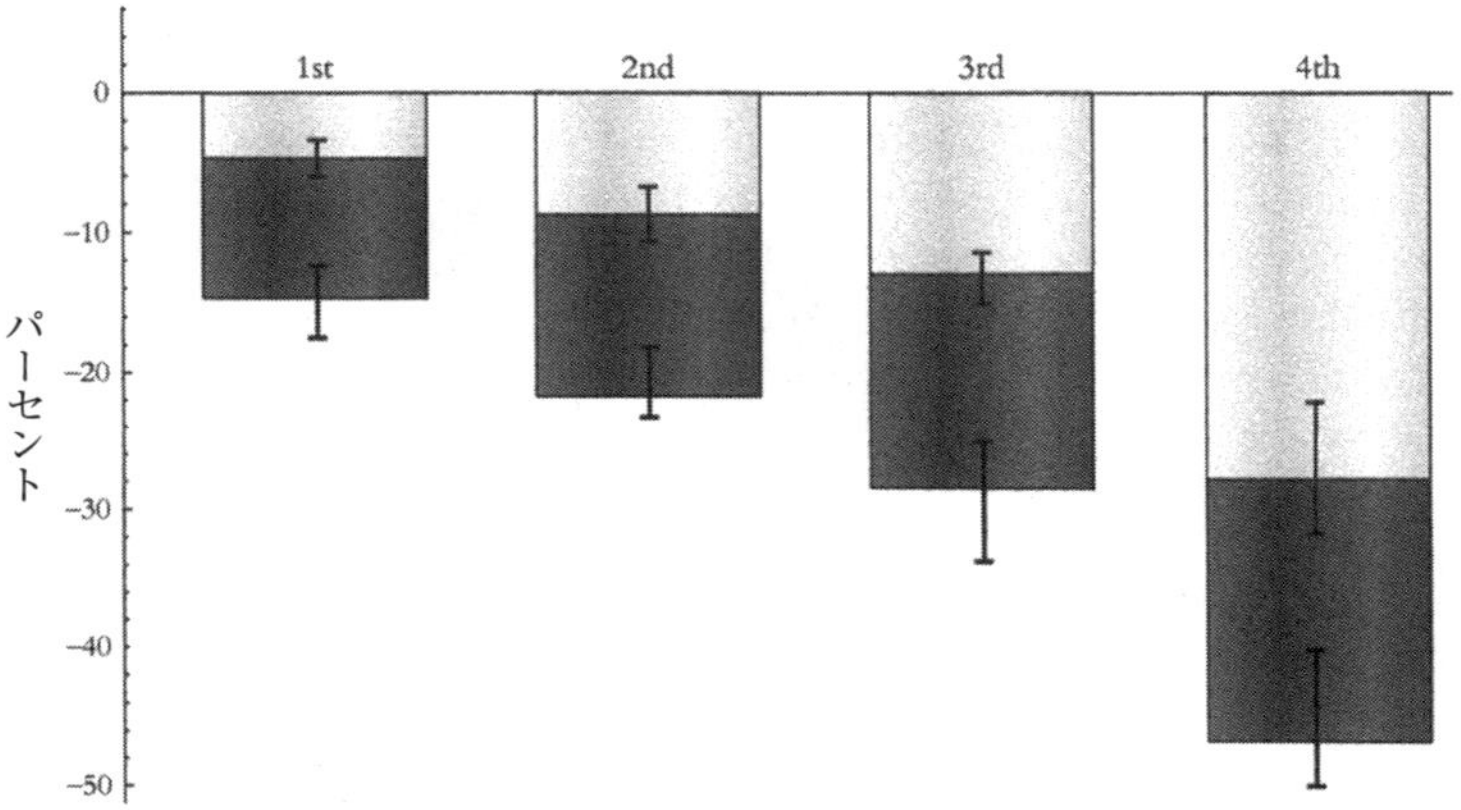

S&P総合指数コンポジット、20パーセンタイル、50パーセンタイルの３年間ドローダウン
期初のMS指数の４分位数に基づき分類（1901〜2013年）

てみると、ＭＳ指数が高いときに株式投資を行うのはかなりひどいもののように見える。一方、ＭＳ指数が低いときは、それほど心配する必要もなさそうだ。

金融的にゆがんだ世界では、ちょうど異常増殖した森林と同じように、市場は破壊的な調整の種を内包しているのだ。それゆえ、にわか景気に続く必然的な崩壊は、想定外の出来事では「ない」のである（少なくとも想定外とすべきではない）。これは極めて重要な認識であり、システマティックリスクなる概念には致命的な打撃であり、またオーストリア流投資法Ｉの論拠となるものだ（それがなくては、ゆがんだ市場と、無作為なショックの単なる犠牲者となってしまうであろう）。オーストリア学派は正しかったのだ（これらのデータ以前から）。第７章のニーベルンゲンで見たとおり、株式市場にも反映されるビジネスサイクルの起伏は、定常的状態から乖離するインフレに対する絶え間ない調整に従っているだけなのだ。

初期のミーゼス流の投資戦略

およそ一〇〇年ほど前、オーストリア学派がその原則を公式化したとき、このシンプルな考えが正しいとしてアメリカの投資家が採用したとしたら、どうなっただろうか。演繹的で、「アプリオリ」なオーストリア学派の資本と金利の理論を、一世紀にわたる（後知恵バイアスを排除した）サンプル外検証を行ってみよう。ゆがみの存在とその影響を十分に理解した者がどうするか考えてみよう。貪欲な資本家となって、舌なめずりし、クロスボウをつがえ、この情報からどうやって稼ごうか考えようではないか。まず、最も単純かつ簡単な戦略は、「ＭＳ指数が低いときに買って、高いときに売る」ことである。

一九三〇年代のシステマティックな崩壊を避けようとした者をたたえ、この戦略を「ミーゼス流投資戦略」と呼ぶことにしよう。同じような戦略はすでにあるが、だれからも知られていない投資戦略などありはしない。ここで重要なのは、戦略の背後にある競争力の源泉、この場合は不均衡を認識する考え方である。ここでわれわれは、山火事とその結果として生じる肥沃な土壌を待ち望み、そして、利用する教育的な針葉樹の役割そのものを果たしている。

図9.4　ミーゼス流戦略の超過収益

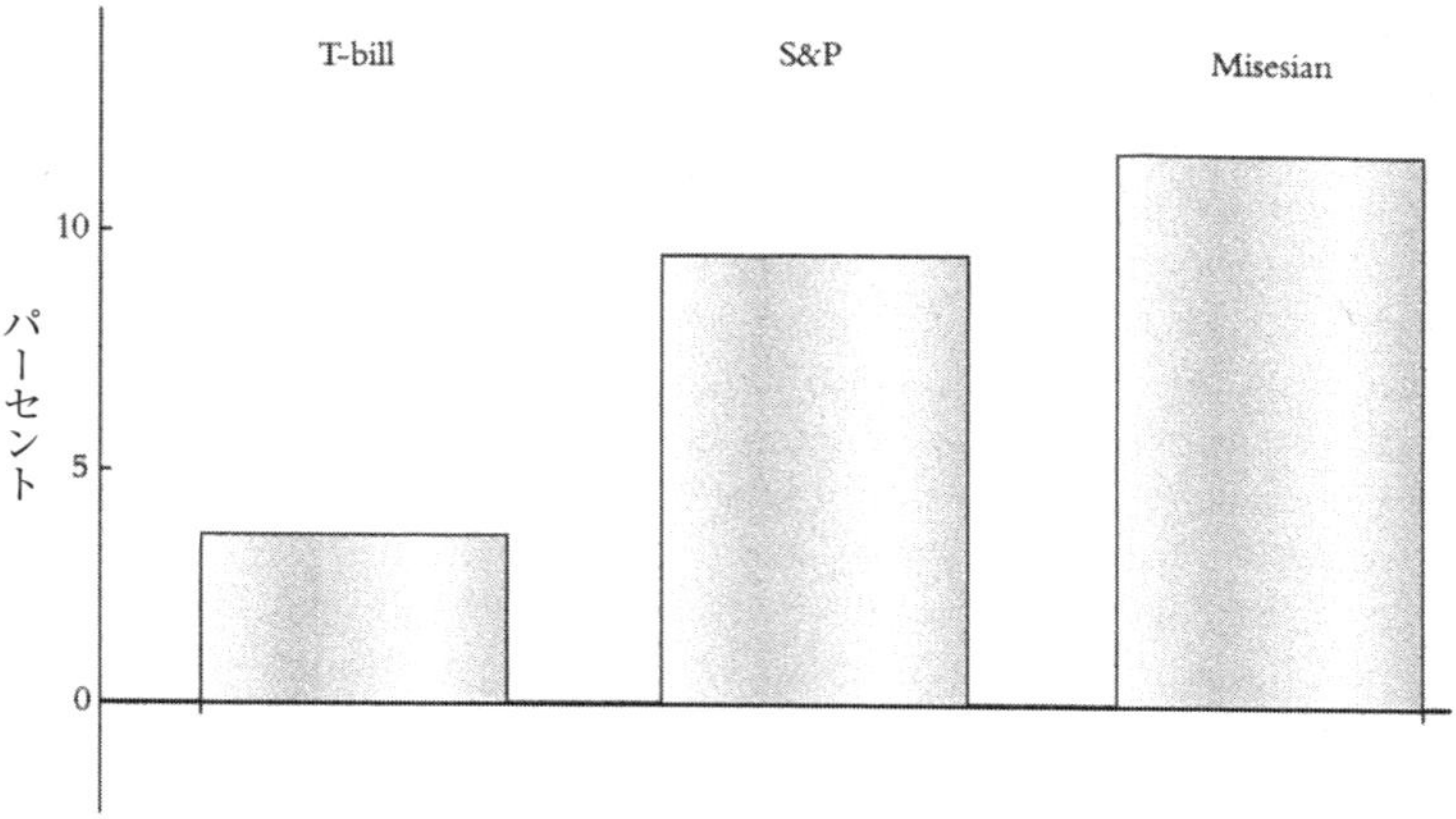

１カ月物のＴビル、S&P総合指数、ミーゼス流投資戦略
年次トータルリターン（1901〜2013年）

ＭＳ指数のグラフ（図9.1）を一瞥すると、歴史的に見て一・六は高く、〇・七は低い数値であり、それぞれ株を売り買いするには良いタイミングとなりそうだ。そして、株式のポジションを解消したときは、一カ月物の短期国債を買い、再び株式市場に戻るまでロールを続けるのだ。では、どのようになされるだろうか（当然ながら、すべてが終わるまでは買うべき、または売るべき水準のＭＳ指数を知らないので、この戦略には相当量の「事後の」情報が存在する。しかし、驚くべきことでもなければ、気にすることでもない。もしこの検証を一九〇一年ではなく、景気循環が一服した一九二五年から始め、その時点で分かっていた情報だけを利用したとしても結果は同じである。イカサマ抜き、だ）。

筆者の古き師であるエベレット・クリップの助言に従うかのように、ここでの方法論は、疑わしいほどに単純である。しかし、この簡潔さのなかに、素晴らしいほどの美しさと効率性がある（図9.4を参照）のだ。

ミーゼス流戦略は、年率二%以上も株式市場に勝っている。これが何を示しているか考えてみよう。計算も容易で、論理も簡潔な方法で測定した市場のゆがみに基づく、この子供だましのような戦略は（四を大きく上回るt値の「アルファ」を叩きだし）、平均的な証券アナリスト（S&P総合指数に負け続ける）ばかりでなく、（生存者バイアスの強い）平均的なヘッジファンドマネジャー（HFRI Fund Weighted Composite Indexなど）をも「はるかに」地味に、かつ少ないリスクで打ち負かすのだ（そして、念のために記しておくと、オーストリア学派のあらゆる市場指標を利用しようとする者がいるが、筆者の知るかぎり、このような結果を手にするどころか、恣意的で、「事後」的な当てはめや疑似関係の誘惑にあらがえた者はいない）。

MS指数の特徴は、だれもが理解できる、論理的で、率直かつ極めて実用的な指針を提供できることであり、自身の投資テーマを評価するための大変シンプルな基準として機能することだ。しかし、ほとんどの人が理解できないようであり、結局のところ、プロも含めてもこのような投資成果を獲得する者はほとんどいないのだ。読者にはすでに察しが付くであろうが、このような収益は、極めて迂回的な方法でしか実現され得ないのだ。迂回路が直接路を凌駕するのだ。つまり、ミーゼス流戦略を通じて、最終的に年利二%もの超過収益を獲得するためには、およそ三年間、年利で九％も市場平均を下回る期間を乗り越えなければならない（株式市場が再び活況を呈するようになるまで二〇年間待ち続けていると想像してみてほしい）。最終的に大きな優位性を獲得する（市場が下落したあとに買う）ために、ほとんどの時間は目の前の利益（人為的な低金利で株式市場がどんどん上昇している）を犠牲にしなければならないのだ。まさに、「囲碁」スタイルの投資なのである。

目の前のマシュマロがすべてとするような投資の世界において、腕を組んで座り、今ある甘い誘惑を無視し、あとで利用できる優位性を求めて中間的な手段に集中するというのは容易なことではない。「囲碁」でも、「力」を用いる敵方が点を積み上げ、大差で勝利しているように見えるなかで、まったく具現化しないかもしれない可能性を構築していく「勢」であり続けるためには、相当な鍛錬が必要である。しかし、今は退き、だれからもバカにされる（それよりひどいかもしれない）よう振る舞いながら、迂回的であるための重荷を背負うことこそ、われわれが選択しなければならないことである（クリップは「力」の世界で「勢」たることの難しさを簡潔な言葉で示していた。いわく、取引で成功するためには、「愚者のように振る舞い、愚者のように考える」必要がある。もっとも、お金を失うことを愛し、稼ぐことを嫌えと言った人から、ほかに何を期待したらよいだろうか）。老子、孫子、バスティア、クラウゼヴィッツ、メンガー、ベーム・バヴェルク、ミーゼスそしてフォードといった尊敬すべき仲間たちと過ごした時間を考えれば、この考えを役立てない手はないであろう。そうしなければ、この典型的な投資戦略に背を向けることになり、それこそバカの極みである。

八章にもわたる迂回を経た今、ゆがみが深刻な時は長期間にわたっても市場の外にとどまるべきだと教える投資戦略が正しいかどうか迷っているのだとしたら、その答えはイエスである。拍子抜けするかもしれないが、このやり方が正しいのだ。率直に言えば、これは重大なことであり、とても珍しく、コントラリアン（かつ、とても効果的）な投資アプローチである。「お金を失うことを愛し、稼ぐことを嫌え」というクリップパラドックスが取引ピットに厳格な指針（と健全な収益）をもたらしたように、このミーゼス流アプローチはわれわれのポートフォリオに指針をもたらすのだ。

迂回的なオーストリア流投資法の目的は、今お金を稼ぐ方法を見つけることではなく、あとでより良い投資機会を得るための地位を得ることにある。または、前述のとおり、後に戦略的に性急になるために、今は忍耐強くあるとも言えよう。読者が投資家としてどうしたいかにかかわらず、本書全体にわたる目的だけは心にとどめておいてほしい。それは、我慢強く、回り道をしていく過程で得られる迂回的・絶大な戦略的優位性を理解する考え方そのものである。もし読者が本章から（または、本書全体から）何か一つだけを得るとしたら、市場のゆがみが大きいときに、目的のための手段を無視して直接的なアプローチを採ると、たいていの場合、危機が迫りくるということだ。ＭＳ指数のおかげで、読者がどのような投資判断を下そうと、それらの危険性を認識し、避けることができるようになるのだ。

第6章を思い出すかもしれないが、金融の介入によって高い時間選好はさらに高くなり、待てば多くのマシュマロが手に入るにもかかわらず、目の前のマシュマロをあきらめられなくするわれわれの人間らしさによって、この月並みなミーゼス流戦略を実行することはとても野心的で、特にプロの投資家にとっては大胆不敵なものとなる。ウォール街にいるミーゼス流の投資家（間違いなく珍種だ）を想像してみよう。彼は、市場がゆがんでいる間は利回りの低いTビルを保有する（上昇を続ける市場に大きく負け続ける）ので、超過収益を上げることはない。彼も彼の仲間たちも一年か二年の間市場に負けたことで、自然淘汰によって消し去られるであろう。「高い」双曲割引の特性を持つ者は、ミーゼス流投資法がもたらす二％の超過収益を実現させることはできないのだ（それができれば、お金持ちの英雄になれるのだが）。

双曲割引は、待つという困難に耐えることを求める。それは最も早い段階が最も強く、今日から明日まで、明日から明後日まで、というように低下していく。徐々に待つことが容易になると感じるが、金利がゼロになるまで引き下げられ、だれもが株式市場に殺到しているような状況では、もはや待つことはできなくなるであろう。前述のとおり、金融のゆがみによってわれわれの性急さはさらに悪化し、投資ホライズンはさらに短くなる（もしすべての者が、ゆがみがもたらす誘惑にあらがうことができ、あるいは人間が機械的な指数割引の特性を有し、すべての資本が同種であったならば、おそらくゆがみ自体が起こらないであろう）。成功するためには、名声あるクレディタンシュタルト銀行の高給な職を断り、来る大崩壊には巻き込まれまいとしたミーゼスの不屈の精神が必要である。われわれもまた、ゆがみから離れ、それにのみ込まれないようにする必要がある。ゆがみにのみ込まれると、われわれの意図とは反対に、ＭＳ指数が高いときに買い、低いときに売ることになり、それは資本蓄積への迂回路どころか、資本崩壊の直接路を進むことになるであろう。

ミーゼス流の戦略を遂行するうえで、試練がもう一つある。世界がある方向に進んでいるときに、まったく反対の方向に進むためには、コントラリアンな思考と想像以上の心理的強さが求められる。つまり、周りが競って買い進んでいるときには脇にとどまり、人々がその場所から立ち去ったときに買いに入るのだ。ＭＳ指数が一を下回るほど低下したときにこそ、乗っ取り屋のごとく振る舞うことができる（一九八〇年代初頭、ＭＳ指数が歴史的にも低い水準にあったころによく見かけられた）。マルインベストメントが一掃され、資本の所有権がその再取得価値よりも安く手に入るような状態になると、清算された資産を割安で取得することができるようになるのだ。キャッシュリッチな投資家にしてみれば、ＭＳ指数の低い状態は山火事で一掃され、もはや競合も居らず、敗北していった木々の栄養で肥沃となった土地で、遅咲きの松ぼっくりからこぼれ落ちた針葉樹の種子のようなものと考えればよいであろう。

ワシと白鳥

「全体が連関した起業家的誤りが突如明らかとされる」ことは、オーストリア学派にしてみれば「株式市場の崩壊」と同義である。すべてではないにしても、ほとんどの企業が誤った価格付けがなされていることが突如明らかとなり、それらの企業は、有益に見えて実は収益力のない事業に従事している（そして、今すぐ撤退しようとしている）のである。これはもちろん退却であり、総崩れがあとを襲うのである。

これは（ニーベルンゲンで描き出されたゆがみの外側で）どのように起こるのだろうか。これについては、だれもが悩み続けている。多くの者が、ナシーム・タレブの名著のタイトルのように「ブラックスワン」と叫び、金融界の鳥類学者になりたがる（ブラックスワン、もしくは「テールイベント」とはいまだに起こってさえいない、大きく、極めて珍しい、時代を象徴するような出来事のことである。「テール」という言葉は、度数分布や確率密度関数の一番外側、比較的細い尾のような形状を示す部分を表している）。紀元一〜二世紀ごろのローマの詩人であるユウェナリスは、「黒い白鳥と同じくらい珍しい『奇妙な』鳥」、つまり「良」妻を「ブラックスワン」と呼んだことで知られている[3]（この一文に対する苦情は、筆者ではなく、ユウェナリスに向けていただきたい）。予期せざる出来事（すべての白鳥が白いと信じられていたが、そうとは限らない）の隠語としての「ブラックスワン」は、ロンドン・スクール・オブ・

図9.5　高いMS指数と2カ月間の期待損失

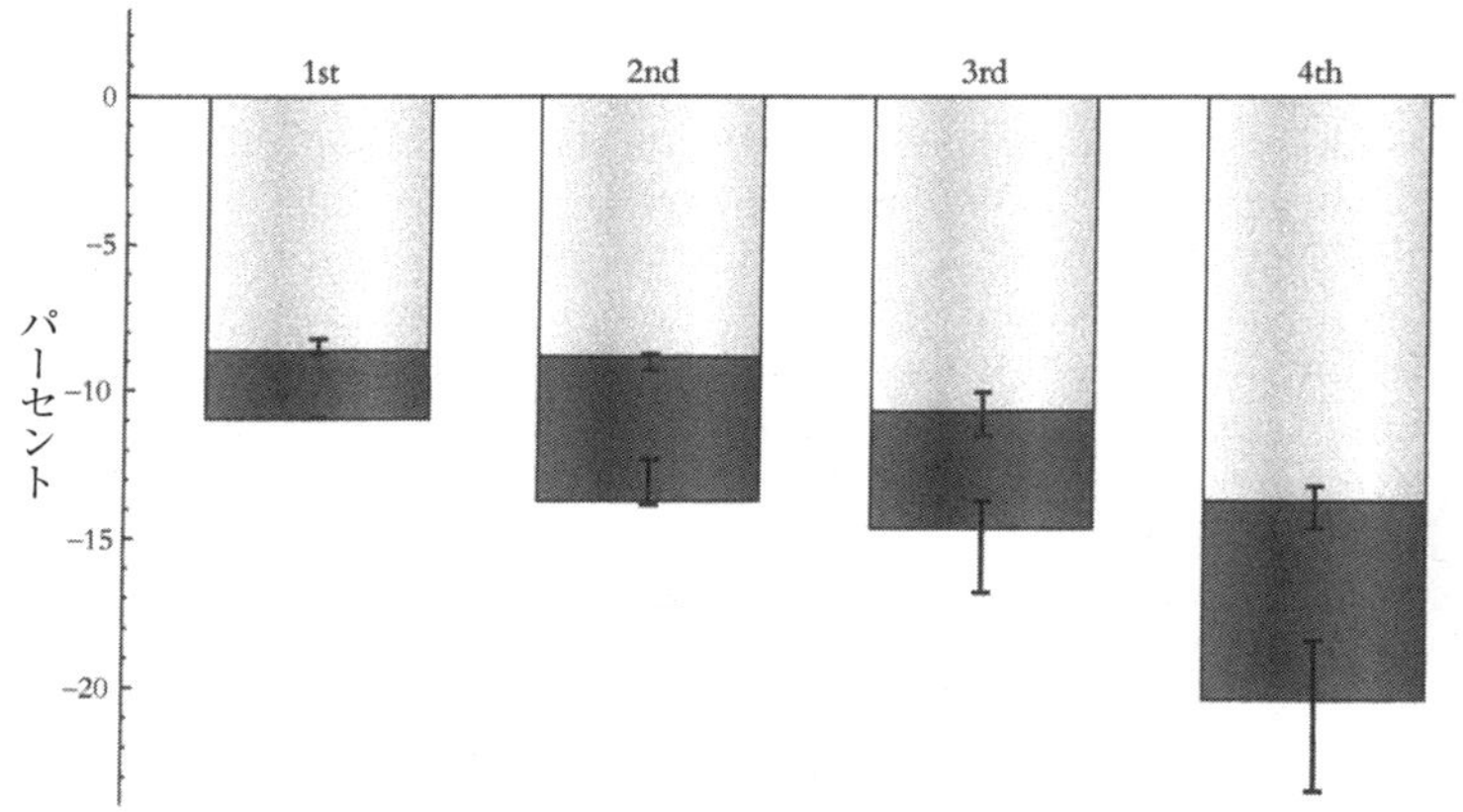

S&P総合指数の第2、第5パーセンタイル
期初のMS指数の4分位数に基づき分類（1901～2013年）

エコノミクスで教鞭を執っていたウィーン出身の哲学者カール・ポパーによって二〇世紀初頭に広められたものである（ポパーとルートヴィヒ・ウィットゲンシュタインは、さまざまな哲学的問題で多くの議論を戦わせてきたライバル同士で、ともに二〇世紀初頭のウィーンにおける知的世界の権威であった）。

株式市場の崩壊は、それが起きたときはだれの目にも不合理で、無計画かつ予期できないもの、つまりはブラックスワンに見えるのだ。しかし、それは本当に不合理であろうか。予測不可能なものであろうか。それとも、オーストリア学派が唱えたように、信用拡張がもたらしたゆがみによるものなのだろうか。大きなゆがみのあとには、深刻な株式市場の下落（筆者は「ドローダウン」と呼んでいる）が起こることをすでに（図9.3）見てきた。市場の崩壊で問題となるのは累積損失である（つまるところ、市場の累積損失がどの程度になるかが経済的には重要なのである）が、さらに一歩進めて、例えば、一カ月以上にわたって株式市場が下落を続けた場合を見てみよう（カレンダーどおりにはいかない月次の変動をとらえるため、二カ月ごとの収益を利用する）。ゆがみの終焉は、ゆっくりと秩序だって調整が行われるのではなく（もしそうであれば、ゆがみは通常の起業家的調整でもって修正されるはずだ）、突然金利が急騰したり、信用が霧散してしまったりすることで明らかとなるのであり、それこそがゆがんだ世界の特徴である。

過去一世紀あまりの間に、アメリカの株式市場全体が月次で二〇％以上も下落したことはあるが、その頻度はけっして高くはない。したがって、株式市場のそのような急落を、定義どおりテールイベントと呼んで差し支えなさそうである。しかし、より厳密に調査すると図9.5が示すとおり異なる物語が見えてくるのだ。

期初のＭＳ指数の四分位数に基づき、二カ月ごとのリターンを四つに分け、それぞれで第二、第五パーセンタイルを算出すると、改めて、ゆがみのあとに崩壊が訪れることが見てとれる（これは図9.3で、累積ドローダウンの二〇パーセンタイルと五〇パーセンタイルとを算出したときと同じ方法であるが、ここではすべての二カ月間のリターンのうち、第二パーセンタイルと第五パーセンタイルだけに注目する。これは、第二パーセンタイルの場合、二カ月間のリターンのうち二％が低位なものであることを意味している。なお、エラーバーはそれぞれの推定で九五％の信頼区間を示している）。図9.5を見ると、ＭＳ指数が高い場合、リターンデータの二％は二〇％を超える下落を示し（一番右のグラフの色の濃い部分）、ＭＳ指数が最も高い水準にある間に二〇％以上の下落が起こるのは五〇カ月（二％に入る結果を得るに必要な期間）に一度であることが分かる。一般に考えられているように、二〇％以上の下落は一〇〇年に一度無作為に発生する洪水などではないことは明らかだ。それは、ＭＳ指数が極端にゆがむような特定の条件下（そのような「条件」は過去一世紀にわたって数えるほどしか出来していないが）で、公平かつ迅速に発生するものである。さらに、そのような条件は、ＭＳ指数が低下したあと、かなり時間をかけて（実際に、今もって待ち続けている）整うものである。これらの検証の裏付けとなるオーストリア学派のまっとうな論理に従えば、ゆがみの証拠と、投資家への影響は圧倒的だ。つまり、ＭＳ指数が「事前に」高いのであれば、その後に続く株式市場の大暴落はもはやテールイベントなどではなく、完全に予期されるべき出来事なのだ。オーストリア学派にしてみれば、これらの画期的なまでの下落は、まったくもって予見可能である（さらに注意が必要なのは、図9.1のＭＳ指数にも昨今の信用膨張の証拠がはっきりと見て取れ、本書を執筆している二〇一三年七月時点において、株式市場の大暴落が差し迫っていることは心しなければならない。それは確実に、想定内とすべきことなのだ）。

ここでのブラックスワンに関する議論は、株式市場に関する出来事に限定されることを念のために記しておく。もし小惑星が宇宙の奥底から飛び出して地球に衝突し、予想すらしていなかったわれわれを驚かすことになれば、それはブラックスワンだと記録することだろう。しかし、過去一世紀の間に起こった株式市場の暴落は、ブラックスワンやテールイベントなどでは「なかった」ことは確かである。二〇〇八年の暴落のような出来事について、われわれはそこに、まったく異なる羽を持つ鳥を見るのだ（おそらくはオーストリア系の一種であろう）。

ここで問題となるのが、視点の誘導である。それは、バートランド・ラッセルが描いた餌を与えてくれていた農夫その人に、首を握られて驚き慌てる鳥のようである。[4] ありふれた認識論的問題は実際に尾を目にするまで、それが存在する可能性にすら気づかないというものだ。しかし、ここでの課題はいわば逆である。無条件に尾は見えるものとし、それでいて、その尾が実際には尾ではない場合を想定できないのである。

現代の経済学および金融論で用いられる科学的・数学的方法論（第7章で述べた「物理学への羨望」だ）こそが、知覚問題の原因であろう。つまり、主流派の経済学者は、テールイベントのような株価の動きを不運とみなすであろう。数学や金融を真剣に学ぶ学生ならば、市場についての標準的経済学や金融モデルの根底にあるガウスの前提（大ざっぱに言えば、正規分布）のナイーブなまでの単純さに気づくであろうが、それへの解決策は、より派手な確率分布を生み出すことでは「ない」。より深刻な問題は、市場の収益を気まぐれな自然が与える数字として取り扱うことにある。株式の収益が極めて不確実であることは明白であるが、それらが無作為に生み出された数字ではないことは確実である。もしそうであればテールを理解することは、扱いにくい問題となろう（例えば、べき法則の分布においてサンプルが少ない場合に起こるバイアスのような）。しかし、株式市場はそれよりもはるかに豊かで、辛辣かつ複雑なのである。

ではなぜ、即時性の価格は、認識された需要に従って無限に跳ね上がらないのか。なぜ切迫した取引相手に、突如誤りが判明した価格で対応すること、つまりマルインベストメントに対して流動性を提供することが求められるのか。結局のところ、ほかの何かを前提とすることは、流動性を供給する者たちを慈善活動とみなすことなのだ。

筆者が運営する投資組合の多くにその名をつけたブラックスワンという概念が重要であることには変わりないが、それは視点の認識という問題のためだけである。株式市場の暴落という真のブラックスワン問題は予見不能な個別事象などではなく、むしろ個別にとらえられる予見可能な問題なのだ。市場参加者のほとんどが、現実には予測可能な出来事を予測することができない。近視眼的に今に集中するために、異時的に追い込まれ、さらに盲目的になることで、彼らは英国の白鳥にばかり価格を付け、茂みに潜むウィーンの鳥を見逃すのである。

ケーススタディ――テールヘッジングのプロトタイプ

いよいよ、シンプルなミーゼス流投資戦略から、オーストリア流投資法Ⅰへと歩を進める準備が整った。そのために、われわれはマクエリゴットのプールにいるマルコに立ち返る。もちろん、例のあれを捕まえるための道具はかなり洗練された銛（われわれの場合はプットオプション）へと進化しているが。次の段階、オーストリア流投資法Ⅱでは、マルコからジークフリートへ、つまりワーグナーの竜退治の英雄であり、その行動はゆがみに屈せず、迂回の利点を体現しているニーベルンゲンの起業家へと移る。総体としての資本構造におけるゆがみや不均衡の終焉はものすごい勢いで発生する。それは、起業家たちがまったくもって誤った投資をしていたことに同時に気づき、彼らの衝撃が経済全体に広まるためだ。起業家たちがマルインベストメントを調整することで恒常性機能を発揮するというよりも、市場全体がその本質からしても同時的に発生する清算を通じて、自ら調整するのである。ゆがみに気づくことのなかった人々の目に映るのは、恐ろしいまでのテールイベントである。

株式市場の暴落は起こり得ないもの、と市場が認識（または価格付け）している（例えその認識や価格付けが不当であるときでも）としたら、そのような暴落からポートフォリオを守るためだけだとしても、そこには大きな機会が存在していることは明らかだ。

図9.5で示したのは、株式の月次リターンの負のテールを測定する大ざっぱな（同時に、安定したものである。それらは両立する傾向がある）方法である。ほかにも測定方法は限りなく存在する（ヒルの推定における最大尤度から、「フラクタル次元」の両対数回帰に至るまで。それらすべてはＭＳ指数の水準が高い時は、一様にテールが太くなる）。テールヘッジングによ

って得られる収益を測定するにあたり、恐ろしいテールを測定するための経済的・直観的かつ分かりやすい方法を手に入れる。そうすることで、オーストリア流投資法Ⅰの方法論を同時に説明しようと思う。

ここで、典型的なテールヘッジをした株式ポートフォリオの分析を紹介する。この議論を通じて、筆者は前章までの解説者から、実践者へと変身する。テールヘッジング（もしくはオーストリア流投資法Ⅰ）は、筆者が運用するファンドで実行していることの核でもある（そして、第10章のオーストリア流投資法Ⅱは、オーストリア流投資法Ⅰとともに、ファミリーオフィス向けに筆者が運用するプログラムで実践されているものである）。ただ、筆者のファンドで行っているといっても、実際にはもっと繊細なアプローチを採るのであるが、それは本書の狙いをはるかに超えてしまう。繰り返し述べるが、筆者は本書で説明していることを実行しろと言うつもりはない。一般的なテールヘッジングですら大変に難しく、流動性の乏しいオプションを利用するわけで、価格付けも収益獲得も容易ではないのだ。しかし、この議論を持ちだしたのは、保守的かつ素朴なケーススタディを行うためであり、大幅にアウト・オブ・マネーのS&P総合指数のプットオプションをポジションに加えることで、条件付きながらも歴史的な業績を生み出したオーストリア流の道具と、迂回アプローチの実践を例証することが目的である。

まず、オプションに明るくない読者のために、少しばかりの基礎知識から始める。プットとは、S&P総合指数などのような株式指数などの原資産を、ある行使価格で売る権利（義務ではない）を取得者に与えるデリバティブである。テールヘッジングで用いるプットは大幅にアウト・オブ・マネーのものであり、権利を行使可能とする行使価格は現在の市場価格よりもかなり低いものとなる。

この研究で試しているポートフォリオでは、インプライドボラティリティが四〇％程度となる満期まで二カ月、デルタ〇・五のS＆P総合指数のプット（インプライドボラティリティが四〇％だとおよそ三〇％のアウト・オブ・ザ・マネーとなる）を購入する（ヒストリカルに中央値となる価格水準である。実際に、超過収益率は驚くべきことにこの価格水準で安定する）。そして毎月末に、満期まで二カ月のプットオプションをロールしていく（すでに保有しているオプションを売却し、新たな満期まで二カ月物のオプションを取得して、毎月ポジションをリセットする）のだ。ヒストリカルの検証には、保守的かつ補間的マッピングを用いた。インデックスの月次リターンを使って、月次のベガによる損益を出すために、二カ月のプットオプションの価格変化やインプライドボラティリティの変化を算出した。また同様に、月次のローリングのため、一カ月のプットオプションと二カ月のプットオプションのスプレッドの変化を算出した。この方法であれば、オプション市場のデータが存在しない以前の期間も研究に取り込むことができ、そうすることでより多様な市場環境での検証が可能となる。ポートフォリオは、毎月〇・五％をプット取得に費やし、残りの九九・五％はS＆P総合指数に投資される。そこでは、いかなるレバレッジも利用しない（実際に、市場の下落幅が二〇％に満たないような一

図9.6　オーストリア流投資法Ⅰ　株式ポートフォリオのテールヘッジング

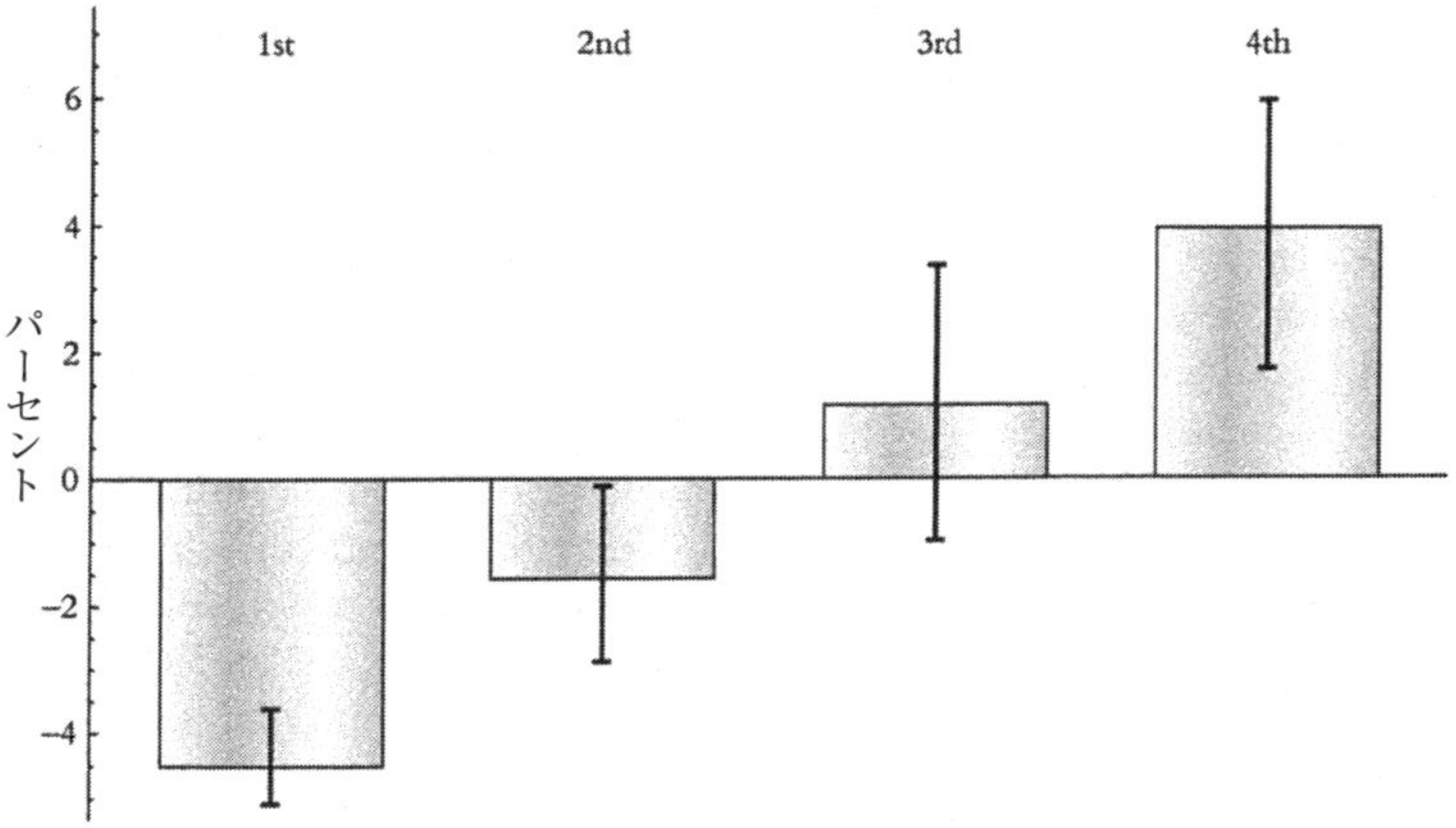

テールヘッジしたS&P総合指数の年利超過収益
期初のMS指数の4分位数に基づき分類（1901～2013年）

般的な状況でも、ポートフォリオ全体は収益を上げているのだ）。

それぞれの戦略期間には、二年間のリターンが含まれ、超過収益は年率換算され、各期首のＭＳ指数の水準に応じて、パーセンタイルの箱に分けられる。検証期間は、一九〇一年（ＭＳ指数が算出可能となる）から現在までである。超過収益の平均値と、その九五％の信頼区間の値は、ＭＳ指数のパーセンタイルごとに算出される。すべてのリターンには配当金の再投資分が含まれている。

ケーススタディでは、超過収益が獲得される場合とその度合いとを把握するために、テールヘッジングを用いた場合と、ただＳ＆Ｐ総合指数に投資した場合とを比較している。**図9.6**が九五％以上の統計的信頼度をもって示すように、また図9.5でも見てきたように（両方とも、同じ月次リターンのデータを用いているのであるから、当然と言えば当然だ）、テールヘッジングがもたらす利益は、ＭＳ指数が示す「ゆがみの度合い」に大きく左右される。

ＭＳ指数が上位のパーセンタルにあるとき（本書を執筆している今がまさにそうであるように）、オーストリア流投資法Ｉの戦略（インデックスポートフォリオのテールヘッジング）は指数だけを保有する場合に対して、およそ四％の超過収益をもたらす（期首のＭＳ指数水準が低下するにつれて、超過収益も減少する）。これによって、極めてゆがんだ環境下において株を保有するか、現金を保有するか（基本的なミーゼス流戦略）という選択肢に、三番目のそれが加わることになる（図9.2が示す株式の超過収益と組み合わせてみても、テールヘッジングを行った株式ポートフォリオは、投資業界でよく見られる株式と現金との見当外れの分配戦略よりも優れていることは明らかである）。

これこそが、アウト・オブ・マネーのプットオプションへの投資には異時的視点、後の優位性（プットが最終的にもたらす利益は、その後、よりリターンの大きい株式に投資されることになるだろう）を獲得するための間接路が必要だという事実に基づいた、迂回的なオーストリア流投資（暴落が起こらないかぎり、プットへ投資する〇・五％が毎月費消されていく）である（もちろん、毎月のプット費用も、ミーゼス流投資法における株式に投資しないことの機会費用に比べれば、色あせたものとなる）。毎月のオプションは将来の種、つまり大きなセコイアが山火事で一掃された土地に根を下ろす機会を表しているのだ。多くの人々にとっては、目先の埋没費用（にわか景気の頂点では、起こり得ないことと思われている暴落への資本投資だ）であるものが、抜け目ないオーストリア流投資家のポートフォリオにとっては、プットオプションがもたらす収益と、その後MS指数が低下したときに投資した株式がもたらす複利収益（新しい森）という大きな可能性となるのだ。

市場の粛清を期待することは、必ずしも悲観的な方法である必要はないことは明らかである。それは、マルインベストメントが一掃され、MS指数が極度に低下している環境下において資本という手段を持つ者にとっては、むしろ、日和見的・楽観的な方法である。資本は破壊されることなく、むしろその権利がより良い買い手により有利な価格で移るだけのことだ。ここで手に入るのは効果的なテールヘッジングを行った投資家の利益であるが、その結論だけを見ていてはその優位性の源泉という、より大きく、重要な点を見逃してしまう。演繹的に、そして今は帰納的に（図9.6から）理解しているとおり、テールヘッジ戦略の強みは金融のゆがみに左右される。もし市場がゆがんでいなければ、システマティックなテールヘッジングは重要性を失い、さらにはまったく必要ですらなくなるであろう。

金融的にゆがんだ環境や投資判断の異時的効果ということを考えもせず、ただ、アセットクラスとしてテールヘッジングの有効性（二〇〇七年に筆者がユニバーサ・インベストメンツを立ち上げたころですら認識されていなかった）を語る者たちの多くが見逃している事実がある。

それは、ＭＳ指数が高いとき、テールヘッジングは予期されるイベントリスクへのヘッジとなり、ＭＳ指数が低いときには投資手段を提供する、ということだ。

目標（Ziel）と目的（Zweck）――中央銀行ヘッジング

ブラックスワンとテールの認識論的問題が、ミーゼス流戦略、オーストリア流投資法Ｉではなおさらのこと、優位性をもたらせることを示してきた。つまり、株式市場の暴落は、圧倒的なまでの反証があるにもかかわらず、株式デリバティブ市場では、極端なテール（最もあり得ないこと）として価格付けされているのである。筆者には、オーストリア学派がいまだに「嫌々ながら存在を認められている部外者」[5]とミーゼスが呼んだ状態にある理由が説明できないのと同様に、なぜこのような事態が続いているのか説明ができない。しかし、この二つのことが本質的に同じことであるとすれば、驚くにはあたらないだろう。

われわれがこれまで見てきたことを表面的に推定することで、最も深刻かつ珍しい出来事の本質を予測したり、理解したりすることなど不可能だ。この問題の核には、一瞬で破られる分布の幻想という基本的な認識の問題が存在する。テールヘッジングやいわゆるブラックスワン投資の信奉者として知られる筆者がこのようなことを言うのは矛盾していると思う者もいるであろう。筆者にしてみると、経験的またはオーストリア学派の「アプリオリ」な解釈からして、

「少なくとも過去一世紀にわたるアメリカでの資本投資では、直近の危機も含めてブラックスワンなどほとんど存在しないのだ」。たしかに、投資家たちは予期せぬ、致命的な出来事に直面したが、そこでの事実とはオーストリア学派の資本理論という重要な概念に耳を傾けることもせず、金融における信用膨張、そして、資本財と生産の時間構造という当たり前の知識を不遜なまでに無視した大多数の人々が驚き慌てるはめになったということだ。もちろん、それが人為的なものであろうとなかろうと、自由市場の資本主義で破壊的な出来事は起こる「はずがない」というのではない（人為的な出来事は本書で議論した介入主義と歴史的にも大いに関係している）。われわれは、競争的な経済システムとそれに影響を与える金融のゆがみとのなかで活動する起業家の領域に取り組んでいる。しかし、この研究が行われてきた一〇〇余年の間には、株式市場を見るときにオーストリア学派の人間行動学的な原理が包括するような、極めて破壊的で、前例のない世界的な対立（二つの世界大戦を含む）があったことを記しておかなければならない。筆者が一五年にわたって実践してきたテールヘッジングは、「中央銀行ヘッジング」と呼ぶべきと思われるが、筆者はこれに「オーストリア流投資法Ⅰ」と名付けることにする（筆者のキャリアを通じたこの活動は、ミーゼスの洞察とFRBのグリーンスパン、バーナンキ両元議長の協力なくしては、もっと面白みのない、無益なものとなっていたであろう。そのことには心から感謝を申し上げる。「諸兄に心から感謝する。われわれはいまや皆オーストリア学派なのだ」）。

このように、オーストリア流投資法Ⅰは、より有益なポジションを生み出す、有益なポジションを獲得するための、手段を獲得するための間接的手段の自己触媒的プロセス、つまり迂回的投資プロセスである（プットは、市場が下落したときに再び資金を投資に振り向けるのと同じように、市場が下落していく過程で利益をもたらすことが重要である）。本章と第10章とで語られるオーストリア流投資法Ⅰとオーストリア流投資法Ⅱは、それぞれ最も生産的なときに、生産的な場所に資本を配分する力を獲得し、そして、実行していくというものであり、それこそが本書がはるばる目指してきた最終目的地でもある。

思考のプロセスこそが、重要なのではあるが、投資本では行動事項を提供する必要もあろう。先に議論したミーゼス流戦略では、ＭＳ指数が低いときにはすべてを株式に投資し、ＭＳ指数が高いときには全額キャッシュとして、ドローダウンを避けるという二つの選択肢の間でスイッチングを行っていた。この一〇〇％国債のポジションを取ることで、資本の価格がかなり低くなったときに、その「資本の所有権」（例えば、株式）に投資すべく迂回的な優位性を獲得することができる。オーストリア流投資法Ⅰでのプットの利用は、単純なキャッシュポジションからの論理的（そして、効率的な）進展であり、より磨きをかけた「勢」戦略だとも言える。これは、究極の「推手」であり、最初の攻撃には屈することで、生産的な資本を安く取得すべく反撃への段取りとし（走化）、その後、市場（粘勢）が再び定常的状態へと戻っていくのを待つ。オプション取引同様に効率的であり、より大きな競争力を獲得し、攻撃を仕掛け、また反撃するまでの前奏であり、中間点である。オプション取引は、最も有利な資本の異時的かつ最適な利用法である。

テールヘッジングにプットオプションを用いることで、再投資を行うときの流動性を得るだけでなく、ゆがみが存在する間に、より大きな（全額）株式のポジションを取ることが可能となるのだ（針葉樹の遅咲きの松ぼっくりを持った、成長の早い被子植物と考えてもらえばよい）。株式かキャッシュか、という基本的なミーゼス流戦略（と全資産のアセット・アロケーションと幾ばくかの学術研究）は、オーストリア流のほかの道具を用いることで置き換えられることになる。

プットのポジションを取ることは、マルコの例のあれであり、発達した道具であり、家の基礎となるレンガであり、異時的な連携であり、クラウゼヴィッツが言う「原理そのものではなく、効果的な原理へと繋がる」（Handeln）である。[6] ヘッジポジションから利を得るのは目標（Ziel）ではあるが、目的ではない。ここでの利益は、迂回的投資スキームの第一段階にすぎず、ゆがみが突然一掃された世界において、その利益を使ってなすことが第二段階である。つまり、プットのポジションは、「極めて生産的な資本投資」という目的（Zweck）に至る手段（Mittel）であり、目的を達成するために用いられる優れた生産性を持つ手段なのである。

迂回的投資家

ゆがみを利用するためMS指数に従って行う投資は、ベーム・バヴェルクが言うところの迂回とは異なることは疑うまでもない。オイゲン・フォン・ベーム・バヴェルクはゆがみについては議論しなかった。しかし、われわれの投資は「将来、優位性が獲得される異時点において、投資競争力を最大化すること」を目的とし、それは迂回「Umweg」（および道教でいう「勢」）と合致することなので、オーストリア学派のいう迂回だと言ってもよかろう。このように、より高い資本生産性を獲得するために、時間、さらに言えば迂回を利用しているのだ。ケーススタディではテールヘッジングの重要性を示し、その効果を見てきたが、忘れてはならないことはテールヘッジングと、その究極の目的である「目的（Zweck）」とを取り違えてはならないということだ。筆者にしてみれば、ヘッジは「目標（Ziel）」、中間的な目標にすぎず、オーストリア流投資法の迂回路にある中間地点なのである。そう解釈することができれば、オーストリア流投資法Iと、本章の前半で記した、MS指数が高いときには市場を避け、低くなったら市場を活用する基本的な戦略との関連性を見いだすことができる。市場を避けるべきときとゆがみを利用すべきときとを見いだす、この二つの戦略の共通点は、機が熟したあとに投入する資本を保持し、生み出すことにその重要性がある。このように、あたかも脆弱な敵が現れたときに射られるべく準備されたクロスボウ（矢筒にはさらに矢がある）のように、テールヘッジングは戦略的優位性を獲得するための手段となるもので、まさに「勢」なのである。つまり、テールヘッジングは、ゆがみに屈するのではなく、それを活用することを可能とする道具なのだ。

さて、第10章では資本的生産へ投資をすることは、つまるところ、そのプロセスの重要性を認識することだということを見ていく。オーストリア流投資法Ⅰでは、ゆがみのワナを避け、さらにはそこから利益を獲得することを学んだので、オーストリア流投資法Ⅱに移ろう。それは、ベーム・バヴェルクの言う迂回という知恵と、オーストリア学派が残してくれた教訓に従った投資法を基礎とするものである。オーストリア学派の古典を手本とし、生産手段を蓄積し、起業家の責務を果たそう。われわれは投資家として、思考も行動も完全にオーストリア学派となるのだ。

第10章 オーストリア流投資法Ⅱ ジークフリート――ベーム・バヴェルクの迂回を利用する

まず中間地点である「目標（Ziel）」に到達し、そこから目的地である「目的（Zweck）」を目指して次なる作戦を展開する迂回路は、オーストリア学派の投資法（オーストリア流投資法）の道標である。旅の第一歩として、第9章のオーストリア流投資法Ⅰで説明したように、一を大きく上回るミーゼスの定常性指数（MS指数）がその前兆となる金融市場のゆがみに焦点を絞った。思い出してほしいのだが、現実の経済での物理的な生産構造が、通過のうえでのごまかしによって定常的状態から強制的に乖離させられ、ネガティブフィードバックの力がより強くなると、突然激しく引き戻されることがこのシグナルによって分かるのだ。このシナリオを見極めたなら、知識（ほとんどの者には理解できないかもしれないが、オーストリア学派の理論を研究した者だけが得ることができる）を活用して、二つの基本的な対応ができる。つまり、資本を保持するために場外に出しておく（筆者が基本的なミーゼス流戦略と呼んだもの）か、最も効果的に資本投下が可能となるときに備え、機会があれば利益を生み出せるポジションを取っておく（テールヘッジングというよりも洗練された武器で、オーストリア流投資法Ⅰと呼ぶもの）かである。いずれも、「勢」戦略だ。

さて、本章では次なる段階に入る。つまり、ベーム・バヴェルクが言うオーストリア学派の「起業家（Unternehmer）」が見せる迂回へとつらなる機会を探し出すのだ。オーストリア流投資法Ⅱでは、市場全体の定常性（または、その欠如）を正確に測ることから、いかにもオーストリアの名を持つ投資哲学らしく、マクロからミクロへ、個別企業とその極めて異質な資本に焦点を絞っていこう。それをするにあたり、これまで積み上げてきたすべての道具を投入し、われわれをして真のオーストリア流投資家とする迂回的投資を探し求めよう。

いつものように、われわれを導くのはオーストリア学派の単純性の原理と、現実への忠実さである。つまり、彼らは簡単な言葉（入り組んだ数学的モデルを多用する主流派と異なる）を繰り返し使って、語るべきことだけを語る。これは、彼らを極端に制約する。オーストリア学派は、定性的で、もちろん正しい記述に自らを限定することで、今日でも風変わり、中世的として非難を浴びている。しかし、金融市場を正確に予測するかに思える（実際にはできないと分かるまでは）コンピューターモデルを構築した最も優秀な人々が正確に間違えた誤りを、オーストリア学派は回避するのである。言うまでもなく、この過度なまでに精密なモデル化に頼る方法論（数学の専門家がこしらえたＬＴＣＭ［ロング・ターム・キャピタル・マネジメント］

やほかの戦略が好例であろう）は、われらがオーストリア学派独特の方法論とは正反対である。

第9章で述べたように、オーストリア流投資法の背景にある「思考」だけがそれを実証できる。ヒストリカルデータでは機能するかのように見えた投資戦略は、アナリストたちがそれに気づいた途端にその有効性が消え去ってしまうことは有名である（最初からそれが偽りの蜃気楼ではなかったという前提だが）。これは、効率的市場に関する文献の主要な発見の一つである。本書では、「不均衡」のシステマティックな力学を説明するために、演繹的なオーストリア流の論法を用いており、われわれの論理はまた、はっきりとした人間らしさを備えるほかの投資家たち（おそらくオーストリア学派ではない）が、なぜお金をテーブルに置きっぱなしにするのかも説明していく。データはその背後にある理論の正しさよりも、潜在的な利益の「大きさ」を示すものだと考えており、ヒストリカルデータは、理論的演繹法の「重要性」を示すものである。

迂回的投資（オーストリア流投資法と同義だ）は、要は生産的資本の時間的構造である。最初はゆっくりと成長する針葉樹や、原材料から車へと拡大するヘンリー・フォードの資本構成からも分かるとおり、生産はその本質からして長い時間がかかるものなのだ。それゆえ、迂回的生産は、目の前の収益に近視眼的に注力することを許さない。むしろ、すぐには具現化されない収益という目的に向かって間接的手段という優位性を構築すべく、目的論的に投資をしていくことなのだ。実際には、見えるものだけに目を奪われ、せわしなく今日のマシュマロをむさぼり食らうほかの投資家たちが、このような真実を隠しておいてくれるほうがわれわれには都合が良いのだ。彼らはその性急さゆえに、今は見えなくとも、どこをどう見れば良いかを理解していれば予見できる明日の収益、将来の可能性が見えない。オーストリア流投資法Ⅰ同様に、オーストリア流投資法Ⅱは本書にまとめられた正攻法の攻撃計画、つまり、将来戦略的に性急になるために、今は忍耐強くあるのだ。

竜退治の英雄――ジークフリート

われわれが追い求めている証拠とは、「高度な生産資本」である。ベーム・バヴェルクの見解によって、最も生産的な資本とは最も迂回的な資本であることをわれわれは知っている。「物理的」な意味では、結果は明白である。ベーム・バヴェルクは、長く待つ覚悟さえできていれば、投入物からより多くの生産物を生み出す技術的方法を見いだせることを教えてくれている。ここでは、一歩先に進めて、オーストリア学派の読者にとってすら明白では「ない」ことを主張しよう。最も「収益力ある」資本構成は、非常に迂回的なものである傾向があるということだ。

筆者はオーストリア学派の資本ならびに生産モデルに焦点を当て、現在の不利益を通じてあとで効果的に優位性を獲得しようとする、針葉樹、芋虫、そしてロビンソン・クルーソーの戦略、つまり迂回に見られる目的合理的なメカニズムを理解した。本書において、高度に生産的・迂回的な資本の寓話として、ベーム・バヴェルク流のアプローチを体現する者を生み出した。その名もジークフリートである。第7章のニーベルンゲンの物語を思い出してほしいが、竜を退治した「勝利の喜び」という意味の名を持つジークフリートは、起業家の英雄であり、彼には消費者に効率的に優れた商品を提供する特殊な才能があるのだ（彼の材木、牧草、そしてヤギの群れは、彼が奏でる優雅なワンダーホルンの調べで繁殖するのだ）。ヘンリー・フォードと同様に、ジークフリートは、人々が買いたいと思う商品を、買いたいと思うときに生産できる迂回的な資本構成を、時間をかけて築き上げるのだ。それゆえ、ジークフリートの真骨頂は、「高いＲＯＩＣ（投下資本利益率）」に現れる。これは、企業のＥＢＩＴ（金利税引前利益）を投下資本（ＥＢＩＴを生み出すために必要な運転資本）で割ることで算出される。賢明なるジークフリートは、高い配当を払い出して（または、単に現金を積み上げて）収益をわが物とする代わりに、より迂回的に、継続的に事業に再投資していくのだ。彼は、生産要素に「偽の価格」が付けられている、つまり最終財を販売する価格に比して、資本やほかのコストが著しく低いといった状態を発見すると行動に移るのだ（簡単に言えば、彼の事業は資金を貸し出すことで得られるよりもはるかに高い利率で、顧客から回収することができるのだ）。真の起業家であるジークフリートは、これらの偽りの価格は、ミーゼスの言葉を借りれば「容認され得ない」ものであると見極め、それを発見するや否や行動せずにはおれず、そうすることで彼はより迂回的になり（彼は当初から迂回的な資本を積み上げてきている）、さらには将来より効率的に

ジークフリートのイディル

なっていくのだ。収益性という目的に促されるだけでなく、彼はより高次の資本財という手段にも照準を合わせているのだ。

ジークフリートをしてジークフリートたらしめる最も重要な点は、彼は金利にはそれほど敏感ではないということだ。彼の収益性は、人々の時間選好や中央銀行の金利に対して行う不正行為にはほとんど左右されないのだ。もちろん、ジークフリートも完全ではない。金融のゆがみが続き、大きな信用不安や資産売却が起こると、ジークフリートのROICも低下する（二〇〇八年には多少の損害を被ったものだ）。しかし、たとえ中央銀行がにわか景気の最中に突如金利を急騰させたとしても、彼の事業は収益性も生産性も失うことはないであろう。中央銀行が突然「資金を引き揚げてしまう」という予期せぬ行動に出ると、膨張した事業のすべてが人為的な低金利に依存していた世界中のギュンターたちは破滅に陥るだろう。彼らは事業を縮小するか、完全にたたんでしまうかしなければならなくなる。一方、ジークフリートは、彼のビジネスモデルは基本的に健全であり続けるため問題はない。ギュンターたちの大規模な清算により、さまざまな事業の中間財価格は暴落する。ジークフリートもにわか景気の頂点で行ったいくつかの買い物を悔いることになるかもしれないが、ほかの仲間たちに比べれば恵まれすぎた立場であろう。

ジークフリートは針葉樹に似ている。彼は早い成長（多くの場合、ゆがみという人工的な肥料を唯一の源泉とする）は意図的に避けるので、彼が積み上げているものを評価する術を持たない者たちには見落とされるのだ（そのような者たちは、被子植物やウサギのような、早いが持続力のない成長に魅了される）。異時的視点を持つジークフリートは、勝ちを争う競合者が殺到する一等地のような場所は避け、代わりに当初は発育が厳しい岩場に喜んで（ワンダーホルンを片手に）後退する（あとで効率性という道具を手に入れるために、現在の収益を放棄するのだ）。忍耐力と粘り強さ、異時的視点は、目の前の事に心奪われず、被写界深度を保ち続けた者に対して報酬をもたらすのだ。ジークフリートの成長は、迂回的な資本構成を積み上げている当初はかなりゆっくりしたものとなろうが（あまりにゆっくりなため、利益を生み出しているようには見えないだろう）、しかし、時が来れば、彼は最大の優位性を発揮することになる（そして、マルインベストメント［低金利もしくは量的緩和によるバブル投資］による不健全な成長を破壊する山火事に競合が一掃された後でも、彼はそこに立ち、さらには有利に投資を進める準備すらできているのだ）。彼のゆっくりとした、しかし確実な迂回的成長は、あとで加速し、高速ギアを入れ、ほかを凌駕していくために必要な構造をもたらすのだ。つまり、カメはウサギに変身し、そしてウサギ以上の存在となるのだ。

寓話から、現実の（ワーグナーの世界ではない）世界の事業戦略に移行するにあたり、ジークフリートがわれわれの理想の投資家像であることを覚えておいてほしい。なぜなら、彼は「高い」ROICという二つのうち第一の要件を満たしているのだ。これは、より効率的に、最終的に成長するために自身の資本構造に再投資を続けるよう促せるものだ。これは、われわれがなぜ平均以上の収益と、迂回的な資本構造との間には強い相関性があると期待するかを説明するものでもある（オーストリア学派の研究者でも、このような関係性を見いださないかもしれないが）。われわれのこの期待は、データによって裏付けられる。ROICの高い企業は、それが低い企業に比べて、一貫して投下資本が増大していくのだ。オーストリア学派の学者たちは、平均を上回る収益を単なる利子による収益とは対立するものとして「純粋な利益」と呼ぶが、これは起業家としての優れた見立てによるものだとする一方で、資本の迂回は別個に、金利の均衡分析のなかで取り扱う。しかし、実際の市場では、これら二つのオーストリア学派の概念は実質的に重なるものであろうと思う。考えてみてほしい。遠い将来の収益機会を予見し、毎年我慢強く収益を再投資していく起業家は短期的な事業にばかり従事する起業家よりも、やがて巨額のＲＯＩＣをもたらすであろうはるかに大きな機会を持っているのだ（ベーム・バヴェルクが言う「年輪」の輪が少なければ少ないほど、事業は特徴を失うのだ）。それゆえ、資本の迂回と、平均を上回る収益との間に「直接的な」因果関係はないとしても、それらを動かす実際の力学をかんがみると、これらの間に「事後の」相関性が見いだされるのである。

オーストリア流投資家（株価の変化だけを追い求める一般的なギャンブル投資家に対して、生産資本を積み上げようとする資本家的投資家という意味である）として、迂回路には二つの選択肢がある。一つは、われらがオーストリア流起業家の理想像であるヘンリー・フォードが自己充足的で、かつてないほど深く、生産的な資本構造を構築せんと生産要素を集めていったように、われわれ自身もジークフリートと同じような道を歩むことだ。ジークフリートをまねて、偽の価格を発見し、活用することでわれわれの生産を迂回的なものとすべく、生産手段を積み上げていくこともできる。われらがジークフリートが高いＲＯＩＣを誇るのは、彼が投下した資金を収益に代えることに（競合に比べて）長けているからである。彼のＲＯＩＣはその時点で資本コストを大幅に上回る。もちろん、そのためには特別な才能や、優れた洞察力、また第7章で述べた「理解（Verstehen）」、つまりは直観にすぎないものに対する揺るぎない自信などが必要であろう（これをエンジェル投資家の負担だと考える者もいよう）。この点は、時に重要かつ、有益な話ともなり得るが、本書の範囲を超えるものである。

しかし、オーストリア流投資家には、もう一つの選択肢がある。隠喩的存在のジークフリートと一体化し、彼の一部を所有することである。つまり、われわれの資金を「彼の既存事業の所有権を取得する」ことに使うのだ。彼の一部となることで、ジークフリートだけが認識できる偽の価格を活用できるようになるのだ。しかし、この方法には、われわれを立ち止まらせる付加的な条件がある。残念ながら、彼の一部となるには、多大な費用がかかると仮定しなければならない。効率的な資本市場を前提とするなら、ほかの投資家たちもわれわれ同様の洞察力があるわけで、ジークフリートの株価は、彼の高いROIC（これはもちろん、周知の事実である）が示す大きな経済的優位性を反映したものとなっているであろう。

筆者の見解と論拠はあとで示すが、理由はともあれ、常にそうだとは「限らない」。現実の金融市場では、投下資本ならびに再投資された資本を将来の収益に代える優れた効率性が株価に反映されていない、高ROICのジークフリート企業に出くわすことがある。第5章の森林開発に関する議論で説明した概念が適用できる。ROICの高い企業に向けて網を広げることに加え、「ファウストマン比率の低い」企業、つまり、自己資本（もしくは、投下資本＋現金－負債および優先株）に比して、普通株の時価総額が低い企業を探すのである。第5章において、ファウストマン比率はROICが資本コストを上回る度合いに応じて変化すると説明したが、高いファウストマン比率（総体が個別の合計、または各生産要素の合計を上回る）は、高いROICを伴うと予想することができるのだ（より現実的に、利益をより多く土地に再投資し、そうすることで土地がもたらす利益が増大すれば、この関係は強固なままとなる）。ニーベルンゲンの言葉で表現すれば、収益トントンのヨハンや、苦労しているギュンターのような価格付けをされている迂回的なジークフリートを手に入れたいのである。

オーストリア流投資家の究極の「目的」は、ほかのあらゆる投資家同様に、収益である。しかし、そのための「手段」がまったく異なり、さらには手段が意識の中心にあるのだ。オーストリア流投資家は、目的に突進していく「力」の方法は採らない。すぐに収益性が向上する企業や、ほかの投資家が買い上がっている企業、配当利回りを高めることを急ぐ企業や、過小評価されている企業そのものを見つけるために、すぐに駆け出したりはしないのだ。それよりも、まず、経済的利益を生み出す迂回的手段を持つ、迂回的・生産的企業、つまりＲＯＩＣの高い企業を探すことを第一とする。そして、それらのジークフリートに対して、二つ目のフィルター、つまり選択基準を適用し、ファウストマン比率の低い企業を探すのだ。多くの投資家が、この二本柱のアプローチを、非現実的、単純で矛盾しているとさえ思うことであろう。しかし、ここまで読み進めてきた読者であれば、このありふれた態度こそ、迂回的なオーストリア流投資家に素晴らしい報酬をもたらすものであることが理解できるであろう。

この戦略は、簡単でもなければ、自動的でもない。このような企業が「ジークフリート株式ウオッチリスト」に載ることもなければ、新聞の見だしを飾ることもないだろう。少々手の込んだ財務諸表分析が必要であり、われわれは再び自身の弱さに打ち勝たなければならないのだ。

奇妙なことに、たいていの場合、ジークフリートは投資の世界で静かに身をひそめ、時にバカにされたりもしている。それは、一見すると前進も後退もせずただそこにあるだけかのように見えるからだが、ただ一つ重要なことがある。それらの企業は勤勉かつ迂回的に資本を再投資しようとしているのだ。それゆえ、そのような企業を探し出し、「いずれ」成長して（またはEBITを増大させ）、株主に大きな投資収益をもたらしてくれる（おそらくは、相当後になってからだが）ことを望むのだ。

このオーストリア流アプローチの理論的根拠を理解するためには、これら二つの基準は、どちらか「単体」では注目に値するような結果を保証し得ないことを記すべきであろう。例えば、ROICもファウストマン比率も高い企業は、迂回的な利益成長を達成することが期待されよう。そこまでは正しい。そのような企業のコピーを作るために、投資家として資金を投入し同じ生産要素を、同じ偽の価格で取得することは理にかなっていよう。しかし、ファウストマン比率が高いということは、株式を取得することでその企業に「投資」したいとは思わない、ということなのだ。

一方で、ファウストマン比率は比較的低く、ROICも低い企業に出合ったとしよう。オーストリア流の見識で武装したわれわれは、そのような企業は見送るであろう。たしかに、ファウストマン比率が低いということは、金融市場が何らかの理由で、その企業の実物資産の持つ生産性に低い価格を付けているということである。しかし、ROICの低さがわれわれを立ち止まらせる。もし経営陣が自分たちの事業では、利益を再投資しても現在の金利を上回るだけの収益を上げられないと思えば、彼らが収益を再投資するとは思えない（それに、もし経営陣が再投資するとしたら、それは経済的な破壊を起こすマルインベストメントである）。その他の情報がないとしたら、この企業は起業家的利益をもたらすこともなく、成長もせず、さらには後退していくことすら懸念しなければならないであろう。

二つの基準がどちらも単体では不十分であることが明確となった今、これら二つは「協力して」機能すべきであることをオーストリア学派の「博士」が命じたことも理解できよう。ROICの高い企業は、自然と事業への再投資率も高い。これは経営者にしてみれば、利用可能な資金をすでに実績もあり、自分たちで独占的に管理できる事業に投資するだけのことであるから、当然と言えば当然である。ベーム・バヴェルクの資本理論を前提とするなら、積み上げられた迂回がいずれより多くの経済的利益を生み出すことが期待されるので、このような企業は「最終的に」市場において、競合よりも効率的であると再評価されるべきだと推定することができる。

それでは、同時にファウストマン比率が低いこと、という第二の要件はどのようにかかわってくるのだろうか。ここで、ベーム・バヴェルクの「主観的価値」理論を引き合いに出す。事実として、第6章で議論したとおり、プロのファンドマネジャーを含む多くの投資家が極端に偏った時間選好、または「双曲割引」と呼ばれるものに悩まされる。なぜ資産市場が生産的なジークフリートを、彼には明るい未来があるにもかかわらず、過小評価するのかは「もはや」説明がつく。あらゆる株式アナリストやファンドマネジャーたちは、このジークフリートの収益は近い将来には増大しないと結論づけたのであろう（極めて生産的な企業においてすら、このような傾向があることを現実的に説明するとしたならば、資本支出を高く維持すると企業はより迂回的になるが、損益計算書上は減価償却費がかさむため、将来の利益が圧迫されると考えればよい）。もちろん、係争中の裁判や当局による規制など、正当な理由で過小評価されている場合もある。しかし、大きな収益をもたらすであろう株式を見極めるための、シンプルかつ自明のオーストリア流ルールを見つけようとするならば、ベーム・バヴェルクの資本理論と主観的価値理論とに根差した二つの要件こそが確たるものとなろう。高いＲＯＩＣは利益成長を見込める企業を指し示し、一方で比較的低いファウストマン比率が、地平線の向こう、迂回路の終わりにある素晴らしき目的が見えるにもかかわらず、ほかの投資家たちが過小評価している企業を洗い出すのだ。もちろん、特定の企業内部者がわれわれには知り得ないことを知っているということもあり得るが、総体としては、ほとんどの投資家の地平線はわれわれよりも近く、被写界深度ははるかに浅いのだ。

オーストリア流投資法Ⅱは、オーストリア流投資法Ⅰの兄弟である。これらオーストリア学派の「子供たち（Kinder）」は、どちらも同じ迂回的課題を達成しようとしているのだ。つまり、継続的に、累積的に、より優れた生産的資本を獲得するということだ。オーストリア流投資法Ｉは、時間を超えて異時的に利用可能な機会を生かしていこうとする「垂直的」な取り組みだと言える。一方、オーストリア流投資法Ⅱは、例えば、毎月いくつかのジークフリートを見つけだそうとするような、同時点で利用可能な機会を生かしていこうとする「横断的」な取り組みだと言えよう（われらが師である針葉樹は隣人を凌駕し、逐次その土地を奪い取っていくために岩場に退却し、横断的・垂直的戦略を採る）[1]。これもまた、おおいに異時的な戦略だ。オーストリア流投資法Ｉと同様に、オーストリア流投資法Ⅱにおいても、待つほどにＥＢＩＴが増大し、やがて株価が上昇していくわけで、われわれはあとでより多くの収益をもたらす手段を積極的に構築していくのである。「迂回生産（Produktionsumweg）」は、将来高い生産性をもたらす手段に現時点で支払いを行い、あとで剛たるために今は柔となり、あとでより果敢に前進するために今は退却するような、異時点的交換を必要とする。そして、オーストリア流投資法Ⅱ（オーストリア流投資法Ｉのミーゼス流の機会と同様に）が洗い出すベーム・バヴェルク流の機会は洞察力に乏しい投資家の目には映らない。彼らはジークフリートのなかにヨハンやギュンターしか見いだせないことをわれわれは知っている。また、異なる例えを用いれば、大部分の投資家はほとんど魚の捕れない空腹のロビンソン・クルーソーに出会い、その事業はつまらないもので、かかわりたくないと考えるのだ。しかし、オーストリア学派の洞察を奉ずる少数の抜け目ない投資家は、表面には現れていないものに目を向け、クルーソーが空腹なのは怠惰であったり、無能であったりするから「ではなく」、ボートや漁網に自らの資源を投入していることであることを認識するのだ。オーストリア流投資家たちは、沖合に跳ねる魚を見て、クルーソーが魚を捕まえられないのは一時的な現象にすぎず、彼はやがて大きな魚を捕まえる準備をしていることを知るのである。

ケーススタディ――ジークフリートを買う

さて、軽視されるジークフリートが現実世界で活躍する様子を観察する準備が整った（われわれの研究室は、公表された財務情報と一九七〇年代までさかのぼることができる株価と配当金のヒストリカルデータからなるコンピュスタットのデータベースである）。

まず手始めに、ジークフリートたちを観察し、彼らが実際にジークフリートであり続けるかを確認しよう（結局のところ、ジークフリートがすぐにヨハンに成り下がってしまうならば、彼らのかつてないほど優位な迂回に関するわれわれの推定は間違っていたことになる）。理論的根拠として、ROICの高い企業では、経営者たちが事業に再投資を続ける（そうしないわけがない）ので、その地位にあり続け、そのことで彼らの競争優位は更に確たるものとなるとわれわれは期待している。

データは、われわれの理論的推論と合致する。ROICの高い企業は、現実に持続可能なのだ。[2] **図10.1**では、ジークフリート（一番上の線）はジークフリートであり続ける、つまり、各一

図10.1　ジークフリートはジークフリートであり続ける

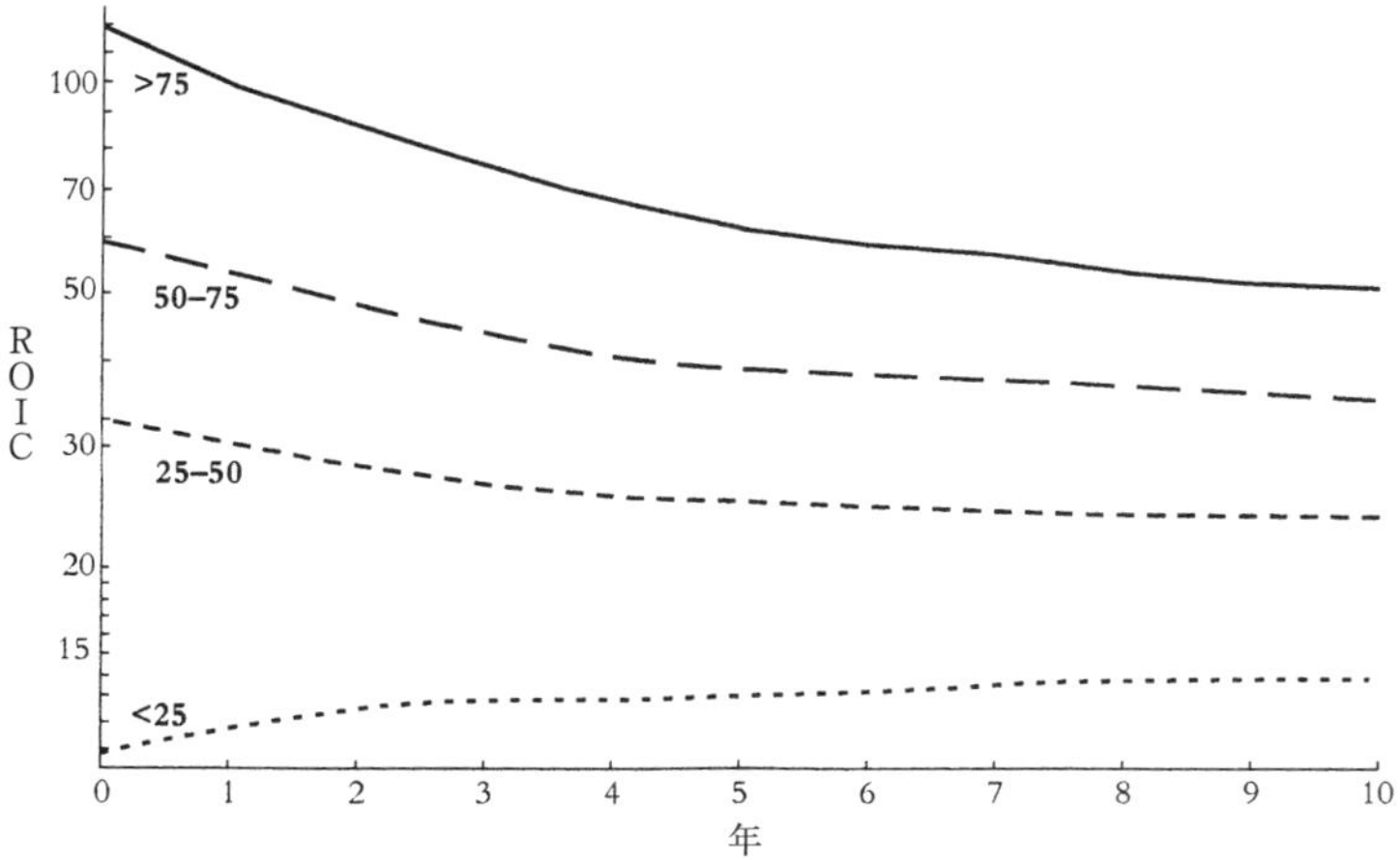

ROIC（中央値）の10年間推移
期初のROICの４分位数に基づき分類（1901～2013年）

○年の初めに、七五％以上のＲＯＩＣを達成している企業は、最後まで高いＲＯＩＣを保ち続けることが示されている。

断っておくが、この結果を保証するものは「何もない」ことを筆者は認識しており、ＲＯＩＣの高い企業が、やがてＲＯＩＣを低下させたり、さらには倒産したりすることすらあり得ると考えている。これは、データ系列内で無作為に起こるノイズによって発生する極値は、最終的にそのノイズが消滅したときに逆転するとする、「回帰の誤謬」によっても確かなものとされているが、この逆転が有意なものと考えるのは間違いである（ランダムさについて本書で説明した、意図的に迂廻路にそれることと同じような誤りである）。しかし、現実世界では、収益を継続的に再投資するような先見の明ある起業家たちは、他者が見逃す収益機会をとらまえ、資本構成の競争でも優位に立つ人々であるから、「総体として」高いROICが持続することが期待される。ある無形資産（研究開発の成果、ブランドの知名度や経営者のリーダーシップ能力など）は、多くの場合有形資産の収益として現れると考えれば、統計的な結果もより合理的だと言えよう。

ジークフリートでいることは、とてつもない優位性をもたらすことをわれわれは知っている。その優位性、さらに言えばベーム・バヴェルクの洞察がもたらす優位性を生かすために、それらの見識をポートフォリオに落とし込んでいこう。ここでは、月ごとに確たるふるいにかけて選んだいくつかのジークフリートによるポートフォリオを構築する（各銘柄を等ウエートで購入するので、ワイルドナンバーが過度に影響を及ぼすことはない）。毎月、直近のROICが一〇〇％を超える企業のうち、ファウストマン比率が最も低いもの（さらに規模と流動性とでスクリーニングを行う）を買い、やがて要件を満たさなくなったら手放していく（毎年確認する。ちなみに銀行などの金融部門や怪しいバリュー株は無視する）。一九七八年から検証を始めるが、これは単に検証に必要な十分なデータが入手可能だというだけのことだ（一九七八年から入手可能なコンピュスタットのポイント・イン・タイムデータベースとノン・ポイント・イン・タイムデータベースとを組み合わせて利用する。これがもたらす結果は、ポイント・イン・タイムデータベースだけを利用しても実質的には変わらないことは明らかである）。

図10.2　ジークフリート対S&P総合指数という「普通のヨハン」

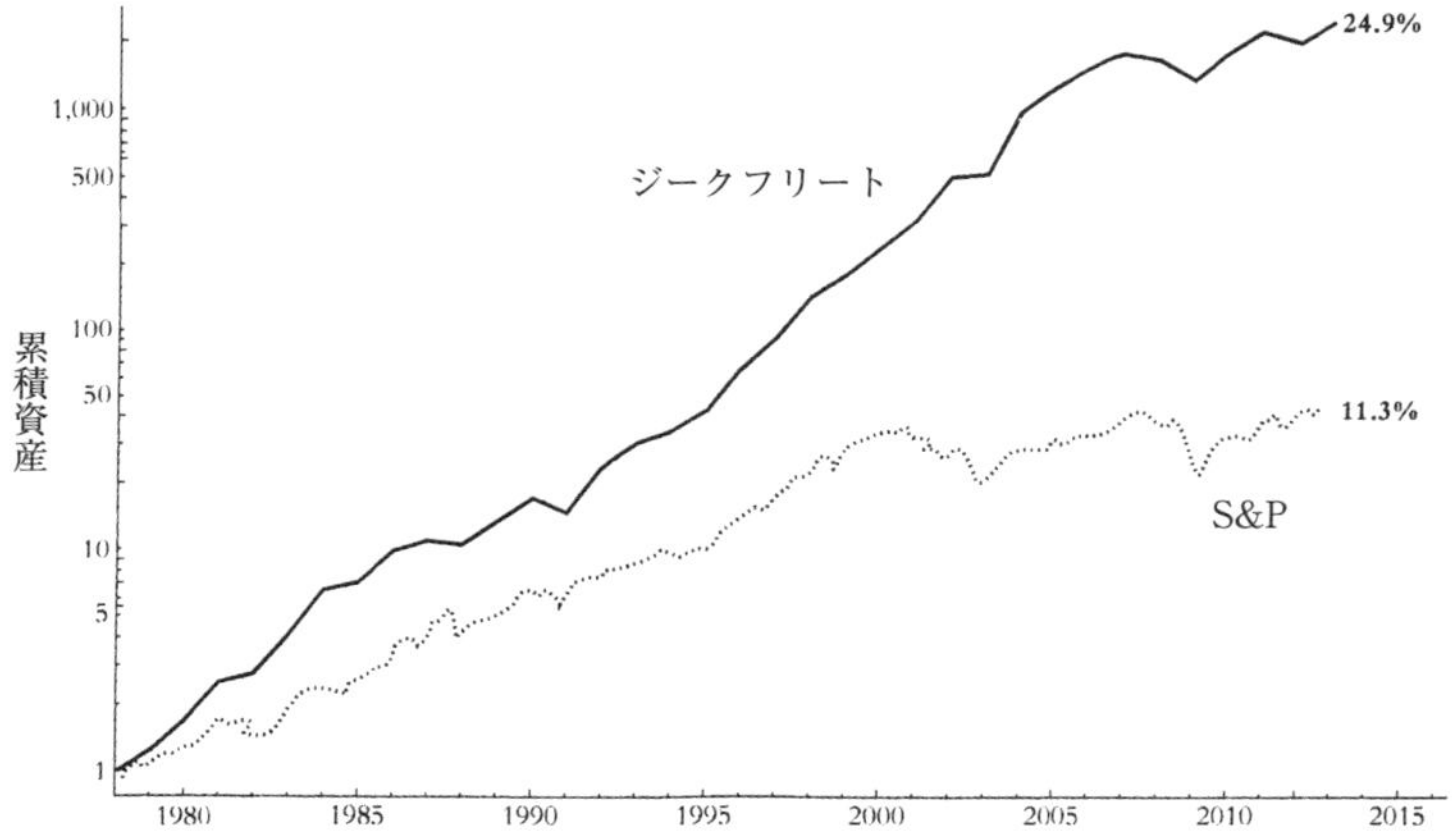

ジークフリート戦略の累積実績とS&P総合指数

図10.2は、このシンプルなポートフォリオの結果（一九七八年を一ドルとしたもの）を、S&P総合指数と比較して示したものである。

言うまでもなく、経済的論理に基づき、ROICとファウストマン比率にのみ焦点を当てて構築した最適化していない最もシンプルな要件で構築したポートフォリオ（これもまた子供だましのように単純だ）が驚くべき結果（オーストリア流投資法Iと同様、ほとんどの場合インデックスを打ち負かしている）を生み出している。しかし、これらのデータは迂回に関するベーム・バヴェルクの議論の有効性については何も語らない。ただ、その重要性が持つ「重大さ」を示すのみである。

では、そのなかで何が起きているかを検

図10.3　迂回的なEBITの増大

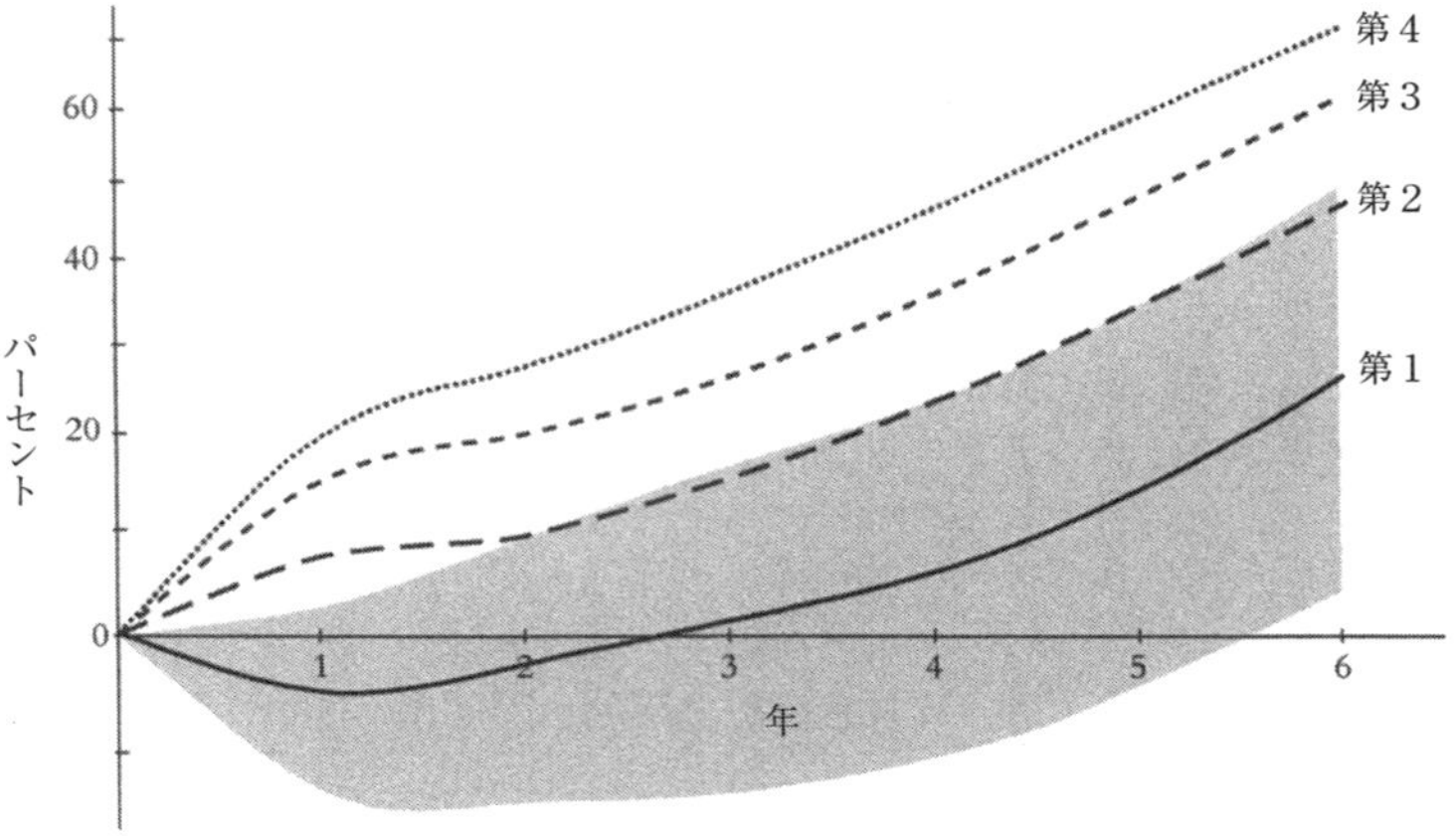

EBIT増大の経過（算術平均）、全株は50%を超すROICを持つ
期初のファウストマン比率の4分位数に基づき分類（1978～2013年）

証してみよう。つまり、高い生産性を持つ企業（一〇〇％を超えるＲＯＩＣというのはとてつもなく大きな数値である）がなぜそれほどに軽視され、閾値を満たすほどファウストマン比率が低くなっているのか。

図10.3がわれわれの予想どおりの結果を示しているが、ファウストマン比率（一番下の太線）の最も低い（第一パーセンタイル）ジークフリート（**図10.3**においては、比較検討の意味を確保するに十分なデータを利用するためにＲＯＩＣが五〇％以上の企業を取り上げている）のなかには、ＥＢＩＴが一時的に悪化するものがあることが分かる（太線の周りにある網掛けの部分は九五％の信頼区間を表すが、これを見ても、この見解が正しいことが分かる）。実際に、ファウストマン比率の各クラス間に見られる

統計的に有意な差異は、市場がその差異に価格付けをしていることを示唆している。ある年にEBITが乖離すると、業績予測やアナリストの予想はこれをかなり正確にとらえるので、驚くべきことではない。むしろ、驚くべきことは、当初一～二年目の動きに、市場がどれほどだまされやすいかということである。これらの乖離が、本質的に（高い統計的有意性があるので、完全に言ってもよいかもしれない）固定および無形資産への資本支出が増大したことによるものなのであるから、これにだまされることのほうが驚きなのだ。これら第一パーセンタイルのジークフリートたちは、明日の成長のために今日を犠牲にし、今日対価を支払うことで、ますます迂回的になっているのだ。

ご承知のとおり、資本投資という費用を負う迂回生産は、多くの場合目の前の利益には打撃となる（特に、研究開発のような資産計上されない投資によって）。改めて繰り返そう。われわれは見えるもの（手に入るもの）のなかに暮らし、見えるものから推定するので、それが曲がるとだまされる（マイナーリーグの選手はストレートの速球を打ちにくいが、メージャーリーガーはカーブを打つ）のだ。つまり、迂回は困難なもので、われわれは生物学上、それに不向きである。したがって、株式市場は遠い将来の結果よりも、目の前のものに賭け（または期待し）たがるのだ。彼らにとって重要なのは、目の前の結果なのである。つまり、ROICの高い企業のなかには、短期的な収益に基づき株価が評価され、その結果としてファウストマン比率を低下させられてしまうものがあるがゆえに、市場はカーブやチェンジアップを見逃すのだ。株式は利益を後追いする、が投資の金言であり、ピーター・リンチの言葉を借りれば、株式市場で「カギとなるのは収益性」（ゆえに「怠け者は時間の無駄」[3]ということか）であり、自然とわれわれの目に映るのは目の前の利益ばかりとなる（お分かりのとおり、株式市場の投資家たちは、恐るべき「斧の原理」をも乗り越え、より速く、有益な木々の成長を身近に見いだした、はるか昔の年老いし森林投資家よりもはるかに間が抜けている）。市場は、収益獲得の手段となる生産性を一様に扱う一方で、短期的な利益と成長、つまり目の前の進歩にばかり目を奪われる。これこそが、「迂回生産（Produktionsumweg）」の代償として、近視眼的な市場が課す罰である。報奨は今日生み出されたマシュマロに、そして罰は、明日のマシュマロ生産をより効率的にするため収益を犠牲にしたジークフリートに与えられるのだ（ヘンリー・フォードが株式投資家を避け、典型的なウォール街の投資を余興にすぎないとしたのも理解できる）。ハズリットの『世界一シンプルな経済学』（日経ＢＰ社。第１章参照）から得た筆者の中心的教義に反して、市場は資本と生産プロセスがもたらす長期的な効果ではなく、目の前のことばかりに目を奪われるのだ。これは常時行われている二つのゲームであるが、前者ではほとんど競争は存在しない。

図10.3は、第２章で針葉樹と被子植物の成長率を表した図2.1を彷彿させるものである。これこそが、典型的なベーム・バヴェルクの迂回である。図10.3を反時計回りに九〇度回転させると、筆者のお気に入りでもある「左に行くために右に行く」姿を見ることができる（つまり、第一

パーセンタイルのファウストマン比率を持つ企業は、ファウストマン比率の高い企業に比べて、最初の二年間は「比較的低い」ＥＢＩＴとなる）。そして、この右への回り道がなにゆえ引き起こされているのかと考えれば、それはまさに「より効果的に左に行くために右に行っている」のだということに気づく（もちろん、ほかのすべてのパーセンタイルに含まれる企業は、すでに迂回してきているがために、すぐに左に向かっているのだ。そして、市場はそのときまでに、その価値を十分に認めているのだ）。オーストリア流投資法Ⅱの競争力は、この最初の過酷な結果、つまり経済成長に向けて間接的な方法をとる迂回路に対する市場全体の軽視のなかにあるのだ（この迂回路の先で、将来の収益をもたらすＲＯＩＣの高い企業を探すことが、おそらくは最も良い投資アプローチと言えるかもしれない。容易なことではないかもしれないが、ありがたいことに、市場が組織的にそれをしてくれているので、われわれが行う必要はないかもしれない）。

次の問題は、われらがジークフリートは、前章で論じたゆがみがもたらすにわか景気とその崩壊から、どれほど隔離されているか、ということだ。ジークフリートは、周りの者たちよりも将来の市場情勢をより良く予想できる先見の明ある存在であり、それに従い、何年にもわたって迂回的な資本構造を築き上げ、資本コストをはるかに上回るＲＯＩＣを持つ者である（それゆえ、彼の投資計画は、金利の動きに概して鈍感である）。それゆえ、概して彼は、ヨハンやギュンターよりも、マルインベストメントに巻き込まれることはないものと予想される。で

図10.4　ジークフリートとゆがみの影響

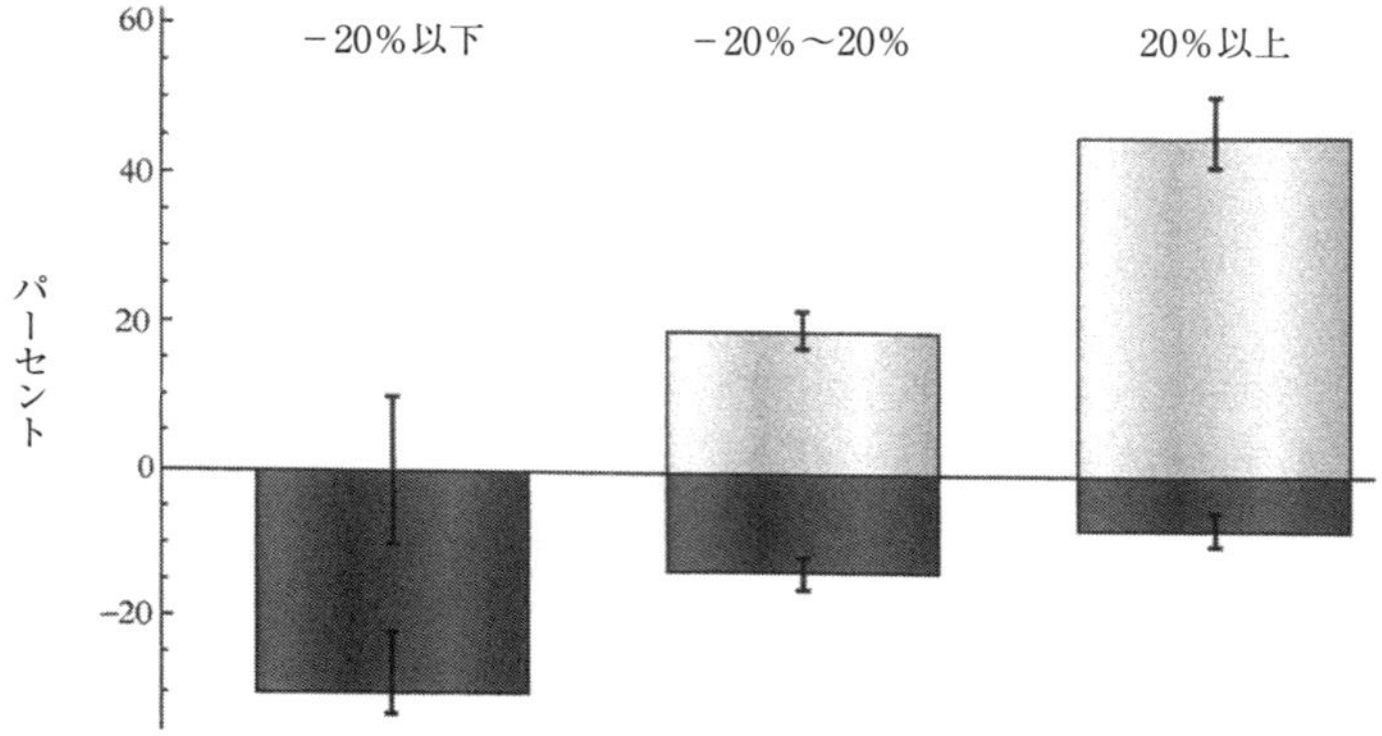

EBIT増大の経過（算術平均）、全株は50%を超すROICを持つ
期初のファウストマン比率の４分位数に基づき分類（1978〜2013年）

は、データのうえではどうなっているか見てみよう。

ジークフリートとて完全ではない。彼らとて、ゆがみの誤りにさらされていることには変わりない。ただ市場のほかの者たちに比べれば、その度合いは少ないだけだ。平均的な株式が良い結果、あるいは悪い結果を出すとき（図10.4で示されるとおり、S&P総合指数が年間二〇%を超える上昇または下落を見せる場合）、ジークフリート戦略も比較的それに倣うことはある（図10.4において、上の薄い色の部分が年間平均収益を示し、下の濃い部分がドローダウンの二〇パーセンタイルの値を示している［各々九五%の信頼区間付き］）。したがって、ジークフリート戦略は、MS指数が低い場合（前章で見たとおり、S&P総合指数が後に高いリターンをもたらす）に利益を獲得し、それが高い場合（S＆P総合指数が後に低いリターンをもたらす）には多少の損害を被ることになる。前章と同様に、現在の戦略に異時的戦略を重ね合わせる、つまりゆがみが解消していく過程で機会を見て資本を投入することで、より大きな優位性を得ることになるのだ。

迂回的な資本主義的生産に向けて迂回路を取ることは、確実に報われる。つまり、オーストリア流投資法Ⅰとオーストリア流投資法Ⅱというオーストリア学派の「子供たち」は、非常に相性が良い。前者が後者のリスクを上手にヘッジし、後者が行うより優れた資本投資に資することになるのだ。オーストリア流投資法は、異時的な日和見主義と生産要素の迂回的な獲得ならびに構築とを結び付けたものであり、まさに、本書全体を通じて積み上げてきた戦略的枠組みと論理とが、あらゆるタイプの投資家にとって効果的な枠組みを導き出したのである。

バリュー投資――オーストリア流投資法の生き別れた相続人

オーストリア流投資法Ⅰもオーストリア流投資法Ⅱも、ともにバリュー投資として知られる手法を彷彿とさせるであろう。実際のところ、オーストリア流投資法は、バリュー投資の学術的先行者ととらえることができ、バリュー投資よりも古い教理に基づくばかりでなく、より明確に収益源泉に焦点を当てているものである。時に交差することもあるが、バリュー投資が「資本道」を歩むわけではない。この二つの戦略の間には、その背景となる思考に明白な違いが存在する。最も分かりやすいところでは、オーストリア流投資法は、ジークフリートの機会主義に倣い、その強みを理解したうえで迂回的なアプローチにこだわるのだ（これは、バリュー投資の創設者が主張するような「ミステリー」ではない）。

それゆえ、バリュー投資と証券分析の父と呼ばれるベンジャミン・グレアムや、彼の論を継いだバリュー投資家たちは、オーストリア学派の生き別れた兄弟であり、分派なのである。この二つの違いを理解することで、バリュー投資のより大まかなアプローチを洗練し、集中させ、より良いものとすることができるし、オーストリア学派の正しさを引き出すこともできるであろう。これから見ていくとおり、実際の情報源やアプローチの強みに対する理解に加え、すでにあるアプローチを調整することは、最も生産的なものとなろう。

ベンジャミン・グレアムは、一八九四年にロンドンでベンジャミン・グロースバウムとして生を受けた。この苗字はドイツ語で「大きな木」という意味であり、針葉樹の典型的な戦略に近づいた彼には適切なものであった（この苗字は、第一次世界大戦を巡るドイツへの偏見から変えられることになった）。グレアムが一歳のとき、一家はニューヨークへと移住し、一九〇三年に父親が亡くなり、家業の陶器事業が傾き始めるまでは何一つ不自由のない生活を送った。彼の母親は自宅で下宿屋を始めるが、同時に株の信用取引にのめり込み、一九〇七年の暴落で家族は貧困の淵に落ちることになる。奨学金を得てコロンビア大学に通ったあと、グレアムは債券取引会社に事務員として職を得、その後、アナリスト、パートナーと出世し、ついには自身の会社を所有するまでとなる。

不況時の不適切な需要創造を評価するケインズ派の干渉主義者でもあったグレアムは、いわゆるフォード・エジソン・マネー（第5章参照）によく似たコモディティを裏付けとする通貨を称賛していた。そして、ケインズ同様、彼は狂乱の二〇年代の最後に訪れた大暴落を予測することができなかったのである（第7章で見たとおり、ルートヴィヒ・フォン・ミーゼスは、ひとり大恐慌を予測していた）。「ウォール街の最長老」ことグレアムは、一九二九年から三二年にかけて、アービトラージに頼ったそのポートフォリオの七〇％近くを失うことになる。この経験がきっかけとなり、それが彼が後に発展させるバリュー投資の原理の源となった可能性が高い。しかし、これは大恐慌を忘れるな、というバリュー投資の伝統を確立する、純粋に帰納的な教訓であり、大恐慌の原因となったゆがみを理解することはなかったのだ。『証券分析』の冒頭（ホラティウスから引いたものと言われているが、『老子』から引用したとも言える）に彼が記した「今倒れているものの多くは回復し、今栄誉に輝くものの多くは倒れる」[4]という一説は、第9章で見た通貨であふれた市場の逆説的な姿を伝えるものである。それは良い線は行っていると言えるし、オーストリア流投資法に似てもいるが、過分にシンプルすぎるきらいがある（彼が指摘する「安全域」を図示するに**図9.3**以上のものはなかろう）。グレアムの「ミスターマーケット」の寓話は、オーストリア学派が説明したゆがみと起業家の「不完全な想像力」[5]とのワナを回避するためには、確かなアプローチであった（もしグレアムがオーストリア学派の教えに耳を傾けていれば、ミスターマーケットの人格障害の原因を見てとれたことだろう）。

バリュー投資とその先駆者たるオーストリア学派には、多くの共通点がある。バリュー投資は、今日われわれが実践しているものに似ており、直感的なアプローチとして広く受け入れられている（一部のバリュー投資家は、一九三四年に発行された権威ある書『**証券分析**』［パンローリング］と一九四九年の『**賢明なる投資家**』［パンローリング］とでグレアムが展開した本来の論点を共有していると言える。ちなみに一九四九年は、ミーゼスの『ヒューマン・アクション』［春秋社］の英語版が発行された年でもある）。グレアムは投資の実務に、厳密さ、論理、そして以前には見られなかった起業家的方向性をもたらした。その点においてオーストリア学派であったという者もいるかもしれない（「投資とは、最もビジネスライクになるとき、最も賢明なものとなる」というグレアムの有名な言葉が示すように[6]）。

グレアムの最も優れた点は、証券市場の影から離れ、余興を無視し、起業家の活動そのもの、つまりビジネスと資本とに集中したことである。勤勉なる株式研究者たるグレアムは、有形資産としての資本ならびに最終的に株式に帰属するものに鋭く焦点を当てていった。これは、グレアムが指摘する株価純資産倍率（またはＰＢＲ［株価純資産倍率］、純資産と株価との比率である）だけでなく、ＭＳ指数やファウストマン比率にも見いだすことができる。これら三つが問うているのは、つまるところ、各部分の合計に比して全体はどうなっているのかということだ（ドイツ語をあやつるグレアムが、ファウストマンやほかのオーストリア学派の書籍を読んだかは不明であるが、彼自身は、経済学の教育は受けていないことを認めている）。ＰＢＲというアプローチについて、グレアムは優れた結果を残したと言える。負債の制約から、長期利益、配当の成長率と安定性、そして『賢明なる投資家』で語られているＰＥＲ（株価収益率）に至る一連の定量分析を取り入れ、グレアムは投資家としての長いキャリアにおいて大きな成功を収めた（さまざまな材料からなる彼の定量的株式ポートフォリオのレシピは、今日の金融エンジニアたちがものにしている）。

しかし、伝統的なバリュー投資というのはある種の誤称と言えるかもしれない。典型的なバリュー株（ＰＢＲとＰＥＲが低いものと定義される）は、典型的な成長株と統計的には似通った利益成長を見せ、一方で成長株よりもＲＯＩＣが低いのだ。[7] これはまた、短絡的にあらゆる資本を一様に、一つの塊としてとらえることの一例である。あらゆる企業が同じ資本構成を持っていると仮定しなければ、ＰＢＲやＰＥＲを比較対象とすることはできないということを考慮してほしい。現実には、企業の迂回の度合いは異なるのであり、ＲＯＩＣはバラバラなのだ。つまるところ、投資家は、本書の中心的な主張の一つである経済的利益を獲得する「手段」について、より深く掘り下げて調べなければならないのだ。

オーストリア流投資法とバリュー投資とには、被写界深度と望遠的な長期的視点という違いがある。後者は、やがて得られるであろう利益のために、のろのろ進むカメや釣り竿片手に座り込むマルコのように、長期にわたって根気よく待ち続けることである。一方、前者は、加速するウサギとカメや、ロビンソン・クルーソーの例のように、より大きな利益をもたらすための要素を集めるため、今は我慢強くあることである。どちらも自制心と根気が必要とされるが、オーストリア流投資法は、目的地ではなく、そこに至る異時的プロセスに関心があるのだ。

興味深いことに、グレアムの弟子であり、今日バリュー投資という言葉の代名詞ともなっている、史上最も成功した投資家ウォーレン・バフェットも、父親であるハワード・バフェットを通じて、オーストリア学派とは袖触れあう縁があった。ハワードは、一九六二年にオーストリア学派経済学者のマレー・ロスバードに宛てた手紙で、「恐慌や似たような現象に関する本を読み漁っている」[8]息子ウォーレンに、著書『ザ・パニック・オブ・１８１９（The Panic of 1819）』の写しを与えてくれるようつづっている。オーストリア学派の正説とも思われるものに対する後のバフェットの批判にもかかわらず、彼の基本的な投資行動は、彼が認めるよりもはるかにオーストリア学派に倣うものであることは明らかである（一九九〇年代後半の「走化」とも言えるウォーレンの撤退や彼が取ったミーゼス流のキャッシュポジションがどれほど不人気で、あざけりさえ受けていたことを多くの者が忘れている）。

何年もの時間をかけ、バリュー投資は、オーストリア流ならびにグレアム流の分派を生み出してきた。一九九二年には、オイゲン・ファーマとケネス・フレンチとが、グレアムのＰＢＲ

ジョエル・グリーンブラットが『**株デビューする前に知っておくべき「魔法の公式」**』（パンローリング）のなかで発表した「魔法の公式」は、企業価値という基準に関連して、伝統的なＲＯＩＣと簡潔なＥＢＩＴという基準を組み合わせている。[10]また、それによく似た基準で「クオリティ」があるが、これは総資産粗利率の高さ（資本投資の大きさを否定することを避ける）と、ＰＢＲの低さとを株式選択の基準としている。[11]これらが分派（数えきれないほどの再分派も存在するが）に共通するものであるが、実際のところオーストリア流投資法Ⅱの三角測量とも言えるものである。あまりに多すぎて分からない基準（グレアムの選択基準など）、非同次の資本生産性（ファーマ・フレンチのＰＢＲパラメーターなど）、非同次のＥＢＩＴ成長率（グリーンブラットのＰＥＲパラメーターなど）、非同次の資本減価つまり生産性（クオリティの減価償却を加味しない粗利のパラメーターなど）など、すべてはある程度の自由度を前提とすることで雑音を取り込んでしまうこととなる。しかし、このアプローチからおおよその数値を得ようとすればするほど、彼らは「迂回的資本とその価格」という重要な点から離れられなくなるのだ。したがって、これらの分派がジークフリートのポートフォリオの一部や、その強みのいくばくかを得ることは期待できるのだが、適用した選択方法がもたらす情報にはノイズがあり、粗いがゆえに収益率も下がり、ポートフォリオ構築の方法も一貫性のないものとなろう。

この予想が正しいかどうかを確かめるために、ここでこれらのポートフォリオの実績を検証

図10.5　階段状の洗練度

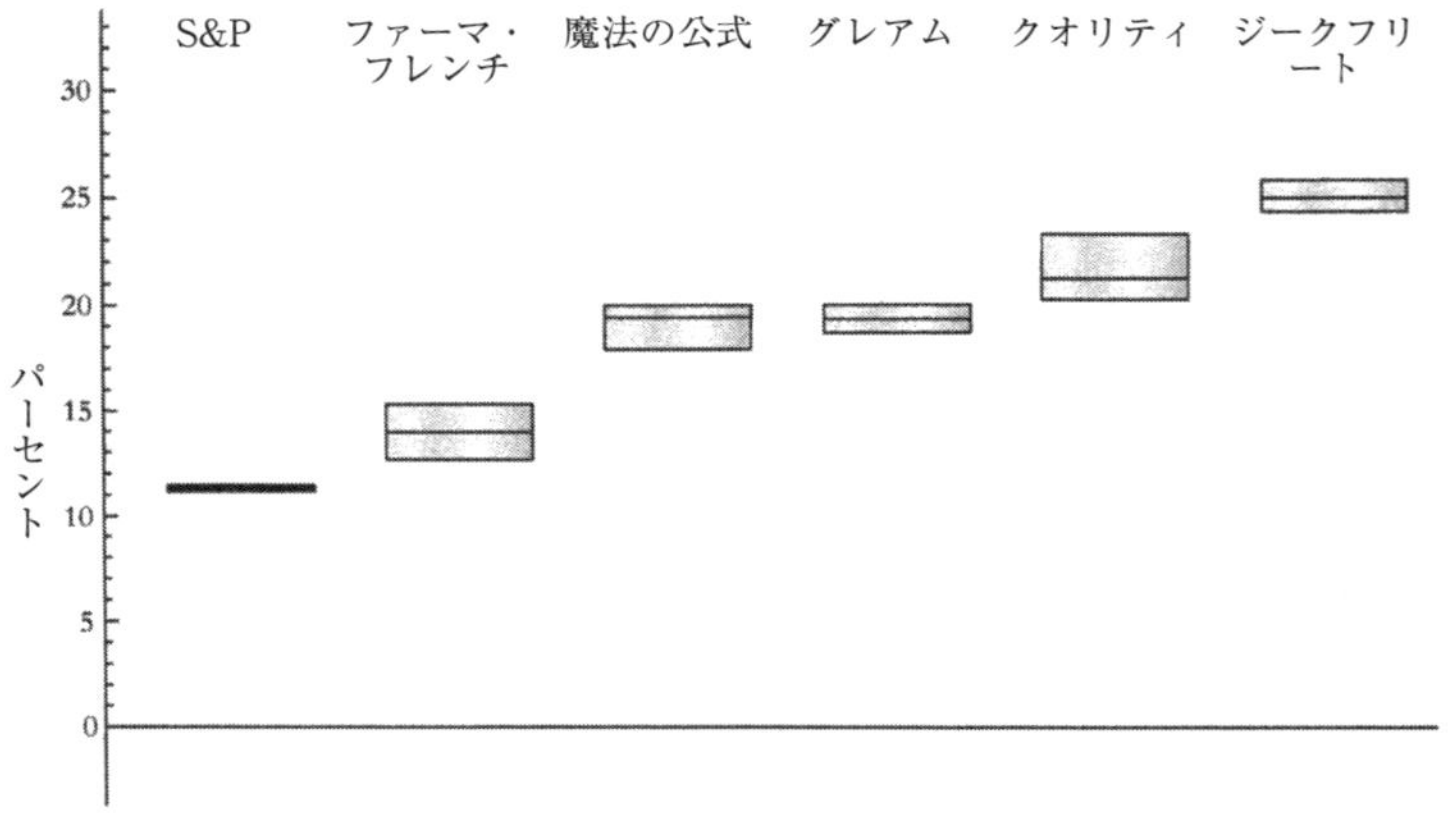

さまざまなポートフォリオの年間収益（平均と範囲。1978～2013年）

する。検証として、一年に四〇銘柄を保有し、各月のミニポートフォリオで異なる手法で何株買うかを調整し、また各ミニポートフォリオとキャッシュポジションとをどの程度にするか制限するものとする。このようにして、いくぶんか恣意的にポートフォリオを構築すると、本質的に異なる構成銘柄となり、それゆえ、それらの結果における運と矛盾とを明らかにし、また最適化する余地を省く（筆者は正直でいられる）ことになる。すべてのポートフォリオは、取引可能性（規模）の制限から一般的なノイズの排除にいたるまで共通の選択基準を持つことになる。これまでどおり、一九七八年から検証を開始する（繰り返しになるが、相対的な結果には影響を与えない）。**図10.5**は、パフォーマンスの範囲と、その範囲における平均値とを示している。

さて、素朴な時価総額加重平均であるS&P総合指数から、われわれの純粋かつ典型的なオーストリア流アプローチ（ジークフリートのポートフォリオ）まで、文字どおり階段状になった結果を見ることができる。歴史的観点からすると、一番古いものが最上段に来ており、ほかの者はそれぞれ単発的に枝分かれしたものであるから、図10.5は進化を表しているのではない。これは方法論と、最も重要なそれらの背後にある思考との洗練度を表しているのだ。重要なのは、小麦をもみ殻から隔離する方法論を持っているということであり、大切なことに集中し、その他は無視するということである。この点において、バリューアプローチは良い線を行っている。しかし、集中することで、ほかの賢明なる投資家が行っていることに五～一〇％のリターンを追加することよりもはるかに大きな成果が生まれるのだ。最も重要なことは、「なぜ」そのような結果が生まれるのか、論理的かつ確かな基準がもたらされることにある。オーストリア流投資法の強みと魅力は、その原理がもつ直感的な論理にある。検証を行う前でさえ、われわれはその強みがなぜ存在するのかを知っている。ほとんどのバリュー投資家は、自分たちのアプローチがもたらす強みを目にしてはいても、それを理解することはない。彼らの戦略は、単なる長期的な株価の平均回帰に依拠しており、グレアムがこれを「われわれのビジネスの謎の一つであり、私にとっても、ほかのだれにとっても謎なのだ」と述べたことは有名である。したがって、彼らは魅力的に感じる次なる投資手法と、ゆがんだ環境（一九二〇年代のグレアム自身のように）とに影響されやすいのだ。

異時的に制限されざるを得ないという結果に直面したときにこそ、受け入れがたいほどに一貫性を欠き、無謀なまでに無責任な、われわれのなかにいるフィネアス・ゲージにとっては重大なのである。われわれは収益そのものではなく、あとでより大きな収益をもたらす方法に投資しているのだということが理解できれば、異時点的な強みを獲得するために迂回路を進まなければならないことも理解できよう。こう考えることで、われわれの視界は鮮明となり、そして最も大切な「深度」を得ることになるのだ。

バリュー投資の謎は、それがオーストリア流投資法を騒々しく微調整されたものととらえることで、解消される。起業家的収益をもたらす生産とは、時間も資本も必要とする迂回的プロセスであり、そのための間接的手段を獲得するために忍耐を要求するものである。そのような起業家的収益が容易に手に入るものだなどと思うべきではないし、好ましいものだとすら考えないほうが良い（金融のゆがみによってさらに好ましくないものとなる）。これを理解し、そのプロセスに耐えられる者に、資本主義の戦利品はもたらされるのである。

ついに目的に到達する

オーストリア流投資法Ⅰとオーストリア流投資法Ⅱで、やっと本書の目的（Zweck）に到達した。オーストリア流投資法Ⅰとオーストリア流投資法Ⅱとは、後者のために前者が意味を持つ迂回戦略であり、道教の賢人による偉大なる「勢」戦略である。どちらも、最も生産的な資本投資と再投資、経済の進歩と文明の発達という、より高次の目的（Zweck）に到達するための手段（Mittel）である。オーストリア流投資法Ⅰはミーゼスが発展させた概念に、オーストリア流投資法IIはベーム・バヴェルクのそれに依拠しているため、ともにオーストリア学派の戦略と言えるだろう。しかし、第9章で述べたとおり、オーストリア流投資法Ⅰはとても難しい。ほとんどの投資家にとっては、MS指数がゆがみによって高騰している間は、株式市場から離れるということくらいしか実践できないであろう。しかし、幸運なことに、本書は投資家にオーストリア流投資法Ⅰとオーストリア流投資法Ⅱを同時に採用することを求めてはいない。双方とも、ゆがみをとらえ（第9章の基本的なミーゼス戦略も合わせて）、誤った価格が付けられている生産的資本を見いだし、それに投資するためにそれぞれ別個に用いることができるし、それでも大部分のプロたちを打ち負かすだけの結果をもたらすことであろう。

成人してからこのかた、人生のすべてをオーストリア学派に捧げ、そして本書執筆のためにより深く書物を探求する喜びを得た者として、ウィーンの男たちの影響は深く、有意義なものであり、筆者が市場プロセスの一員として成し遂げた成功の要因はそれに尽きると断言できる。この知識を共有し、最後の二章で紹介した実践的な適用例を伝えることが筆者の狙いとするところであった。

読者が投資家としてどのような行動を取るかにかかわらず、重要なことは、繰り返しにはなるが、この方法論の背後にある思考である。「勢」となり、迂回的、目的論的な道をとるか。「力」として、短期的な結果、目の前の目的、今日の利益だけを追いかけるのか。これはだれにでも当てはまる話ではない。もしそうであれば、この思考の優位性は失われてしまう。しかし、時計が刻む音をどう聞こうが、あらゆる投資家にとっては重要な理念であり続けることは確かだ。われわれはバスティアとメンガー、ベーム・バヴェルクとミーゼス（そして老子、孫子、クラウゼヴィッツ、もちろんクリップを忘れてはならない）の仲間に加わり、彼らのアプローチを用いることができる。常に問うべきは、オーストリア学派の理想にどれだけ近づいているかであろう。これを読者が自らの資本道を進むうえでの、コンパスや地図としてくれれば幸いである。

エピローグ——北方林のシス

本書の「中心テーマ」である針葉樹は、迂回の本質的な教訓を呼び起こすものである。つまり、ゆっくりと右に進み、最初はゆっくりと堅実に発展し、やがて機が訪れたら、競合を上回る速度で成長し、一気に左に進むのだ。針葉樹は、この最初はゆっくり、あとで速くというペースでその体制を構築し、厚い樹皮やぶ厚い林冠、そしてより効率的な枝葉などの必要な資本を蓄えていくのである。この発展パターンは不屈の精神を必要とするが、それこそが迂回に欠かせない要素である。

北方林の異時的世界とその生き残り戦略は何世紀にもわたるもので、予断なく、成長と衰退を繰り返し、競合するほかの種や食欲旺盛な草食恐竜のなかにあって、生き残りのための内部競争をも続けてきたのだ。対照的に、ずっとあとになってこの惑星に現れた人間は、現在という領域にだけ根を下ろし、生来の時間選好ゆえにすべてを悪化させ、将来の見通しやさらなる可能性などよりも、今日のマシュマロに重きを置く（たしかに過大評価しすぎている）のである。人間社会全体が注意欠陥障害に陥り、長期的な道を外れ、浅い被写界深度へと落ち込んでいる。それゆえ、人類は、短絡的になり、将来の人類（将来の木々）が日和見的に活動する能力を奪うような致命的な間違いを犯しがちになっているのだ。

針葉樹と同じように、われわれも後れを取ること、そしてそれに腐らないだけの我慢強さを身に付けなければならない。それは、本書のきっかけとなったクリップパラドックスがいう、負けることを愛し、勝つことを嫌うほどの我慢強さである。それが確たる強さを生み、間接的、時には犠牲の大きい手段を取ることを可能とするのだ。迂回的になるためには、逆境を受け入れなければならない（成功か失敗かという誤った二者択一ではなく）。それは、進歩それ自体がもつ迂回的な性質の前提条件であり、「囲碁」で分かるとおり、「勢」の戦略家はあとでの可能性のために、今は優位性を追い求めるのであり、それはゲームが終わりを迎えるまではあたかも負けの戦略のように見えるものである。一方、「力」を奉じる相手は、決定的な勝利を求め、より快適な直接路を進んでいくのである。偉大な芸術家や起業家（そして経済学者）は、何事にも時間をかける価値があることをよく理解している。その対極の存在とも思える軍事戦略家も文明の創造者と破壊者との姿を伝えてくれる。それぞれが、異時的交換（第3章で説明した）を行い、最後に望むべく状態を効率よく達成するため、中間地点では我慢強く進めていくという共通点を持っている。そして、最終的な「目的（Zweck）」は、「目標（Ziel）」から「目標（Zeil）」

へと進み、あたかも自分の忍耐力の限界を確かめるかのように待ち続けるという多大な努力のあとに達成されるのである。

そのような忍耐力が中間的な手段から最終的な目的にいたる迂回路を進むわれわれの意思を保たせるのであるが、このようなだれも通らない迂回路である旅路を進むことは、われわれの人間らしさゆえに、ほとんど不可能である。人間らしさに打ち勝つには、根気と目的に集中し続ける能力とが求められる。それはあたかも、競合や捕食者の手の届かない岩場にまで移動し、生き残りのために有益な菌類と共生し、山火事が生み出した肥沃な土地に舞い戻る好機を待ち続ける、迂回的な針葉樹のようである。「勢」の典型である針葉樹は、異時的な被写界深度を通じて戦う、孫子のゲリラ戦士のしたたかさを体現するものである。われわれもまたこの特性を身に付けなければならない。そのためには、フィンランドの北方林に由来する「シス（Sisu）」が範となろう。

世界はフィンランドの勝利に「シス」を学ぶ

第二次大戦の勃発から数カ月、ルートヴィヒ・フォン・ミーゼスがナチスの手を逃れてからさほどたたないころ、北方タイガの奥深くでもう一つの戦争が始まった。一九三九年～四〇年にかけて戦われた、一〇〇日におよぶ冬戦争である。この戦争で、フィンランド軍は規模に勝るソ連軍の侵攻を見事にかわしたが、おそらくは近代戦における「勢」の好例であろう（中立国であったフィンランドは、不運にもスターリンとヒトラーという二つの邪悪な全体主義者の衝突に挟まれることになり、どちらからも抑えるべき要路としてとらえられることになる）。弱者の物語ではよく見られることだが、フィンランドの勝利はけっして説明不可能なものではないことを認識しなければならない。むしろ、それはあたかも『孫子』や『戦争論』で語られるような戦略を注意深く実行していった結果なのである。ご承知のとおり、前者は「勢」の実践を教えるものであるが、スキーを履いた機敏なフィンランド兵士は直接的な衝突を避け、高地を抑えるために雪深い森林地帯に展開していったのだ。後者の影響は、その戦争の仕方に見ることができる。フィンランド軍は前進するソビエト軍の兵站の主要地点を攻撃し、巨大な敵を分断し、取り囲み、攻撃することで、打ち負かしていったのである。

赤軍もまたプロイセン・ドイツの影響を受けるものではあったが、ジョセフ・スターリンは高官を投獄したり、処刑したりすることで、軍部から粛清していたため、フィンランドに侵攻した軍隊は経験に乏しい中堅将校に率いられることになり、彼らは異なる戦場を前提とした戦争マニュアル（雪のなかでの戦闘や射撃の訓練もしていない軍隊がスキーを見事に操ることを前提としている）に従って行動するような始末であった。ソ連の画一的な軍事政策は、現場での融通を一切許さず、彼らは厳格な教義に従うばかりで、疑問をはさむ余地も、変更を促す余地もなかったのだ。[1]

フィンランドに勝利をもたらしたこれら多くの要素のうち、「シス（Sisu）」の重要性を無視することはできない。翻訳するのは難しく、発音としては「勢」にも似ている「シス」は、根気、勢力、勇気、タフネス、忍耐力、頑固さ、意志の強さ、決意といった意味を持つ言葉である。「シス」は、気骨ある忍耐力と解釈するのが最良であろうが、これはまさに「勢」の戦略的優位性と補完を成すものである。「シス」の本質は、異時的な忍耐力であり、困難なときに歯を食いしばって耐えるのではなく、むしろ乗り越えられそうもない困難な道のりでも不屈の精神を持ち続けることである。

「シス」は、フィンランドの人々に広く浸透している国民性のようなもので、独立国家となるはるか以前から、その土地や歴史に根差した粘り強さである。多くの湖や沼地が点在する平たんなツンドラ地帯である、この孤立した土地は、一年の大半を北極圏の闇に包まれ、日々の生活それ自体があたかも忍耐力を試されているかのような場所である。この厳しい環境に追い打ちをかけるかのように、何百年もの間、東に進まんとするスウェーデンと西に侵攻しようとするロシアとの戦闘の場となってきた。フィンランドは一八〇九年にロシアに割譲されるまではスウェーデン王国の一部であり、その後、フィンランド大公国となるも、徐々にロシアに取り込まれていく。一九一七年のロシア革命に乗じて、フィンランドは独立を宣言。ニコライ二世の信頼も厚い厳格な反ボルシェビキ主義者のカール・グスタフ・マンネルヘイム麾下の軍隊がロシアを鎮圧した。一九二〇年に調印されたタルトゥ条約によって、正式にフィンランドとロシアの国交が樹立されるが、新たな戦争を予示するかのような緊張は続いていた。フィンランド湾などがナチスの脅威に対する戦略的優位性を持つこと、そして、かつてのペツァモ地域（後にロシアに併合される）で巨大なニッケル鉱床が発見されたことがロシアの熊の心を引くことになった。スターリンはフィンランドを取り戻そうとする。

一九三九年後半、ロシアはあからさまに威嚇する。いわく「帝国主義者」がソ連による侵攻の舞台としてフィンランドを利用しようとしている（当時フィンランドの人口は三七〇万人で、一方、ソ連はおよそ一億八〇〇〇万人であった）と。一九三九年一一月二六日、フィンランド側からソ連の領土に向けて最初の砲撃が放たれたという。しかし、歴史家たちは「マイニラ砲撃事件」（近隣の村の名前からこう呼ばれる）は、フィンランド側が仕掛けたものではあり得ないとした。その理由として、マンネルヘイムはこういった事件が起こるのを避けるため、国境地域から武器を撤収するよう命令を下していたのである。[2]

事態は悪化したとするソ連は、ドイツの「電撃戦（Blitzkrieg）」をまねて、フィンランドに侵攻する。ちなみに、この電撃戦は標的となる兵站や伝達の基地がはっきりしている欧州中部では効果的とされた作戦である。しかし、森林に囲まれるフィンランドには、そのような標的となるものはなく、ただ、軍事行動を妨害する厄介な自然の障害があるだけであった。ソ連は得られるであろう迅速かつ決定的な勝利を祝うべく、プロパガンダの材料と楽団とは準備したが、長引く戦争に備えての冬用の軍服や物資は準備していなかったのだ（戦闘が始まる前にもかかわらず、祝勝の準備をして直接戦にかかるなど、これ以上の「力」を示す例があろうか）。「シス」と「勢」とは無敵の組み合わせとなる。数と装備の点で赤軍は優勢であったが、フィンランド軍は小さな部隊のスピードと機敏さをもって、戦略的に重要な地点を抑えていった。白色の服でカモフラージュされたスキー部隊は、地の利を生かし、『孫子』のいう「優れた将」となった。「彼を知り、己を知れば、百戦して殆《あや》うからず」[3]である。フィンランドは北方林というその独特の地域を深く理解していたことで、「興」（優位な地位）を得たのである。第3章でも述べたとおり、「勢」の地位的優位性は「興」の概念と重なるものがあり、それゆえ「勢」は「興」を通じて得られる優位性であるとも言える。軍隊の「興」は、『孫子』の堰きとめられた水であり、それはやがて激しい流れとなって岩をも難なく押し流すのである（勢）。つまり、賢人は「上流に身を置く」[4]ように行動するのだ。

　フィンランド軍は、時間的にも空間的にも目的から離れた、時には間接的にすぎるほど手段を用いた。戦いが神経戦の様相を呈するまで、道を封鎖し、奇襲を仕掛け、間延びした敵を怒らせる。そうすることでフィンランド軍と彼らの「シス」は迂回路の優位性を生かすことができたのである。フィンランド軍は、開けた土地で軍備でも空軍力でも勝る強敵と衝突することを終始避けた。その代わり、フィンランド軍は針葉樹の森で戦い、耐え忍び、やがて勝利を得んとする彼らの戦略がかたちを現してくる。しかし、これは時間をかけて、優位性を異時的に獲得していくことでのみ可能なのだ。フィンランド軍は、より好ましい地位を得るために戦略的に地歩を譲った。つまり、雪に覆われた戦場で「囲碁」が行われていたわけだ。フィンランド軍は、戦術的に撤退し、敗走したふりをして、敵を誘導していった。そして、どこからともなく現れ、敵には見えない戦略的地位を獲得し、時にはソ連軍の後方から強烈な反撃を食らわすのだ。フィンランド軍の攻撃は、クラウゼヴィッツが「重心（Schwerpunkt）」と呼んだ重要地点を狙ったもので、これは敵を弱体化させるという中間的目標を達成するためのものであった。

フィンランド軍が攻撃にも防御にも森の「興」を利用する一方、ソ連軍は文字どおりそれに恐れをなした。赤軍の戦略は開けた土地を前提としたもので、彼らが持ち込んだのは平地用の野戦砲であったため、無用の長物でしかなかった（フィンランド軍は奪い取った野戦砲を撤退した場所から見事なまでに前所有者に向けて使用した）[5]。

母国の地の利を生かして戦うフィンランド軍は「推手」の要領で行軍した。つまり、敵の不安定さを利用し、決定的な攻撃をより効果的なものとしたのである。寒さと雪、そして自国の土地を味方にし、フィンランド軍は敵を効果的に自滅させていったのだ。ソ連軍と直接向き合うのではなく、時には戦略的要路をソ連軍が進むのを許すまでに撤退する一方で、氷点下の気温がソ連の武器に誤作動を起こさせるほどのダメージを与える。雪と寒さとで動きが取れなくなった赤軍は撤退すらできなくなっていた（向こう見ずで、破壊的な「力」の例である）。

直接対決を避ける「勢」によって、フィンランド軍は兵士の命を守り、軍備も温存することができた。特に、これは森の小道で見かける倒木を意味する「Mottis」にちなんだ「モッティ戦術」において顕著であった。以来、この言葉は包囲戦という意味を持つようになる（おそらく「囲碁」のフィンランド語訳として最も相応しいのではないだろうか）。包囲は、まさにフィンランド軍の戦略の核をなすものであり、命を落とした敵が「mottis」のように積み上がっていった。占領した地をけっして放棄してはならないという命令が下されるも、進撃することもできないソ連軍は、もはや孤立してしまい、包囲するフィンランド軍が見守るなか、赤軍の兵士は餓死するか、凍死するかしかなかったのだ。

「勢」だけでなく、「シス」は大きな競争力をもたらし、信じられないような状況に置かれたフィンランド軍を後押しした。彼らはＴＮＴを背負って、ソ連の戦車に数メートルの距離まで近づいたり（時には戦車の上に上ったり）する。これはとらえられるだけでなく、爆発に巻き込まれて命を落とす危険すらある行為だ。攻撃の好機を待つこのような奇襲は、根性と忍耐力とを必要とするものである（孫子の鳥）。こうして、三〇トンもある戦車が、スキーを履いた一人の兵士が運んだ、たった一つの爆薬で破壊されるのだ。

冬戦争は世界の知るところとなり、あっという間に伝説となった。一九四〇年一月のスオムッサルミの戦いは、今日、鍛え上げられた軍隊がその戦略的優位性を用いてより大きな敵に立ち向かう、まさに「勢」戦略によって達成された軍事的模範となっている。ソ連軍は、スウェーデンへ至る要衝であり、フィンランドを分裂させるに効果的と思われたオウル市を抑えるべく、二方面から進軍していった。兵力も軍備も劣るフィンランド軍は素晴らしい計画を準備する。フィンランド軍のヤルマル・シーラスヴオ司令官は、重装備どころか、対戦車砲すら持たない第二七歩兵連隊の独特の強みを生かそうとする。第二七歩兵連隊は、小さな町々の木こりからなる隊であり、森を知り尽くし、クロスカントリースキーに優れていたのだ。時機を得た、残忍なまでの彼らのゲリラ攻撃は、敵を不安に陥れ、赤軍は強力なフィンランド軍と相対峙していると信じ込んでいた（実際には、武器も貧しい、スキーを履いた木こりたちなのだが）。この戦略は、クラウゼヴィッツが『戦争論』で優勢とは「敵の兵力を破壊することではなく、迂回路を通じてそこに至るだけであり、そのことがより大きな効果を生むのだ」[6]と述べたことを想起させる。

ソ連軍がヒュリンサルミ村に進撃したときには、第二七歩兵連隊は待ち伏せし、銃撃を持って彼らの進軍を止める。その後、フィンランド軍は強大な敵を分断し、打ち破ることができるほど小さくバラバラにしていく。赤軍はスオムッサルミで大量の犠牲者を出したが、一方でフィンランド軍は数百人程度である。戦車や大砲、拳銃に銃弾、その他の補給品を十分に残してのことだ。「シス」を語るに、スオムッサルミの勝利が最も象徴的なものである。

敗走させられたことへの報復以外のなにものでもない残虐な爆撃に中断されながらも、一六週に及ぶ激戦の後に冬戦争が終結する。フィンランドは勝利し、またソ連の侵攻を許さなかったのだ（しかし、和平交渉でフィンランドはかなりの国土を割譲せざるを得なかった。スターリンは戦死者を埋葬するために必要な土地だとのたもうたのだ）。ここで学ぶべきは、第二次大戦がもたらした破壊に関する物語にとっては、注釈程度にすぎないと思われる戦いにおけるフィンランド人の多大なる努力にとどまるものではない。冬戦争は、孫子やクラウゼヴィッツが語る迂回的軍事戦略の絶好の実例であり、直接に勝る間接、「力」に勝る「勢」、目の前の領土よりも中間的な地位を獲得することの効果を示すものであり、さらには、強固な忍耐力である「シス」なくしては、このような結果は得ることができなかったのである。

「シス」人格と人格形成

冬戦争、そして軍事力に見られる「シス」の精神は、フィンランド文化の伝承（森の精霊であるタピオや、森の木を切り倒した巨人の英雄であるカレヴァン・ポイカなど、北極圏のジークフリートとも呼べる彼らの英雄だ）をまとめた一九世紀の叙事詩「カレワラ」同様に、フィンランド人の国民性を伝えるものである。「シス」は「勢」同様に、軍事や投資戦略だけでなく、目的と忍耐力とを持った人々の生活にも広く当てはまるものである。これは困難や障害にもめげず、事を成し遂げようとする心の強さであり、いわば人格、そして人格形成とも言えるものだ（フィンランド人の「シス」の象徴は、ラップランドの地にゆっくりと、着実に積み上がっていった岩石である。これは出来上がる過程の忍耐力を示している）。ファンランド人を祖先に持つ筆者の妻は常日ごろ、わが子に「シス」という言葉を語り掛け、耐えること、そしてやがて勝利するために必要なものは何かを説いている。

「シス」がもたらす効果は、その優位性を認めた心理学者たちの間で理解されるようになってきた。アンジェラ・ダックワースは、将来の成功のカギとして子供たちに見られる粘り強さを挙げ、一時的な後退にもめげず、まるで「カメのように」ゆっくりと、着実に進歩する「粘り強い個人」について語っている[7]（この話は、加速する「カメ」である、粘り強い針葉樹を思い起こさせる）。

オーストリア学派に学んだように、資本主義はおそらく最も粘り強さが求められる領域で、将来の優位性を獲得するために、目の前の不利な状況をも進んでいく、迂回の要素が求められるのだ。「シス」や粘り強さは、まさにオイゲン・フォン・ベーム・バヴェルクの言う低い時間選好のことだと考える。「将来になって得られる満足」のために「今の不満」に打ち勝つのだ。将来経験する喜びや悲しみは、それを促し、または和らげるために今しなければならないことを導き出す。しかし、われわれはそのような将来の感情を整理する能力が不足している。それは、ベーム・バヴェルクが「将来の欲求に対する想像力の不完全さ」と呼ぶもので、われわれは将来、特に「遠い将来の欲求」に配慮するような「面倒なことはしたがらない」からである[8]。

「シス」に見られる粘り強さこそが、唯一のとりえである。原始的な泥沼から、洞穴の奥底から、その日暮らしの生活から（フィンランドの場合は、全体主義者の脅威から）、資本主義的生産という自己触媒的世界へわれわれを誘うものである。粘り強さには、我慢という要素があることも確かである。しかし、それは抽象的な意味ではない。ただ単純に待つことではなく、目的合理的に、何かに向かって向き合い続ける手段である。また、忍耐強くなるということは、「長期的」に考えたり、行動したりすることではない(常に筆者は自分に言い聞かせている)。むしろ、異時的、迂回的に、一種のリトマス試験紙のようになることである。粘り強さを必要としない戦略は、今日の発展をもたらした迂回的・資本主義的進歩とは相いれないものなのだ。このことを忘れてはならない。そして、資本主義(株式市場)の余興へと踏み外してはならないのだ。むしろ、そのような余興からは身を引き、自らが参加すべきゲームを見極めなければならない。

拙速なることを慎めないとしたら、文明は目の前の欲求に支配されたフィネアス・ゲージの轍を踏むことになるだろう。忍耐強さと異時的な被写界深度とを合わせ持てば、文明を発展させる道具を生み出すことができよう。それゆえ、「勢」「迂回(Umweg)」そして「シス」といった本書を通じて紹介してきた言葉は、人類の将来を切り開くキーワードである。しかし、われわれは、最終財や結果、プロセスの結末ばかりに目を奪われ、手段や結果に至るまでの回り道を見ようとはしないので、迂回というものを高く評価する者はほとんどいないのだ。

幸運にも、迂回路を切り開いてきたロールモデルとも呼べる存在がいる。偉大なる戦略家や政策決定者など、歴史上さまざまな社会や時代に登場した人物たち、それは道教の師であり、軍人であり、経済学者であり、実業家であり、そして本書では英雄ジークフリートである。戦場や偉大なる北方林など、世界中のさまざまな場所で、彼らは目的のための手段を目的論的に追い求めるという普遍的な原理に、情熱をもって取り組んできた。これら偉人の人生や教訓を紹介することで、自然界から中国戦国時代、欧州、そして現代の経済思想に至る戦略的枠組みを読者に提供できていれば幸いである。

公式ではなく、枠組みという概念が重要である。オーストリア学派の投資法（オーストリア流投資法）も、細々とした説明をするよりも、迂回的プロセスの足場を提供することで、読者なりに資本投資をよりよく理解してくれれば良いと考えている。それがもたらす結果ではなく、進歩の過程にあるものだと考えてもらえばよい。それゆえ、われわれは勝ち負けに一喜一憂してはならないというストア学派（バスティアの「良き経済学者」）の教えに倣うのだ（筆者の経験から、良いトレーダーと悪いそれとを確実に見分ける方法がある。それは「シス」、冷静沈着でいられるかどうか、ということだ）。ゲームを正しく進めていけば、結果は目的（Zweck）に至る間接的手段（Mittel）となる。

第9章と第10章とで紹介したオーストリア流投資法の迂回は、投資家に忍耐力を要求するものであるが、それこそが、売買に明け暮れ、市場の情報にも長けている（どちらについても合法かどうかという話題は避けよう）、一見洗練されたウォール街の投資家たちでも太刀打ちできない優位性をもたらすのである。ウォール街の近視眼的機関投資家たちは、目の前のことばかりを追い求めるその強欲さゆえに実際に起こっていることなど理解できず、常におびえながら活動しているのだ。しかし、粘り強い「シス」があれば、市場のそんな貪欲さから利を得ることができる。第1章で述べたとおり、筆者のマントラは、「ガツガツした打者こそ私の食いぶちだ」[9]とした投手の信念に触発されたものである。目の前の利益だけを追い求めるのは、ヘンリー・フォードに言わせれば、「馬の前に荷車」[10]を置くようなものだ。二〇世紀が生んだこの起業家は、迂回的手段を我慢強く積み上げていくことが、やがては生産の最終段階で一気呵成に目的を達成することにつながる、ということを直観的に理解していたのであろう。

こう考えると、資本主義もそれ自体がより大きな「目的（Zweck）」に至るまでの「目標（Ziel）」だということもできよう。より多くの魚を捕まえるために、漁網やボートを作っているのであるが、われわれが多くの時間をかけて実際に取り組んでいるのは、社会を前進させることである。オーストリア学派、特にミーゼスはそのことを理解していた。彼は資本主義を、自由な意思と自身の決断に基づく行動する個人の自由の発露だと見ていた。つまり、資本主義を奉ずるミーゼスは、自由を奉じていたことになる。なんとも象徴的な出来事であるが、深夜の執筆を終え、空が明るくなりかけていたころ、机の上に積み上げていた一〇冊以上ある書物の一番上の一冊が突如崩れ落ちてきた。そして、筆者が資本主義と自由の勝利のシンボルとしていた記念品にぶつかった。倒されたベルリンの壁の破片である。落ちてきた本は、ミーゼスの『ヒューマン・アクション』（春秋社）で、その衝撃でベルリンの壁の破片は、さらに細かく砕けたのだ。

このようなイメージが、迂回のさらに困難な旅路のインスピレーションとなる。これらのものは、知的・精神的、時には物理的なお守りとなるだろう。筆者は松ぼっくりを見つけると必ず拾うようにしている（これはギャンブラーの癖みたいなもので、筆者にとっては古びたアダム・スミス風のネクタイもその一つだ）。南カリフォルニアのレッドウッドでも、より迂回的なミシガン州の北方林でも、毎日家の外で行うことだ。これはだれでも想像できるような、どこにでもあることだ。しかし、先史時代、あとから来た被子植物が足の速いウサギよろしく優良な地に攻め入り、当初は成長の遅い針葉樹を岩がちな地へと追いやったころから築き上げられてきた不屈の精神を身に付けることができるのだとしたら、それは特別なことである（第2章で見たとおり、白亜紀後半、およそ六五〇〇万年前、九割の維管束植物が被子植物であった）。しかし、これらの被子植物は拙速に成長し、日光をさえぎり、競合を窒息させていった。一方、忍耐強く資本を生み出す集団である針葉樹は、時間を味方につけたのだ。

子供のころから、針葉樹の古木に囲まれた岩だらけの場所は筆者のお気に入りであった。そこにひとり佇むのである。フィンランドは、「サウナ、シス、そしてシベリウスの国」として有名になったが、これらはすべてシベリウス邸宅であった、ヘルシンキ北部の針葉樹と湖に囲まれた地にあるログハウス「アイノラ」に結びつく（念のために記しておくが、ジャン・シベリウスは世界で最も過小評価されている作曲家ではなかろうか）。フォン・カラヤンや筆者も、偉大なるオーストリア人作曲家グスタフ・マーラーの避暑地同様に、シベリウスの郊外の隠れ家をまねたのだ（彼らの素晴らしい音楽に、北方林の調べを聴くことができる）。

森は学びつくせないほどの教えを与えてくれる。筆者が少年時代を過ごしたミシガン州では、ヘミングウェイが幼少時代を過ごした森が子供たちの理想の遊び場であったが、そこでは岩や丸太、湖が、探検ごっこの舞台となった（孫子やクラウゼヴィッツは喜んだことだろう）。筆者も仲間たちも大いに楽しんだものだ。当時はまったく気づきもしなかったが、われわれは心と体を鍛え、技術を習得し、想像力を働かせて、大切な目標（Ziel）を追いかけていたのだ。これはすべてわれわれの成長に欠かせないものであった。子供たちは、欲望の赴くまま、それが何も生み出さないにもかかわらず（木の要塞や飛行機は作ったのだが）、あふれんばかりの活気をもって遊びの間接的目的を追いかけていたのだ。たしかに子供は目の前のマシュマロをつかもうとするであろう。しかし、成長という点については、自然がもたらす遊びの誘惑に誘われ、認識力や創造力、筋力や平衡感覚といった肉体的能力、対人関係などを迂回的に身に着けていく。これらはすべて大人になったときに実を結ぶ能力である。前頭葉が未発達の子供たちは、遠い将来の目的を見通すことはできない（両親たちはしっかりと見通すことができるのだが）。そのおかげもあって、子供たちは遊びに飽き、無駄なことだと思いはじめ、六歳ごろからSATの準備に夢中になったりもする（ポール・タフが『成功する子　失敗する子――何が「その後の人生」を決めるのか』［英治出版］のなかで、子供たちの成長に重要なことは「最初の数年でどれだけ多くの情報を彼らの脳に詰め込むことができるか」ではなく、認識とは関係のない、自制心や好奇心、自身や我慢強さが得られるかだとした結論に、筆者は同意する[11]。

これらに追加するなら、もちろん「シス」を挙げるだろう）。

だれもが子供たちには、迂回の能力、そして「シス」の忍耐力を身に付けてほしいと思うであろう。それはどんな物質的なものよりも、より優れた教育よりも彼らの人生に資するはずである。「シス」と「勢」とを身に付ければ、直接的な困難にも打ち勝ち、間接的な言動を保ち、目の前のことに目を奪われるのではなく、異時的な好機を追い求めるようになるだろう。さらには、先の見えない長い時期をも、魂の輝きと肉体の汗とをもって、前進する（生産すると言ってもよい）能力そして忍耐力を得ることができるだろう。[12] これは自然が教えてくれた教訓である。それを学ぶためには、自然の教室に参加しなければならない。すべての針葉樹が数えきれないほどの松ぼっくり（子供たちにしてみれば、友人に向かって投げつける手榴弾なのだが、このおかげで種が頒布されるのだ）を抱えていることを、子供ですら見逃すことはないであろう。そして、この松ぼっくりには無数の種が詰まっているのだ。やがて、松ぼっくりを手にすることは、そこに森を持つことなのだと気づくことであろう（子供のころの良き思い出が、クリップの素朴な言葉によみがえる。「だれもが木に松ぼっくりがなっているのを見ることができるが、だれも松ぼっくりに木を見て、さらには森を見ることなどできないのだ」）。ミシガン湖を見下ろす、吹きさらしの丘の上から、辺鄙な場所に立つ針葉樹を見て、子供ながらに、なぜそのような場所で発育するのか不思議に思ったものだ。もっと良い場所があるだろうに、と。

しかし、時を経て、疑問は氷解した。そして、退却したように見える針葉樹という賢人の、偽りの謙虚さを高く評価するようになった。敗走のさなかにあっても、針葉樹はただ待ち、隣人を凌駕し、その生きる場所を奪うべく準備しているのである。[13]

針葉樹の最終的な「目的（Zweck）」は、直接的に争うのではなく、岩場の荒れた地で待つことによって達成されるのだ。そのような荒れた地も、時間とともに優位性をもたらすがゆえに耐えられるものとなるのだ。長寿こそが、この種の特性である。針葉樹の次なる迂回戦略は、風に運ばれることで種がまかれることであり、なかには山火事で開く遅咲きの松ぼっくりもあるのだ。針葉樹の粘り強い性質が、ほかの種を凌駕して生き残ることを可能とするのだ。古代中国、道教の師たちが岩場に成長する針葉樹を不屈の象徴としたのも理解できる。[14]遠い昔、竹片や絹布に記されたこれらのイメージが、今日われわれに「シス」として知られる忍耐力や、一見不利な状態から日和見的な征服に至る針葉樹や自然の摂理を教えてくれるのである。これこそが、われわれが住む世界の有効な成長モデルであろう。

ここに記したすべての言葉に表される知恵は、何オンスにもならない小さな物体のなかに詰め込まれている。ウィリアム・ブレイクの言葉を借りれば、「手のひらに無限を握っている」のだ。そう、小さな松ぼっくりである。何の価値もない、ありふれたもので、「道」と同じく、見落とされてしまう。多くの者にしてみれば、その意味はいまだ見えざるままであろう。しかし、松ぼっくりの価値を知る者には、驚嘆以外のなにものでもない。松ぼっくりを見ることで、実践的な規律を思い出すことができる。究極の目的を達成するための、戦略的優位性としての

中間的手段を追い求めよ。それは、迂回路をいとわない者にのみ可能なのだ。

謝辞

本書の旅路を終えるあたり、次の方々に謝意を伝える。

筆者を愛し、そばに居てくれる妻アミー。かけがえのない喜びを与えてくれるわが子エドワードとシリヤ（あまりに元気で、執筆は夜中にせざるを得なかったが）。素晴らしい作家であり、筆者の知るかぎり最も面白い男のわが兄弟エリックは常に励ましてくれた。思い出のなかの父（人生ははかない）、そして母は変わらぬ支援と信頼を寄せてくれた。そして、筆者にとって最初にして最高の出資者である今は亡き祖母。

エベレット・クリップ。一六歳のころから教えを請い、そして「勢」を与えてくれた。ロン・ポールには、オーストリア学派経済学を守り、次なる世代へと伝えてくれている（彼の偉大なる「勢」戦略だ）ことに感謝する。彼は世代を超えて名を残すことになろう。チーム『資本道』のメンバーにも感謝する。友情を絶やさず、「オーストリア学派」でいてくれるロバート・マーフィー。素晴らしい挿し絵を描いてくれたティム・フォーリー。工程管理のパトリシア・クリサフリ。わが家の住人で、我慢強い中国研究家のロジャー・アムス。針葉樹研究家のアルフォス・ファルフォン、わが師である、郭栖臣、楊俊敏、イ・ルン・ヤン。調査を手伝ってくれた（わが家に泊まり込むこともあった）チトプニート・マンとハリー・タン。ブランドン・ヤーキンには何かと助けてもらった。相談に乗ってくれたジム・フロリックとジェフ・オコーネル。彼らの専門知識には深く感謝する。本書の誤りや誤解はすべて筆者の責であることを記す。

懐疑的な態度の重要性を伝え、粘り強い思考を示してくれたナシーム・タレブ。トウや森、そして、紳士のゲームであるスカッシュを分かりやすく解説してくれたビクター・ニーダーホッファー。

出版社ジョン・ワイリー・アンド・サンズのエバン・バートンは本書執筆を後押ししてくれた。校正をしてくれたエミリー・ハーマン、そしてビンセント・ノードハウスとトゥーラ・バタンチェフにも感謝を述べる。

ジョージ・ビクスニンズがジョージタウン大学で行った「オーストリア学派」経済学の講義が筆者にはきっかけとなった。

エリック・スペンサー、ダミル・デリック、デイジー・ファム、アネリース・サーバート、トリシャ・ダスカンと、献身を惜しまないユニバーサの従業員たちにも感謝する。

オーストリア学派経済学に関する豊富な情報を蓄え、先人たちの言葉を伝えてくれているルートヴィヒ・フォン・ミーゼス研究所にも感謝したい。

そして、最後に筆者の投資収益の源泉となってくれた、バーナンキ、グリーンスパン両元FRB（連邦準備制度理事会）議長にも感謝の意を伝えたい。

Returns on Stocks and Bonds, "Journal of Financial Economics, 33 (1993) 3-56.
10. ジョエル・グリーンブラット著『株デビューする前に知っておくべき「魔法の公式」』（パンローリング）
11. Robert Novy-Marx, "The Quality Dimension of Value Investing," December 2012(Revised March 2013), University of Rochester, Working Paper.

エピローグ

1. Robert Karnisky, "On War and The Winter War," 2007, thesis submission, Florida State University.
2. William Trotter, A Frozen Hell: The Russo-Finnish War of 1939-1940, 2000, Algonquin Books of Chapel Hill, Chapel Hill, NC.
3. 孫子著『孫子』
4. François Jullien, A Treatise on Efficacy: Between Western and Chinese Thinking, 2004, University of Hawaii Press.
5. Trotter, A Frozen Hell.
6. カール・フォン・クラウゼヴィッツ著『戦争論』
7. Angela Lee Duckworth and Lauren Eskreis-Winkler, "True Grit," Observer, May/June 2013, Association for Psychological Science.
8. Eugen von Bohm-Bawerk, The Positive Theory of Capital, 1930, G.E. Stechert & Co., New York(photographic reprint of 1891 edition).
9. ジョージ・F・ウィル著『野球術』（文春文庫）
10. Henry Ford and Samuel Crowther, Today and Tomorrow, 1926, Doubleday & Co.
11. Paul Tough, How Children Succeed: Grit, Curiosity, and the Hidden Power of Character, 2012, Houghton Mifflin Harcourt Publishing Company, NewYork.
12. Denise Shekeijian, Uncommon Genius: How Great Ideas Are Born, 1990, Penguin Books, New York.
13. Aljos Farjon, A Natural History of Conifers, 2008, Timber Press, Portland, Oregon.
14. Wucius Wong, The Tao of Chinese Landscape Painting: Principles & Methods, University of Michigan(reprint 1991, Design Press).

22. Roger T. Ames and David T. Hall, Daodejing "Making This Life Significant": A Philosophical Translation, 2003, Ballantine Books, NY.
23. John Deathridge, Wagner: Beyond Good and Evil, 2008, University of California Press.

第9章

1. ルートヴィヒ・フォン・ミーゼス著『ヒューマン・アクション』（春秋社）
2. 同上
3. Juvenal(Niall Rudd, translator), The Satires, 1991(reprint 2001), Oxford University Press, Oxford, UK.
4. バートランド・ラッセル著『哲学入門』（ちくま学芸文庫）
5. Bettina Bien Greaves, ed., Austrian Economics: An Anthology, 1996, Foundation for Economic Education.
6. カール・フォン・クラウゼヴィッツ著『戦争論』

第10章

1. Aljos Farjon, A Natural History of Conifers, 2008,Timber Press, Portland, OR.
2. Tim Koller, Marc Goedhart, and David Wessels, Valuation: Measuring and Managing the Value of Companies, Fifth Edition, 2010, John Wiley & Sons, Hoboken, NJ.
3. ピーター・リンチ著『ピーター・リンチの株で勝つ――アマの知恵でプロを出し抜け』（ダイヤモンド社）
4. ベンジャミン・グレアム、デビッド・ドッド著『証券分析』（パンローリング）
5. Eugen von Bohm-Bawerk, The Positive Theory of Capital, 1930, G.E. Stechert & Co., NY(photographic reprint of 1891 edition).
6. ベンジャミン・グレアム著『賢明なる投資家』（パンローリング）
7. Bin Jiang and Timothy Koller, "The Truth about Growth and Value Stocks," McKinsey on Finance, 2007.
8. Letter to Murray Rothbard from Howard Buffett, July 31, 1962, available from Ludwig von Mises Institute, Auburn, AL.
9. Eugene F. Fama and Kenneth R. French, "Common Risk Factors in the

and Evolution of Flammable Ecosystems," Trends in Ecology and Evolution, vol.20, no 7., July 2005.
4. Mark Buchanan, Ubiquity: Why Catastrophes Happen, 2002, Broadway Books.
5. Mark Spitznagel, "Christmas Trees and the Logic of Growth," Wall Street Journal, December 22, 2012.
6. Ludwig von Mises, lecture, New York Economics Club, 1945, Ludwig von Mises Institute.
7. Peter J. Boettke and Frederic Sautet, "The Genius of Mises and the Brilliance of Kirzner," Annual Proceedings of the Wealth and Well-Being of Nations, vol.3, pp.31-44, 2011.
8. Norbert Wiener, Cybernetics: Control and Communication in the Animal and the Machine, 1965, MIT Press.
9. 同上
10. 同上
11. Friedrich Hayek, "Competition as a Discovery Procedure," Marcellus Snow, trans., The Quarterly Journal ofAustrian Economics, vol.5, no.3, Fall 2002.
12. Friedrich Hayek, The Unfinished Agenda: Essays on the Political Economy of Government Policy in Honour of Arthur Seldon, Institute of Economic Affairs, 1986.
13. 同上
14. Friedrich Hayek, "Competition as a Discovery Procedure.
15. ルートヴィヒ・フォン・ミーゼス著『ヒューマン・アクション』（春秋社）
16. Paul Cantor and Stephen Cox, Literature and the Economics of Literature, 2010, Ludwig von Mises Institute, Auburn, AL.
17. Douglas R. Hofstadter, Gödel, Escher, Bach: An Eternal Golden Braid, 1999, Basic Books.
18. Murray N. Rothbard, Economic Thought Before Adam Smith, Edward Elgar Publishing, 1995.
19. Doug French, "The Dutch Monetary Environment During Tulipmania," The Quarterly Journal of Austrian Economics, vol.9, no.1(Spring 2006).
20. マレー・N・ロスバード著『アメリカの大恐慌』（きぬこ書店）
21. Eugen von Bohm-Bawerk, The Positive Theory of Capital, 1930, G.E. Stechert & Co., NY(photographic reprint of 1891 edition).

19. Henry Hazlitt, "The Case for Capitalism," reprint of Newsweek column, September 19, 1949.
20. Murray Rothbard, Preface to Theory & History by Ludwig von Mises, 1985(reprint 2007, Ludwig von Mises Institute, Auburn, AL).
21. Mises, Memoirs.
22. 同上
23. Peter Boettke and Frederic Sautet, "The Genius of Mises and the Brilliance of Kirzner," The Annual Proceedings of the Wealth and Wellbeing of Nations, January 5, 2011, vol.3, pp.31-44.
24. Ludwig von Mises, The Epistemological Problems of Economics, Third Edition, 2003, The Ludwig von Mises Institute, Auburn, AL.
25. ルートヴィヒ・フォン・ミーゼス著『ヒューマン・アクション』（春秋社）
26. Paul Krugman, "To Much Talk about Liquidity," New York Times blog, May 17, 2013
27. Peter Klein, "Entrepreneurs and Creative Destruction," Chapter 9 of The 4% Solution: Unleashing the Economic Growth America Needs, 2012, Crown Publishing.
28. Peter Klein,"Risk, Uncertainty and Economic Organization," in Property, Freedom & Society: Essays in Honor of Hans-Hermann. Hoppe, 2009, Ludwig von Mises Institute, Auburn, AL.
29. ルートヴィヒ・フォン・ミーゼス著『ヒューマン・アクション』（春秋社）
30. 同上
31. 同上
32. Israel Kirzner, "Lifetime Achievement Award Acceptance Speech," Society for the Development of Austrian Economics, November 2006.
33. ルートヴィヒ・フォン・ミーゼス著『ヒューマン・アクション』（春秋社）
34. 同上

第8章

1．John Papola, Foreword to A Tiger by the Tail: The Keynesian Legacy of Inflation, Friedrich Hayek, 1972, The Institute of Economic Affairs(reprinted 2012, Laissez-Faire Books).
2．マレー・N・ロスバード著『アメリカの大恐慌』（きぬこ書店）
3．W. J. Bond and J. E. Kelley, "Fire as a Global 'Herbivore': The Ecology

the "Spirit" of Capitalism and Other Writings, 2002, Penguin Books, NY.
40. Böhm-Bawerk, The Positive Theory of Capital.
41. Simon Grondin, ed., Psychology of Time, 2008, Emerald Group Publishing Ltd., Bingley, UK.

第7章

1. Israel M. Kirzner, "Reflections on the Misesian Legacy in Economics," The Review of-Austrian Economics, vol.9, no.2 (1996): 143-154.
2. Ron Paul, Mises and Austrian Economics: A Personal View, 1984, Ludwig von Mises Institute (Terra Libertas edition 2011).
3. Jörg Guido Hülsmann, Mises, the Last Knight qf Liberalism, 2007, The Ludwig von Mises Institute, Auburn, AL.
4. Mark Skousen, The Making of Modern Economics: The Lives and Ideas of the Great Thinkers, 2009, M.E. Sharpe, Armonk, NY.
5. Hülsmann, Mises.
6. Ludwig von Mises, Memoirs, 2009, The Ludwig von Mises Institute, Auburn, AL.
7. 同上
8. 同上
9. 同上
10. Hülsmann, Mises.
11. Ludwig von Mises, Planned Chaos, 2009,The Ludwig von Mises Institute, Auburn, AL.
12. Margit von Mises, My Years with Ludwig von Mises, 1976, Arlington. House Publishers, New Rochelle, NY.
13. Hülsmann, Mises.
14. Alma Mahler, Memories and Letters, 1968, University of Washington Press.
15. Margit von Mises, My Years with Ludwig von Mises.
16. Eugen Maria Schulak and Herbert Ünterkofler, The Austrian School cf Economics: A History of Its Ideas, Ambassadors, & Institutions, 2011, The Ludwig von Mises Institutes, Auburn, AL.
17. Hülsmann, Mises.
18. ルートヴィヒ・フォン・ミーゼス著『ヒューマン・アクション』(春秋社)

18. 同上
19. アントニオ・ダマシオ著『デカルトの誤り』（ちくま学芸文庫）
20. 同上
21. Loewenstein, Read, and Baumeister, Time and Decision.
22. Janet Metcalfe and Walter Mischel, "A Hot/Cool System Analysis of Delay of Gratification: Dynamics of Willpower," 1999, Psychological Review, vol.106, no.1, 3-19.
23. Böhm-Bawerk, The Positive Theory of Capital.
24. 同上
25. Loewenstein and Elster, Choice over Time.
26. Richard Thaler, "Some Empirical Evidence on Dynamic Inconsistency," 1981, Economic Letters, 8, 201-207.
27. Böhm-Bawerk, The Positive Theory of Capital.
28. Paul Samuelson and William D. Nordhaus, Economics, 1989, McGraw-Hill, NY.
29. Shane Frederick, George Loewenstein, and Ted O'Donoghue, "Time Discounting and Time Preference: A Critical Review," June 2002, Journal of Economic Literature, vol.XL, pp.351-401.
30. Douglas Rushkof, Present Shock: When Everything Happens Now, 2013, Penguin Books, NY.
31. エドワード・M・ハロウェル著『ビジネスパーソンの時間割――集中とアイディアを生む時間投資術』（バジリコ）
32. Loewenstein, Read, and Baumeister, Time and Decision.
33. Richard Louv, Last Child in the Woods: Saving Our Children from Nature-Deficit Disorder, 2008, Algonquin Books, NY.
34. Böhm-Bawerk, The Positive Theory of Capital.
35. Howard Rachlin, The Science of Self-Control, 2000, Harvard University Press, Cambridge, MA.
36. Frédéric Bastiat, The Bastiat Collection, 2007, Ludwig von. Mises Institute, Auburn, AL.
37. Hal Hershfield, Daniel Goldstein, et al., "Increasing Savings Behavior through Age-Progressed Renderings of the Future Self," November 2011, Journal of Marketing Research, vol.XLVIII, S23-S37.
38. ルース・クラウス著『にんじんのたね』（こぐま社）
39. Max Weber, Peter Baehr, and Gordon Wells, The Protestant Ethic and

the Great Depression, 2003, Three Rivers Press, NY.
42. Ford and Crowther, Today and Tomorrow.
43. 同上
44. Andreas Kluth, Hannibal and Me: What History's Greatest Military Strategist Can Teach Us About Success and Failure, 2013 (Reprint Edition), Riverhead Trade, NY
45. Earl Weaver (with Terry Pluto), Weaver on Strategy, March 2002 (Revised Edition), Brassy's, Inc., Dulles,VA.

第6章

1. François Jullien, The Propensity of Things: Toward a History of Efficacy in China, 1999, Zone Books.
2. 同上
3. Eugen von Böhm-Bawerk, The Positive Theory qf Capital, 1930, G.E. Stechert & Co., NY (photographic reprint of 1891 edition).
4. 同上
5. George Loewenstein and Jon Elster, eds., Choice over Time, 1992, Russell Sage Foundation, NY.
6. Eugen von Böhm-Bawerk, Capital & Interest, 1890, Macmillan & Co., NY.
7. Loewenstein and Elster, Choice over Time.
8. 同上
9. Böhm-Bawerk, The Positive Theory of Capital.
10. 同上
11. 同上
12. 同上
13. 同上
14. ミラン・クンデラ著『不滅』(集英社文庫)
15. ダニエル・カーネマン著『ファスト&スロー』(ハヤカワ・ノンフィクション文庫)
16. George Loewenstein, Daniel Read, and Roy F. Baumeister, eds., Time and Decision: Economic and Psychological Perspectives on Intertemporal Choice, 2003, Russell Sage Foundation, NY.
17. 同上

16. Christian Bidard, Prices, Reproduction, Scarcity, 2011 (Reissue), Cambridge University Press.
17. Böhm-Bawerk, The Positive Theory of Capital.
18. 同上
19. Bernard Bailyn, Robert Dallek, et al., The Great Republic: A History of the American People,Vol. Two, Fourth Edition, 1991, Wadsworth Publishing.
20. 同上
21. 同上
22. Steven Watts, The People's Tycoon: Henry Ford and the American Century, 2005, Random House,Vintage Books.
23. Thomas P. Hughes, American Genesis: A Century of Invention and Technological Enthusiasm (1870-1970), 2004, University of Chicago Press.
24. Henry Ford and Samuel Crowther, Today and Tomorrow, 1926, Doubleday & Co.
25. Henry Ford, My Life and Work, 1922, Doubleday & Co.
26. Watts, The People's Tycoon.
27. 同上
28. Peter J. Boettke, ed., The Elgar Companion to Austrian Economics, 1994, Edward Elgar Publishing.
29. Ford, My Life and Work.
30. Watts, The People's Tycoon.
31. Ford, My Life and Work.
32. John Kay, Obliquity: Why Our Goals Are Best Achieved Indirectly, 2010, Penguin Books.
33. Ford and Crowther, Today and Tomorrow.
34. 同上
35. 同上
36. 同上
37. 同上
38. 同上
39. 同上
40. Richard S. Tedlow, Giants of Enterprise, 2003, First Harper Business.
41. Jim Powell, FDR's Folly: How Roosevelt and His New Deal Prolonged

71. Mises, The Historical Setting of the Austrian School of Economics.
72. Ludwig von Mises, Planning for Freedom: Let the Market System Work, 2008, Liberty Fund.
73. E A. Hayek, "Introduction," published in The German Question by Wilhelm Roepke, 1946, George Allen & Unwin Ltd., London.
74. Joseph. Schumpeter, "Carl Menger," Ten Great Economists: From Marx to Keynes, 1969, Oxford University Press, NY.

第5章

1. François Jullien, A Treatise on Efficacy: Between Western and Chinese Thinking, 2004, University of Hawaii Press.
2. Jullien, A Treatise on Efficacy.
3. Mary Paley Marshall, What I Remember, 1947, University Press, Cambridge.
4. Eugen Maria Schulak and Herbert Ünterkofler, The Austrian School of Economics: A History of Its Ideas, Ambassadors, & Institutions, 2011, The Ludwig von Mises Institutes, Auburn, AL.
5. Eugen von Böhm-Bawerk, The Positive Theory of Capital, 1930, G.E. Stechert & Co., NY(photographic reprint of 1891 edition).
6. 同上
7. 同上
8. 同上
9. 同上
10. Mark Skousen, The Making of Modern Economics: The Lives and Ideas of the Great Thinkers, 2009, M.E. Sharpe, Armonk, NY.
11. Böhm-Bawerk, The Positive Theory of Capital.
12. Heinz D. Kurz, "Schumpeter and Marx: A Comment on a Debate," Industrial and Corporate Change, 2012, Oxford University Press.
13. Eugen von Böhm-Bawerk, Capital & Interest, 1890, Macmillan & Co., NY.
14. Guillermo A. Navarro, "Re-Examining the Theories Support the So-Called Faustmann Formula," Recent Accomplishments in Applies Forest Economics Research, 2003.
15. 同上

45. メンガー著『国民経済学原理』（日本経済評論社）
46. 同上
47. Jörg Guido Hülsmann, "Carl Menger: Pioneer of 'Empirical Theory,'" excerpted from Mises: The Last Knight of Liberalism, 2007, The Ludwig von Mises Institute, Auburn, AL.
48. メンガー著『国民経済学原理』（日本経済評論社）
49. F. A. Hayek, "Carl Menger."
50. Skousen, The Making of Modern Economics.
51. Ludwig von Mises, Memoirs, 2009, The Ludwig von Mises Institute, Auburn, AL.
52. 同上
53. 同上
54. Skousen, The Making of Modern Economics.
55. 同上
56. メンガー著『国民経済学原理』（日本経済評論社）
57. Hülsmann, "Carl Menger."
58. Murray N. Rothbard, The History of Economic Thought, lecture on Menger and Bohm-Bawerk, 2010, The Ludwig von Mises Institute, Auburn, AL.
59. Mises, The Historical Setting of the Austrian School of Economics.
60. ルートヴィヒ・フォン・ミーゼス著『ヒューマン・アクション』（春秋社）
61. Carl Menger, Investigations into the Method of the Social Sciences, 1985, NY University Press, NY.
62. Caldwell, ed., Carl Menger and His Legacy in Economics.
63. Menger, Investigations.
64. Schulak and Ünterkofler, The Austrian School of Economics.
65. 同上
66. 同上
67. Israel Kirzner (author) and Louis Rukeyser (narrator), Early Austrian Economics: New Importance for the Consumer, 2006, Blackstone Audio.
68. Schulak and Ünterkofler, The Austrian School of Economics.
69. Greaves, Bettina Bien, Austrian Economics: An Anthology, 1996, Foundation for Economic Education.
70. Ludwig von Mises, Theory & History: An Interpretation of Social and Economic Evolution, 2005, Liberty Fund.

Economics, 1984, The Ludwig von Mises Institute, Auburn, AL.
23. Bramoullé "Frédéric Bastiat: Praxeologist Theoretician."
24. 同上
25. Bastiat, The Bastiat Collection.
26. David King, Vienna, 1814: How the Conquerors of Napoleon Made Love, War, and Peace at the Congress of Vienna, 2008, Harmony Books.
27. Eugen Maria Schulak and Herbert Ünterkofler, The Austrian School of Economics: A History of Its Ideas, Ambassadors, & Institutions, 2011, The Ludwig von Mises Institutes, Auburn, AL.
28. メンガー著『国民経済学原理』（日本経済評論社）
29. Timothy Lenoir, The Strategy of Life: Teleology and Mechanics in Nineteenth Century German Biology, 1989, University of Chicago Press, Chicago, IL.
30. Thomas Nagel, Mind and Cosmos: Why the Materialist Neo-Darwinian Conception of Nature is Almost Certainly False, 2012, Oxford University Press.
31. Lenoir, The Strategy of Life.
32. Stephen Wolfram, A New Kind of Science, 2002, Wolfram Media.
33. Lenoir, The Strategy of Life.
34. 同上
35. 同上
36. 同上
37. Joseph T. Salerno, "Carl Menger: The Founding of the Austrian School," published in 15 Great Austrian Economists, 1999, Randall G. Holcombe, ed., The Ludwig Von Mises Institute, Auburn, AL.
38. F. A. Hayek, "Carl Menger," Introduction to Principles of Economics, Carl Menger, 2007, Ludwig von Mises Institute, Auburn, AL.
39. Bruce J. Caldwell, ed., Carl Menger and His Legacy in Economics, 1990, Duke University Press.
40. Schulak and Ünterkofler, The Austrian School of Economics.
41. Hayek, "Carl Menger."
42. メンガー著『国民経済学原理』（日本経済評論社）
43. 同上
44. Gilles Canipagnolo, Carl Menger: Discussed on the Basis of New Findings, 2011, The Ludwig von Mises Institute.

63. ルートヴィヒ・フォン・ミーゼス著『ヒューマン・アクション』（春秋社）

第4章

1. Mark Skousen, The Making of Modern Economics: The Lives and Ideas of the Great Thinkers, 2009, M.E.Sharpe, Armonk, NY.
2. Frédéric Bastiat, The Bastiat Collection, 2007, Ludwig von Mises Institute, Auburn, AL.
3. Skousen, The Making of Modern Economics.
4. François Jullien, A Treatise on Efficacy: Between Western and Chinese Thinking, 2004, University of Hawaii Press.
5. Bastiat, The Bastiat Collection.
6. 同上
7. 同上
8. Skousen, The Making of Modern Economics.
9. Bastiat, The Bastiat Collection.
10. 同上
11. 同上
12. Skousen, The Making of Modern Economics.
13. 同上
14. Bastiat, The Bastiat Collection.
15. 同上
16. 同上
17. Gérard Bramoullé, "Frédéric Bastiat: Praxeologist Theoretician," Journal des Economistes et des Etudes Humnanics, vol.11 [001], no.2, art. 8.
18. 同上
19. Jörg Guido Hiilsmann, "Carl Menger: Pioneer of 'Empirical Theory,'" excerpted from Mises: The Last Knight of Liberalism, 2007, The Ludwig von Mises Institute, Auburn, AL.
20. Bramoullé, "Frédéric Bastiat: Praxeologist Theoretician."
21. Thomas J. DiLorenzo, "Frédéric Bastiat: Between the French and Marginalist Revolutions," published in 15 Great Austrian Economists, 1999, Randall G. Holcombe, ed., The Ludwig Von Mises Institute, Auburn, AL.
22. Ludwig von Mises, The Historical Setting of the Austrian School of

Times, 2007, Princeton University Press.
35. B・H・リデルハート著『リデルハート戦略論――間接的アプローチ』(原書房)
36. 同上
37. Paret, Clausewitz and the State.
38. Hew Strachan, Clausewitz's On War: A Biography, 2008, Grove Press.
39. Paret, Clausewitz and the State.
40. Ralph Peters, Introduction, The Book of War.
41. 同上
42. B・H・リデルハート著『リデルハート戦略論――間接的アプローチ』(原書房)
43. 同上
44. 同上
45. Capt. Kenneth L. Davison, Jr., USAF, "Clausewitz and the Indirect Approach: Misreading the Leader," Airpower Journal,Winter 1988.
46. カール・フォン・クラウゼヴィッツ著『戦争論』
47. 同上
48. Michael Howard, Clauseuwitz: A Very Short Introduction, 2002, Oxford University Press.
49. Strachan, Clauseuwitz's On War.
50. 同上
51. Jullien, A Treatise on Efficacy.
52. 同上
53. Lt. Col. Antulio J. Echevarria II,"Clausewitz's Center of Gravity: Changing Our Warfighting Doctrine - Again!" 2002, Strategic Studies Institute.
54. カール・フォン・クラウゼヴィッツ著『戦争論』
55. Jullien, A Treatise on Efficacy.
56. Echevarria, "Clausewitz's Center of Gravity."
57. カール・フォン・クラウゼヴィッツ著『戦争論』
58. 同上
59. Strachan, Clauseuwitz's On War.
60. Howard, Clausewitz.
61. 同上
62. カール・フォン・クラウゼヴィッツ著『戦争論』

Political Thought, 1994, State University of NY Press.
9. Gia-Fu Feng, trans., Lao Tsu , Tao Te Ching, 1972, Alfred A. Knopf, NY.
10. Ames, Sun-Tzu.
11. Jullien, A Treatise on Efficacy.
12. Ames, The Art of Rulership.
13. Arthur Waldron, "The Art of Shi," The New Republic, June 23, 1997.
14. Ames, Sun-Tzu.
15. 同上
16. カール・フォン・クラウゼヴィッツ著『戦争論』
17. Ames, Sun-Tzu.
18. ニコラス・クリストフ、シェリル・ウーダン著『アジアの雷鳴――日本はよみがえるか!?』（集英社）
19. Jullien, The Propensity of Things.
20. Ames, Sun-Tzu.
21. 同上
22. Gia-Fu Feng, Lao Tsu, Tao Te Ching.
23. Ames, Sun-Tzu.
24. Jullien, A Treatise on Efficacy.
25. Patricia Buckley Ebrey and Anne Walthall, Pre-Modern East Asia: A Cultural, Social and Political History, vol.1: To 1800, Third Edition, 2013, Wadsworth Publishing.
26. Ames, Sun-Tzu.
27. Office of the Secretary of Defense, Annual Report to Congress, "Military Power of the People's Republic of China," 2006.
28. Jullien, A Treatise on Efficacy.
29. Jullien, The Propensity of Things.
30. 同上
31. Peter Shotwell, "Appendix VII, The Use of Shi and Li in Weiqi and American Politics: Some Notes on a Forbes Opinion Article by Mark Spitznagel," 2012.
32. David Lai, "Learning from the Stones: A Go Approach to Mastering China's Strategic Concept, Shi," Strategic Studies Institute, May 2004.
33. ヘンリー・A・キッシンジャー著『キッシンジャー回想録――中国』（岩波書店）
34. Peter Paret, Clausewitz and the State: The Man, His Theories, and His

8. Ian D. Lunt, Heidi C. Zimmer, and David C. Cheal, "The Tortoise and the Hare? Post-Fire Regeneration in Mixed Eucalyptus-Callitris Forest," Australian Journal of Botany, 2011, 59, 575-581.
9. W J. Bond, "The Tortoise and the Hare."
10. Farjon, A Natural History of Conifers.
11. 同上
12. 同上
13. Gia-Fu Feng, Tao Te Ching.
14. Roger T. Ames and David T. Hall, Daodejing "Making This Life Significant": A Philosophical Translation, 2003, Ballantine Books, NY.
15. 同上
16. Anderson et al., "Establishment, Growth, and Survival of Lodgepole Pine in the First Decade."
17. Aljos Farjon, A Natural History of Conifers.
18. 同上
19. Ames and Hall, Daodejing.
20. 同上

第3章

1. Ralph Peters, Introduction, The Book of War: Sun-Tzu's "The Art of War"（孫子著『孫子』） & Karl Von Clausewitz's "On War,"（カール・フォン・クラウゼヴィッツ著『戦争論』） 2000, Modern Library, Random House.
2. François Jullien, A Treatise on Efficacy: Between Western and Chinese Thinking, 2004, University of Hawaii Press.
3. 孫子著『孫子』
4. 同上
5. D. C. Lau and Roger Ames, Sun Bin: The Art of Warfare: A Translation of the Classic Chinese Work of Philosophy and Strategy, 2002, State University of NY Press.
6. François Jullien, The Propensity of Things: Toward a History of Efficacy in China, 1999, Zone Books.
7. 同上
8. Roger T. Ames, The Art of Rulership: A Study of Ancient Chinese

31. ジョージ・F・ウィル著『野球術』(文春文庫)
32. Theodor Geisel, McElligot's Pool, 1947, Random House, NY:
33. ヘンリー・ハズリット著『世界一シンプルな経済学』(日経BP社)
34. 同上
35. Richard Osborne, Herbert von Karajan: A Life in Music, 2000, Northeastern.
36. ルートヴィヒ・フォン・ミーゼス著『ヒューマン・アクション』(春秋社)
37. 同上
38. 同上
39. 同上
40. 同上
41. 同上
42. 同上
43. Gene Callahan and Roger W. Garrison, "Does Austrian Business Cycle Theory Help Explain the Dot-Com Boom and Bust?" The Quarterly Journal of Austrian Economics, Summer 2003, 6(2), pp.67-98.
44. Ludwig von Mises, "Why Read Adam Smith Today," Introduction to The Wealth of Nations by Adam Smith, 1953, Henry Regnery.

第2章

1. Gia-Fu Feng, trans., Lao Tsu, Tao Te Ching, 1972, Alfred A. Knopf, NY.
2. 同上
3. 孫子著『孫子』
4. Hans-Geor Moeller, Daoism Explained: From the Dream of the Butterfly to the Fishnet Allegory, 2004, Open Court.
5. Aljos Farjon, A Natural History of Conifers, 2008, Timber Press, Portland,OR.
6. Jay E. Anderson, Marshall Ellis, Carol D. von Dohlen, and William H. Romme, "Chapter 4: Establishment, Growth, and Survival of Lodgepole Pine in the First Decade," After the Fires: The Ecology of Change in Yellowstone National Park, Linda Wallace, ed., 2004, Yale University Press.
7. W. J. Bond, "The Tortoise and the Hare: Ecology of Angiosperm Dominance and Gymnosperm Persistence," Biological Journal of the Linnean Society, 1989, 36:227-249.

7. Ames and Hall, Daodejing.
8. Murray N. Rothbard, An Austrian Perspective on the History of Economic Thought, 1995, Edward Elgar Publishing Ltd.
9. Paul Carus, The Canon of Reason and Virtue: Being Lao-tze's Tao Teh King, originally published 1913; 1954, The Open Court Publishing Co., Chicago.
10. 同上
11. Ames and Hall, Daodejing.
12. Gia-Fu Feng, trans., Lao Tsu, Tao Te Ching, 1972, Alfred A. Knopf, NY.
13. François Jullien, The Propensity of Things: Toward a History of Efficacy in China, 1999, Zone Books.
14. Ames and Hall, Daodejing.
15. 同上
16. Laozi and Ivanhoe, The Daodejing of Laozi.
17. Tsung Hwa Jou, The Dan of Taijiquan: Way to Rejuvenation, 1989, Tuttle Publishing, North Clarendon, VT.
18. Gia-Fu Feng, Tao Te Ching.
19. Chen Xin, The Illustrated Canon of Chen Family Taijiquan, 2007, INBI Matrix, Maroubra, Australia.
20. Yang Jwing-Ming, Tai Chi Theory and Martial Power, 1996, Ymaa Publication Center, Second Edition.
21. Gia-Fu Feng,Tao Te Ching.
22. Ellen Chen, Tao Te Ching: A New Translation with Commentary, 1998, Paragon House.
23. Chen Man Ch'ing, Chen Tzu's Thirteen Treatises on T'ai Chi Ch'uan, 1985, North Atlantic Books, Berkeley, CA.
24. Ames and Hall, Daodejing.
25. Carus, The Canon of Reason and Virtue.
26. Gia-Fu Feng, Tao Te Ching, (1989, introduction copyright by Jacob Needleman).
27. Chen, Tao Te Ching.
28. William Falloon, Charlie D.: The Story of the Legendary Bond Trader, 1997, John Wiley & Sons.
29. Gia-Fu Feng, Tao Te Ching.
30. Carus, Lao-Tze's Tao-teh-King.

注釈

序文

1. Murray N. Rothbard, An Austrian Perspective on the History of Economic Thought, 1995, Edward Elgar. Publishing Ltd.
2. Ralph Raico, Classical Liberalism and the Austrian School, 2012, The Ludwig von Mises Institute, Auburn, AL.
3. Ludwig von Mises, Planning for Freedom, 1974, Libertarian Press, South Holland, Illinois.
4. ルートヴィヒ・フォン・ミーゼス著『ヒューマン・アクション』（春秋社）

まえがき

1. Walter Legge: Words and Music, Alan Sanders, ed., 1997, Routledge, New York.
2. Gia-Fu Feng, trans., Lao Tsu, Tao Te Ching, 1972, Alfred A. Knopf, New York.
3. Murray Rothbard, Preface to Theory & History by Ludwig von Mises, 1985(reprint 2007, Ludwig von Mises Institute, Auburn, AL).
4. Gia-Fu Feng, Lao Tsu, Tao Te Ching.

第1章

1. Roger T. Ames and David T. Hall, Daodejing "Making This Life Significant": A Philosophical Translation, 2003, Ballantine Books, New York.
2. Laozi and Philip J. Ivanhoe, The Daodejing of Laozi, 2003, Hackett Publishing Co.
3. Ames and Hall, Daodejing.
4. Bertrand Russell, Uncertain Path to Freedom: Russia & China 1919-1922, 2000, Routledge, London.
5. Ames and Hall, Daodejing.
6. Paul Carus, Lao-Tzu, Lao-Tze's Tao-teh-King, originally published 1898, The Open Court Publishing Company, Chicago.

■著者紹介

マーク・スピッツナーゲル（Mark Spitznagel）

株式のテールヘッジング、つまり極端な株式市場の下落から利を得る手法に特化した投資顧問会社のユニバーサ・インベストメンツの創業者兼社長。CBOT（シカゴ商品取引所）で最年少の債券ピットトレーダー、モルガン・スタンレーの自己売買部門のトップを務めるなど、20年以上のトレードキャリアを持つ。1999年には『ブラック・スワン』の著者であるナシーム・タレブが立ち上げたエンピリカ・キャピタルに加わった。カラマズー大学で学士を、ニューヨーク大学（クーラント数学研究所）で修士を修得している。彼はまたミシガン州北部にあるアイディル農場を所有し、経営をしている。なお、本書の印税のすべてはチャリティに充てられる。

■監修者紹介

長尾慎太郎（ながお・しんたろう）

東京大学工学部原子力工学科卒。北陸先端科学技術大学院大学・修士（知識科学）。日米の銀行、投資顧問会社、ヘッジファンドなどを経て、現在は大手運用会社勤務。訳書に『魔術師リンダ・ラリーの短期売買入門』『新マーケットの魔術師』（いずれもパンローリング、共訳）、監修に『高勝率トレード学のススメ』『ラリー・ウィリアムズの短期売買法【第２版】』『コナーズの短期売買戦略』『続マーケットの魔術師』『続高勝率トレード学のススメ』『ウォール街のモメンタムウォーカー』『グレアム・バフェット流投資のスクリーニングモデル』『勘違いエリートが真のバリュー投資家になるまでの物語』『Ｒとトレード』『完全なる投資家の頭の中』『３％シグナル投資法』『投資哲学を作り上げる　保守的な投資家ほどよく眠る』『システマティックトレード』『株式投資で普通でない利益を得る』『成長株投資の神』など、多数。

■訳者紹介

藤原玄（ふじわら・げん）

1977年生まれ。慶應義塾大学経済学部卒業。情報提供会社、米国の投資顧問会社在日連絡員を経て、現在、独立系投資会社に勤務。業務のかたわら、投資をはじめとするさまざまな分野の翻訳を手掛けている。訳書に『なぜ利益を上げている企業への投資が失敗するのか』『株デビューする前に知っておくべき「魔法の公式」』（パンローリング）などがある。

2016年10月３日　初版第１刷発行

ウィザードブックシリーズ㉔①

ブラックスワン回避法
——極北のテールヘッジ戦略

著　者　　マーク・スピッツナーゲル
監修者　　長尾慎太郎
訳　者　　藤原玄
発行者　　後藤康徳
発行所　　パンローリング株式会社
〒160-0023　東京都新宿区西新宿 7-9-18-6F
TEL 03-5386-7391　FAX 03-5386-7393
http://www.panrolling.com/
E-mail　info@panrolling.com
編　集　　エフ・ジー・アイ（Factory of Gnomic Three Monkeys Investment）合資会社
装　丁　　パンローリング装丁室
組　版　　パンローリング制作室
印刷·製本　株式会社シナノ

ISBN978-4-7759-7210-6